D1720139

Klaus Philippi

# 8. Königlich Bayerisches Infanterie-Regiment Großherzog Friedrich II. von Baden und 2. Bayerisches Ersatz-Regiment

Klaus Philippi

# 8. Königlich Bayerisches Infanterie-Regiment Großherzog Friedrich II. von Baden und 2. Bayerisches Ersatz-Regiment

## Der Pfälzer Landsturmmann Karl Didion im 1. Weltkrieg an der Front im Westen

Band I – Anhänge

Quelle des Bildes auf der Vorderseite:
URL: http://www.deutsche-kriegsgeschichte.de/hbsverd.html: 16.05.2017, Chapitre-Wald



Verlag:
Neopubli GmbH
Köpenickerstr. 154a
10997 Berlin
www.epubli.de

Druck: epubli – ein Service der neopubli GmbH, Berlin

# Inhaltsverzeichnis

# Anhang 2 Karten, Skizzen und Erkundungen

## Abbildungsverzeichnis Anhang 2

# 2.1 Karten

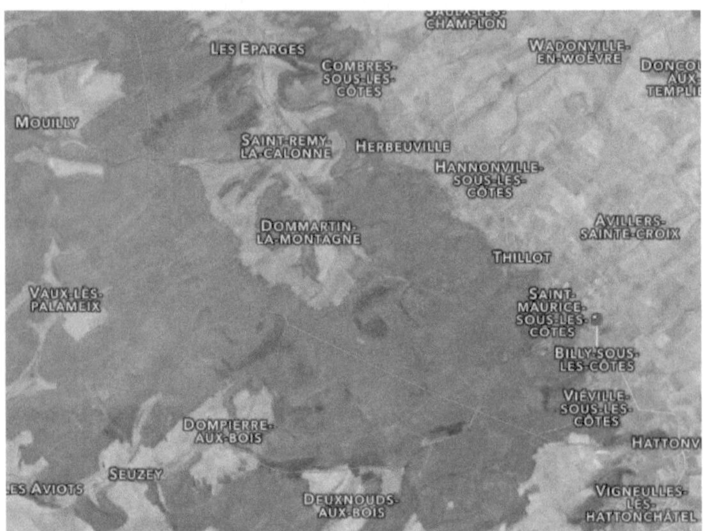


*Anhang 2 Abbildung 1: Billy-sous-les-Côtes, Seuzey, Combres, Les Éparges.*

*Anhang 2 Abbildung 2: Stellungsgebiet des 8. Inf.-Rgt auf den Maas-Höhen; der Ritterwald, wird von der Straße, die von Lacroix nach Nordosten in Richtung Vaux-lès-Palmeix und der Straße nach Osten nach Seuzey führt, eingeschlossen*

*Anhang 2 Abbildung 3: 05.05.1915, Gefechte im Haut Bois östlich von Les Éparges*

*Anhang 2 Abbildung 4: Stellungsverlauf des 8. I.R. im Sommer 1916: St. Mihiel Richtung NO an Spada östlich vorbei. Die Stellung des 8. I.R. lag nördl. der heutigen D 901. Der Steinbruch von Dompcevrin ist deutlich am linken oberen Rand der Abbildung erkennbar. Die Bataillons-Gefechtsstände lagen etwa 5 km östlich in Varvinais bei Valbois*

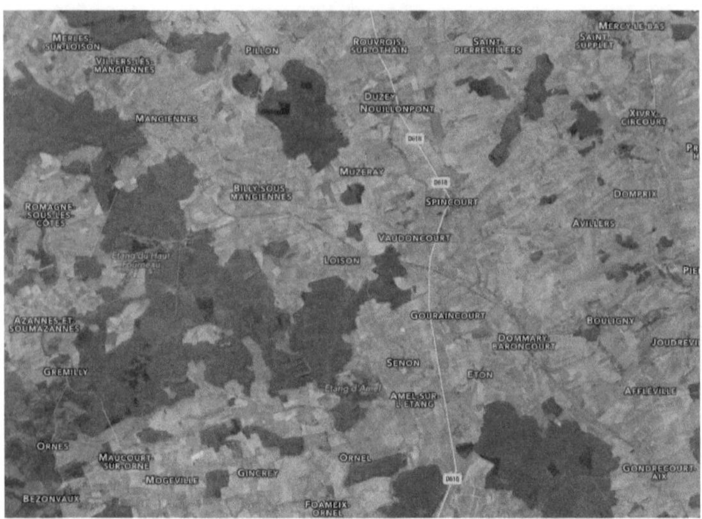


*Anhang 2 Abbildung 5: Weg des 8. I.R. ins Gefecht, ausgehend von Mercy le Bas, über Billy-sous-Mangiennes, Soumazannes nach Herbébois (zw. Gremilly u. Ornes)*

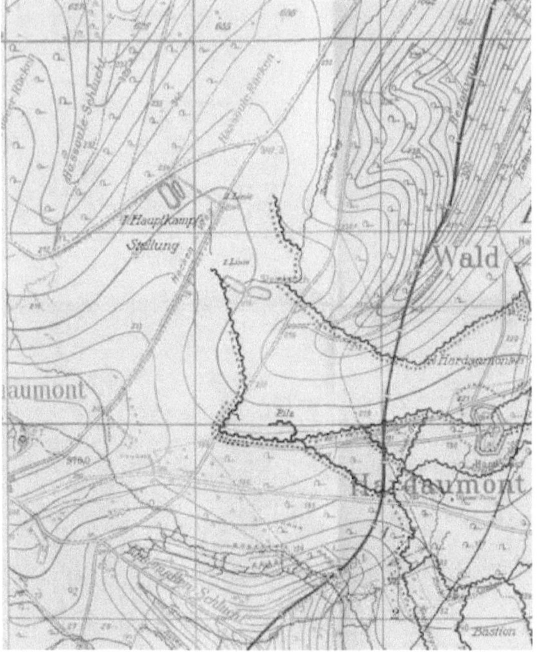


*Anhang 2 Abbildung 6: Hassoule- u. Kasematten-Schlucht*[1]

---

[1] KA: 8. I.R._(WK)_7_3 (414).

## 2.2 Skizzen

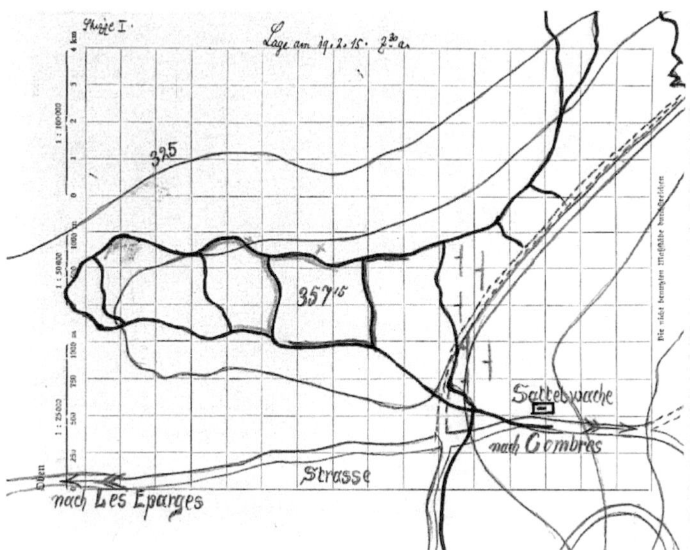


*Anhang 2 Abbildung 7: 19.02.1915, Stellung auf den Combres-Höhen*[2]

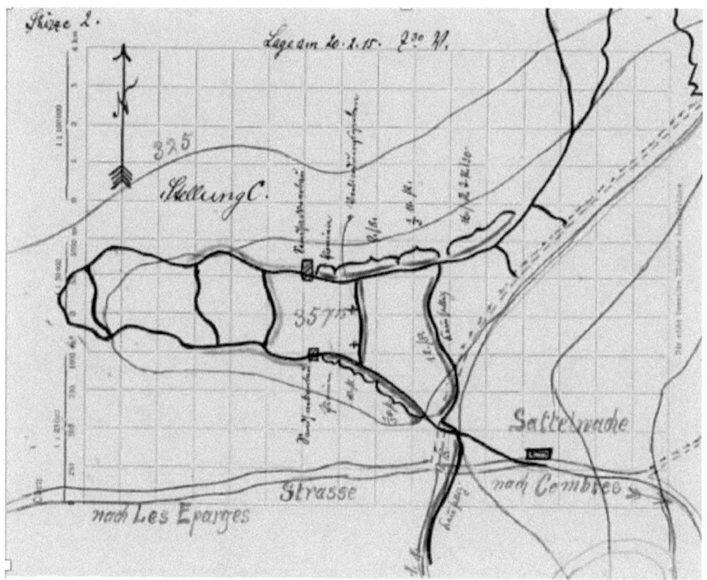


*Anhang 2 Abbildung 8: 20.02.1915, Stellung auf den Combres-Höhen*[3]*; in der Skizze ist vermerkt, wie die Stellung mit Sandsackvorbauten durch die Pioniere seit 19.02. abends gefestigt wurde*

[2] KA: 8. I.R._(WK)_7_233 und 11 (414).
[3] KA: 8. I.R._(WK)_11_89 (1554).

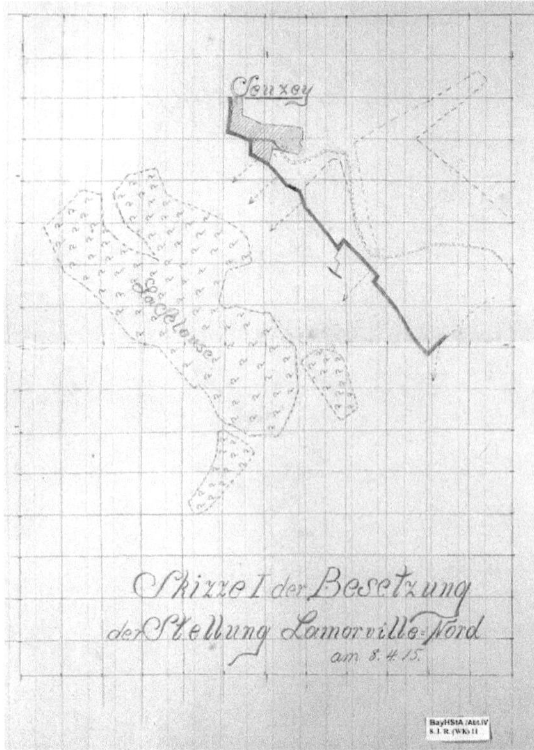


*Anhang 2 Abbildung 9: 08.04.1915, Stellung Selousewald – Lamorville*[4]

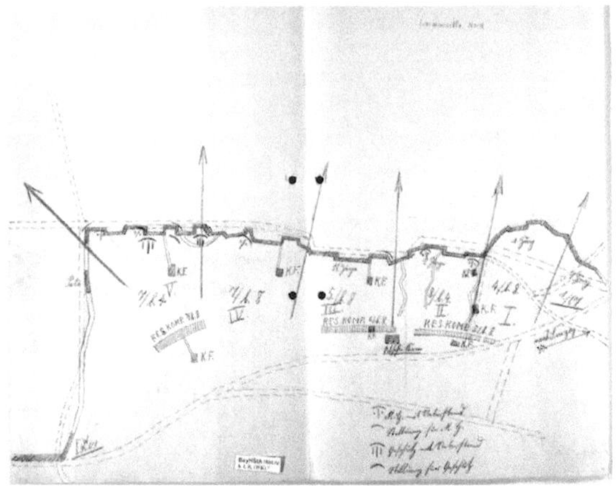

*Anhang 2 Abbildung 10: Stellung Lamorville Nord*[5]

[4] KA: 8. I.R._(WK)_11_99 (1554).

[5] KA: 8. I.R._(WK)_7_217 (1554).

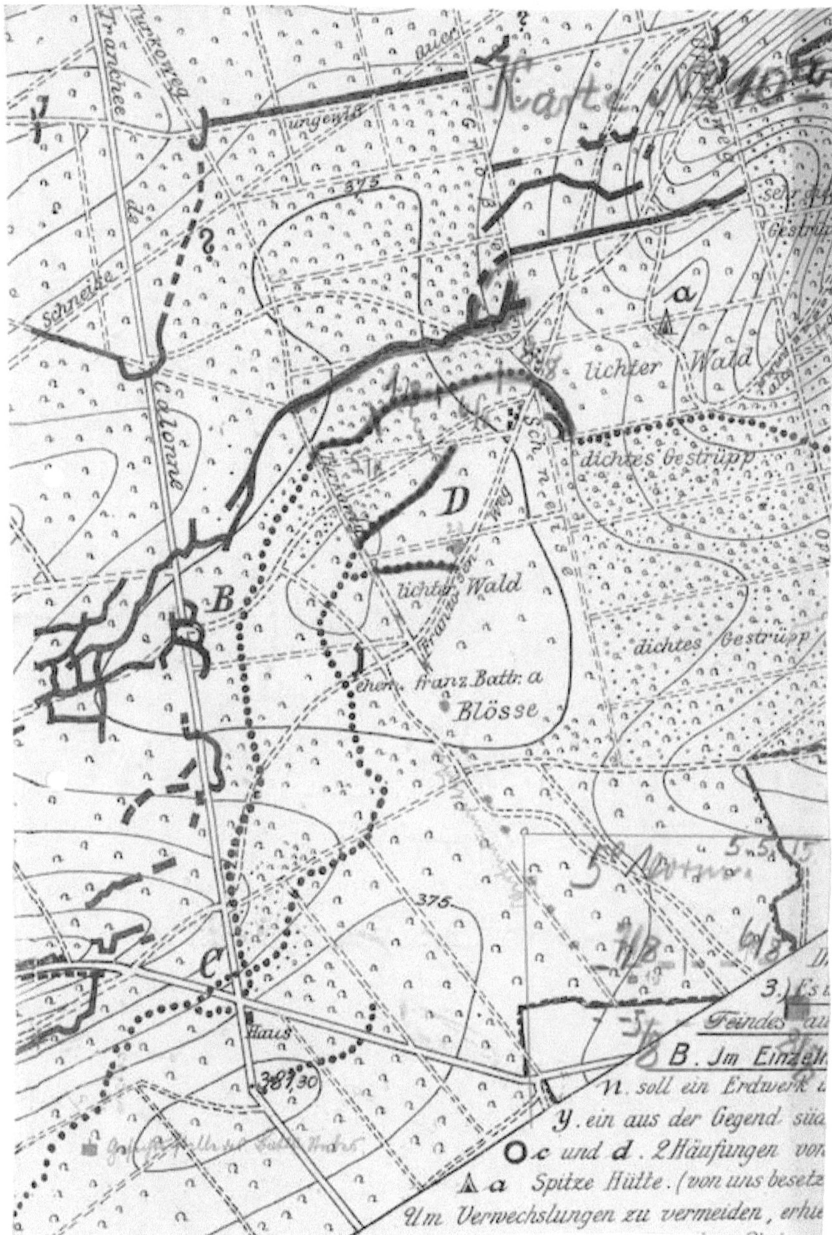


*Anhang 2 Abbildung 11: 05.05.1915, Stellungsskizze Bois Haut*[6]

---

[6] KA: 8. I.R._(WK)_7_8 (414).

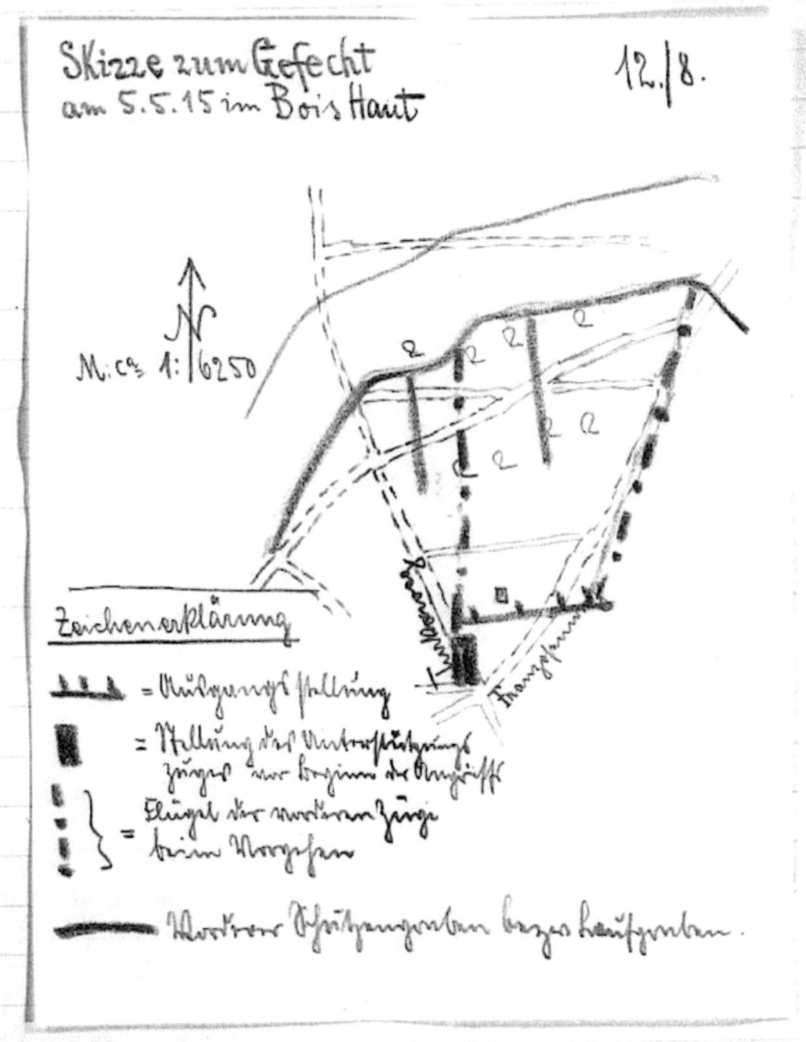


*Anhang 2 Abbildung 12: 05.05.1915, Stellungsskizze der 12./8 im Bois Haut*[7]

[7] KA: 8. I.R._(WK)_11_110 (1554).

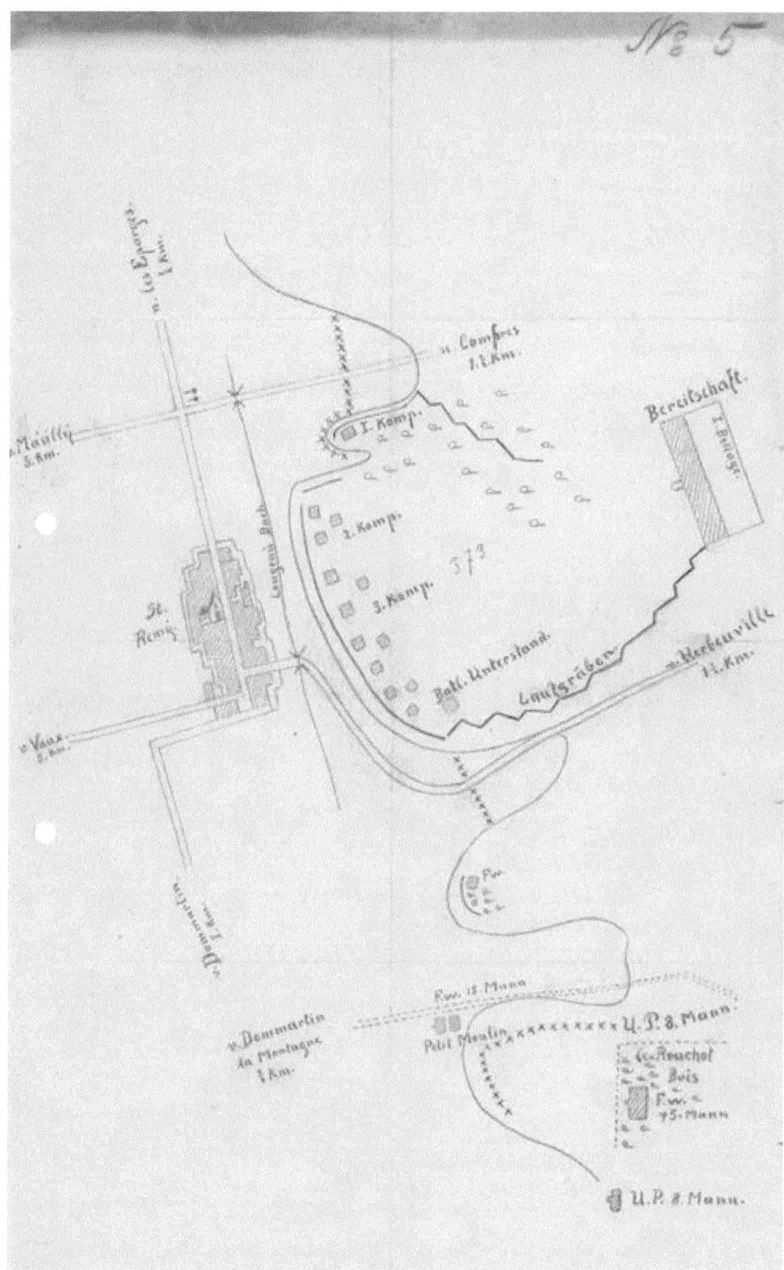


*Anhang 2 Abbildung 13: St. Remy*[8]

[8] KA: 8. I.R._(WK)_7_10 (414).

*Anhang 2 Abbildung 14: Ritterwald-Stellung des 8. I.R. auf den Maas-Höhen bei Seuzey*[9]

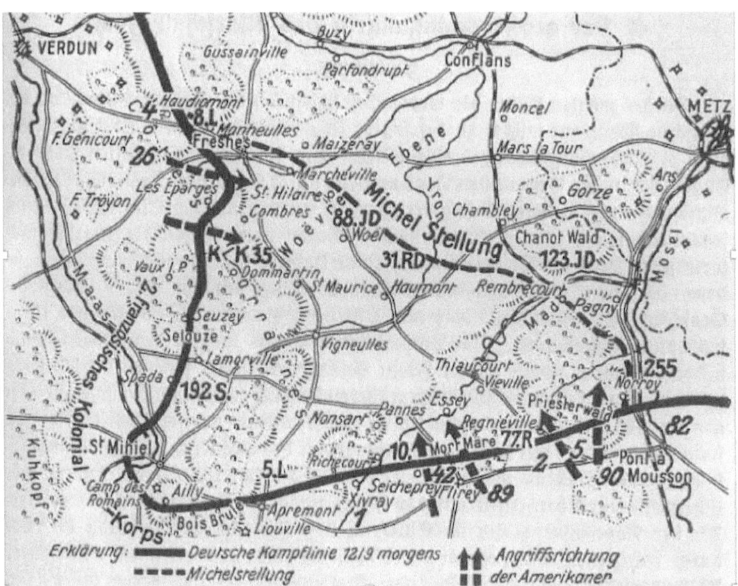


*Anhang 2 Abbildung 15: **Frontverlauf in der Woëvre-Ebene, Saillant de St. Mihiel.***[10]

---

[9] KA: 8. I.R._(WK)_16_1 (1530).

[10] URL: www. morthomme.com. Diese Karte zeigt zunächst die Michelstellung im Herbst 1918, zeigt aber auch den langjährigen Frontverlauf (Saillant de St. Mihiel) im Stellungskrieg ab Frühjahr 1915.

# 2.3 Erkundungen

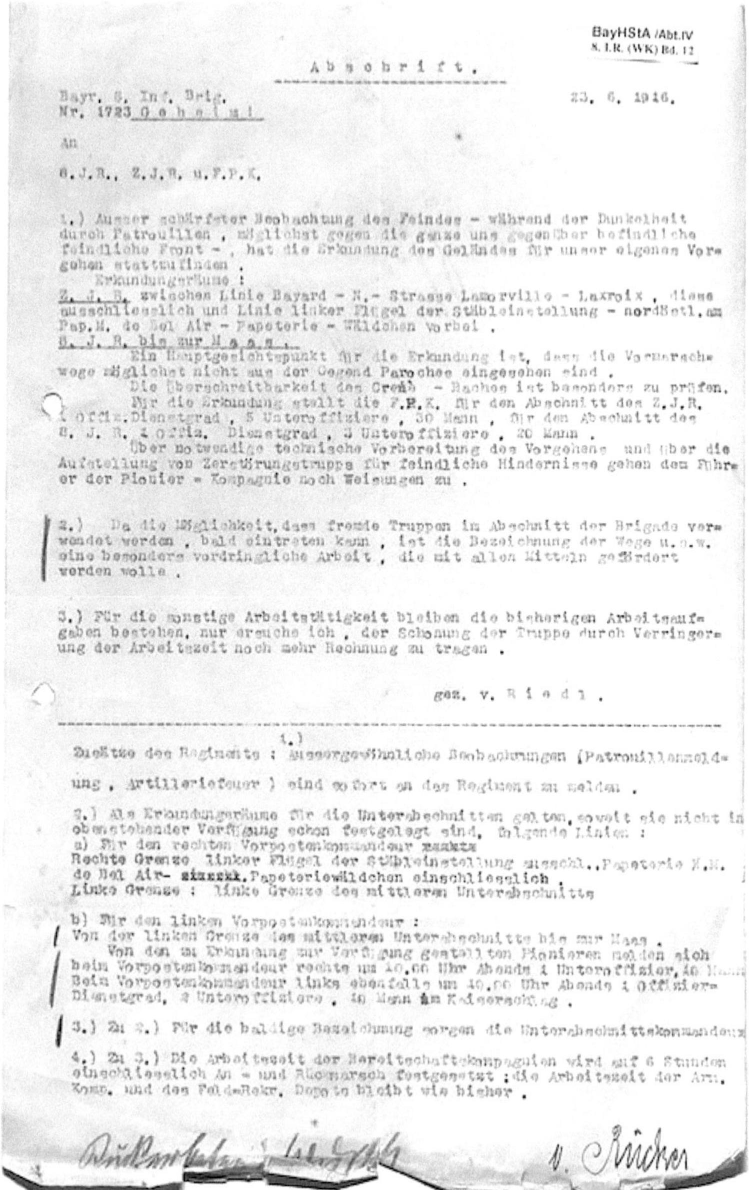

BayHStA /Abt.IV
8. I.R. (WK) Bd. 12

Abschrift.

Bayr. 8. Inf. Brig.
Nr. 1723 Geheim!

23. 6. 1916.

An

8.J.R., Z.J.R. u.F.P.K.

1.) Ausser schärfster Beobachtung des Feindes – während der Dunkelheit durch Patrouillen, möglichst gegen die ganze uns gegenüber befindliche feindliche Front –, hat die Erkundung des Geländes für unser eigenes Vorgehen stattzufinden.

Erkundungsräume:

Z. J. R. zwischen Linie Bayard – N.- Strasse Lamorville – Lacroix, diese ausschliesslich und Linie linker Flügel der Stützpunkteinstellung – nordöstl. am Pap.M. de Bel Air – Papeterie – Wäldchen vorbei.

8. J. R. bis zur Maas.

Ein Hauptgesichtspunkt für die Erkundung ist, dass die Vormarschwege möglichst nicht aus der Gegend Paroches eingesehen sind.

Die Überschreitbarkeit des Creüe – Baches ist besonders zu prüfen.

Für die Erkundung stellt die F.P.K. für den Abschnitt des Z.J.R. 1 Offiz.Dienstgrad, 5 Unteroffiziere, 30 Mann, für den Abschnitt des 8. J. R. 1 Offiz. Dienstgrad, 3 Unteroffiziere, 20 Mann.

Über notwendige technische Vorbereitung des Vorgehens und über die Aufstellung von Zerstörungstrupps für feindliche Hindernisse gehen dem Führer der Pionier – Kompagnie noch Weisungen zu.

2.) Da die Möglichkeit, dass fremde Truppen im Abschnitt der Brigade verwendet werden, bald eintreten kann, ist die Bezeichnung der Wege u.s.w. eine besonders vordringliche Arbeit, die mit allen Mitteln gefördert werden wolle.

3.) Für die sonstige Arbeitstätigkeit bleiben die bisherigen Arbeitsaufgaben bestehen, nur ersuche ich, der Schonung der Truppe durch Verringerung der Arbeitszeit noch mehr Rechnung zu tragen.

gez. v. Riedl.

1.)

Die Stäbe des Regiments: aussergewöhnliche Beobachtungen (Patrouillenmeldung, Artilleriefeuer) sind sofort an das Regiment zu melden.

2.) Als Erkundungsräume für die Unterabschnitten gelten, soweit sie nicht in obenstehender Verfügung schon festgelegt sind, folgende Linien:

a) Für den rechten Vorpostenkommandeur ~~rechts~~
Rechte Grenze linker Flügel der Stützpunkteinstellung ausschl., Papeterie M.M. de Bel Air- ~~einschl.~~ Papeteriewäldchen einschliesslich.
Linke Grenze: linke Grenze des mittleren Unterabschnitts

b) Für den linken Vorpostenkommandeur:
Von der linken Grenze des mittleren Unterabschnitts bis zur Maas.

Von den zur Erkundung zur Verfügung gestellten Pionieren melden sich beim Vorpostenkommandeur rechts um 10.00 Uhr Abends 1 Unteroffizier, 10 Mann, Beim Vorpostenkommandeur links ebenfalls um 10.00 Uhr Abends 1 Offizier-Dienstgrad, 2 Unteroffiziere, 10 Mann am Kaiserschlag.

3.) Zu 2.) Für die baldige Bezeichnung sorgen die Unterabschnittskommandeure

4.) Zu 3.) Die Arbeitszeit der Bereitschaftskompagnien wird auf 6 Stunden einschliesslich An – und Rückmarsch festgesetzt; die Arbeitszeit der Arm. Komp. und des Feld-Rekr. Depots bleibt wie bisher.



*Anhang 2 Abbildung 16: 23.06.1916, Brig.-Bef. zur Erkundung in Stellung nördl. von St. Mihiel[11]*

---

[11] KA: 8. I.R._(WK)_12_01 (511).

8. Infanterie - Regiment . 22. 8. 1916 .

An
die K.B. 8. Infanterie - Brigade .

Betreff : ERGEBNISSE DER ERKUNDUNGSABTEILUNG DES REGIMENTS.
( Leutnant d.R. PROBST und Leutnant d.R. FELDIGL ) im
linken Nachbarabschnitt.(rechter Batls.Abschn.J.R.81.

1. Verlauf der 1. deutschen Linie auf der Souville-Nase ist auf Karte 1 : [illegible] vom 12.8. der Linienführung nach richtig eingezeichnet, jedoch li[illegible] der deutsche Graben nicht auf dem West- sondern direkt hinter dem Kamm der Höhe auf dem Osthang. Der Rücken der Souville-Nase ist jedoch breiter als nach der Karte anzunehmen, ebenso der südliche, obere Teil der Schlucht östl. der Souville-Nase. Der Teichgraben ist lediglich ein Pfad zwischen Granattrichtern, nirgends zum Graben ausgearbeitet.

2. Eine 2. Linie ist hinter der 1. Linie nicht vorhanden, ebenso fehlen Verbindungsgräben nach rückwärts.

3. Zur Zeit ist in dem Teil der deutschen Stellung von der Kiesgrube am Nordhang der Souville-Nase bis zu einer Stelle genau östlich von Punkt 561 1 Bataillon eingesetzt. Vor der deutschen durch Drahthindernis geschützten Stellung liegt in Granattrichtern ein dünner Schützenschleier von jedem Zug eine Gruppe.

4. Der deutsche Graben ist am linken Flügel etwa 1,10 - 1,20 m tief , nach rechts zu wird er tiefer, bis etwa 1,60 m - aber sehr eng. Stollen sind nur in geringer Zahl und in Anfängen vorhanden. An einzelnen Stellen wurde ein Erdstück nicht durchgegraben, um so als Flankenschutz zu dienen.

Um den Graben als Sturmausgangsstellung herzurichten, ist noch seine Vertiefung und Verbreiterung und die Anbringung von Ausfallstufen notwendig.

M.G.Stellungen sind vorhanden am rechten Flügel, sie können jedoch bei einem Angriff nicht benützt werden, weil sie unsere gegen die franz.Stellung östlich und westlich 506 vorgehenden Truppen bedrohen würden.

In dem Grabendreieck bei 574 sind 3 M.G.Stellungen , eine mit Schuss - richtung auf Fort Souville ; von den beiden anderen aus kann der Chapitre - weg flankiert werden.

Da , wie schon erwähnt , der deutsche Graben auf dem obersten Osthang , und nicht auf dem Westhang der Souville - Nase liegt , hätten M.G.Stel - lungen im Hauptteil dieses Grabens zwischen diesen Flügelstellungen keinen Zweck.

Minenwerferstände sind nicht vorhanden.

Reserven können nach Angabe des Kommandeurs von J.R.81 ausserhalb der 1.Linie nur in Granattrichtern hinter unserer Linie untergebracht werden. Ausserdem in den Stollen an der Westseite der Kiesgrube etwa 1 Zug. Jedoch ist das Vorbringen dieses Zuges aus den Stollen bei der zu erwartenden sehr starken Beschiessung der Kiesgrube sehr schwierig.
Die Sturmtruppen gelangen in die Stellung vom Batls.Gef.Stand (Punkt 544) zuerst den Teichgraben entlang, dann etwa zu Punkt 560 abbiegend, von hier aus auf die einzelnen Abschnitte zugehend.

5. Die Batls.Gefechtsstelle ist in Punkt 544 ( franz.guter Betonbau mit mehreren kleinen Zimmern ).

Als Truppenverbandplatz dient ein franz.Betonbau bei Punkt 542 ( das sog. U - Werk ) ein hoher grosser Raum. Ausserdem ist noch ein Sanitäts - stollen am Südostende des Vaux-Teiches vorhanden.

6. Ein Hindernis vor der deutschen Stellung ist nicht vorhanden, auch vor der franz.Stellung soll keines sein.

7. Eine Patrouille des J.R.87 , die in der Nacht von gestern auf heute gegen 507 vorging , kam zurück mit der Meldung , sie sei in dem franz.Graben von seinem Nordostende bei Punkt 507 bis etwa zu seinem nördlichsten Ende vorgegangen ( bei Punkt 506 ) ohne eine Grabenbesatzung zu finden.

An diesem

An diesem nördlichsten Punkt war im Graben eine Sandsacksperre. Im Graben lagen Leichen vieler Franzosen.

Die von früher hier eingesetzten Regimentern herrührenden Meldungen von [illegible] eichen M.G. hinter den Büschen des Chapitrewaldes sind vielleicht auf [illegible]ndung 25 schüssiger automatischer Gewehre bei den Franzosen zurück[illegible]ren.

Dem J.R.81 gelang es bei dem letzten Angriff 2 solcher automatischer Gewehre zu erbeuten.

8. Bis zur Bataillonsgefechtsstelle 544 besteht Staffettenläuferverbindung. Die Telefonleitung geht nur bis zur Regts.Gefech.stelle. Etwa da, wo der von Vaux-Teich nach Nordosten führende Weg die Höhenlinie 330 schneidet.

J. V.

U.R. 5. Rg.

6.

7.

8. Vollmann

23.8.16

*Anhang 2 Abbildung 17: 22.08.1916, Ergebnisse der Erkundungsabteilung des Regiments vor Verdun*[12]

[12] KA: 8. I.R._(WK)_10_98-99 (414).

8. Jnfanterie - Regiment ; 22. 8. 1916.

An
die K.B.8.Jnfanterie-Brigade.

**B i s h e r i g e E r k u n d u n g s e r g e b n i s s e !**

Jn der ganzen Ausdehnung des Regimentsabschnittes ist die Bodenform (im Querschnitt) folgende :

franz. St.

Durch die kleine Erhebung zwischen deutscher und franz.Stellung ist jeder Blick in die franz.Stellung von der deutschen Stellung aus unmöglich. Dagegen sieht man auf das Vorgelände unseres linken Nebenregiments. Dessen Stellung ist aber nicht , wie auf Karte 1 : 5000 eingezeichnet auf dem Westabfall der Souville-Nase , sondern östlich der Höhenlinie.

Wenn unsere M.G. im Fall eines Angriffs in den jetzigen franz.Graben vorgehen,können sie voraussichtlich das ganze franz.Grabensystem einsehen und flankieren , insbesondere auch die Souville-Schlucht beherrschen.

1.) Die feindl.Stellung gegenüber der Stellung des Regiments verläuft so wie auf Karte 1 : 5000 nach dem Stand vom 12.8. eingezeichnet. Graben 506 ist nach Angabe von Gefangenen nicht mehr besetzt , dagegen das südlich von ihm liegende Reduit des Fontaines.

2.) Von Beobachtung 640 aus ( ständig besetzt durch einen Offizier des Regiments ) ( Leutnant Kreisel ) ist von den feindlichen Linien nur die 1.,diese aber genau zu beobachten.

Rückwärtige Linie und Laufgräben , die von der Souville-Schlucht zur 1.Linie führen,sind nicht einzusehen.

3.) Jn der feindlichen 1.Linie ist bis jetzt lediglich gegenüber dem rechten Flügel des Regiments ein auffallender Erdaufwurf ( vermutlich ein Unterstand oder Beobachtungsstand ) .

Westlich des von Fort Souville zur Chapitrestellung führenden Pfades wurde ein auffallender grösserer Erdaufwurf bemerkt,von dem aus schon früher lebhafter Ordonnanzenverkehr zur Stellung beobachtet wurde.

4.) Feindliche Minenwerferstände konnten bis jetzt nicht entdeckt werden.

5.) Der Verkehr zur 1.feindlichen Linie von hinten erfolgt auf dem Pfad und dem Chapitreweg. Ausserdem ist ein Annäherungsgraben von Souville her begonnen zwischen Caillettegraben und Pfad.

Bei Tag ist keinerlei Verkehr beim Gegner zu bemerken. Bei einem früheren Angriff versuchte er einmal seine Reserven zu beiden Seiten des Pfades entwickelt zum Gegenstoss nach vorne zu bringen.

6.) Rauch , anscheinend von Kochstellen,wurde des öfteren gegenüber dem linken Flügel des rechten Nebenabschnittes des Regts.in einer Mulde bemerkt.

7.) Von dem gegen den Gegner vorspringenden etwa 150 m westlich Punkt 505 dürfte ein überraschendes Einbrechen in die feindliche Stellung am leichtesten möglich sein . Bei jedem früheren Angriff im Chapitrewalde gab jedoch der Feind Jnfanterie - und M.G.Feuer aus Granatlöchern ab , die Endpunkt des von Punkt 561 nach Nordwesten führenden feindlichen Grabens in nördlicher Richtung liegen.

8.) Hindernisse vor der feindlichen Front konnten von Beobachtung 640 aus bis jetzt nicht festgestellt werden, sind aber nach Meldung der in Stellung befindlichen II./8. in ziemlicher Stärke vorhanden.

Wenden !

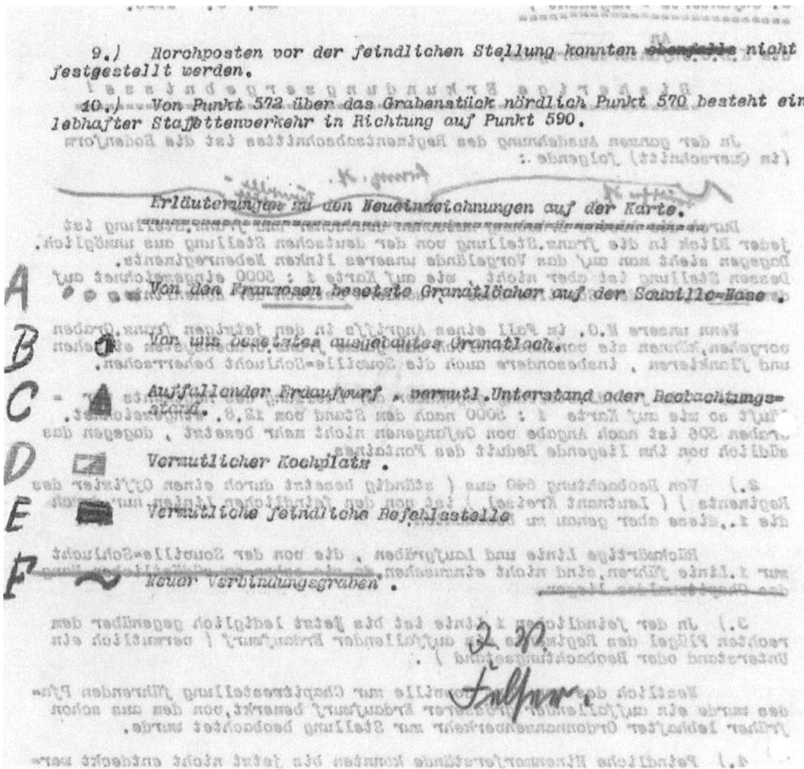

9.) Horchposten vor der feindlichen Stellung konnten ebenfalls nicht festgestellt werden.

10.) Von Punkt 572 über das Grabenstück nördlich Punkt 570 besteht ein lebhafter Stafettenverkehr in Richtung auf Punkt 590.

Erläuterungen zu den Neueinzeichnungen auf der Karte.

A Von den Franzosen besetzte Granatlöcher auf der Souville-Nase.

B Von uns besetztes ausgebautes Granatloch.

C Auffallender Erdaufwurf, vermutl. Unterstand oder Beobachtungsstand.

D Vermutlicher Kochplatz.

E Vermutliche feindliche Befehlsstelle

F Neuer Verbindungsgraben.

*Anhang 2 Abbildung 18: 22.08.1916, zweiter der Brigade vorgelegter Erkundungs-Bericht*[13]

[13] KA: Infanteriebrigaden (WK)_945_03 (1674) Skizzen.

14.b. J.D. D.St.Qu.23.8.16.

**Erkundigungsergebnisse des Regts. Richter 22.8.**

Ergebnis der Erkundigung in Fumin am 22.8.16.

1.) Wie durch Patrouille festgestellt wurde, ist das Grabenstück, das von 506 in südöstl.Richtung verläuft ,von diesem Punkte ab v.Feinde unbesetzt.Dort ist der Graben mit Sandsäcken zugesetzt u.dahinter 1 M.G.postiert mit Richtg.nach dem Fumin. Der Talgraben längs der Strasse ist tagsüber unbesetzt,nachts bis ungefähr südl.5o6 besetzt .Die vergangene Nacht v.der Kiesgrube ausüber 507 nach 506 vorgetriebene Patr.sagt aus,dass sie auch in den Unterständen südl.506 gewesen sei u.diese unbesetzt gefunden habe.Jch selbst habe heute auch keine Bewegg.gesehen . Hptm. Haak,Führer des jetzt auf der Souville -Nase liegende Btls.187 meint,es brauche überhaupt dort kein Feuer mehr zu liegen .

2.) An dem ganzen vorderen fdl. Graben auf der Souville -Nase ist stark geschanzt worden . Bei 561 wird 1 Masch. Gew. vermutet.

3.) Nach diesem unter 2.) genannten Graben hin hat der Feind einen Verbind.Graben von der Grabengabel südl.574 aus geschaffen . Der erste fdl.Graben folgt von 575 ab also jetzt unserer Stellg. bis 561 ,dort biegt er in nordwestl. Richtg. ab. Es macht den Eindruck als ob der Feind von 561 ab bis in den Chapitre eine erste Stellung ausbauen u.dann den nordöstl.Teil seiner Stellg. im Chapitre aufgeben wolle .

4.) Jn den auf Karte 1:5000(Stand v.12.8.)westl.des S.von Souvilleschlucht angegebenen Unterständen stehen nach Ansicht der Jnf. Masch. Gewehre.

5.) Südlich 575 da wo der Laufgraben von 576 in den ersten fdl.Graben mündet,steht ein Masch. Gewehr ,das unseren Graben auf der Souville - Nase flankiert .
Ebenso sollen in diesem oder in dem ungefähr 60 m südl.davon liegenden zweiten Graben mehere Minenwerfer stehen .

Brig. 8. Inf. Brig.
eingel. 24.8.16. 1.) b.8, b.29.J.R. je 1.
2.) Zum Akt Souville-Schlucht.
24.8.16.

*Anhang 2 Abbildung 19: 23.08.1916, weitere Erkundungsergebnisse des Regiments Richter*[14]

[14] KA: 8. I.R._(WK)_10_180 (414).

Nr 2677 g. 25. 8. 1916.

Bayer. 8. Inftr.-Brigade.

an

die k. bayer. 14. Infftr.-Division.

Betreff:
Angriff.

1.

Die Erkundungen der Regimenter über die Angriffs-Verhältnisse werden fortgesetzt. Sie haben bisher ergeben:

Die feindlichen Gräben sind in der letzten Karte 1:5000 - Stand vom 12.8.16 - im allgemeinen richtig eingezeichnet.

Darnach liegt der Graben 535 - 536a auf der Rückenlinie selbst und gestattet wenigstens von einzelnen Punkten aus Wirkung mit Infanterie- und Maschinengewehr-Feuer auf die deutschen Linien.

(Von rechts flankierendes Feuer ist wiederholt vom 8. J.R. gemeldet worden; es ist wohl auf die Besatzung der Grabenstrecke 535 - 536a zurückzuführen.)

Der anschliessende französische Graben verläuft auf kurze Strecke etwa 50 - 100 m hinter der Höhe, im weiteren Verlaufe zieht er teils auf, teils ziemlich dicht hinter der Höhenlinie. Das Grabenstück 535 - 536a ist nach den Erkundungen des Bayer. 29. J.R. nicht mit einem, sondern mit mehreren Maschinen-Gewehren besetzt. Der Feind hat den f ihn taktisch wichtigen Stellungsteil seit den Erkundungen des Leutnants Müller J.R. 135 und des Sturm-Bataillons Rohr stärker besetzt, voraussichtlich auch ausgebaut. Maschinen-Gewehre sind ziemlich sicher nahe den Punkten 535 und 536a festgestellt, weitere sind in der Zwischenstrecke als wahrscheinlich vorhanden gemeldet, ohne dass ihre einzelnen Aufstellungspunkte erkannt sind.

Das Grabenstück 535 – 536a enthält vermutlich auch Granatwerfer und Beobachtungsstellen.

Bei der Einmündung des Steinbruchgrabens in den Graben 536a – 506 gegenüber der Abschnittsgrenze des 29. und des 6. J.R. ist übereinstimmend ein auffallender Bau erkannt. Er wird als Beobachtungsstelle angesprochen und dient vermutlich auch der Flankierung der anschliessenden französischen Gräben durch Maschinengewehre oder Infanterie.

Etwa 50 m westlich Punkt 536 ist öfter Rauch bemerkt worden. Hier wird eine Kochstelle vermutet, vielleicht ist sie mit der Befehlsstelle oder dem Unterstand eines Kompagnie- usw.-Führers in Verbindung zu bringen.

Die ersten Erkundungen des 29. J.R. haben den französischen vordersten Graben bei 536 als erst im Entstehen begriffen gemeldet. Auf Grund gestriger Beobachtung vom Fumin-Rücken und von der Souville-Nase her ist "ein zusammenhängender Graben" festgestellt, der gut ausgebaut zu sein scheint.

Die Besetzung des Grabens 536a – 506 ist nicht festgestellt worden. Etwa 100 m westl. 506 ist noch ein auffallender Bau ziemlich sicher als M.G.-Bau gemeldet.

Auf Grund übereinstimmender feindlicher Gefangenen-Aussagen, Beobachtungen von Nordost und Ost her und der Meldung einer Patrouille des Res.J.R. 87 erscheint als ziemlich sicher festgestellt, dass das Grabenstück von etwa Punkt 506 an bis zur

Tiefenlinie der Souville-Schlucht vom Feinde nicht besetzt ist. Es liegt voll Leichen. Bei 506 ist eine Sandsacksperre.

Ob die Unterstände nördlich Punkt 507 besetzt sind, ist nicht festgestellt. Ein Erkundungs-Offizier des Su.V.R. hat sie als dem Anschein nach zerstört bezeichnet.

Die starken feindlichen Anlagen, die mit dem Talgraben zusammenhängen, südwestlich 507a, nördlich und westlich 538a, sowie von 562e nach Südwesten, sind schon von früher eingesetzten Truppenteilen her bekannt.

Vom Nordwestende des von 561 gegen die Souville-Schlucht ziehenden Grabens sind in nördlicher Richtung gegen die Tiefenlinie der Schlucht hin eine Reihe von Granattrichtern gemeldet, die von den Franzosen besetzt sind. Es ist anzunehmen, dass sie verbunden werden und den Anschluss von 561 her zum Talgraben herstellen sollen.

Von diesen Granattrichtern aus hat der Feind nach Mitteilung anderer Truppenteile gegen frühere deutsche Angriffsversuche mit Infanterie und Maschinen-Gewehr-Feuer gewirkt.

Dicht westlich des "Pfades" und 200 m nördlich Punkt 570 lässt ein auffallenden grossen Erdaufwurf und häufig dort beobachteter Verkehr auf eine Befehlsstelle, Beobachtungsstelle oder dergleichen schliessen.

Läuferverkehr von Punkt 572 über das Grabenstück nördlich Punkt 570 in Richtung 590 lässt auch auf eine Befehls- oder Beobachtungsstelle pp. bei 572 schliessen.

Ein neuer feindlicher Graben, auf der Karte vom 12.8.16 noch nicht enthalten, zieht zwischen Punkt 569 und 570 etwa vom "V" des Wortes Souville aus auf 150 - 200 m nördlich. Es wird in ihm der Anfang eines neues Annäherungsweges vermutet. Möglicherweise ist der Graben auch verteidigungsfähig.

Verkehr des Feindes nach und von seinen vorderen Linien

ist auf dem "Pfad" und dem Chapitreweg beobachtet worden.

Bei einem früheren deutschen Angriff sollen feindliche Verstärkungen entwickelt zu beiden Seiten des "Pfades" zum Gegenstoss vorgegangen sein.

Aus den "Erkundungsergebnissen der feindlichen Stellung vor dem XVIII. Reservekorps" (G.K.V. XVIII. Reservekorps vom 14.8.16 Nr. 12713 Ia) ist ferner auf folgendes hinzuweisen:

Die Unterstände im Steinbruch 562a sind anscheinend geräumt und die Bereitschaften aus dem Steinbruch nach den Neuanlagen bei 562, 563, 564 verlegt worden; hier befinden sich anscheinend auch Befehlsstellen. Als Annäherungsgräben werden benutzt: der C-Graben, der Caillette-Graben und – namentlich für Reserven – der Graben 597 – 576.

Drahthindernisse von Teilen der feindlichen Stellung sind einmal von dem zur Zeit in vorderster Linie eingesetzten III./[illegible] in ziemlicher Stärke gemeldet, im übrigen von keiner Seite festgestellt worden; auch die letzten Patrouillenmeldungen III./[illegible] stellten ausdrücklich keine Drahthindernisse fest. Es muss aber damit gerechnet werden, dass sie an einzelnen, unserer Beobachtung und Erkundung entzogenen Stellen vorhanden sind.

Die auf der Karte 1:5000 vom 12.8.16 enthaltenen feindlichen Sappen zwischen Punkt 536a und der Tiefenlinie der Souville-Schlucht sind bisher von unseren Patrouillen und Erkundungsoffizieren nicht bestätigt worden.

II.

Unsere Stellung ist auf der Karte 1:5000 vom 12.8.16 unrichtig angegeben. Die vorderste Linie vom Westrande des Chapitre-Waldes liegt nicht auf, sondern hinter der Höhenlinie. Sie weicht in rückwärts ausgebogener Führung dem Grabenstück 535 – 536a aus, nähert sich dem Punkt 536a auf 40 – 50 m und hält sich sonst fast durchweg (rechts und links von 536a) 120 - 300 m von den feindlichen Gräben ab. Nur die Gegend bei 535 und 536a kann von den gerade gegenüberliegenden Teilen der deutschen vordersten Linie gesehen werden, sonst trennt die Höhenlinie des im Chapitre-Walde südwest- [redacted] nordostwärts ziehenden Rückens die beiderseitigen vordersten Linien so, dass gegenseitige unmittelbare Beobachtung unmöglich ist.

Die deutsche vorderste Linie zwischen der Kiesgrube am Nordende der Souville-Nase und Punkt 574 zieht nicht westlich, sondern östlich der Höhenlinie. Ueber diese sind nach Westen Beobachter vorgeschoben. Die vorderste Linie ist beim 29. J.R. zum zusammenhängenden Schützengraben ausgebaut; die Tiefe schwankt in der rechten Hälfte zwischen 0,80 und 1,50 m, in der linken zwischen 1,20 und 1,80 m.

Zur Beobachtung und zur Feuerwirkung ins Vorgelände werden Sappen vorgetrieben; sie haben bei einer Tiefe von 0,80 m bis jetzt die Länge von 6 - 7 m erreicht.

Die bisher nicht vorhandene zweite Grabenlinie ist etwa 50 m hinter der ersten Linie begonnen. Sie ist auf 70 m Länge 0,70 m tief und ist heute Nacht um 60 m in etwa Metertiefe verlängert worden.

Da die feindliche Stellung weiter abliegt als die Karte 1:5000 angibt, ist eine weitere Ausweich- und Sturmausgangs-Stellung beim 29. J.R. nicht notwendig. Die zweite Grabenlinie wird dazu benützt.

Beim 8. J.R. ist die vorderste Grabenlinie nach Meldung des Regiments durchgeführt und nach Möglichkeit vertieft worden.

Die 2. Linie bestand gestern auf 70 - 80 m Länge und ist in der Zwischenzeit weiter ausgebaut worden.

Sie wird nur in der rechten Hälfte des Regiments-Abschnitt angelegt. Die gesamte Sturmausgangs-Stellung - in der rechten

Hälfte die zweite Linie, in der linken die erste, des Regts.-Abschnitts entspricht der von der 14. Infanterie-Division in Verfügung vom 20.8.16 Nr. 9/Ia geh. angegebenen Führung, nur liegt sie, der allgemein notwendigen Kartenänderung entsprechend, hinter der Höhenlinie.

Die deutschen Graben von der Kiesgrube am Nordrande der Souville-Nase bis Punkt 574 sind in ihrem unteren, nördlichen Teil bis 1,60 m tief, aber schmal, im obren, südlichen Teil sind sie breiter, aber flacher.

Um als Sturmausgangs-Stellung zu dienen, muss der Graben noch vertieft und verbreitert und müssen dahinter noch Deckungsgräben angelegt werden.

Das 8. J.R. hat sich dieserhalb an das Anschluss-Regiment der 21. Reserve-Division gewandt und ausserdem ersucht, die eigene Besatzung der in Betracht kommenden Grabenteile so gering zu bemessen, dass die Bereitstellung des linken Flügel-Bataillons 8. J.R. ohne Reibung und ohne gefährliche Häufung in den Gräben möglich ist.

Die übrigen Angriffsvorbereitungen bestehen in Fortsetzung der Erkundungen, Einbau und Munitionsausstattung von Granatwerfern, für die zurückgezogenen Truppen ausserdem in reichlicher Uebung des Angriffs in tiefer Wellen-Gliederung und des Ansetzens von Stosstrupps.

III.

Vorschlag:

Angriff gegen Grabenstück 535 - 536a soll mit dem anderen Angriff zusammenfallen. Wenn der Angriff vorher ausgeführt wird, so zieht er einmal sehr starkes feindliches Feuer auf die dann von uns besetzten, der feindlichen Beobachtung preisgegebenen Gräben; zweitens muss der kaum genommene Graben wieder geräumt werden, um das eigene Zerstörungsfeuer auf die anderen feindli-

Bei I./8. gegen diesen Aufbau, M.G. 100 m westlich 506, Unterstände pp. 506-507 und westlich des Talgrabens.

Hier Flammenwerfer erwünscht, sowie für Ausräucherung des Steinbruchs.

Sonst Bereithalten von Stosstrupps bei den Kompagnie-Führern zur Lösung unvorhergesehener Aufgaben.

Vom Sturmbataillon Rohr werden die bei I./8 einzusetzenden Flammenwerfertrupps und sonst noch 2 Trupps erbeten.

Pioniere sind nach Bestimmung des Kommandeurs der Pioniere der Infanterie zuzuteilen und werden zweckmässig den Stosstrupps der Infanterie angegliedert.

Zeit der Ausführung.

Als frühester Zeitpunkt für den Angriff kommt wegen der noch notwendigen Angriffsvorarbeiten der 30. August in Betracht.

Als Tageszeit wird der Morgen vorgeschlagen. Das 29. I.R. schlägt den Abend vor, um sich nachts in den erreichten Stellungen besser einbauen zu können.

Der Abend ist deshalb weniger vorteilhaft, weil der Feind um diese Zeit meist seine hauptsächliche Fliegertätigkeit entfaltet und weil dieser die letzten Angriffsvorbereitungen und die eigentliche Bereitstellung zum Sturm nicht entzogen werden kann. Kann auch die Artillerie-Vorbereitung den Feind auf den kommenden Angriff vorbereitet, so ist es doch, besonders nach verschiedenen Täuschungs-Feuerüberfällen, wahrscheinlich und entspricht den bisherigen Erfahrungen, dass die Aufmerksamkeit des Feindes am Morgen nachlässt. Damit aber ist schon für das Gelingen des Angriffes viel gewonnen.



*Anhang 2 Abbildung 20: 23.08.1916, zusammengefasster Erkundungs-Bericht der 8. Inf.-Brig. an 14. b. Inf.-Div.*[15]

[15] KA: Infanteriebrigaden (WK)_945_20-28 (1674).

# Anhang 3 Gefechts-, Patrouillen-, Gefangenen- und Erfahrungsberichte

## Abbildungsverzeichnis Anhang 3

## 3.1 Gefechtsberichte

8. Infanterie-Regiment Labeuville, 19.2.15.
II. Bataillon

Combres 17 u. 18. 2.

Gefechtsbericht
über
die Grabenkämpfe in Stellung C (Combres) am 17. u. 18.2.15.

Stellung C war vom Zug Heidenreich (4/8) am 17.2 besetzt. 3 Uhr Nachm. wurde Stellung u. Lager von zusammengefassten fdl. Batterien beschossen. Ein Meldegänger der 4/8 brachte die Meldung zurück, daß die Franzosen die Stellung gesprengt hätten u. in den Graben eingedrungen seien. Zug Weigand wurde sofort zur Verstärkung im linken Laufgraben in die Stellung geschickt. Zug Bickel wurde als Reserve in den rechten Sattel befohlen.
Das starke fdl. Art. Feuer dauerte bis 6 Uhr Abds. an. II/8. ohne 6/8 wurde alarmiert, u. zwar stellte sich bereit: 7/8 in den Erdgräben der alten Lagerstellung auf Höhe westl. Combres, 8/8 unmittelbar am Hang in dem Lager der Stellung C; 5/8 mit einem Zug im Sattel, Rest blieb als Reserve im Lager.
Stellung C war einschließlich des Verbindungsgrabens westl. der Kammstellung von den Franzosen besetzt. Zug Heidenreich war durch die Sprengung u. durch das fdl. Art.-Feuer nahezu aufgerieben; Zug Weigand erlitt durch fdl. Artillerie, die den ganzen Laufgraben sperrte, starke Verluste.
Um 6 Uhr abds kam Regts.-Bef. 7 Uhr abds. ist die Stellung wieder im Sturm zu nehmen. Wieder-

aufnahme der Verbindung, deren Erkundung, die eingeleitet werden mußte, verzögerten das Antreten zum Sturm, ebenso der Umstand, daß unsere Art. ständig zu kurz schoß.

$7^{40}$ wurde das Antreten befohlen. Die Franzosen hatten den Verbindungsgraben mit 4 M.G. besetzt. Der erste Anlauf wurde durch dieses Feuer abgewiesen, zwei weitere Versuche, der letzte war $11^{00}$ abds. scheiterten ebenfalls unter Verlusten. Laufgraben u. Verbindungsgraben wurden dann kurz nach $11^{00}$ abds. unmittelbar vor dem von den Franzosen genommenen Verbindungsgraben durch Sandsackmauern gesperrt. Im Laufgraben sowohl wie im Verbindungsgraben wurde je 1 M.G. flankierend eingebaut. Die Franzosen wurden nachts über durch Handgranaten u. das Feuer der Patr. belästigt.

Das Batl. sollte am 18.2. $8^{00}$ Vorm. nach Art. Vorbereitung von $6^{30}$–$8^{00}$ Vorm. den Sturm unternehmen. Durch Versagen der Fernsprechleitung des einen Beobachters kam das Art. Wirkungsschießen erst $8^{45}$ zum Ausdruck. $9^{15}$ Vorm. wurde der Sturm befohlen.

Zu diesem Zeitpunkt war die Verteilung des Batls. folgende: Im Verbindungsgraben rechts: 1 Zug 7/8, Schützen 5/8.

Im linken Laufgraben 1 Zug 5/8.

Rammstellung rechter Teil: 1 Zug 7/8

" linker ": Rest 6/8.

Verbindung zwischen dem rechten Sattel u. II/8.

1 Zug 7/8. – 1 Zug 5/8 im Sattel.

1 Zug 7/8. Reserve des Batls. bei den Kom. Unterständen rechts des Sattels. Die beiden dann II/8 unter-

unterstellten Komp. des 4. I. R. traten nicht in Tätigkeit.
Punkt $9^{15}$ Vorm. sprangen die beiden Züge der 5/8 aus den Gräben heraus und stürmten mit Hurrah nach vorn. Die ganze Stellung wurde fast ohne Widerstand genommen $9^{35}$ Vorm.
Es wurden c. 45 Gefangene gemacht u. 1 M. G. erbeutet; bei dem Sturm wirkten vor allem gut unterstützend die Handgranaten. Trupps der Pioniere, Zug 16/130 schaffte ständig Pioniergeräte herbei.
Das Aufräumen der Stellung wurde durch ständiges Art.-Inf.-Feuer sehr erschwert.
$5^{00}$ abds. wurde die Stellung von zusammengefaßtem fdl. Art.-beschossen. Das Feuer dauerte eine Stunde. Es gelang den Franzosen unter dem Schutze des Feuers wiederum bis zum Verbindungsgraben westl. der Rammstellung vorzudringen.
$7^{30}$ abds. – Teile der 16/130 u. 13/130 wurden eingesetzt.
$8^{00}$ abds. war die Stellung wieder in unserem Besitz. Es kam zu einem sehr lebhaften Infanteriegefecht. 7/8 war durch starke Verluste gezwungen, wieder einen Teil des Grabens zu räumen. $8^{45}$ abds.
Die vom Regt. noch zur Verfügung gestellte Res.-Komp. trat nicht in Tätigkeit.
Der beabsichtigte Handgranatenangriff auf den wiederum verlorenen kleinen Teil gelangte nicht mehr zur Ausführung. Das ablösende Batl. wollte den Gegenstoß erst wiederum durch Art.-Feuer vorbereiten.

*Anhang 3 Abbildung 1: 17./18.02.1915, Gefechtsbericht des II/8 bei den Gefechten auf der Combres-Höhe*[16]

[16] KA: 8. I.R._(WK)_7_227-229 (1554).

8. Infanterie-Regiment
2. Bataillon.

Billy, 3.4.15. No 3

## Gefechts-Bericht
über die Zeit
vom 20.3. mit 23.3.15.

### 20. März.

I. B. 4. I.R. wird $3^{30}$ Vorm. in Stellung C durch das Batl. abgelöst. Verteilung des Batls. Stellung C - 7. Komp. Bereitschaft im Sattel - 6. Komp. Regimentsreserve - 5. u. 8. Komp.
Den ganzen Vormittag schweres fdl. Art. Feuer auf Stellung C, Sattel u. teilweise auf Lager.
Infanterie-Tätigkeit: Stören der fdl. Schanzarbeiten durch Inf. Feuer. - Ausbau bezw. Aufräumen der Stellung.

### 21. März.

Stellung C - 5. Komp. Bereitschaft im Sattel - 6. Komp. Regiments-Reserve - 7. u. 8. Komp.
Lebhafter Inf.-Kampf in Stellung B; in Stellung C gewöhnliche Schützengraben-Tätigkeit.
$10^{00}$ Vorm. - $10^{30}$ Vorm. fdl. Art. Feuer auf Stellung C, Sattel u. hinter Stellung B.
$11^{00}$ $12^{00}$ Mttgs. Art.-Kampf.
$3^{00}$ $3^{20}$ Nachm. Feuerüberfall unserer Art. auf fdl. Stellungen u. Befehlsstellen. Fdl. Art. beantwortet das Feuer mit Beschießen der Stellung B u. C, des rechten Sattels, sowie mit Sperrfeuer zwischen Combres-Nord u. Stellung B, Feuer auf die Batterie Mitte zwischen Combres-Herbeuville, Sperrfeuer untere südl. Straßenschleife Combres-Ring; Feuer auf Hecke zwischen Stellung A u. Champlon.

Feuerüberfall unserer Art. $4^{00}$–$4^{10}$ Nachm. wird von der feindl. Art. auf dieselbe Weise wiederbeantwortet. 8. Komp. war nachts über dem I./18 zu Schanzarbeiten in Stellung B unterstellt.

## 22. März.

Stellung C – 8. Komp.; Bereitschaft im Sattel – 6. Komp.; Regimentsreserve 5. u. 7. Komp.

$12^{00}$ Nachts wird feindl. Inf. Patr., die zwischen Stellung C u. D. vorgehen wollte, durch Inf.- u. M.G.-Feuer verscheucht. Feindl. Schanzarbeiten im Finger vor Stellung C werden $11^{00}$ Vorm. durch Inf.- u. Art.-Feuer verhindert.

$1^{00}$–$1^{35}$ Nachm. Feuerüberfall durch unsere Art. auf die franz. Stellungen. Feindl. Antwort wie gestern dauert bis $1^{50}$ Nachm. etw.

$4^{25}$ Nachm. wird Bewegung einzelner Franzosen (ohne Gepäck) zwischen Wald östl. Les Eparges u. Les Eparges gemeldet.

In Stellung C außer der gewöhnlichen Schützengrabentätigkeit Vortreiben von zwei ~~Horchstollen~~ Sappen gegen den Finger vor Stellung C.

5. Komp. nachts über dem I./18. in Stellung B zu Schanzarbeiten unterstellt. Gegen Abend waren 6 feindl. Flieger über u. in der Nähe der Combres-Stellung.

## 23. März.

Stellung C – 6. Komp.; Bereitschaft im Sattel – 7. Kp. Regimentsreserve 5. u. 8. Komp.

Vorm. feindl. Inf.-Feuer auf Stellung C (von Stellung B her) den ganzen Vorm. leichtes Art.-Feuer auf Stellung C. $10^{30}$ Vorm. ganz schweres feindl. Art.-Feuer auf Stellung B, C u. Sattel, nur kurze Zeit.

$12^{00}$ Mittags kurzer Feuerüberfall durch unsere Art.

$1^{00}$ Mittags bis $1^{20}$ Nachm. wiederum Feuerüberfall unserer

Art., besonders auf die fr. Stellungen nördl. B u. C.
daraufhin schweres fdl. Art.-Feuer auf die Stellungen
B, C, Tettal, Sperrfeuer Combres-Nord-Stellung B.
$2^{50}$ Nachm. frz. Schrapnell-Feuerüberfall auf Combres.
Feindl. Flieger über der Stellung bis c. $3^{30}$ nachm.
$3^{45}$ Nachm. wiederum großer Feuerüberfall durch
unsere Art., schweres fr. Art.-Feuer daraufhin kurze
Zeit auf die Stellung.
$6^{10}$ Abds. nochmals ein Feuerüberfall durch unsere Art.,
Feind erwidert ihn nicht mehr.
Weitervortreiben der gestern begonnen Horchsappen
vor Stellung C gegen den Feind hin.
2 Züge 8/8. dem I/8. zu Schanzarbeiten in Stellung B
nachtsüber unterstellt.
Bei Ablösung Änderung der Abschnittseinteilung.
Graben 14 bisher zur Stellung B gehörend wird der
Stellung C zugewiesen. Verteilung der 7/8: 1 Zug - Graben
14 u. Verbindungsgraben zwischen Kammstellung u.
Graben 20a, 1 Zug in Graben 20a, 1 Zug in der Kammstellung
Den Schutz des Tettalspitzengrabens übernimmt 1 Zug 8/8.
Regimentsreserve - 5. Komp. u. 2 Züge 8/8.
Nachtsüber vereinzeltes Art.-Feuer auf die Stellung C,
heftiges Inf.-Feuer auf die fr. Stellung nördl. B u. C.
$2^{20}$ Vorm. /: 24.3.15 :/ durch III/ Res. I. R. 67.

**Verluste:**

| | | | |
|---|---|---|---|
| 20.3.15. | 1 gefallen | 2 verw. | 1 b. Inf. Gew.-Feuer gr. Combres u. Herbeuville |
| 21.3.15. | 1 " | 2 verwundet | A. G. |
| 22.3.15. | | 2 " | " |
| 23.3.15. | | 3 " | " |



*Anhang 3 Abbildung 2: März-Kämpfe auf den Combres-Höhen*[17]

[17] KA: 8. I.R._(WK)_7_221-223 (1554).

Anlage 105a.

4. 5. 15. 4 Uhr nachm.

1.) Noch vor Helligkeit Gräben räumen. 6,30 Vorm. an Regt. melden, dass geräumt sind.

2.) Eigene Artl. schiesst von 5 - 7 auf rückwärtige feindl. Stellungen, geht 7 Uhr zum Wirkungsschiessen gegen vorderste feindl. Stellung über.

Schiessen dauert an und geht von 10,40 - 11 zum sturmvorbereitenden Feuerüberfall über.

Verlegt 11 Uhr Feuer auf Weg Eparges - Mouilly<br>
11,10 " 8. Schneise<br>
11,30 " Trois Jurés und zurück.

3.) 11 Uhr vorm. Vorstürmen, Hurrahrufen, Blasen.

III/8 erste Linie

II/8 zweite Linie.

---

33. Res. Ia geh. Billy 4.5.15. 4 Uhr nachm.

Besondere Anordnungen und allgem. Anweisungen zum Div. Befehl v. 4.5.15 Ia 31 geh.

1.) Pi. Verteilung. 3./Pi 5 und Pi. Kp. 221 der 8. bayr. Jnf. Brig. Einsatz auf die Regts. Abschnitte nach Anordnung des Major Weber.

2.) Die Feuerleitung der einges. mittl. u. schw. Minenw. Ltn. Bertel.

3.) Bereitstellung der Angr. Tr. möglichst unbemerkt ( nicht zu frühes Aufpflanzen der Seitengewehre).

4.) Bei allen Angriffstruppen müssen sich Pi. u. Jnf. Trupps, ausgerüstet mit Nahkampf=, Zerstörungs= und Ausbau=Mitteln befinden. Richtige Mitgabe von Handgranaten.

M.G. möglichst frühzeitig mitnehmen.

5.) Verbindung der Truppen nach rückwärts durch Richtbänder, Relais. Jnf.-Fernsprecher.

6.) Für den Mann 3 eiserne Portionen, gef. Feldflaschen. Wasserwagen 2 für jedes Regiment bei Befehlstelle der Division.

7.) Sternleuchtpatronen dürfen nicht abgeschossen werden.

8.) Der Einbruch und die Verfolgung erfolgt unter kräftigstem Hurrah und fortges. Signal " Rasch Vorwärts". Andere Signale nicht zu geben.

9.) Losungswort " Kaiser Wilhelm "

10.) Gefangene sofort entwaffnen und durch die hinteren Wellen in geschlossenen Trupps zur Div.Bef.St.zu führen.

11.) Vor dem Angriff sind die Truppen so gut wie möglich zu verpflegen.Besondere Zutaten sind in Viéville zu empfangen.Schok!

12.) Durch Pi.Trupps oder Jnfanteristen mit Handgranaten,deren Wegschaffung nicht möglich ist, zu sprengen.Bespannte Protzen zum Zurückschaffen bei Div.oder Gen.Müller anfordern.

13.) Artl.Beobachter folgen der Jnfanterie unmittelbar.Die dauernde Verbindung der Jnf.mit der Artl.ist von höchster Wichtigkeit.

14.) Durch die Regter.sind Munitionsdepots an leicht auffindbaren Stellen anzulegen.
Ein Munitionsdepot bei der Div.Befehlsstelle.

gez. Bausch.

Andiktiert an Regt.u.Brig.Adjutanten.
u.s.w. Gen.Major Müller
Major Weber
Gen.Kommando.

---

III/8. 4. 5. 15.

T a g e s b e f e h l Nr 1

1.) Heute zwischen 9 - 10 Uhr Abends treffen am Schnittpunkt der Strasse St.Remy - Vaux in der Grande Tranchée die Patronenwagen ein. Sie werden entleert und durch einen Posten 9/8 bewacht.
9/8 verbringt während der Nacht den Jnhalt je eines Patronenwagens in der Nähe des heute von Ltn.Pritzel innegehabten Unterstandes und der neuen Batlsbefehlsstelle.12/8 den Jnhalt von 2 Patronenwagen nach der neuen Batlsbefehlsstelle.Das Vorbringen der Patronen hat morgen 8 Uhr Vorm.beendigt zu sein. Die Patronen müssen bis morgen 8 Uhr V. an den bezeichneten Orten aufgestapelt sein.

2.) Verbandplätze: Einer in der Nähe der neuen Batlsbefehlsstelle, einer in der Nähe der Regtsbefehlsstelle,einer an der Strasse St.Remy-Mouilly ( an der Quelle ).

3.) Heute abends empfängt jede Kompagnie zwischen 7 u.8 Uhr 40 Drahtscheeren beim neuen Batl.unterstand. Die Mannschaften sind in ihren
Gebrauch nochmals zu unterweisen. Scheeren holt möglichst bald im Sandsäcken oder Zeltbahnen 11/8 beim Schanzzeugwagen ( in der Nähe des
Schnittpunktes der Strasse St.Remy - Vaux mit der Grande Tranchée )
ab. Quittung beim Batl. erholen.

gez. F e l s e r.

*Anhang 3 Abbildung 3: 04.05.1915, Befehl zum Gefecht im Bois Haut*[18]

[18] KA: 8. I.R._(WK)_11_125-127 (1554).

8. Infanterie-Regiment
Großherzog Friedrich II. v. Baden.
I. Bataillon.

Biwak westl. St. Remy 9.5.1915.

**Bericht**

über das Gefecht am Bois Haut westl. Combres
am 5. Mai 1915.
I/8. I.R. im Verband der 33. Res. Division.
(Gefecht bei Les Eparges)

1 u. 2. Komp. marschieren in der Nacht vom 4. auf 5. 12½, 3 u. 4. Komp. $12^{15}$ von Hattonchâtel die Grande Tranchée bis zur Abzweigung der Hautes Ornières.

Feldküchen bei den Kompagnien, Patronenwagen u. der Gefechtsbagagewagen des Batl. folgen um $12^{30}$ nachts von Hattonchâtel den Kompagn. nach.

Bei der Hautes Ornières Rast mit Kaffeeausgabe von $3^{0}$–$3^{30}$ vorm.

Nach Ausgabe des Kaffees werden die Feldküchen nach Hattonchâtel zurückgeschickt.

$3^{30}$ vorm. wird das Batl. geschlossen über Wegekreuzung St. Remy-Haus mit Grande Tranchée am Ostrand des Bois de St. Remy entlang nach Straße Combres-Mouilly geführt.

Der Marsch gestaltet sich infolge dichten Nebels, vielfacher Geländehindernisse (frische Drähte u. franz. Stellungen) schwierig u. zeitraubend.

Auf der Höhe östl. des Bois de St. Remy liegt franz. Artl. Feuer, das Batl. erleidet keine Verluste.

$4^{30}$ V. trifft das Batl. an Straße Combres-Mouilly 1 km westl. St. Remy ein u. stellt sich dort zur Verfügung des Kdr. der 8. Inf. Brig., Generalmajor Riedl als Abschn. Reserve auf. Aufstellung der Komp. an dem Hang dicht nördl. der Straße, Reihenfolge von rechts 2., 1., 3., 4. Kp.

Die Patronenwagen u. die Schanzzeugwagen des Btl. konnten wegen der schwierigen Geländeverhältnisse dem Btl nicht folgen, sie fuhren auf Straße Vaux St. Remy bis 1 km südwestl. St. Remy vor.

Von $5^{o}$ Morgens ab feuert deutsche Artl. lebhaft auf die franz. Stellungen.

$7^{o}$ Vorm. wird der Inhalt der Patronen-Wagen an die Kompagn. ausgegeben, die Patronenwagen fahren zur Aufstellung nach Viéville.

Schanzzeugwagen des Btl. bleibt stehen.

Franz. Artl. feuert von ungefähr $9^{h}$ ab, lebhaft auf die Höhen nördl. u. südl. der Straße Combres - Mouilly u. in den Grund zwischen diesen beiden Höhen. Bei der 4. Kp., welche am linken Flügel des Btl. Aufstellung genommen hatte, traten ziemliche Verluste ein.

$10^{40}$ – $11^{o}$ V. steigert deutsche Artl. mit schärfster Feuersteigerung ihr Feuer auf die franz. Infanterie-Stellungen und Batterien.

Das Btl nimmt durch Meldegänger Verbindung mit der Befehlsstelle des 4. und 8. I. R. im südlichen Teil des Bois Haut auf.

$11^{o}$ V. beginnt der Sturm der vordersten deutschen Linien (III/8, dahinter I/8) auf die franz. Gräben.

$11^{25}$ Vorm. erhält der Kdeur. des I/8 Major Rüber von dem Brigade-Kdeur. den Befehl, das Batl. nach Osten in die Schlucht westl. 340 zu verschieben und dort Aufstellung zu seiner Verfügung zu nehmen.

Befehl des K.Deur I/8.: „I/8 verschiebt sich so-fort nach links, kompagnieweise, dicht an den ersten Hang gedrückt, in Reihen zu ei-nem; Reihenfolge 4., 3., 2., 1. Komp.; Batl. Stab voraus; antreten der 4. Komp. befehle ich."

11³⁰ tritt die 4. Kp. an.

Die Verschiebung muß unter stärkstem feindl. Artl.-Feuer erfolgen. Es treten ziemliche Verluste ein.

12⁰ Mittags ist das Batl. am Waldrand des Bois Haut in Höhe der Befehlsstelle 8. I.R. ein-getroffen. Gliederung 3., 4., 2. Kp. in vorde-rer Linie, 1. Komp. links gestaffelt.

Da der vom Brigade-K.Deur vorgeschrie-bene Aufstellungsplatz in der Tiefe unter starkem Artl. Feuer liegt, verbleibt das Batl. nach eingeholter Zustimmung des Brig.-K.Deurs an dem gewählten Aufstel-lungsplatz in Höhe der Befehlsstelle 8. I.R. Mit Brig. K.Deur ist Fernsprechverbindung ge-legt.

12⁵⁰ trifft Meldung aus der vorderen Li-nie ein, daß der Angriff in der Mitte des Angriffsstreifens des 8. I.R. stockt.

12⁵⁰ Befehl der 8. Brigade, zwei Kpen zur Verfügung des 8. I.R., zwei Kpen zur Ver-fügung der 8. Brigade, diese an der Befehls-stelle des 8. I.R.

Es bleiben zur Verfügung der 8. Brigade die 1. u. 2. Komp., während die 3. u. 4. Kp. 1⁰ Nachm. an den K.Deur 8. I.R. Major Aschauer abge-geben wird.

Das anfangs starke Inf.-Feuer läßt

nach.

1°° Befehl der 1. Inf. Brigade: 2 Kompagnien des I. Batl. werden dem 4. I. R., Kdeur Oberst Kleinhenz, zur Verstärkung seines linken Flügels zur Verfügung gestellt, 2 Kpn. bleiben dem Kdeur 8. I. R. unterstellt.

1°° rückt die 3. u. 4. Kp. als Verfügungstruppe des Kdeurs 4. I. R., unter heftigstem Art. Feuer hinter den linken Flügel des 4. I. R.

3. Komp., welche die große Schneuße rittlings in nördlicher Richtung vorgerückt war, unterstützte, am linken Flügel der vorliegenden des Angriffs vom 4. I. R. eine gehaltene Stellung angekommen, setzte sogleich den vordersten Zug welcher durch den lichten Wald westl. von dem Feldweg a vorbei vorgehend, bis auf ungefähr 80 m an die franz. Hauptstellung herankam. Die beiden anderen Züge folgten links gestaffelt, gewannen jedoch wegen des von links herkommenden Flankenfeuers kein Gelände, sondern wurden in dem allgemeinen Durcheinander, das sich durch vor- und zurückgehende Teile des 4. I. R. bildete, zurückgerissen und setzten sich in der früheren Stellung des 4. I. R. fest.

4. Kp. besetzte auf Befehl des Kdeurs 4. I. R., Oberst Kleinhenz, mit einem Zug den linken Flügel der alten Stellung des 4. I. R., um als Aufnahmetruppe bei einem Rückschlag zu dienen. Die beiden andern Züge der 4. Kp. gingen in dem nach Norden führenden Laufgraben vor, mit dem Absch-

trag, den linken Flügel des 4. I. R., der befehlsgemäß dicht östl. der großen Schneuse vorgehen sollte, zu verstärken. Die beiden [illegible] [illegible] auf dem Laufgraben durch zurückgehende Teile des 4. u. 8. I. R., welche auf die alte Stellung zurückfluteten, mit zurückgerissen u. besetzten mit Teilen der 12. u. 8. Komp. 8. I. R. den rechten Flügel der früheren Stellung des 8. I. R., dicht westl. der großen Schneuse.

Versuche, Gelände nach vorwärts zu gewinnen, scheiterten an dem Flankenfeuer, das von links aus dem Angriffsstreifen des 8. I. R. einschlug.

3. u. 4. Komp. hielten trotz heftigstem Infanterie- u. Artl. Feuer ihre Stellungen. Der Führer der 3. Kp. Lt. Hergenröder, war gleich bei Beginn des Angriffs leicht verwundet worden.

Der Kdeur. des I/8 befand sich bei der 1. u. 2. Komp. in der Nähe der Gefechtsstelle des 8. I. R.

Das franz. Feuer, welches seit 1^45 etwas abgeflaut war, steigerte [illegible] wieder zu großer Heftigkeit auf.

5^30 wird die 2. Kp. hinter den rechten Flügel der vorderen Linie des 8. I. R. vorgezogen, um einen Durchbruch der Franzosen zwischen dem 4. u. 8. I. R. zu verhindern.

Der Komp.-Führer der 2. Komp., Hauptmann Grau, bekommt von dem Kdeur der vorderen Linie an Ort und Stelle den Befehl: Die 2. Kp. ist derart aufzustellen, daß sie einem feindlichen Vorstoß gegen den linken Flügel des 4. I.R. durch rechtzeitigen Gegenstoß wirksam entgegentreten kann.

Der Komp.-Führer verfügte zu diesem Zeitpunkt nur über zwei Züge, der 3. Zug war zum Herbeiholen von Munition aufgestellt worden. Die zwei noch verfügbaren Züge nahmen Aufstellung an der großen Straße und gruben sich ein. Zu einer Gefechtstätigkeit der Komp. kam es nicht.

6^30 Abds. erhält 1. Komp. den Befehl, hiermit 2 Zügen dem Kdeur. III/8, Major Felser, zur Verfügung zu stellen, 1 Zug als Reserve bei Kdeur. 8 I.R., bei dessen Befehlsstelle zu belassen.

Der Kp.-Führer der 1. Kp., Lt. Volkmann, stellte seine beiden Züge am Quergrabenweg in der Nähe der Befehlsstelle des Kdeurs. III/8 bereit. Die beiden Züge hatten beim Vorgehen durch Infanterie- u. Art.-Feuer ziemliche Verluste erhalten und mußten sich, am Vereinigungsort angelangt, im wirksamsten Feuer eingraben.

Die Kompagn. verbrachten die Nacht vom 5. auf 6. in ihren bei Tag erreichten Stellungen, ergänzten ihre Munition und verpflegten sich durch eine eiserne Portion.

Gefechtsstärke am 5. vor Eintritt in das Gefecht:
18 Offz. 923 Mann.

Verluste:
verwundet: Lt. Hergenröder, 3/8 leicht,
Offz.Stellv. Bindl u. Radach,
130 Mann, darunter
tot: 27 Mann
vermißt: 3 "

Munitions-Verbrauch am 5.5:
25000 S Patronen.
Ersatz durch Entleerung und Wiederfüllung der Patronen-Wagen.

*Anhang 3 Abbildung 4: 05.05.1915, Gefechtsbericht Haut Bois, I/8*[19]

[19] KA: 8. I.R._(WK)_6_16-22 (414).

II/8 9.5.15. No 5.

Bericht über
die Gefechte am 5. 6. u. 7. Mai.

Zum Angriff auf die französische Stellung am Bois Haut war[en] drei Bataillone in 2. Linie hinter dem III/18 angesetzt und zwar: rechts 6/18 (rechter Flügel große Schneise) links 7/18 (linker Flügel Verlängerung der [illegible]) 5/18 hinter 7/18; 8/18 Regiments-Reserve in der Nähe des Rgts.-Unterstandes.

$5^{0}$ vorm. war Aufstellung beendet. 6/18 nahm Verbindung mit III/18 auf u. erreichte die große Schneise. 7. hielt Verbindung mit dem linken Flügel des III/18, 5/8 mit Rgt. 48 links davon.

$10^{30}$ vorm. traten 6. u. 7. Kp. an u. erreichten $10^{45}$ vorm. die Unterstände des III/18.

Beim Sturmangriff um $11^{0}$ vorm. rückten zunächst 6. u. 7. Komp. in die vorderste deutsche Stellung vor, stürmten dann darüber hinaus u. verstärkten die vordere Linie. Die Franzosen machten einen Gegenstoß von rechts her, wobei es zum Handgranatenkampf kam. Ein Teil 6/18 wurde vorgezogen u. teilweise am 4. J.R. eingesetzt. [illegible] im Angriff etwa 400 m über unsere Stellung über unseren feindl. Schützengraben hinweg vorgetragen.

8/18 war $12^{0}$ Mittag dem III/18 zur Verfügung gestellt, wurde zur Ausfüllung der entstandenen Lücken u. zum Verstärken schwacher Stellen des III/18 verwendet. (rechte Hälfte.) Die linke Hälfte des III/18 wurde $11^{30}$ vorm. durch 2 Züge 5/18 verstärkt.

Rest 5/18 blieb zur Verfügung des Batl.-Führers u. hielt Verbindung mit Rgt. 48 aufrecht.

Während die rechten Teile des Regiments ihre eroberten Stellungen bis auf $5^{0}$ nachm. halten konnten, musste der linke Teil nach wiederholten u. heftigen Angriffen der Franzosen (Marokkaner) seine Stellung in unseren vorderen Graben zurückverlegen.

$1^{55}$ nachm. übernimmt Führer II/18 (Hauptm. Goetz) den linken Abschnitt, Major Felser den rechten Abschnitt. Abschnittsgrenze mittlerer Laufgraben. Die Verbände sind vollständig vermischt (II/18, Teile I/18, III/18)

4. J. R., Rgt 48). Gegen Abend wird die Neueinteilung der Verbände so geregelt, daß Lt. Botz die 1. Kp von rechts her, Lt. Hofmann (10./8) die 2. Kp, Lt Moorhäuser die 3. Kp, Lt. Ehmsen die 4. Komp. von rechts her geführt, Lt Nellen die hinten gestaffelte Komp. führen.
Die Grabenbesetzung ist sehr dicht.
Die ganze Nacht hindurch dauert der Inf.- u. Art.-Kampf fort

6. 5. 15.

$4^{0}$ Morgens ein längerer andauernder Feuerüberfall der feindl. Art. mit besonderer Heftigkeit. Starkes feindl. Inf. Feuer. Ab $6^{20}$ vorm. vereinzeltes Art. Feuer, der verhältnismäßig ruhige Vormittag u. Nachmittag wird zum Verbessern der Stellung ausgenutzt. Nachm. kleiner Artillerie-Feuerüberfall, dem bald ein sehr heftiger Inf. Feuerüberfall folgt, der von uns aus nur ganz wenig erwidert wird. 7. Kp. wird abends durch 6/Inf. R. R 46 abgelöst. 1 Zug 6/8 (Ehmsen), der durch diese Ablösung ebenfalls frei wird, wird der Komp. Wolff im Abschnitt Felser unterstellt. 7/8 wird Regimentsreserve in der Nähe des Regiments-Gefechtsstandes.
$8^{30}$ abds – $8^{50}$ abds ferner $8^{55}$ abds. starke fd. Art. u. Inf. Feuerüberfälle; ab ca $9^{30}$ abds. nachts über vereinzeltes Art. Feuer, aber ständig anhaltendes Inf. Feuer.

7. 5. 15.

$2^{45}$ vorm. starkes Art. u. Inf. Feuer, dann Kugelfeuer.
$4^{0}$–$4^{30}$ vorm. Art. u. Inf. Feuerüberfall.
Von $5^{0}$ vorm. ab wird III/8 mit der vorderen Linie freiwillig gegen Mannschaften anderer Truppenteile werden zu diesen entlassen,
Neueinteilung:

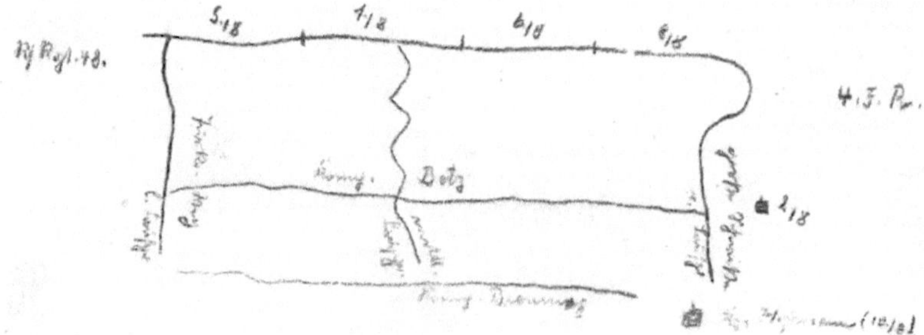

Führung der Sperrgrabenbesatzung übernimmt Hptm. Goetz
" der Bereitschaft u. Res. Major Felser.
7/8 bleibt Regimentsreserve; ersetzt Rest 5/8
$10^{35}$ vorm., $12^{40}$ u. $2^{10}$ nachm. Art. Feuer. Abends 3 frz. Flieger über der Stellung. $7^{0}$ abds. Art. Feuer.
Ab $9^{0}$ abds. bis $4^{0}$ Morgens Art. u. Inf. Feuerüberfälle, wie die letzten beiden Nächte von wechselnder Dauer u. Heftigkeit.
Verbesserung der Stellung. 8/8 zählt 80 f. 15 cm Granaten aus.
Verpflegung während der drei Gefechtstage durch Konserven Zuteilung schön.
Ablösung am 8.5.15 gegen $5^{0}$ vorm. durch I.R. 65.
Verluste:

| Komp. | Offiziere etc. tot | verw. | verm. | Unteroffz. u. Mannsch. tot | verw. | verm. | Bemerkungen. |
|---|---|---|---|---|---|---|---|
| 5. K. | – | 1 | | 5 | 39 | 10 | Lt. Köhne |
| 6. K. | – | – | 1 | 8 | 47 | 25 | Offz. Stellv. Wölfel |
| 7. K. | 1 | – | | 19 | 39 | 12 | Offz. Stellv. Stüber |
| 8. K. | – | 1 | | 8 | 34 | 7 | Lt. Sommer |
| Summe: | 1 | 2 | 1 | 40 | 159 | 54 | |

Goetz

*Anhang 3 Abbildung 5: 05.05.1915, Gefechtsbericht des II/8 Haut Bois*[20]

[20] KA: 8. I.R._(WK)_7_7 (414).

III/8.J.R. Anlage 105 b

G e f e c h t s b e r i c h t

für den 5. Mai 1915 im Bois Haut.

Zum Angriff stellte sich das Batl. mit Front gegen die franz. Stellung bereit:
11/8 und 10/8 in erster Linie in unserer 2.Stellung.11/8 rechts mit rechtem Flügel an der grossen Schneise. 10/8 links mit linkem Flügel am Turko-Weg. Jnnere Flügel am Verbindungsgraben. Die Frontbreite betrug 350 m.

Jede Kompagnie hatte 1½ Züge in erster Linie. 1½ Züge sollten beim Vorgehen mit 150 m. Abstand folgen.

Jn zweiter Linie stellte sich 9/8 in unserer 3.Stellung bereit, Mitte der Kompagnie in der Verlängerung des Verbindungsgrabens.

Jn dritter Linie stand 12/8 150 m. hinter der 9/8.
12/8 ha tte zu unmittelbarer Verfügung des Batls.Kdeurs. 1 Zug an die Batls.Gef.Stelle gegeben.

Dort befanden sich,ebenfalls als Reserve des Batls.Kdeurs.,auch 2.M.G. des 8.J.R. Der 10.u.11/8 waren je 2 Gruppen Pioniere mit Handgranaten zugeteilt.

<u>Auftrag:</u> Das Batl. greift die feindl. Schützengräben zwischen Schneise und Turkoweg an und nimmt sie.

Um 11 Uhr vorm. sprang die erste Linie aus unserer Stellung zum Angriff vor. Sie musste,um in unsere erste Stellung zugelangen,einen Weg von 160 m. im sehr lichtem Hochwalde zurücklegen;von da zum Feinde betrug die Entfernung noch 60 - 80 m. Schon beim Verlassen der 2. Stellung erhielten die Schützen wirksames Jnfanterie-Feuer. Jn einem Sprung erreichten sie unsere erste Stellung und machten dort eine Schnaufpause.Die zurück gebliebenen Halbkompagnien folgten nach.Nachdem diese eingetroffen waren,erhoben sich die Kompagnien zum Sturmangriff.

Jn einem schnellen Sprung,zu dessen Beginn Oblt.Bastian 11/8 an der Spitze seiner Kompagnie verwundet fiel,erreichte 11/8 unter empfindlichen Verlusten die feindl. Stellung.

Der links von ihr vorgehenden 10/8 schlug schon beim Verlassen des Deckungsgrabens ( 2.Stellung ) starkes Jnf.u.M.G.=Feuer entgegen. Gleichwohl überschritt sie unseren ersten Schützengraben,wo sie sich aber halbwegs zwischen diesem und der feindl. Stellung nieder werfen musste und das Feuer mit der Mann an Mann liegenden Besatzung des franz. Grabens aufnahm. 9/8 ging,nachdem 11/8 den vor ihr liegenden feindl. Schützengraben in einer Frontbreite von 180 - 200 m.genommen hatte,Befehlsgemäss mit 2 Zügen in erste Linie zur Unterstützung der 11/8 vor.Jhr Führer Ltn.d.R. Pritzel liess,nachdem sich zwischen 4.J. R, und der 11/8 eine Lücke zeigte,diese gleichzeitig durch seinen 3. Zug ausfüllen. 11/8 hatte die Franzosen aus dem eroberten Schützen=graben vertieben;der Gegner zog sich im dichtem Unterholz schnell zu=rück und kam hier bald ausser Sicht.Die im Graben zurück gebliebenen Franzosen wurden im Handgemenge rasch nieder gemacht,der Rest gefangen genommen.

11/8 richtete sich in dem Graben ein. Jn der linken Flanke wurde sie aber energisch durch die Franzosen angegriffen,die im Rollangriff mit Handgranaten ihr das genommene Grabenstück wieder zu entreissen suchten. Gegen die linke Flanke der 11/8 gingen die Franzosen auch über das freie Feld zum Angriff vor.Dieser wurde aber abgewiesen.Am linken Flügel der 11/8 war also ein weiteres Vorgehen zunächst nicht möglich. Dagegen gelang es dem rechtem Flügel im Verein mit der ein=getroffenen 9/8 auch den etwa 30 m. hinter dem genommenen Graben lie=genden 2.franz. Schützengraben zu stürmen und zu besetzen. Auch hier kam es zum Handge-menge. Mehere Franzosen wurden gefangen genommen. Aber auch hie gingen die Franzosen gegen den linken Flügel der unter Ltn. Pritzel hier stehenden Kampfgruppe zum Gegenangriff vor. Ein bis zwei franz. Kompagnien,die hier angriffen,wurden durch unser Feuer abgewiesen.

Der Angriff der 10/8 konnte nicht weiter fortschreiten.Aus dem franz. Schützengraben schlug ihr ein Jnf.u.M.G.=Feuer (aus 8 franz. M.G.) derartig heftig entgegen,dass die Schützen anfingen,in unseren

Graben zurück zu kriechen.

Die zunächst am Feinde liegenden Schützen konnten aber erst nach Einbruch der Dunkelheit in unseren ersten Graben zurück genommen werden.

12/8 in dritter Linie trat an, nachdem bereits 2 Kompagnien des II/8 vorzeitig zum Sturm angetreten waren. 12/8 hatte 2 Züge in einer Linie entwickelt. Sie bekam beim Vorgehen aus unserer 3. in die 2. Stellung und von da aus in unsere 1. Stellung sehr starkes feindl. Jnf.-Feuer, wodurch sie schon 50 Mann von ihrer Stärke einbüsste. 12/8 stiess in unserem ertsen Schützengraben auf 10/8 und auf Teile des II/8. Sie nahm mit diesen das Feuergefecht gegen die in ihrem Schützengraben gedeckt liegenden Franzosen auf. Die Franzosen feuerten meistens über Bank. Jn ihrer Front wurden 8 franz. M. G. festgestellt. Der Kopfbedeckung nach ( Turban ) hatten wir es mit Marokkanern zu tuen. Das äusserst lebhafte feindl. M.G. und Jnf.-Feuer unterband zunächst auf diesen Flügel die Möglichkeit zum weiteren Angriffsweisen Vorgehen auf die feindl. Stellung. Die franz. Schützengräben wiesen nicht die geringsten Spuren der Wirkung unserer Artl.-Beschiessungauf. Auch alle Kämpfer der 9/8 und 10/8, welche in dem franz. Graben gewesen waren, äusserten sich dahin, dass beim ersten Angriff alle franz. Gräben dicht besetzt waren, dass dort weder Spuren der Wirkung unseres Artl.-Feuers bemerkt, noch verwundete Franzosen angetroffen worden sind.

Ltn. Pritzel bat das Batl. um Unterstützung. Daraufhin wurde die letzte Reserve des Batls, ( 1 Zug der 12/8 unter Vzfw. Weindel und der M.G. Zug) zu seiner Unterstützung vorgeschickt. Beide Zugführer erhielten den Auftrag, die 9/8 zu unterstützen, den Angriff vorwärts zu tragen und auf den Schutz der rechten Flanke unserer vordersten Linie bedacht zu sein. Sowohl der Jnf. Zug wie der M.G. Zug gelangten im feindl. Feuer nicht über unseren ertsen Graben hinaus, sondern nahmen in diesen Stellung. 9/8 und Teile der 11/8 waren inzwischen mit ihren rechten Hälften in einen dritten franz. Graben gelangt, der etwa 30 m. hinter den zweiten genommenen franz. Graben lag. Sie besetzten diesen und behaupteten ihn mit Teilen des II/8 und der 5/4. J.R. gegen mehrere franz. Gegen=

angriffe. Diese wurden von je zwei franz. Kompagnien ausgeführt, Schwarze befanden sich darunter nicht.

Um 2 Uhr nachm. traf die vom Regt. erbetene und dem Batl. zur Verfügung gestellte 8/8 an der Batls. Gef. Stelle ein. Der zuerst eingetroffene Zug ( Ltn. Sommer ) erhielt Befehl längst der grossen Schneisse vorzugehen, in die im dritten franz. Graben liegende 9/8 einzuschieben und den Angriff vorzutragen.

Dieser Zug kam auch in diesem Graben und beteiligte sich wirkungsvoll an seiner Verteidigung. Weiter vorzugehen war nun wegen der nunmehr einsetzenden überlegenen, durch Turkos ausgeführten Gegenangriffe zunächst unmöglich.

Nachdem weitere Rufe um Unterstützung der 9/8 und vom 4.J.R. erfolgt waren, (es war zwischen 4.u.8.J.R. eine Lücke entstanden) erhält Ltn.d.R. Paulus, Führer der 8/8 Befehl, diese Lücke zu schliessen, den rechten Flügel des Batls. zu stärken und den Angriff vor zu tragen. Der Komp. Führer verstärkte zunächst den arg bedrängten Zug Sommer 8/8 durch den dritten Zug (Ltn.d.R. Schönig ) es kam zu einem hin und her wogenden Kampf mit an Zahl überlegenen marokkanischen Kräften, wobei sich Gefr.d.R. Bosch durch wirksames Werfen von Handgranaten besonders auszeichnete. Ltn.d.R. Paulus setzte darauf seinen letzten Zug, mit dem er selbst vorging, ein um den Angriff vor zu tragen. Er fand aber weder rechts noch links Anschluss an eigene Truppen. Um von den sich immer mehr verdichtenden Marokkanern nicht abgeschnitten zu werden, entschloss sich Ltn. Paulus zum Zurückgehen in unsere erste Stellung. Diese Bewegung wurde ausgeführt; die 8/8 behauptete sich dann in unserem ersten Schützengraben.

Als gegen 5,30 Uhr abds. überlegene Gegenangriffe von Turkos gegen den vordersten von uns besetzten franz. Graben erfolgten und gleichzeitig der linke Flügel des 4.J.R. zurück gedrängt wurde, mussten auch die anderen Kompagnien des II/8 und III/8 in Staffeln vom rechten Flügel auf den zweiten eroberten Graben, von diesem auf den ersten eroberten Graben kämpfend zurück weichen und unter dem Drucke des von den Franzosen gegen den linken Flügel der 11/8 energisch mit Handgrä=

naten geführten Rollangriffs in unseren eigenen vordersten Schützengraben zurück gehen.

Störend wurde dabei empfunden, dass der Vorrat an Handgranaten schon zu Ende gegangen war, während die Franzosen über eine genügende Anzahl verfügten.

Ltn.d.R. Pritzel, der zunächst dem Feinde geblieben war, deckte mit einzelnen Gruppen den Rückzug gegen den nachdrängenden überlegenen Feind, den er durch persönliches Werfen von Handgranaten von sich abzuhalten wusste. Erst kurz vor unseren eigenen Graben wurde er verwundet und fiel in Feindeshand.

Vor unserem ersten Schützengraben brachen die feindl. Gegenangriffe zusammen. Die Franzosen setzten sich in ihrer alten Stellung fest und machten keinen Versuch, gegen die von uns behauptete Stellung angriffsweise vorzugehen.

Jhr Jnf.-Feuer blieb an dieser Stelle fast wirkungslos. Während des ganzen Angriffs erhielten unsere vorderen Linien kein feindl. Artl. Feuer. Erst gegen 7 Uhr abds. erhielt die linke Hälfte des Batls. (10/8 und 12/8 ) einzelne Schrapnellschüsse, wobei der Führer der 10/8 Ltn.d.R Sachs erheblich am Rücken verletzt wurde.

Um 5 Uhr traf die vom Regt. zur Verfügung gestellte 2/8 zunächst nur mit 2 Zügen in Nähe der Batls.Gef.Stelle ein. Nach Unterweisung über die Lage erhielt ihr Führer Hauptm. Grau Befehl in der Nähe der Unterstände der Minenwerfer ( siehe Skizze ) sich so bereit zu stellen dass einem Durchbruchsversuch zwischen 4.u.8.J.R. begegnet werden konnte.

2/8 stellte sich zu diesem Zwecke mit 2 Zügen bei den Unterständen der Minenwerfer bereit; Zug Heikhaus , der mit frischer Munition, erts ¼ Stunde später eintraf, wurde in zweiter Linie links gestaffelt in unserer dritten Stellung bereitgestellt.

1/8 war vom Regt. gleichfalls dem Batl. zur Verfügung gestellt worden. Sie traf an der Batls. Gef. Stelle um 6,30 Uhr abds. ein; da bis dahin alle Teile des Batls. wieder in unserem ersten Schützengraben zurückgegangen waren, war ihr Einsatz nicht mehr nötig. Sie wurde deshalb als Reserve des Batls.Kdeurs.hinter dem rechten Flügel des Batls. am Franzosenweg bereitgestellt.

Einteilung des Batls.ab 6.30 Uhr abds.vom rechten Flügel herein:
Kompagnie Paulus,Wolff,Breünig,
dahinter in zweiter Linie Grau (2/8)
in dritter Linie Vollmann (1/8)

Befehl des Batls.: Unsere Stellung wird unter allen Umständen gehalten und ist mit allen Mitteln auszubauen.

Verpflegung erfolgten Nachts aus Feldküchen und wurde durch 1/8 der Schützengrabenbesatzung zugetragen.1/8 sorgte auch für Herbeischaffung und Verteilung von Trinkwasser.

Patronenverbrauch des Bataillons: rund 30000 Patronen.

Verluste:

Offiziere:

| | | | |
|---|---|---|---|
| 9/8 | Ltn.d.R.u.Komp.Führer | Pritzel | verwundet und vermisst |
| | Ltn.d.R. | Schultz | verwundet |
| | Offz.Stellv. | Lumb | verwundet |
| | " " | Wiedmann | verwundet |
| 10/8 | " " | Fahrnholz | tot |
| | Ltn.d.R.u.Komp.Führer | Sachs | verwundet |
| | " " | Seubert | verwundet |
| 11/8 | " " | Ballerstedt | tot |
| | Offz.Stellv.Fähnrich | Paul | tot |
| | Obltn.u.Komp.Führer | Bastian | verwundet |
| | Ltn.d.R. | Faymonville | vermisst |
| 12/8 | Ltn.d.R. | Friedrich | verwundet |
| | Offz.Stellv.Fähnrich | Garvens | tot |

Mannschaften:

III/8 mit M.G.K. 37 tot, 228 verw., 76 vermisst.

Das Bataillon machte ungefähr 60 Gefangene.

gez. F e l s e r.



*Anhang 3 Abbildung 6: 05.05.1915, Gefechtsbericht des III/8 im Bois Haut*[21]

[21] KA: 8. I.R._(WK)_11_128-133 (1554).

Bayr. 8. Infanterie = Regiment 30. 3. 16.

Abschnitts = Befehlsstelle .

A b e n d m e l d u n g .

Komp.=Abschnitt :

7 : 8.45 - 9.00 V. 2 Feuerüberfälle zu je 50 Gr.Feld aus W.
Nachmittag einzele Schüsse; hierdurch 1 Mann schwer verwundet.

8 : 8.40 , 8.45 und 8.50 V. Feuerüberfälle von 30, 40 und 60 Granaten ( 7,5 ) auf linken Flügel der 1. und 2. Linie .
3.00 Nachm. 25 Granaten aus W. Verluste : Ø .

9 : 7.30 - 11.00 Vorm. 90 Granaten Feld und 9 cm. zwischen 1.und 2.Linie . Verluste Ø .
2.00 - 3.35 Nachm. 10 Granaten 7,5 und 9 cm. alle aus W.
Verluste : Ø .

10 : 6.00 - 9.00 Vorm. 75 Granaten schweres Kaliber ( 9 cm.)aus W. hinter Abschnitt 10.
30 Granaten Feld aus W.
9.00 - 10.30 Vorm. etwa 60 Granaten mittl. Kaliber auf linke Hälfte 1. und 2. Linie .
11.30 4 Granaten mittl. Kal. auf 2. Linie .
1.15 Nachm. 12 schwere aus S.W. auf rechten Flügel 1.und 2. Linie .
2.20 Nachm. 3 }
3.15 Nachm. 20 } Gran. 7,5 aus Richtung Palameix .
Verluste : Ø .

11 : 8.45 - 9.30 Vorm. 20 Granaten Feld auf 2. Linie
11.00-11.15 " 10 " " " " "
12.45 Nachm. 15 "
1.00 " 10 "
2.30 " 5 schw. Kal. aus N.W.
1 Leichtverwundeter .

12 : 6.30 - 8.00 Vorm. 40 Granaten 7,5 auf 2. Linie aus Palameix.
6 Gewehrgranaten .
10.30 4 kleine Minen .
3.00 - 4.00 Nachm. 250 Schuss 7, 5, 2, und 1. Linie.
Seit 3.50 Fernsprecher unterbrochen .
1 Mann verwundet durch Splitter.

3. Linie : 7.00 - 8.00 Vorm. 10 Granaten 15,5 aus N. W.
8.00 Vorm. 20 " leicht und mittl. Kalib.
3.00 Nachm. 10 Granten Feld aus Westen .
2 Mann 7/8 leicht verwundet .

*Anhang 3 Abbildung 7: 30.03.1916, feindlicher Artillerie-Beschuss*[22]

[22] KA: 8. I.R._(WK)_2_11 (414).

Wetter: [illegible]

22. Mai Montag. Franz. Angriff auf den Abschnitt der 8. b. Inf. Brigade.

$7^{00}$ Vorm.: Vereinzeltes Feuer. $8^{00}$ Vorm.: Merkliche Steigerung

$9^{00}$ Vorm.: Größte Heftigkeit. $10^{00}$ Vorm.: Abflauen.

$9^{00}$ Vorm.: Brigadebefehl: Alles marschbereit.

Das feindl. Feuer vormittags galt hauptsächlich den Abschnitten 14, 15, 16.

Bis $6^{00}$ Nachm. trat dann vollständige Ruhe ein, von $6^{00}$ Nachm. ab war das Feuer nur vereinzelt.

Von $7^{00}$ Nachm. ab alle 2-3 Minuten Artillerie-Salven mit Minenbegleitung auf 4. I. R., 8. I. R., 7. Gren. R.

Die Telegr. Verbindungen waren zerstört, sofort abgeschickte Leitungspatrouillen stellten sie wieder her.

$8^{00}$ Nachm. wird durch Brigadebefehl „Bereitschaft" aufgehoben. Unterdessen wächst das Artilleriefeuer zum Trommelfeuer [zum Trommelfeuer]. Bereitschaften und Batterien werden beschossen. Meldung durch Artilleriebeobachter: „Angriff zu erwarten."

$9^{00}$ Nachm. Brigadebefehl:

1, Abschnitt 14, 15, 16, erhalten sehr starkes Feuer.

2, Brigadereserve macht sich gefechtsbereit

1/8. besetzt mit je 1 Zug den Opmeles-Stützpunkt u. Stützpunkt II. mit je ½ Zug die Linie zwischen Opmeles-Stützpunkt und Befehlsweg, mit je ½ Zug die 2. Stellung zwischen Opmeles-Stützpunkt u. Stützpunkt I.

47

| Absender | Meldung | Ort | Dat. | Zeit |
|---|---|---|---|---|
| | Abgegangen | | | |
| | Angekommen | | | |

An

Oben

1 : 25 000 — 1 : 50 000 — 1 : 100 000

Die nicht benötigten Maßstäbe durchstreichen.

48 91

Weitere Befehle im Lager übersandt.

gez. v. Rücker

Geschrieben durch Fernspruch $9^{h}$.

$9^{00}$ Nachm. wird eine Sprengung im Abschnitt 12 gemeldet.

1. Meldung $9^{50}$ Nachm. ~~beiliegende~~ Meldung vom Abschnittskommandeur Major Felser III/8, geht weiter zur Brigade.

Hierauf $10^{15}$ Nachm. Abmarsch der 4/8, die trotz heftigen Artilleriefeuers ohne Verluste zur Abschnittsbefehlsstelle gelangt.

[illegible] Meldung. $11^{00}$ Nachm. gleichlautend der 1. Meldung beiliegend.

$12^{00}$ Nachts tritt Ruhe ein.

Angriff abgewiesen, die Stellung restlos in unserem Besitz, besonders durch kräftige Unterstützung unserer Artillerie, und derjenigen vom III. b. A.K. Wetter: sehr schön.

[illegible] Mai [illegible] meldung. Bis $2^{30}$ Vorm. ~~[illegible]~~ Schüsse auf Straßen und Batterien.

$2^{00}$ Vorm. besetzt III/4 F.K. auf Divisions-Befehl (Mitteilung durch Verb.führer 9/4 Lt. Weber) den Ormières-Stützpunkt bis einschließlich Stützpunkt II zusammen mit I/8.

$5^{30}$ Vorm. rückt I/8 ohne Verluste, ins Lager ein, bis auf die Besetzung des Ormières-Stützpunktes und Stützpunktes I.

$6^{30}$ Vorm. rückt auch 4/8 ohne Verluste, ins Lager ein.

Die Nacht über war die Brigadereserve marschbereit gewesen.

Tagsüber wurden die Ormières-Batterien kräftig beschossen.

Vom Abschnitt war nichts neues zu melden.

$9^{00}$ Abends wurden die Ormières und die Batterien an dieser Straße mit Gasgranaten beschossen, und zwar an 3 Stellen. Die Gasschicht, die sich am Waldrand bildete, wurde um $9^{30}$ in der Nähe des Brigadestabs deutlich bemerkt,

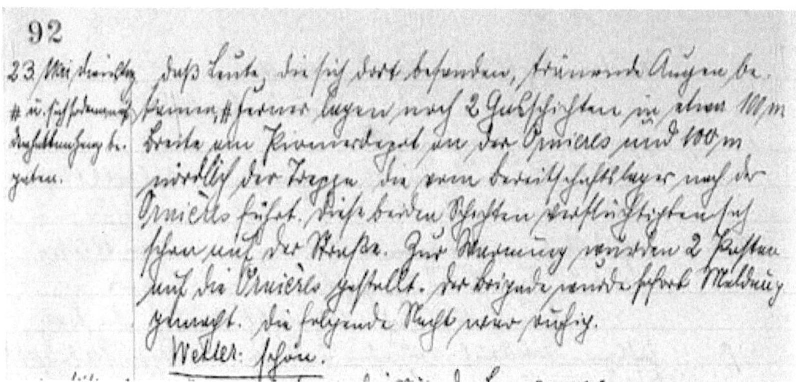

*Anhang 3 Abbildung 8: 22.05.1916, Gefechts-Bericht des I/8. I.R. im Bois des Chevaliers auf den Maas-Höhen*[23]

[23] KA: 8. I.R._(WK)_6_58-62 (1554). Der Meldezettel lag im Bataillonsbericht.

I. 8

## Gefechtsbericht

für das Gefecht am 22. 5. 16 im Bois des Chevaliers.

Um 7^30 nachmittags legte die franz. Artillerie starkes
Wirkungsfeuer auf die Abschnitte 4, 5 u. 6, das sich 8^30 N.
zum Trommelfeuer steigerte.
Im Abschnitt des 8. I. R. herrschte bis 8^30 N. vollkommene Ruhe.
Das starke feindl. Art. Feuer beim Grenadier-Regt. 7 ließ auf
einen franz. Angriff schließen. Für den Abschnitt des 8. I. R.
wurde daher erhöhte Gefechtsbereitschaft befohlen. Graben 9
erhielt Befehl sofort die zweite Linie mit einem Zug zu besetzen,
ständig mit dem Graben 8 Verbindung zu halten und auf
den Schutz der rechten Flanke bedacht zu sein. Im Lager
bei der Regts. Gef. Stelle befanden sich bereits seit 21. 5. 16
2^45 N. zwei Züge der 3/8. als Reserve.
8^35 N. starkes Inf.- und M. G. Feuer aus Richtung Vaux-les-
Palameix hörbar. Gleichzeitig franz. Sperrfeuer auf Wessermeyer-
Quelle und Feldküchenweg.
8^40 N. gab unsere Art. auf Anfordern langsames Feuer
auf Graben 66 u. 67 ab. Art. Kommandeur teilte mit: Französischer
Inf. Angriff auf Abschnitte 4, 5 u. 6.
8^50 N. verstummte der Gefechtslärm beim Grenadier Regt. 7.
9^00 N. verlegte die franz. Art. ihr Feuer auf die Gräben
11 u. 12 vordere Linie, Graben 13, 14 u. 15. Gleichzeitig erhielten
die Gräben 10, 11 u. 12 schweres Minenfeuer. Graben 9 M. G. Feuer
aus der Zick-Zack, Graben 12 starkes Inf.- u. M. G. Feuer.
Ein franz. Angriff auf die Gräben beiderseits der Ornières
war zu erwarten. Langsames Art. Feuer auf Graben 76 u. 78
wurde angefordert und erfolgte sofort.

$9^{30}$ N. Abschnittsbefehl:
35. besetzt mit einem Zug die zweite Linie von 12 beiderseits des mittleren Laufgrabens. Auftrag: Linie, dessen Angriff auf 12 vermutet wird, ein Vordringen dieses Abschnittes über die erste Linie feindwärts verhindern und ihn, falls ihm ein Festsetzen in der ersten Linie gelungen sei, durch Gegenangriff hinauswerfen. Beim Eindringen des Gegners in 13 u. 14 flankierende Unterstützung der Grabenbesetzung von 13 u. 14. Ein Zug der 35. verstärkt die Besetzung des Rinder-Stützpunkts, Ascaria-Stützpunkts und Riegelgrabens.
$9^{40}$ N. war der Befehl durchgeführt. Zug Sonderburg in 2ter Linie von 12, Zug Grün in 3ter Linie. Komp. Führer im Riegelgraben, später in Ascaria-Stützpunkt nahm Verbindung mit Graben 13 auf.
$9^{50}$ N. wurde telefonisch und durch Meldegänger eine Komp. der Brig.-Reserve als Unterstützung zur Regts. Gef. Stelle verlangt. Das Lager der Regts. Reserve sowie die Quartiere erhielten noch kein Feuer, während der lange Laufgraben und die 3te Linie von der franz. Art. unter heftiges Feuer genommen wurden. Unter wachsendem Art.- u. Minenfeuer auf Graben 12 erfolgte $9^{55}$ N. eine franz. Sprengung zwischen den Minenstollen 13a u. 13b. $9^{58}$ N. setzte das telefonisch u. durch Leuchtkugeln angeforderte Sperrfeuer auf die franz. Graben gegenüber Abschnitt 11 u. 12 ein. Sämtliche Minenwerfer im Abschnitt verstärkten ihr Feuer. Die Posten in den Trichterlagen blieben unversehrt. Handgranatentrupps der 35. besetzten sofort den alten franz. Graben, die Trichter des ersten Kugelzugs und verstärkten die Sappenposten. Ein mittlerer Minenwerfer feuerte dauernd in und in die Nähe des neuen Trichters.
M.G. No 5 vordere Linie von 14 eröffnete unmittelbar

nach der Sprengung das Feuer auf die Trichterränder. Feuerdauer 11 Min.

10. K. (Graben 11) besetzte sofort nach der Sprengung die Brustwehr des Grabens mit zwei Zügen und eröffnete die Gegen... Die Franzosen, die durch ihre Sprengung und andere Verluste bedingt auch unsere Anlagen erheblich beschädigten, machten keinen Versuch den Trichter zu besetzen.

9.45 N wurde ein Halbzug der 12. K. aus Graben 9. als Regts. Res. nach dem Lager der Res. Komp. gezogen.

9.50 N telefonische Meldung von Vlt. Marshauser: Rauchwolke vor Graben 12 hat sich verzogen, feindl. Art. Feuer wird schwächer und verteilt sich gleichmäßig auf den ganzen Abschnitt.

10.00 N Abschn. trat vollkommene Ruhe ein, nachdem unsere Art. u. Minenwerfer bereits um 9.55 N das Feuer langsam einschlafen ließen.

10.25 N Mitteilung des Art. Kommandeurs: Franz. Angriff bei Vaux-les-Palameix abgeschlagen.

In der Zeit von 10.00 - 10.30 N gab unsere Art. ruhiges langsames Einzelfeuer auf 66, 67, 70, 76 u. 78 ab.

Gegen 10.55 N eröffneten die Franzosen abermals starkes Art.- und Minenfeuer auf Graben 11 u. 12, gleichzeitig setzte lebhaftes M.G.- und Inf. Feuer ein.

Feindliche Handgranatentrupps mit Drahtscheren ausgerüstet gingen gegen die Linie rechter Flügel 12 - Bismarckturm vor und versuchten das Drahthindernis vor der vorderen Linie zu zerschneiden. Der schwache feindl. Angriff wurde durch Inf. Feuer und Handgranaten von Abschnitt 12 u. 11 und glatt abgeschlagen. Das Sperrfeuer unserer Art. lag so gut, daß das Vorgehen größerer feindlicher Abteilungen unmöglich war.

Auf der Stellung des 4. I.R. lag zur selben Zeit starkes Art. Feuer, M.G.- u. Gew. Feuer war deutlich hörbar.
Während des kurzen Kampfes vor Graben 11 u. 12 ließ der Führer von Graben 10 den südlichsten Verbindungsgraben durch eine Gruppe, Front gegen Abschnitt 11 u. 12, besetzen, um einen etwa in 11 eingedrungenen Gegner flankierend unter Feuer zu nehmen.
2 Gruppen wurden am Verbindungsweg als Komp. Reserve bereitgestellt.
10⁵⁰ N. ließ die beiderseitige Artillerietätigkeit nach.
11¹⁵ N. trat vollkommene Ruhe im Abschnitt ein.
Die von der Brig. Res. erbetene Komp. 4/8. traf 11³⁰ N. ohne Verluste im Lager der Regt. Res. ein.
Der 1/2 Zug 12/8. wurde gleichzeitig dem Graben 9 wieder zur Verfügung gestellt. Während der Nacht Einzelfeuer unserer Artillerie.
4/8. arbeitete am Ausbau der 2. Linie von 12, Minentransport, Transport von Pion. Ruten.
4³⁰ V. rückte 4/8. nach dem Brig. Ziel ab. Die beiden Züge 3/8 wurden 4³⁰ V. ins Lager der Regt. Reserve zurückgezogen.
Die entstandenen Verluste waren gering:
1 Mann tot,
2 " schwer verwundet,
2 " leicht verwundet.
Die Verluste des Feindes konnten nicht festgestellt werden. Offenbar hat der Gegner seine Toten und Verwundeten unter dem Schutze der Nacht eingebracht. Nach Meldung der Posten hörte man nachts deutlich jammern von Verwundeten.

Patronenverbrauch:

M.G. 5 750 Schuß
Infanterie 2500 "
Handgranaten 250 Stck.

Zahl der von der M.W. Komp. 233 verschossenen Minen:
50 mittlere Minen
100 leichte "
32 [illegible] "

Anzahl der feindl. Granaten u. Minen:

Graben 9 100 mittlere Granaten

" 10 100 Feldgranaten
90 mittlere u. schwere Minen.

" 11 150 leichte u. mittlere Granaten
50 mittlere u. schwere Minen.

" 12 500 leichte u. mittlere Granaten
100 mittlere u. schwere Minen.

3. Linie 1200 leichte u. mittlere Granaten.

Erfahrungen:
Zusammenwirken zwischen Inf. u. Artillerie war sehr gut.
Sperrfeuer kam immer rechtzeitig u. schnell.

Wo die telef. Verbindungen aussetzten, wie nach Abschnitt 11 u. 12, wurden die Lichtsignale nach rückwärts schnell aufgenommen.
Die Telefonleitungen waren bis auf die im Graben 11 u. 12 vollkommen brauchbar.

Die am 23.5.16 in den Morgenstunden vorgenommene Erkundung des neuen franz. Trichters hatte folgendes Ergebnis:
Durch die Sprengung wurde die Brücke zwischen 2 vorhandenen alten Trichtern verschlungen. Hohe Trichterränder, die unsere oder die feindl. Stellung verdecken würden, entstanden nicht. Unsere Minenstollen wurden nicht beschädigt. Der alte franz. Graben blieb vollkommen unverändert, mit Stein- und Erdgeröll wurden die dortigen Gräben mehr oder minder gefüllt. Das Hindernis litt nur wenig. Durch die Sprengung wurde die franz. Stellung an den Trichtern, soweit festzustellen war, nicht verändert. Die Sandsackbauten auf dem alten franz. Trichterrand blieben.

gez. Teller.

Gesehen:
1. 6. 16.
v. Rücker

*Anhang 3 Abbildung 9: 22.05.1916, Gefechtsbericht des II/8. I.R. im Bois des Chevaliers auf den Maas-Höhen*[24]

[24] KA: 8. I.R._(WK)_2_15-20 (414).

Anl. 6.

No 1072.
Nachrichtenstelle 6
6. Feldart.-Brigade

25.6.1916.

Wochenbericht
d. N. St. 6.
[: Zeitraum vom 18.6.-24.6.1916. :]

I. Feindliche Artillerie:

Das feindliche Artilleriefeuer hielt sich annähernd auf gleicher Höhe. Die Zahl der gegen den Raum der 6. Division verfeuerten Geschosse beträgt etwa 10 700 [9750].

Auf den rechten Abschnitt der 6. I.D. lagen etwa 9280 [1630], auf den linken Abschnitt 1420 [1120] Schuß.

Es wurde aus folgenden Artilleriestellungen gefeuert:
276, 324, 322, 319a, 319, 318c, 318, 317a, 314, 310, 309, 465, 308a, 308b, 301c, 290, 301, 288, 307, 307a, 306, 327 d III, 305, 304a, 293, 45, 45a, 301/302, 301a, 36, 53a, K 32 c I, 55, 58, 58a, 50a, 50b, 58b, 58c, 59a, 63d, 65a, 66a, E 37 b IV, 72, E/F 40 b/a II, 75, 88a, 78, 82, 139, 164, 157, 159, 152, 152a, 200, 185, 263, 264, 279, 266, 265, 281, 284, H 456 I.
[: Die unterstrichenen sind einwandfrei festgestellt. :]

Davon haben gegen: Rechten Abschnitt 6. I.D. gefeuert:
318c, 327 d III, 304a, 293, 45, 45a, 301/302, 301a, 36, 53a, K 32 c I, 55, 58, 58a, 50a, 50b, 58b, 58c, 59a.

Gegen: Linken Abschnitt:
63d, 65a, 66a, E 37 b IV, 72, E F 40 b/a II, 75, 88a, 78, 82.

Am 22.6. wurde Ortschaft Vigneulles mit 9, Chaillon mit 40, Varvinay mit 12 Schuß aus südwestlicher Richtung, am 23.6. Bahnhof St. Benoit mit 70 Schuß aus Süden belegt. Schloß l'Etanche und Umgebung, Senonville und Königsmulde wurden wiederholt beschossen.

Stellung 2/3. F.A.R. erhielt jedesmal lebhaftes Feuer, wenn sie gegen Battr. 36 schoß. Gegen das Straßenkreuz nördlich Varvinay die ganze Woche hindurch einzelne Schüsse in unregelmäßigen Zwischenräumen.

Kaliber über 15,5 cm wurden nicht festgestellt. Gasgranaten kamen nicht zur Verwendung.

## II. Eigene Artillerie-Tätigkeit:

Es wurden im Ganzen verfeuert: 856 [1171] Schuß, davon trafen auf Feldart. 209 (550) und auf die schw. Art. 647 (621) Schuß. Gegen Flieger wurden außerdem noch 316 (154) Schuß verfeuert.

Die schw. Art. brachte mit s. F. H., 9 cm Kan. und zwei 15 cm Kan. wiederholt feuernde feindliche Batterien zum Schweigen. Die Straße Recourt – Villers wurde mit 15 cm K. in 22. dauernd unter Feuer gehalten.

Feldart. störte Schanzarbeiten und Verkehr und beschoß feuernde feindliche Batterien, soweit sie in ihrem Wirkungsbereich lagen.

## III. Sonstiges:

a) Die feindliche Fliegertätigkeit war bei Flugwetter sehr lebhaft. Wiederholt überflogen feindliche Geschwader unsere Linien.

Der Fesselballon bei Mataumont war am 20. 21. und 22. hoch.

b) Der Verkehr hinter der feindlichen Front zeigte keine auffallenden Veränderungen.

c) Die Schanztätigkeit war im Nordabschnitt eine sehr rege. Neue Fliegeraufnahmen lassen umfangreiche Neubauten zwischen Lacroix und La Selouse erkennen. Ein stark ausgebauter Verteidigungsgraben wurde ferner von Pt. 103 über die Südspitze von La Selouse nach dem Nordrand des abgesprengten Wäldchens neu angelegt.
Auf den Höhen 294 und 269 sind in den rückwärtigen Linien Verstärkungen geringeren Umfanges und einige Laufgräben neu entstanden.
Im Abschnitt gegenüber der 12. Inf. Brig. konnten keine wesentlichen Veränderungen festgestellt werden. Die rückwärtigen Stellungen nördlich Fort Troyon wurden weiter ausgebaut.

gez.: Merlack.

Anl. 5

Nachrichtenstelle 6. Juni: № 24.

# Bericht über

die Zeit vom 24.6.16. 6°° Vorm. bis 25.6.16. 6°° Vorm.

Allgemeines: Tag: bewölkt, Regen, zeitweise schön. Nacht: bewölkt.

A. Feindliche Artillerie-Tätigkeit:

I. Truppenmeldung:

Rechter Abschnitt 6. I. D.:

Vermehrtes Streufeuer auf vordere Linien und Annäherungswege, vor allem gegen Abschnitt Gitaumont und 322. Kaliber 7,5-12 cm.

| | Tag | Nacht | Summe |
|---|---|---|---|
| Sandgrube nördl. Neuwolkenburg | 12 | - | 12 |
| Gitaumont 1. Stellung | 312 | 88 | 400 |
| " " 2. " " | 61 | – | 61 |
| Chanot 1. Stellung | 16 | 78 | 94 |
| " " Königsmulde | 8 | - | 8 |
| Retaincourt | 17 | - | 17 |
| Abschnitt Pionier Riegel | 33 | 21 | 54 |
| Abschnitt 322 (einschl. Bereitschaftsstellg.) | 335 | 330 | 665 |
| Abschnitt 331 | 7 | 7 | 14 |
| Straßenkreuz nördl. Warvinay | 22 | – | 22 |
| | 823 | 524 | 1347 |

Linker Abschnitt 6. I. D.

Vereinzelte leichte Schüsse auf vordere Linien.

| | Tag | Nacht | Summe |
|---|---|---|---|
| Chauvoncourt | 2 | - | 2 |
| Kasernenstellung | - | 31 | 31 |
| 277 | 46 | 9 | 54 |
| Ménonvillestellung | 15 | – | 15 |
| rechter Abschnitt 11. I.R. | 9 | 20 | 29 |
| Pont Neuf | – | 7 | 7 |
| Bichaumey Mühle | - | 5 | 5 |
| Ailly | – | 7 | 7 |
| linker Abschnitt 11. I.R. | – | 2 | 2 |
| | 71 | 81 | 152 |

## B. Eigene Artillerie-Tätigkeit

| Zeit | Regiment | Geschütz-Art | Schuß-zahl | gegen | Grund | Bemerkungen |
|---|---|---|---|---|---|---|
| | | | | **Tag:** | | |
| 4^00 Nachm. | 3. Feldl. Art. Rgt. | \|\|\| | 6 | B 3 f | feuerte gegen [illegible] nördlich Varvinay | |
| 9^11 Vorm. – 5^31 Nachm. | Fußart. Art. 6 | 15 | 37 | Straße Récourt – Villers | Störung von Verkehr | |
| 9^15 – 10^00 Vorm. | " " " | 15 | 9 | Arbeiter am Weg Lacroix – La Gauffiere | Arbeiten | |
| 1^15 – 1^50 Nachm. | " " " | 15 | 3 | B 45 | feuerte gegen rechten Abschnitt 8. J. R. | |
| 7^30 – 8^45 Vorm. | " " " | ↑ 21 | 7 | Schanzarbeiten bei B 80 | | |
| 9^45 – 10^00 " | " " " | ↑ 62a | 10 | B 58 f | feuerte gegen 332 | |
| 12^00 – 12^17 Mitt. | " " " | ↑ 62a | 5 | Straße Lacroix – Troyon | lebhafter [illegible]verkehr | |
| 4^25 – 4^31 Nachm. | " " " | 21, 21 | 20 | B 3 f | feuerte gegen [illegible] nördlich Varvinay | |
| | | | | **Nacht:** | | |
| 1^05 Nachts | 8. Feldl. Art. Rgt. | \|\|\| | 4 | Graben 220 | Schanzarbeiten | |
| 11^45 Abds. | " " " | \|\|\| | 4 | Graben 302 | " " | |
| 3^10 Morg. | " " " | \|\|\| | 5 | Graben 312 | " " | |
| 6^51 – 7^00 Abds. | Fußart. Art. 6 | ↑ 62a | 10 | B 55 | feuerte gegen 322 | |
| 6^55 – 7^25 " | " " " | 15 | 10 | Wasserleitung u. Straße Woimbey – Troyon | Verkehr | |
| 7^45 | " " " | 15, ↑ 21 | 9 | Ortsverbindungswege von Bannoncourt und Lacroix | lebhafter [illegible]verkehr | |
| 7^10 – 7^20 " | " " " | ↑ 21 | 10 | B 82 | feuerte gegen 11 J. R. | |

## C. Sonstiges:

a) Meldungen der 8. Inf. Brig.:

2 Abends über 294 und 269 kreisende deutsche Flieger wurden durch 3 Masch. Gew. und Infanterie stark beschossen.

Gegner zeigte sich nachts sehr aufmerksam. Gegen die Patrouillen der 8. Inf. Brig. wurden wiederholt Leuchtkugeln abgeschossen.

Vor Abschnitt 8. J. R. wurden feindl. Patrouillen und am Südausgang des Steinbruchs Maizey ein 20 m vorgetriebener Sappenkopf festgestellt.

b) Meldungen der 12. Inf. Brig.:

Wagen- und Autoverkehr auf Straße Sampigny – Koeur nach beiden Richtungen sehr lebhaft, besonders nach 5^00 Nachm. und 10^30 – 1^00 Nachts.

Nachts lebhafte Schanzarbeiten im Graben 220 und 231.

## II. Meßplanbericht.

| Zeit | mit Sicherheit festgestellt | vermutet | Allgemeine Schußrichtung | Bemerkungen |
|---|---|---|---|---|
| | | Tag 24.6. | | |
| $8^{22}$-$8^{47}$ Vorm. | | 301/302 | Königsmühle, Lamorville | |
| $6^{58}$-$7^{10}$ Abd. | | " " | Spada, Königsmühle | |
| $3^{15}$-$3^{51}$ Nachm. | 3 b | | Kreuzung nördl. Varvinay | hat vermutl. auch $6^{33}$ Abd. gefeuert. |
| $1^{56}$-$3^{50}$ " | | 58 b | Höhe 322 | |
| $11^{32}$-$11^{42}$ Vorm. | | 59 a | Höhe 322 | |
| $6^{10}$-$6^{18}$ Nachm. | | 63 b | Abschnitt 6 | |
| $11^{55}$-$12^{12}$ Vorm. | | 139 | Billy Wald | |
| $9^{53}$-$10^{57}$ " | | 152 | " " | |
| | | Nacht 24./25.6. | | |
| $7^{16}$-$9^{12}$ Abd. | | 293 | Lamorville | |
| $7^{50}$-$8^{31}$ " | | 292 a | Lamorville | |
| $11^{34}$ Abd. | | 301/302 | Chanot | |
| $2^{30}$-$3^{12}$ Vorm. | 301 a | | Spada, Lamorville | |
| $4^{08}$-$4^{31}$ " | 58 a | | Höhe 322, Pionierhügel | verm. auch $12^{57}$ $1^{54}$ Vorm. |
| $12^{12}$-$12^{40}$ " | 58 b | | Höhe 322 | verm. auch $5^{15}$ $8^{01}$ Abd. |
| $12^{30}$-$2^{35}$ " | | 58 c | " " | |
| $11^{51}$-$3^{12}$ " | 55 | | " " | verm. auch $10^{53}$ Abd. |
| $1^{51}$-$1^{54}$ " | 55 a | | " " | |
| $11^{12}$-$11^{25}$ Abd. | 65 a | | Chauvoncourt | verm. auch $7^{50}$-$9^{10}$ Abd. |
| $6^{15}$-$6^{40}$ " | 66 a | | Abschnitt 6 | |
| $1^{10}$-$3^{57}$ Vorm. | | 48 | " " 11 | |
| $6^{32}$-$6^{34}$ Abd. | | 82 | " " 11 | |
| $10^{08}$-$11^{55}$ " | | 82 | " " 11 | |
| $9^{35}$-$9^{50}$ " | | 139 | Billy Wald | |
| $6^{12}$-$6^{32}$ " | | 152 | " " | |
| $2^{14}$ Vorm. | | 266 | " " | |

M.St. 6.
gez.
Merlack
L.d.R.
Sazdobeck.

Anhang 3 Abbildung 10: *18.-24.06.1916, Bericht über die feindliche und eigene Artillerie-Tätigkeit*[25]

[25] KA: 8. I.R._(WK)_8_16-20 (1530).

8.bayr.Jnfanterie Regiment.
III.Batl.

G e f e c h t s b e r i c h t
über die Kampfhandlung vom 2. - 5. September 16.

III/8 und die zugeteilte M.G.K.8.J.R. wurden am 1.9.16. 4 Uhr nachm. im Lager Deutsch-Eck auf Lastkraftwagen gesetzt und nach Höhe 310,- 1,5 km. südöstl.Gremilly gebracht;Ankunft dort 5 Uhr Nachm.

Das Bataillon wurde alsbald mit dem sogen. Verdungerät (Stahlhelm,verkürztes Schanzzeug,2.Feldflasche,Handgranaten) ausgerüstet.Das Batl. ruhte und fasste Kaffee;der Kdeur meldete sich bei der 66.Res.Jnf.Brigade auf Höhe 310.

Um 9 Uhr wurden die 4.Züge der Kompagnien in die Bezonvauxschlucht vorausgeschickt.

Zwischen 8 und 9 Uhr trafen die zugeteilten Züge der Pioniere bei Höhe 310 ein.

Um 10 Uhr abds.trat das Batl. den Vormarsch an.Es marschierte entlang dem Osthang der Höhe 310 und dem Bahngeleis östlich Ornes nach dem Ouvrage de Bezonvaux ~~vorbei~~,wo es befehlsgemäss um Mitternacht eintraf.Von hier aus erfolgte der weitere Vormarsch über Zwischenwerk Hardaumont,Vauxschlucht, Fuminrücken nach dem J-Werk bei Punkt 544.

Der Anmarsch in die Stellung wurde durch Artl.=Feuer gestört,leichte Verluste traten hierbei ein.

Das Batl.übernahm die 3 nördlichen Komp.=Abschnitte am Ostrande der Souvilleschlucht von II/Res.88.

Das Zerstörungsfeuer auf die zu nehmende Stellung hatte bereits 1 Tag angedauert (s.Brig.Bef.Nr 2824/61 geh.) Beilage 1.

Jm Laufe des 1.Tages (2.9.) lag starkes franz.Artl.Feuer aus leichten und mittleren Kalibern von 7,5 - 15 cm.auf der Stellung.Jmmerhin war das Feuer so,dass noch Pausen eintraten,in denen ein Verkehr Einzelner möglich war.

Zur Bereitstellung zum Angriff gab ich folgenden Befehl: (s.Beilage 2).

Zum Angriff, der am 3.9.vorm.7 Uhr 8 Min.erfolgen sollte, lautete mein Angriffsbefehl: (s.Beilage 3):

Jn der Nacht vom 2.zum3.9. schwoll das feindl.Artl.Feuer zu ausserordentlicher Heftigkeit an und machte einen einigermassen geordneten und überlegten Verkehr zur Vauxschlucht, an die Batls.Gef.Stelle und in die eigene Kampf-Stellung unmöglich.Es versagte deshalb der Läuferverkehr;das Heranbringen von Wasser,Lebensmitteln und Stellungsbaumaterial war nicht möglich.

Jn den Morgenstunden flaute das franz.Feuer etwas ab. Die vordere Linie bekam wegen der Nähe des Feindes verhältnismässig wenig Feuer,dagegen viel Jnf.-u.M.G.Feuer,sowie Handgranaten.Es waren bis dahin etwa 10% Verluste eingetreten; die Kompagnien waren mit durchschnittlich 110 Gewehren in die Stellung gekommen.Bei der Morgen-Dämmerung war die Sturmausgangsstellung nach dem von mir erlassenen Befehl richtig eingenommen.Jeder Komp. waren 10 Pioniere als Sturmtrupp zugeteilt,welche mit der 2.Welle vorgehen sollten.Sie waren mit einpfünd.Handgranaten,mit Brandröhren und geballten Ladungen ausgerüstet.

Kurz vor dem Sturm begann unsere schwere Artillerie ein 10 Min.andauerndes ausserordentlich schweres Wirkungsschiessen auf die feindl.Stellung.

Um 7 Uhr vorm.trat die Sturmtrupp der 10/8 an,die übrigen Kompagnien folgten,als unser eigenes Sperrfeuer an ihnen feindwärts vorüber gezogen war.

Links von 10/8 ging die 11/8 mit 2 Sturmtrupps in 1.Linie gegen die befohlene Linie vor (s.B.B.Beil.Nr 3 ).Links der 11/8 die 9/8, 3 Sturmtrupps in 1.Linie,wovon der linke gegen Punkt 561 eingesetzt war.

Jn Punkt 561 vermutete man nach den Erkundungsergebnissen zum Mindesten einen M.G.-Stand, der vielleicht einbetoniert sein könnte.

Dahinter folgten mit 50 m. Abstand die 2. Wellen und 80 m. dahinter die 3. Wellen der Kompagnien. Einzelne Gruppen hatten die Komp.-Führer als ihre Reserve in den Ausgangsstellungen zurückgelassen. Die 12/8 war mit 1 Zug zu meiner Verfügung in der Kiesgrube geblieben, mit 1 Zug hinter der Ausgangsstellung der 11/8 und mit 1 Zug hinter der Ausgangsstellung der 9/8 und sollte mit 2 M.G. die von den Kompagnien verlassenen Sturmausgangsstellungen als Sicherheitsbesatzung besetzen.

Die Batls.Gefechtsstelle befand sich im J-Werk 514 und war mit der vorderen Linie durch Läufer verbunden.

Die ersten Sturmtrupps der Kompagnien folgten dichtaufgeschlossen unserm Sperrfeuer, hinter dem sie sich in langsamen Schritt bewegten. Alles war in dichten Rauch gehüllt; man konnte kaum seinen Nebenmann erkennen. So gelang es bis dicht an den durch Punkt 561 ziehenden franz. Graben heran zu kommen, von heftigem, aber schlecht gezielten Gewehrfeuer empfangen. Feindliche M.G. hörte man nicht feuern. 2 Zerschossene wurden bei 561 gefunden, konnten aber nicht gleich geborgen werden; später fand man sie in dem aufgewühlten Erdreich nicht mehr. Durch feindl. Jnf. Feuer entstanden einige Verluste. So wurde bei 11/8 ein Zugführer getötet, bei 9/8 der Komp. Führer Oberltn.d.R. Künne durch Schuss in den Oberschenkel verwundet.

Die Sturmtrupps sprangen über die erste durch Punkt 561 gehende franz. Linie und gingen gegen die 2. franz. Stellung am Chapitre-Weg vor, woher sie von neuem Jnf.-Feuer erhielten.

Die Verteidiger dieser Stellung, Kompagnien vom franz. Res.Jnf.Regt. 344, leisteten nur geringen Widerstand; was sich nicht sofort ergab, wurde von unseren Schützen niedergemacht.

Der erste genommene Graben bestand hauptsächlich aus Granatlöchern, die vielfach mit Stollenbrettern überdeckt waren, sodass hierdurch leichte Unterstände gebildet wurden. Bei Punkt 561 wurde ~~kein~~ Widerstand geleistet. Es fand sich dort ~~nur~~ ein zerschossenes franz. M.G., zwei solche befanden sich auch in der rechten Hälfte des Grabens. Alle drei konnten wegen des später einsetzenden heftigen Artl. Feuers, trotz wiederholter Versuche, nicht geborgen werden.

Jn schneidigem, ununterbrochenem Anlauf ~~wurde~~ der zugewiesene Teil der Chapitre=Stellung ~~besetzt~~. Einzelne Gruppen waren den zurückgehenden Franzosen bis auf über 100 m. über diese Stellung hinaus gefolgt, so der tapfere Führer der 1 Welle der 11/8, Ltn.d.R. Lebling, der 100 m. südwestlich des Chapitre=Weges im Artl. Feuer den Heldentod gestorben ist.

Die befohlene Linie des Chapitre=Weges war 7 Uhr 30 v. erreicht.

Die Kompagnien richteten sich in der genommenen Stellung ein und bauten sich unter Verwendung der mitgenommenen Sandsäcke ( 10 Stück pro Mann ) ein. Entlang der ganzen Linie wurden die mitgeführten schwarz-weiss-roten Flaggen aufgesteckt; ebenso wurden die Leuchtfeuersätze um 8 Uhr 50 v. und 4 Uhr nachm. abgebrannt. Zu den gleichen Zeiten wurden weisse Leuchtpatronen, wie befohlen, auf die Erde abgefeuert. (Als Zeichen für die eigenen Flieger.)

Nach links stellte Vzfw.d.R. Hochenleitner 9/8, der nach dem Ausscheiden des Komp.=Führers zunächst die Führung der Kompagnie übernommen hatte, die Verbindung mit der links befindlichen 5. Komp. des J.R. 364 her.

Die 10/8, die schon früher mit Teilen im Steinbruch nördlich des Chapitre=Weges gewesen war, konnte trotz aller Versuche keine Verbindung mit dem rechts vom III/8 vorgegan=

genen III/4.J.R. finden.Dieses war,wie sich später herausstellte,nicht rechtzeitig vorwärts gekommen.

Der lange über dem Boden liegende Morgennebel gestattete den Leuten,sich in der Stellung einigermassen einzugraben, ohne von den Franzosen belästigt zu werden.Auch gelang die Aufstellung unserer mit den 2.Wellen unserer Kompagnien vorgegangenen M.G.(im ganzen 4,) (Beilage 4).

Als sich der Morgennebel,etwa 10 Uhr vorm. gehoben hatte,erschienen sofort mehrere franz.Flieger über der Stellung, welche tief herab gingen, mit M.G. auf unsere Schützen schossen,und das franz. Artl.Feuer sichtlich sehr gut leiteten.Unsere Schützen verhielten sich,um nicht die Aufmerksamkeit auf sich zu lenken,ruhig.Auch von unseren Fliegern erschienen einige,die ebenfalls ziemlich tief herab gingen. Ob auch sie mit Erfolg unser Artl.Feuer geleitet haben, konnte nicht erkannt werden.

Um 10 Uhr vorm. setzte franz.M.G.-Feuer aus der rechten Flanke,Richtung Steinbruch,u. aus der halbrechten Flanke ein und machte jede Bewegung ausserhalb der Deckung gefährlich. Um 10 Uhr vorm. ging die 5/364 aus bisher nicht geklärten Gründen etwas zurück,sodass zwischen dem linken Flügel der 9/8 und dem rechten des J.R.364 eine etwa 120 m.breite Lücke entstand,die bei Tag durch M.G.-Feuer beherrscht werden konnte.

Um die Mittagsstunde wurde eine aus Richtung des"r" u. des "e" vom Chapitre (Karte 1 : 5000 )vorgehende deutsche Schützenlinie (anscheinend Teile des III/4 ) gesehen,welche in den franz.Graben drang und diesen nach links aufrollte. Kurz darauf gingen die Franzosen,mindestens 300 Mann,während der Dauer einer Stunde in den 50 m. westlich 539 nach Süden verlaufenden sehr seichten Graben zurück,um durch den Caillettegraben Punkt 567 zu gewinnen.Sie wurden an der Gr benabzweigung 50 m.südöstl.Punkt 563 durch die im Chapitre=graben aufgestellten M.G. zum grössten Teil abgeschossen. Dieses Schicksal teilten auch mehrere Meldeläufer,welche nach dem Steinbruch zu ~~strömten.~~ eilten

Jm Laufe des Nachmittags erhielt namentlich die rechte Hälfte unserer Stellung am Chapitre=Weg wiederholt starkes M.G.=u.Jnf.Feuer,was auf einen Gegenangriff der Franzosen schliessen liess.Doch erfolgte ein solcher nicht.

Artl.Feuer lag auf der vordersten Linie wenig.Dagegen um so stärkeres auf unserer Sturmausgangsstellung und auf der Kiesgrube.Auch die Gefechts-Stelle des Batls.,Punkt 544, die Sturmausgangsstellung vom 1.August,508-548 und der Teich=graben erhielten stärkstes,jede Bewegung verhinderndes Feuer.

Die 10/8 hatte besonderen Gefechtsauftrag.(s.B.B. [illegible])

Sie sandte am Sturmtag um 7 Uhr 8 Min.vorm.einen Sturmtrupp, Uoffz.Schramm mit 2 Pionieren und 8 Jnfanteristen gegen die Unterstände bei 507 u.507a und das dahinter liegende Gelände vor.Er sollte durch seinen Angriff das Vorgehen des linken Flügels von III/4 erleichtern.

Bei Reduit des Fontaines stiess der Sturmtrupp auf 2 franz.M.G.Er kam im Handgranatenkampf hauptsächlich deswegen nicht weiter vor,weil die franz.Eierhandgranaten weiter ge=worfen wurden als unsere Stielhandgranaten.

Uoffz.Schramm setzte sich in einem Grabenstück fest,vom 4.J.R.konnte er aber nichts sehen.

Vzfw.Scharf,Fähnrich Wagner und 2 Gruppen der 10/8 mit 1 M.G. der M.G.K.8.J.R. sollten hinter dem rechten Flügel der 11/8 als deren Flanken=u.Rückendeckung längst der Souville=Schlucht vorgehen.Sie sollten dabei den Talgraben und das Gelände westlich davon scharf beobachten und gegen von dort her wirkenden Gegner vorgehen.

Fähnrich Wagner folgte mit dem M.G. hinter dem rechten

Flügel der 11/8.

Vzfw.Scharf ging mit 2 Gruppen auf dem Westhang der Souville Schlucht gegen Steinbruch 562a vor.Aus diesem erhielt er Gewehrfeuer.

Er versuchte deshalb in den Steinbruch von der Nordostseite einzudringen.Auf dem Wege dahin sah er in seinem Rükken etwa 100m. nördl. der Nordostseite des Steinbruchs 1 frz Offizier und drei Jnfanteristen auf sich zukommen.Er griff sie mit Handgranaten an,worauf sie in den Steinbruch flohen. Hierbei wurden 2 ~~Vierer~~ Mann von II/4 befreit,welche von Punkt 536a her kamen und kurz vorher in franz,Gefangenschaft gefallen waren.Sie wurden mit Handgranaten bewaffnet und schlossen sich den Leuten der 10/8 an.

Scharf kam unbemerkt so nah an den Nordostrand des Steinbruchs heran,dass er in dort befindlichen Stollen~~eingänge~~ Handgranaten werfen konnte.Nachdem mehrere Handgranaten geworfen waren,kamen aus einem der Stollen 7 Offiziere (1Regts. u.1 Batls.-Stab,darunter der Kdeur.des R.J.R.344 ) heraus u. ergaben sich dem Vzfw.ausserdem wurden hierbei noch 30 Jnfanteristen gefangen.

Mit den Gefangenen kehrte Vzfw.Scharf zur Kiesgrube zurück,wo sich ~~der grösste~~ Teil der 10/8 noch befand.

Um 8 Uhr 15 Min. kamen die gefangenen Offiziere zur Batls.Gefechtsstelle,die gefangenen Mannschaften wurden ebenso wie die übrigen Gefangenen in Richtung Vaux-Schlucht zum Regiment abgeführt.

Die Offiziere wurden zunächst daraufhin ausgefragt und untersucht,ob sie keine Angaben machen könnten bezw.Einzeichnungen bei sich hätten,die für die Weiterführung des Kampfes vorteilhaft werden konnten.

Sobald das feindl.Sperr-Feuer einigermassen nachgelassen hatte,wurden die gefangenen Offiziere zur Regts.Gef.Stelle

Bezonvaux-Schlucht gebracht.

Fähnrich Wagner, der den M.G.Zug führte, brachte sein Gewehr am rechten Flügel der 11/8 in Stellung. Sie nahmen die zurückflutenden Franzosen unter Feuer und brachten ihnen empfindliche Verluste bei.

Jm Laufe des Tages erfolgte auf die Kompagnien kein frz. Angriff.

Unsere M.G. unterstützten wiederholt das Vorgehen der Batle II/4 u. III/4 und brachten den von diesen geworfenen Franzosen, welche in Richtung Souville zurückströmten, grosse Verluste bei.

Freilich litten unsere Kompagnien auch selbst stark durch das feindl. Jnf.-u.M.G.Feuer aus Richtung Steinbruch 562a und durch feindl. Artl. Feuer.

Selbst erhielten sie Schutz durch eigenes starkes auf das Gelände vor ihnen und auf feindliche Batterien von denen namentlich die Hospitalbatterie vor und während dem Sturm vergast worden war.

Um gegen franz. M.G. wirken zu können, wurde ein M.G. der 11/8 heraus gezogen und hinter linken Flügel der 9/8 gestaffelt, wo durch das nichtaufgeklärte Zurückgehen der linken Anschlusskompagnie 5/364 eine etwa 100 m. breite Lücke entstanden war.

Auch wurden die franz. M.G. im Steinbruch bei 562a unter M.G.-Feuer und auf meinem Antrag unter Artl.-Feuer genommen, ebenso die Unterstände ungefähr 200 m. südlich 561, wo feindl. M.G. festgestellt worden waren.

10/8 schob im Laufe des Tages wiederholt Unterstützungen in die vordersten Kompagnien ein und setzte ihre Reste, die sich bisher in der Kiesgrube befunden hatten, in der Nacht v. 3. auf 4. dort ein.

Es gelang auch weiter im Laufe des Tages und der Nacht

nicht, den linken Flügel des III/4 zu finden oder nur die Lücke zwischen diesen Batl. und dem III/8 zu schliessen. Deshalb wurde unser vorderer rechter Flügel etwas zurück gebogen und durch ein zweites M.G. ( Uoffz. Mayr der M.G.K. 8.J.R. ) verstärkt.

Feindliche Gegenstösse waren schon während des Nachm. vom 3.9. und in der Nacht erwartet worden, fanden aber nicht statt. Die Kompagnien der vorderen Linie stellten jedoch fest, dass sich franz. Kräfte (etwa 2 Kompagnien ) im Steinbruch bereitstellten. Darauf-hin ordneten die Führer in der vorderen Linie höchste Gefechtsbereitschaft an; es sollte auf jeden sichzeigenden Gegner sofort geschossen werden.

Das Batl. hatte stets Verbindung mit den vorderen Kompagnien und wurde durch sehr gute Meldung, zum Teil mit Skizzen, über die Lage unterrichtet.

Während der Nacht lag unser Artl. Feuer dauernd auf dem Gelände dicht hinter der feindl. ersten Linie, auch auf dem Steinbruch bei 562a und auf den Unterständen etwa 200 m. südl 561.

Der erwartete feindliche Gegenstoss erfolgte am 4.9. zwischen 8 und 9 Uhr vorm. Er war durch sehr starkes M.G. Feuer auf unsere erste Linie und durch Sperrfeuer etwa in Richtung unserer Sturmausgangsstellung 508-548 vorbereitet und unterstützt worden.

Ueberraschend drang ein starker Haufen, etwa 2 Kompagnien aus der Richtung der Unterstützungsgruppe 200 m. südl. 561 gegen den linken Flügel des J.R. 364 vor und brach dort vorübergehend durch.

Etwa 2 Kompagnien gingen aus dem Steinbruch gegen unsere Stellung am Chapitreweg vor. Von der ersten Linie kamen nur wenige Leute zum Feuern. Besonders tapfer verteidigte sich dort Ltn. Kreisel, der, nachdem er mehrfach aus nächster

Entfernung verwundet worden war, dem Massakre durch die schw. Angreifer (Senegalesen Batl.36) nur dadurch entging, dass er sich tot stellte.

Unsere 1.Linie wurde von den Schwarzen teilweise überrannt. Diese hielten sich alle zum Teil damit auf, unsere vielen dort herum liegenden Verwundeten zu massakrieren.

Die übrigen gingen im Sturmangriff mehr in Richtung Kiesgrube und in Richtung 560 vor.

Letztere Gruppe erhielt Flankenfeuer von den in unserer Sturmausgangsstellung vom 3.September befindlichen Teilen der 12/8, stutzten und kehrten wieder um.

Die bei der Batls.Gefechtsstelle befindlichen Mannschaften waren zur Verteidigung des J=Werkes auf meinem Befehl bis auf den letzten Mann angetreten, 2 dort befindliche M.G. wurden in Stellung gebracht. Um die Verteidigung bemühten sich besonders Hauptmann Würth und die dort als Erk.Offze.des II/8 sich aufhaltenden Leutnant Feldigel und Bröcker.

Es kam aber nicht zum Angriff, da der Gegner vorher geworfen wurde.

Denn inzwischen war Hauptmann Walter befehlsgemäss mit der 12/8, mit Teilen der 6/29 und Versprengten aller Kompagnien zum Gegenangriff auf die Schwarzen vorgegangen, welche bereits unter das Feuer von M.G. des II/4 aus Richtung 538 gekommen waren und dadurch schwere Verluste erlitten.

Der Gegenstoss ging zügig vorwärts. Nach kurzem Feuergefecht, das auf etwa 150 m. geführt wurde, ging es unter Hurra, Hauptmann Walter, Oblt.Endres 6/29 und Ltn.Bangert 12/8 an der Spitze, im Sturm auf die Schwarzen los, die panikartig ausrissen, in Richtung Steinbruch 562a zurückgingen. Die an den Stollen im Steinbruch sich drängenden farbigen Franzosen wurden von den 2 am rechten Flügel unserer 1.Linie unversehrt wieder vorgefundenen M.G. unter Führung des Uffz.Mayr M.G.K.

so erfolgreich unter Feuer genommen, dass sie nach Meldung des Hauptmann Walter ganz gewaltige Verluste hatten.

Dem Gegenangriff hatten sich auch sofort die vor dem überraschenden Angriff der Schwarzen zurückgewichenen Teile der 1. Linie unter Führung des Oberlts.d.R. Morshäuser, Teile der 10/8 und der 9/8 angeschlossen.

Hierbei fiel leider Vzfw. Scharf der 10/8, der deshalb mit dem wohlverdienten Eisernen Kreuz I. Klasse nicht mehr belohnt werden konnte.

Die nachgestossenen Sturmtruppen besetzten nicht mehr die Stellung am Chapitre-Weg, weil sie unter starkem franz. Artl. Sperrfeuer lag und auch kein so gutes Schussfeld bot als wie die nunmehr gehaltene: der durch 561 führende franz. Graben.

Auf der nun genommenen Linie lag während des ganzen Tages starkes franz. Artl. Feuer, wodurch viele Verluste entstanden.

Da mit weiteren franz. Gegenangriffen gerechnet werden musste, wurden 2 Kompagnien des II/8 als Unterstützung erbeten.

Bereits am Tage vorher, am 3.9. 1½ Uhr nachm., war 6/29 unter Oberltn. Enders bei der Batls. Gef. Stelle eingetroffen und erhielt den Auftrag, an Stelle der 12/8 zu rücken, falls diese ihre Stellung auf der Souvillenase verlassen und in die vordere Linie einschieben musste. Bis zu diesem Zeitpunkt besetzte 6/29 die Kiesgrube und zum Teil den von hier nach Süden führenden Graben auf der Souvillenase.

Kurz nach 6/29 traf am 3.9. 1 Uhr 55 Min. nachm. 5/29 unter Führung des Hauptmann Frickinger bei der Batls. Gef. St. ein und erhielt den Auftrag, als Batls. Reserve die Kiesgrube zu besetzen.

Am frühen Morgen des 4.9. wurde 5/29 nach den Unterständen südl. des Vaux-Teiches zurückgenommen.

Jn der Nacht vom 3. auf 4.9. war die M.G.K.I.R.Jäger Bn. mit 1 Gewehr in Stellung eingetroffen.

Die beiden Kompagnien von II/8 trafen am 4.9. gegen 4 Uhr nachm. bei der Batls.Gef.Stelle ein, um 5 Uhr nachm. 7/29 mit Stab II/29.

~~Die eine,~~ 6/8, wurde in der alten Sturmausgangsstellung vom 1.8. bereitgestellt, ~~die andere~~, 8/8, sollte mit 7/29 die Stellung der 12/8 in unserer Sturmausgangsstellung vom 3.9. besetzen.

Wegen des starken franz. Feuers, das auf dieser Linie lag, glitt ~~sie~~ 3./8. jedoch allmählich in die Kiesgrube, in der sie sich ~~festsetzte~~ findet.

Zum Einsatz wurden von der 8/8 nur einige Gruppen herangezogen, die ~~den~~ am rechten Flügel der 11/8 den Defensivhaken gegen die Souvilleschlucht verstärkten.

Jn die vordere Linie teilten sich Oberltn.d.R. Morshäuser, der die rechte Hälfte, und Ltn.d.R. Hangert, der als Führer der 9/8 die linke Hälfte übernahm.

Die ganze Kampfgruppe der vorderen Linie wurde Hauptm. Walter unterstellt.

Während der Nacht lag schweres Artl.Feuer auf allen Teilen des Batls. und der ihm zugeteilten Truppen. Es entstanden dadurch noch viele Verluste.

Jn den Morgenstunden des 5.9. zwischen 4 und 6 Uhr wurde das Batl. durch I/364 abgelöst.

Da der linke Flügel des III/4 nach einer Meldung des Hauptm.Weigel (s.Beil. 6 ) sich weit zurück am alten franz. Graben beiderseits 538 befand, wurde ~~den~~ der in der Mitte befindlichen Kompagnie ~~eine~~ Flankenstellung gegen die Souville-Schlucht (s.Skizze 6/16) durch Vorstaffeln einzelner Gruppen aufgetragen.

Die Ablösung verzögerte sich, weil Kompagnien des J.R. 364 sich im Gelände und in ~~feindl.~~ Feuer nicht zurecht fanden, und verspätet die ihnen zugewiesene Stellung bezogen; erst um 8 Uhr ~~vorm.~~ war ~~die Ablösung~~ vorgenommen.

Um 8½ Uhr vorm. verliess ~~der~~ Batls.Stab mit den zugeteilten Mannschaften als letzter das J-Werk 544 und ging über Vauxschlucht, - Hardaumontwerk nach der Gefechtsstelle des 8.J.R., wo ich dem Abschnitts-Kdeur. Oberst v.Rücker, mündlich Bericht erstattete.

Das Batl. marschierte nach Gremilly, wo es Kaffee und vom Regts.Kdeur. vorsorglich bereitgestellte Erfrischungen fasste und Lastwagen zum Gepäcktransport nach Neuer-Wald vorfand. Hier bezog das Batl. Quartier.

Der ärztliche Dienst war von Stabsarzt Dr. Gottschalk im Truppenverbandsplatz im U-Werk ~~vorbildlich~~ geleitet worden. Sein Gefechtsbericht ~~liegt bei~~ und jener d. A.J.R. 8.J.R. liegen an

---

Verbrauchte Jnf. Munition: 33000 Patronen

" M.G. " : 5000 "

" Handgranaten : 1200 Stück.

---

V e r l u s t e vom 2. - 5.9.16.

~~Auf dem Wege zur Stellung am~~ Am 2.9.

| | | |
|---|---|---|
| Offz.Stellv. | Wiedmann | leicht verwundet |
| Ltn.d.R. | Poell | wk arbt durch Unfall |
| Ltn.d.R. | Bernreuther | wk arbt " " |

Am 3.9.16.

| | | |
|---|---|---|
| Ltn.d.R. | Lebling | gefallen |
| Ltn.d.R. | Riedmaier | ~~leicht~~ verwundet |
| Fähnrich | Fischer | " " |

Am 4.9.16.

Am 4.9.16.

Obltn.d.R. Künne ~~leicht~~ verwundet
Leutn.d.R. Bangert schwer "
Fähnrich Römer ~~vermisst~~ gefallen
" Wagner ~~leicht~~ verwundet.
Lt. Kreisel "

G e s a m t v e r l u s t e.

| | | |
|---|---|---|
| Tot: | 1 Offizier | 61 Mann |
| Verw.: | 6 " | 248 " |
| Verm.: | – – | 84 " |
| | 7 Offiziere | 393 Mann. |

Das Bataillon machte Gefangene:
8 Offiziere ~~und~~ zwar:
1.) Colonel de ~~Tarragon~~ Tarragon, Kommandant des 344. Regt. (Régiment d'infanterie territorial)
2.) Commandant Bertier, Batl.-Kdr. " ".
3.) Sous-Lieuten. Bouel . Ordonnanzoffizier
4.) " " Géliot " " Telefonoffizier
5.) " " Monégier ~~du~~ der Sorbier 212 Regt.
6.) " " Jstebot " "
7.) " " Robinard 206 "
8.) 1 Leutnant vom Senegalesenbatl.36
und über 200 M a n n.

3 Feindliche M.G. wurden mit stürmender Hand genommen, konnten aber wegen des feindlichen Feuers nicht zurückgebracht werden.

Schwarze wurden wegen der an unseren Verwundeten verübten Grausamkeiten ~~nicht zu Gefangenen gemacht~~, sondern ~~wurden an Ort und Stelle~~ sofort niedergemacht. Darüber erstellter besonderer Bericht ~~liegt beim~~ Regiment vorgelegt

## Besondere Erfahrungen.

1.) Ein ~~langes~~, mehrere Tage anhaltendes Zerstörungsfeuer bringt uns nur dann Gewinn, wenn wir selbst in einer ausgebauten Stellung mit Stollen, die vor dem feindl. Feuer Schutz gewähren, uns befinden.

Andernfalls, wie es in der Zeit vom 2.-5.9. der Fall war schädigt das feindl. Feuer, das sich natürlich nach der Stärke unseres eigenen Artl. Feuers richtet, die zum Sturm bestimmten Truppen während 1-2 Tage so, dass sie weder moralisch noch physisch zum Sturm geeignet sind.

Das Batl. hatte schon sehr viele Verluste, bevor es zum Sturm antrat. Die Zeit bis zum Sturm wurde allgemein als zu lang empfunden. Wäre noch länger mit mit dem Sturm gewartet worden, dann hätte das Batl. überhaupt nicht mehr stürmen können. Die Moral unserer Leute litt nicht nur unter dem feindl. Feuer, sondern auch besonders darunter, dass die Verwundeten nicht weggeschafft werden konnten; ferner unter dem Mangel an Wasser. Dass sie trotzdem den Sturm schneidig durchgeführt haben, beweist ihren hohen Gefechtswert.

Der Erfolg unseres Zerstörungsfeuers litt dadurch, dass unser Artl. Feuer des Nachts aussetzte. Dadurch war es dem Gegner möglich, frische Truppen heranzuführen und die unter dem Artl. Feuer gestandenen abzulösen. Dies geschah in der Nacht vom 1./2.9. und in der Nacht vom 3./4.9. ~~Dadurch~~ Somit war die Wirkung unseres Feuers auf den Feind, soweit es dessen Mannschaft betraf, aufgehoben.

Jn der feindl. Stellung selbst hatte unser Artl. Feuer wenig zerstört, weil es keine ausgebaute Stellung war. Es gab weder ein Hindernis, noch Unterstände, noch Gräben zu zerstören. Granattrichter boten dem Gegner vor wie nachher genügend Schutz. Nach Aussage der vielen gefangenen Offiziere hatten sie durch unser Feuer wenig Verluste.

Sie hatten zwar mit einem Angriff gerechnet, weil sie durch einen verirrten Deutschen (égaré) davon erfahren und durch unser starkes Artl. Feuer darauf schliessen mussten. Jedoch kam die Ausführung des Sturmes selbst, der aus drei Richtungen erfolgte, ihnen unerwartet und lähmte sie ( une attaque brusque et pas attendue ).

2.) Unser Artl. Feuer litt darunter, dass es nicht direkt beobachtet werden konnte. Der Verbindungsoffizier der Artl. (von d. 33. Rf. Div.) war seiner Aufgabe nicht gewachsen. So gut der Batls. Stab das Gefecht von der Batls. Gef. Stelle aus beobachten konnte, so gut hätte es auch der Verb. Offz. mit seinen Organen tun können. Jch wies ihn fortgesetzt an, etwas zu der Lage zu tun. Ausbilden konnte ich ihn nicht mehr, dazu war es zu spät.

3.) Es muss in das eigene Zerstörungsfeuer eine Pause eingelegt werden, damit durch Jnf.-Patrouillen ~~die~~ seine Wirkung festgestellt werden kann. Sonst erlebt man Ueberraschungen.

Jn unser Artl. Feuer wurde zwecks Erkundung seiner Wirkung eine Pause eingelegt. Die Erkundungspatrouille stellte III/4. Das Ergebnis der Erkundung war dem III/8 aber nicht mitgeteilt worden, obwohl sie von mir beantragt worden war.

4.) Unser Sperrfeuer wanderte beim Sturm zu langsam vor uns her. Hätte das franz. Sperrfeuer früher eingesetzt, so wären unsere Leute zwischen die beiden Sperrfeuer gekommen und davon zermalmt worden.

Zeiten für das Vorschreiten des Sperrfeuers zu setzen ist eine Massregel, die den Erfolg nicht verbürgt. Direkte Beobachtung des Feuers unter Abschiessen von Signalpatronen ist nötig. Diesmal glückte es mit dem Sperrfeuer; hätte der Gegner starken Widerstand geleistet, so wäre das Sperrfeuer zu früh vor der Truppe weggezogen. Am 3.9. leistete der Feind geringen Widerstand, deshalb wurden die Sturmtrupps durch das eigene Sperrfeuer aufgehalten.

5.) Schon vor dem Sturme muss ein Vorrat an Lebensmitte Wasser,Verbandszeug,Munition,Leucht=u.Signalpatronen und dergl.bereitgelegt werden;das war nicht geschehen.Während de Kampfes ist es nicht mehr möglich.

6.) Die genaue Sturmzeit war dem Batl.nicht mitgeteilt worden.

7.)Die vorgesetzten Stellen müssen die unteren über die Lage unterrichten,soweit sie ihnen aus Meldungen der Nachbar truppen,der Artl. und eigenen Beobachtungen bekannt wurden. Dies ist in keinem Fall geschehen.

8.) Unsere Stielhandgranaten haben eine grosse Wirkung und schrecken den Franzosen.Dagegen können die franz.Eier= handgranaten weiter als die unsrigen geworfen werden und rollen nach dem Auftreffen am Boden noch weiter.

Ausbildung unserer Mannschaft mit Eierhandgranaten ist unbedingt geboten.

9.) Das aufgepflanzte Seitengewehr macht auf den Franzosen einen grossen Eindruck.

10.) Die Brieftauben bewährten sich sehr.Auf zwei Melde= blätter können umfangreiche Meldungen in deutlicher Schrift gesandt werden.

*Anhang 3 Abbildung 11: 02.-05.09.1916, Gefechtsbericht III/8 über die Kampfhandlungen zur Beseitigung des Souville-Sackes*[26]

[26] KA: 8. I.R._(WK)_13_20-36 (511).

K. B. 4. Inf.-Regt.

Absender

| te Meldung | Ort | Dat. | Zeit |
|---|---|---|---|
| Abgegangen | | | |
| Angekommen | | | |

An den 8. Inf. Brigade

v. Kleinhenz

Anhang 3 Abbildung 12: 27.09.1916, Meldung des „K. b. 4. Inf. Regts." aus Bataillons-Stelle Herbébois an die 8. Infanterie-Brigade[27]

[27] KA: Infanterie-Divisionen-(WK) 5701_08 (335).

## 3.2 Patrouillenberichte

Patrouillen. Eine Patrouille der 7/8. von U.P.3 aus vorgehend, gegen den Steinbruch Meizay, stellte fest, dass am Südausgang des Steinbruches ein 20 m, vorgetriebener mit Dreifüssen umgebener Sappehposten ist. Leichte Schanzen und etwas Gespräch im Steinbruch. Bei 37 wurden Gespräche und Hindernissarbeiten gehört. Kanalwärterhaus besetzt. Vom Kanalwärterhaus gegen 37 in schräger Richtung ein kleiner Steg, der geschickt mit Reisig bedeckt ist.

*Anhang 3 Abbildung 13: 25.06.1916, Patrouillenbericht des II/8*[28]

Patrouille.
$10^{30}$ Abmarsch (Lt.Gistl und 12 Mann.)gegen den Feind. Rechts der Strasse nach Rouvrois. In derbMitte zwischen Strassenwärterhaus und Steinbruch in der Nähe der feindlichen Stellung durch M.G. Feuer und Leuchtkugeln am weiteren Vordringen gehindert. Zirka 80 m. rechts arbeiteten die Franzosen bis $1^{0}$ am Hindernis. Alle fünf Minuten wurde vom Steinbruch bis Strassenwärterhaus ein Pfiff weitergegeben, wonach vermutlich vier Posten in diesem Raume stehen. Rückkehr der Patrouille $2^{0}$ .

*Anhang 3 Abbildung 14: 26.06.1916, Patrouillenbericht des II/8*[29]

[28] KA: 8. I.R._(WK)_7_125 (1554).
[29] KA: 8. I.R._(WK)_7_126 (1554).

Lt.Mayer 6/8. zum Feldrkr.Dep.der 8. I.B.kdrt.

Ab heute lebhafte Patrouillen Tätigkeit gegen die franz.Stellungen zu beiden Seiten der Strasse St.Mihiel-Rouvrois.

Witterung: Regen, Gesundheitszustand gut, Verpflegung aus Magazin.

*Anhang 3 Abbildung 15: 11.07.1916, Patrouillenbericht des II/8*[30]

Meldung über Patrouille am 12.7.16.

1.) Führer: Vzfdw.Vollmar.

2.) Stärke: 1 Uoffz.,4Gefr.,7Mann.

Auftrag: Ausheben des franz.Sappenpostens bei b ca.100m. südl.des Steinbruches an Strasse St.Mihiel-Rouvrois.

Die befohlene Stelle wurde erreicht. Ein franz.Posten war nicht da. Um die Stelle zog sich ein einfacher Draht. Auf der Strasse lag dürres Gestrüpp, wahrscheilich um beim Übersteigen Geräusch zu verursachen.

3.) Der Führer und drei Mann krochen weiter in Richtung auf Steinbruch, das Hindernis wurde nicht durchbrochen.

4.) Aus dem Steinbruch fiel ein Infanterie Schuss auf die Patrouille.

5.) Das franz.Hinderniss ist ziemlich gut. Es hat eine Höhe von nahezu 1 m. und ist ziemlich dicht.

6.) Im Graben, der vom Steinbruch zur Maass führt, wurde geschanzt. Gedämpftes Sprechen drang aus dem Graben.

Patrouille kehrte $3^{15}$ zurück.

Witterung: Regen, Gesundheitszustand sehr gut, Verpflegung aus Magazin.

*Anhang 3 Abbildung 16: 12.07.1916, Patrouillenbericht des II/8*[31]

[30] KA: 8. I.R._(WK)_7_143 (1554).

[31] KA: 8. I.R._(WK)_7_144 (1554).

Kommandeur
L.U.A.
8.J.R.

Am 12. 7. 1916.

An

~~die 4 Vorposten - Kompagnien~~

Gen.Kdo., Div. und Brig. legen besonderen Wert auf die Feststellung, ob sich die bei den Franzosen vermuteten Ablösungen bestätigen.

Die einzige Möglichkeit, Klarheit zu schaffen, bieten eingebrachte Gefangene, evtl. auch Tote.

Zu diesem Zweck sollen zahlreiche starke Patrouillen entsandt werden.

Solche Gefangene können eingebracht werden entweder durch Anwendung von Gewalt, indem das franz. Hindernis durchschnitten wird - viele Drahtscheren mitgeben! - und Gefangene, z.B. Sappenposten lebend oder tot herübergebracht werden - oder, indem sich die Patrouille nahe dem franz. Hindernis niedergelegt und etwaigen franz. Patrouillen die gegen unsere Stellung vorgehen folgt und sie lebend oder tot einbringt.

Letzteres Verfahren bietet die geringere Wahrscheinlichkeit, daß eigene Leute in Feindeshand fallen, aber auch weniger Wahrscheinlichkeit des Erfolges; wo ersteres Verfahren angewendet wird sind die Leute besonders auf Verschwiegenheit hinzuweisen für den Fall einer das Unglück hätte, in franz. Gefangenschaft zu fallen.

Welches Verfahren angewendet wird, hängt wohl zum großen Teil von den Eigenschaften des Patr.-Führers und seiner Leute ab.

In Ausführung der Befehle des Herrn Brig.Kdeurs wird angeordnet: Jeder Komp.Abschn. entsendet in den folgenden Nächten je 1 starke Patr. mit Drahtscheren und Handgranaten mit dem bestimmten Auftrag, wenn irgend möglich Gefangene einzubringen; reichlich Drahtscheren und Handgranaten sind mitzugeben.

Die Meldungen über das Ergebnis der Patrouillen haben zu enthalten:

1.) Namen des Führers, Stärke der Patrouille,
2.) Auftrag der Patrouille,
3.) ob sie durch das franz. Hindernis hindurchkam, oder nur an dessen äußeren Rand, oder wie weit sie abbleiben mußte und warum,
4.) wenn sie Feuer erhielt: ob Jnf.- oder M.G.-Feuer, ob aus der vorderen oder auch von rückwärtigen Linien,
5.) Zustand des franz. Hindernisses, Schanzarbeiten, Bewegung, evtl. Stimmung bei den Franzosen, lautes Sprechen, Lachen und dergl.

Dieser Befehl behält bis auf weiteres Gültigkeit. Er ist bei Ablösung dem Nachfolger zu übergeben.

Am 6/8.

[Unterschrift]



*Anhang 3 Abbildung 17: 12.07.1916, Patrouillen-Anweisung in der Stellung nördl. St. Mihiel*[32]

[32] KA: 8. I.R._(WK)_13_07 (511).

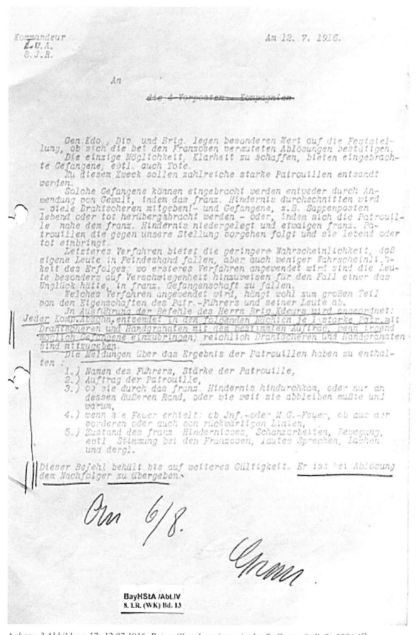

Abschrift.

Nr. 2030 g. 14. 7. 1916.
Bayr. 8. Infanterie - Brigade.

An

das 8. J.R.(Z.J.R. zur Kenntnis).

Betreff:

Aufklärungs - u. Patrouillentätigkeit.

Die vom 8. J. R. aus dem mittleren und linken Unterabschnitt gegen die französische Linie Papiermühle Bel Air - Maas wiederholt vorgetriebenen Patrouillen haben bisher keinen greifbaren Erfolg gehabt. Der Zweck des Vorgehens war lediglich,Gefangene zu machen oder Mannschaften abzuschiessen und festzustellen,welcher Truppenteil dem Regt. gegenübersteht.

Nach den Meldungen des Regiments scheiterte das Eindringen in die feindlichen Gräben zum Zwecke der Einbringung von Gefangenen an der Aufmerksamkeit der hinter den Drahthindernissen aufgestellten fdl.Posten, die jede Patrouille anleuchteten und beschossen.

Selbst wenn die feindl. Beobachter und Posten durch Artl. und Minenfeuer in ihre Unterstände getrieben und an ihrer Tätigkeit verhindert würden, hätten unsere Patrouillen das breite,in mehreren Linien gezogene Drahthindernis zu überwinden. An diesem sind unsere Patrouillen fast immer herangekommen. Es soll daher versucht werden, die Hindernisse planmässig - möglichst unbemerkt,aber unter dem Schutze eingearbeiteter Sicherungs - Abteilungen - zu zerstören. - Es ist dann zu erwarten, dass die Franzosen sich baldigst - spätestens in der folgenden Nacht - bemühen werden, das Hindernis wieder herzustellen. Bei dieser Gelegenheit könnte dann vielleicht der eine oder andere der Arbeitsmannschaften abgeschossen oder gefangen genommen werden.

Wenn auch bei diesem Verfahren eine Vorbereitung durch Artillerie nicht in Frage kommt, so ist trotzdem die Bereitstellung von Artillerie zu veranlassen,damit sie jederzeit mit Sperrfeuer einsetzen kann,sobald das Verhalten der feindl. Infanterie oder Artl. es erheischen sollte.

A b s c h r i f t .

Eine solche Unternehmung , die sich auf mehrere Nächte er - strecken kann , erfordert daher eine gründliche Vorbereitung und im besonderen auch eine vorläufige Vereinbarung mit der Artillerie, die vor dem Regts. - Abschnitt zu wirken bestimmt ist . Ferner genau vereinbartes Zusammenwirken zwischen den vorgehenden Patrouillen und den mit ihrer Rücken - oder Flankendeckung bestimmten Gruppen , -

schliesslich reichliche Ausstattung mit Nahkampfmitteln und mit Leuchtpistolen zur gegenseitigen Verständigung .

Aller Wahrscheinlichkeit nach sind uns z. Zt. Truppen gegenüber , welche in den Kämpfen im Norden Verdun's durch schwere Verluste in ihrer Kampfkraft und in ihrem Zusammenhalt erschüttert , durch Ersatzmannschaften aufgefüllt und und in ihren Abschnitten noch nicht völlig vertraut sind . Alles Vorbedingungen , die auch kleinen Unternehmungen den erstrebten Erfolg gewährleisten .

gez. v. R i e d l .

K. B. 8. Infanterie - Regiment
empf. 15. 7. 1916, Nr. [illegible]

Herr Major trifft morgen ( 16. 7. ) 9.30 Uhr Vormittag im Lager Kaiserschlag ein und wird die Herrn Unterabschnitts - Kommandeure um Vorschläge ersuchen .

15. 7. 16.
A. B.
gez. K o l l e r .

Verteilt : Rechter , Mittl, Linker } Unterabschnitt.



*Anhang 3 Abbildung 18: 14.07.1916, weiterer Patrouillen-Befehl der Brigade*[33]

[33] KA: 8. I.R._(WK)_13_01-02 (511).

10

Meldung über Patrouille der 7/8. in der Nacht vom 16./17.7.16.

Führer der Patrouille Vzfdw.Nützel.

1.) Stärke: 1 Uoffz. 1Gefr. 12 Mann.

2.) Auftrag: Es ist festzustellen, ob das Hindernis vor K-1 beschädigt wurde,- es wurde in der Nacht vom 15 auf 16.7. von unserer Artillerie beschossen- ferner ob der Feind versucht, in der heutigen Nacht das Hindernis wieder auszubessern. Sollte dies der Fall sein, so bietet sich vielleicht Gelegenheit,einen Franzosen gefangen zu nehmen. Ferner ist anzustreben, wenn die Franzosen am Hindernis nicht arbeiten, das Hindernis K-1 mittels Drahtscheeren zu zerstören.

3.) Um möglichst gedeckt nach K-1 zu gelangen, ging die Patrouille zunächst entlang der Maass auf die Weidenbüsche bei C -(1.Skizze) los. Sie stellte dabei fest, dass auf der Landzunge zwischen Maas und Kanal vor dem Schleussenwärterhaus Pfähle eingeschlagen wurden- wahrscheinlich zum Hindernisbau. Sie hörte hier auch sprechen. Sie ging weiter auf das Hindernis los. Es zeigte sich, dass dieses aus 2 Reihen Lochmannschen Schnellhindernisses besteht. Sie schnitt bei x das Hindernis entzwei und zog es auseinander, sodass nunmehr bei x etwa 30 m. links der bereits vorhandenen Gasse eine weitere 8-10 m. breite Gasse geschaffen ist. Die Patrouille ging durch die Gasse gegen das etwa 50 m. weiter vorn gelegene 2 Hindernis, um entlang diesen nach 1 zu gelangen. Sie kam bis an den Rand des zweiten Hindernisses. Dieses ist Holzpfahlhindernis mit Stacheldraht, etwa 1,10 m. hoch, 10 m. breit. Hier wurde die Patrouille indess von dem in den Weidenbüschen stehenden Posten d bemerkt, welcher Alarmpfiffe abgab. Daraufhin kamen den Tritten nach zu schliessen vom Schleussenwärterhaus etwa 3 - 4 Mann zu dem Posten hingelaufen, sodass die Patrouille durch die Gasse n zurück musste, um nicht abgeschnitten zu werden. Sie ging weiter in Richtung f - h . Es zeigte sich, dass bei y durch Zusammentreten des Hindernisses auf etwa 20cm eine weitere Gasse geschaffen ist.
Bei Punkt f ist kein Hindernis, vielmehr zieht sich das Hindernis nach Rückwärts gegen z.bis 1 (s.Bleistifteintrag) und zwar hier als Pfahlhindernis wie vorher beschrieben, und von der Wegsperre 2 wieder schräg rückwärts gegen h. (vergl.Eintrag 1.10000) gleichfalls als Pfahlhindernis in diesem Teile bei v konnte lediglich ein neues Granatloch festgestellt werden. Das Hindernis war dort etwas beschädigt, ist aber im Übrigen vollkommen unversehrt. Bei 1 wurde geschanzt von vermutlich 8-10 Mann. Es konnte nicht festgestellt werden, ob 1 tatsächlich ein neuer Graben ist. Etwa bei n an der Strasse hustete ein Posten. Als sich die Patrouille daran machte, bei v bis h das Hindernis zu zerschneiden, wurde sie angeschossen, und zwar nicht von vorne ,sondern von jenseits der Maass, etwa aus Richtung von w her. Da das Gelände gegen h hin ansteigt, hob sich die Patrouille, wahrscheinlich von der Maass aus gesehen gegen den Horizont ab. Da es zu hell war, musste die Patrouille ihre Absicht aufgeben und kehrte ohne Verluste zurück.

4.) Das Feuer war Infanterie Feuer, etwa 5 Schüsse. -s.unter 3-

5.) Über Zustand der Hindernisse, Schanzarbeiten, Sprechen usw.

siehe unter 3.

6.) Mit Sicherheit wurde festgestellt, dass kein franz.Posten vor den Hindernissen steht.
Sie stehen anscheinend sämtlich hinter einer mehrfachen Linie von Hindernissen.

Lt. Allerhöchster Entschliessung wurde nach K.M.E.v.10.7. der Vzfdw. Johann Orth 8/8. zum Leutnant ohne Patent befördert.

Witterung: Regen, Gesundheitszustand sehr gut, Verpflegung aus Magazin.

*Anhang 3 Abbildung 19: 16./17.07.1916, Patrouillenbericht des II/8*[34]

Meldung über Patrouille 7/8. in der Nacht vom 18/19.7.16.

Führer: Sergeant und Zugführer Beyer.

1.) Stärke: 1 Uoffzr. 6 Mann.

2.) Auftrag: Vorzugehen gegen Punkt g der Skizze, sich dort in der Nähe auf die Lauer legen, um eine allenfalls aus der Lücke e hervorkommende feindl. Patrouille abzufangen oder abzuschiessen.

3.) Die Patrouille legte sich in der Nähe von e auf die Lauer und ging später durch e bis ans zweite Hindernis.

4.) Erhielt kein Feuer.

5.) Vom Gegner zeigte sich nichts; dem Geräusch nach wurde hinter dem Steinbruch in 2. Linie und rechts derselben geschanzt. -Von einer Abteilung in etwa Zugstärke.-
Bezüglich des Hindernisses stellte die Patrouille fest;
Das Hindernis 1 ( Skizze 1.5000) ist eine Art Schnellhindernis ohne Pfähle mit glatten,gerollten Draht.
Hat 2 Lücken bei c (alt) und z (neu von uns.Patr. vor 2 Tagen geschaffen.) Das Hindernis reicht nicht bis an die Strasse sondern auf 5 m. an diese heran.
Hindernis 2 ,nicht bei x, sondern bei y.
Hindernis 2 besteht zum grossen Teil nur aus Pfählen mit etwas Stolperdraht ohne gespannten Draht.

*Anhang 3 Abbildung 20: 19.07.1916, Patrouillenbericht des II/8*[35]

[34] KA: 8. I.R._(WK)_7_149-150 (1554).
[35] KA: 8. I.R._(WK)_7_152 (1554).

## 3.3 Gefangenenberichte

Nachr. Off. des A. O. K. 5 — 3. 9. 16.
beim XVIII.Res. Korps.

**Gefangenenvernehmung.**

Aus dem erfolgreichen Angriff des XVIII. Res.Korps gegen die französ. Stellungen beiderseits der Souvilleschlucht wurden heute eingebracht:

5 Off. 162 Mann des J. R. 344 }
5 " 225 " " " 212 } 68. R. Div.
1 " 15 " " " 206 }

11 Off. 402 Mann.

Davon entfallen 3 Off.u.ca.100 Mann auf die 33. R. D.(J.R.130), 8 Off., darunter der Regtskdeur und ein Batls.Kdeur des J.R. 344 u.ca. 300 Mann auf die 14. bayr. Div. (Regter. 4 u. 8)

Die 68. R. D. ( J.R.206, 234, 212, 344) -Kommandeur General Prax - P.S. 136 ist schon am 24.8. durch Gefangene des J.R. 344 im Abschnitt Souville neben Regimentern der 32. J. D. festgestellt worden.

Jnzwischen ist die 32. J. D. in Ruhe zurückgenommen u.völlig durch die 68. R. D. ersetzt worden.

Die 68. R. D. besteht aus Südfranzosen, hat seit Herbst 1914 keine schwereren Kämpfe mitgemacht u.ist nach eigener Ansicht von Offizieren u.Leuten keine Angriffstruppe. Jn diesem Jahr lag die Div. von Januar bis Mai in Gegend Mouhainville u.wurde nach kurzer Ruhe bei Avocourt eingesetzt, Mitte August herausgezogen wurden Ruhequartiere bezogen; J. R. 344 in Foucancourt, J.R. 206 in Charmontois, J. R. 212 in Evres.

Schon am 20.8. wurde als erstes J.R.344 abbefördert, kam 2 Tage in Reserve nach Verdun u. am 23.8. wurde das VI.Batl. zur Verstärkung des J.R. 342 /32 zwischen Fleury u.Kalter Höhe eingesetzt u. nahm an dem Angriff gegen den Höhenkamm teil. Am 25.8. wieder herausgenommen blieb das Batl. bis 29.8. in Steinbrüchen südwestl. Kaserne Marceau in Reserve u. löste am Abend des 29.8. das V./J.R. 344 bei Zahl 561 Front nach Osten ab. Das V. Batl. hatte am 24.8. J.R. 143 /32 dort abgelöst, ebenso das gleichzeitig gegenüber Zahl 574 eingesetzte an V. Batl. anschliessende IV./ J. R. 344.

Letzteres wurde am 29.8. durch VI. Batl. J.R.206 abgelöst, das dem Kdeur des J.R. 344 unterstellt wurde; IV. u. V. J.R.206 blieben in Reserve.

Jm sogen. Steinbruchunterabschnitt (westl.Souvilleschlucht) wurden am 28.8. VI. u. IV. Batl. J.R. 212 für J.R. 15 /32 eingesetzt, IV. Batl. 212 in Reserve u. zwischen St.Finckapelle u. Fleury schloss J.R. 234 /68 mit 1 Batl. an.

Die Kräfteverteilung in dem Abschnitt der 68. R. D. am 3.9. Vorm. war somit 5 Batl. in vorderer Linie, 7 Batl. in Reserve; (Fort Souville u. Verdun), rechter Flügel der Div. bei 575 an Strasse nach Dorf Vaux, linker Flügel Ostrand Fleury.

Die deutsche Artillerievorbereitung hatte schwere Verluste verursacht, so betrugen z.B. die Verlusta am 2.9. bei 2 Komp.

| | | | |
|---|---|---|---|
| J.R. 212 | 66 Mann | - | 20 % |
| bei M.G.Komp. J.R. 212 | 21 " | - | 25 %. |

Auf

Auf dem rechten Flügel bei J. R. 344 u. 206, wo die Gräben weniger tief waren, sind die Verluste noch grösser u.sie steigerten sich am 3.9. in der Frühe noch wesentlich.

Die von den Kommandeuren im Hinblick auf den erwarteten Angriff verlangte Verstärkung blieb aus; schon am 2.9. rechneten die Franzosen mit dem Angriff u. dann bei Morgengrauen am 3.9. als beide Mal nichts erfolgte glaubten sich die Meisten bis Nachmittag sicher. Dieser Umstand u. der starke Nebel liessen den Angriff trotz aller Vermutungen überraschend wirken.

Die Meisten hatten sich hinter den Deckungen verkrochen u.die M.G. waren zum grössten Teil unbrauchbar geworden, als der deutsche Angriff begann u. bei 506 u.561 durchbrechend die französ. Linien aufrollte. Die Franzosen erkennen das schneidige Vorgehen der deutschen Angriffstruppen rückhaltlos an u.der franz.Oberst des J.R.344, der sich in der Osthälfte des Steinbruchs bei 562a befand, hatte noch keine Meldung über den Angriff erhalten, als er u. sein Stab sich schon umringt sahen.

Im gleichen Steinbruch befand sich auch die Befehlsstelle des Kommandeurs des J.R.212.

Die Befehlsstelle der Brigade ist im Fort Souville, die der Div. in der Kaserne Marceau bezw. Cabaret rouge.

Zwischen Regt.(Steinbruch) u. der Brigade war Lichtsignalverbindung, die insbesondere für Verständigung mit der Artillerie, deren Leitung nach wie vor im Fort Souville sich befindet,diente.

Sperrfeuer wird durch rote,

Feuervorverlegen wird durch grüne Leuchtkugeln angefordert.

Die Telefonverbindungen nach rückwärts waren unterbrochen, bemerkenswert ist, dass auch in der vordersten Linie wieder Apparate eingebaut werden zwecks Verbindung zwischen Batl.- u.Regts.-stab; dies war lange Zeit wegen der Gefahr des Abhörens verboten.

Die Gefechtsstärke der Kompagnien der 68. R. D. betrug Mitte August durchschnittlich ca. 180 Mann, ist aber inzwischen stark zurückgegangen.

Ersatz: Neben den meist älteren Leuten sind einzelne Leute der Jahresklasse 1916 in den Regimentern vertreten, die erst vor einigen Tagen aus dem Depot des aktiven J.R. 123 eingetroffen sind; nach ihrer Aussage blieben in ihrem Depot bezw. bataillon de marche von ursprünglich 1000 Mann der Klasse 1916 nur noch ca.200 übrig, wovon ein Teil nicht felddienstfähig ist u. meist zu Ernte-arbeiten verwendet wird. Nach ihrer Abreise sei das Depot durch Zuteilung von zunächst 300 Mann der Klasse 1917 aufgefrischt worden, die sich somit jetzt ebenfalls dicht hinter der Front befindet u.bei weiterem Bedarf an Menschen als Ersatz in erster Linie in Frage kommt, da auch die Heimatdepots der Regimenter äusserst zusammengeschmolzen sein sollen.

Die Verpflegung ist gut; die 5 tägige Ration bestand aus:
1 Laib Brot 750 gr., 15 Biskuits, ¾ Tafel Schokolade, 200 gr.Käse, 1 Dose/25 Stück Ölsardinen für 2 Mann, 1 Liter Wein, 2 Liter Wasser; ausserdem hat jeder Mann 12 Biskuits u. 3 Dosen Konservenfleisch als eiserne Portion, die angegriffen werden darf, falls die tägliche Verpflegungszufuhr an Brot, Käse u. Wein versagt.

Frisches Fleisch gibt es während des Aufenthaltes in Stellung oder Bereitschaft nicht, dafür umso reichlicher, wenn die Divisionen in Ruhe kommen oder weiter hinter der Front in Reserve liegen.

Die

Die sanitären Einrichtungen an der Front sollen zu schematisch sein u. daher bei plötzlich eintretendem grösseren Bedarf meist nicht ausreichen, dagegen sind die schon einmal verwundet gewesenen Soldaten des Lobes voll über die Pflege u. Behandlung in den heimatlichen Lazaretten.

Irgendwelche Angriffsabsichten bestanden im Souvilleabschnitt nicht.

Ob östl. der 68. R. D. im Tavannesabschnitt noch die 27. J.D. eingesetzt ist, wusste niemand, dagegen wurden Teile der J.R. 70, 71 u. 270 der 19. J. D. noch am 28.8. in Verdun gesehen, was darauf schliessen lässt, dass die 19. J. D. noch westl. Fleury eingesetzt ist.

Am 29. 8. wurden in Verdun gesehen: Jäger Batl. 49 (52. J.D.) J.R. 340 (64. J.D.) ferner am 27.8. in einer Kaserne von Verdun das 4. Zua. Regt. (38. J. D.), das schon Mitte August von J.R. 15 32 östl. Fleury abgelöst worden war. J.R. 15 ist inzwischen von J.R. 212 68 abgelöst u. in Ruhequartiere abbefördert worden; so scheint die 38. J.D. nach wie vor als Reserve unmittelbar hinter der Front geblieben zu sein.

Etwa am 20. August wurden bei Charmontois (nördl. Revigny) Teile der J.R. 102, 103 u. 104 der 7. J.D. gesehen, deren Erscheinen an der Verdunfront somit wie schon angenommen bevorzustehen scheint.

Befehlshaber der Gruppe östl. der Maas ist jetzt der aus den französ. Kolonialkriegen bekannte General Mangin, der offenbar General Lebrun ersetzt hat.

Moral. Wenn auch die soldatischen Eigenschaften der Angehörigen der 68. R. D. diese nicht zu grösseren Taten zu befähigen scheinen, so muss doch die allgemeine Stimmung der Offiziere u. Leute als gut bezeichnet werden. Kaum einer ist kleinmütig bezüglich des Enderfolges dieses Krieges. Sie geben zu, dass die Somme - Offensive nicht den erhoffetn durchschlagenden Erfolg hatte, andererseits aber den deutschen Angriff gegen Verdun endgiltig aufgehalten habe, was in Frankreich mit grosser Erleichterung begrüsst u. als Erfolg empfunden worden sei. Nach Ansicht von Offizieren war unser erfolgreicher Widerstand an der Somme nur möglich, weil wir die Österreicher gegen das russische Vordringen im Stich gelassen hätten, woraus sie schliessen, dass wir nicht mehr genügend Kraft hätten, von beiden Seiten gleichzeitig erfolgende Angriffe zu parieren.

Rumäniens Eingreifen hat die zuversichtliche Stimmung noch wesentlich gehoben, denn die Entscheidung dieses „berechnenden" Volkes zu Gunsten der Allieirten wird so gedeutet, dass Rumänien die Entente als sichere Siegerin betrachte. Den Einwand, dass solchen „Entscheidungen" durch „leichten Druck" nachgeholfen werden könne, wie dies in Griechenland offenkundig zu Tage trete, wollen sie für Rumänien nicht gelten lassen.

Von Griechenland, dessen König u. namentlich vom griechischen Heer sprechen die Offiziere mit grosser Geringschätzung; wie das Land sich auch entscheide, in den Augen Frankreichs u. Englands habe es endgiltig ausgespielt u. verdiene keinerlei Rücksichtsichtnahme mehr.

Bulgarien

Bulgarien, vor dessen Leistungen zweifellos grosse Hochachtung besteht, gilt durch die Neugestaltung der Dinge am Balkan als belagertes Land, dem damit die Flügel für weitere Unternehmungen beschnitten seien.

gez. Schmidt - Schröder
Rittmeister.

Verteilung:

| | |
|---|---|
| N. O. A.O.K. 6 | 12 |
| Angr. Gr. Ost | 5 |
| XVIII. Res. Korps | 50 |
| Alpenkorps | 20 |
| VII. Res. Korps | 5 |
| XV. A. K. | 5 |
| Reserve | 3 |
| | 100 |

*Anhang 3 Abbildung 21: 03.09.1916, Gefangenenvernehmung*[36]

[36] KA: 8. I.R._(WK)_10_52-55 (414); ident. KA: 8. I.R._(WK)_10_16-19 (838).

Nachr.Off. A. O. K. 5 4. 9. 16.
beim XVIII.Res.Korps.

Gefangenenvernehmung.

Die Zahl der in Azannes eingebrachten Gefangenen von J.R.206,212 und 344 der 68.R.D. ist auf 11 Offiziere 458 Mann gestiegen.

Die weiteren Aussagen ergeben,dass der Steinbruch bei 562a tatsächlich aus2etwa 100 Meter auseinanderliegenden Teilen besteht.Während in dem von uns besetzten östlichen Steinbruch der Regts.Stab J.R.344 lag, befand sich der Stab des J.R. 212 in den westlichen Steinbruch:beide sind durch einen in dem Grund der Schlucht entlang laufenden Graben verbunden.Der westliche Steinbruch diente in der vergangenen Nacht als Bereitstellungsort dür die über Souville zum Gegenangriff heran geführten Truppen bestehend aus Res.Batl.der 68.R.D.und einem zur 38.J.D.gehörenden Senegalesen-Batl.

Zwischen den Steinbrüchen und Fort Souville sollen sich keine Gräben befinden.

Die Signalstation Souville befindet sich nicht im Fort,sondern in der östlichen Anschlussbatterie B,wo auch eine Telefonzentrale und die Hauptbeobachtung der schweren Artillerie eingerichtet ist.

Bei den Regts.Stäben sind Brieftauben stationiert,die alle nach Verdun ( Citadelle) fliegen;die letzte am 2.9.von J.R.344 abgesandte Taube überbrachte die Meldung,dass die franz.Artillerie zu kurz schiesst.

Die Verständigung zwischen Graben und Flugzeug,um diesem die eigene vordere Linie bekannt zu geben,geschieht in der Praxis fast nur durch etwa 1.60 m.grosse weisse Tücher.

Jn jedem Regiment ist aus den hierzu geeigneten Leuten eine Sektion (etwa 40 Mann)Pioniers gebildet,die entsprechend ausgerüstet und unter Führung eines Offiziers beim Angriffv der 2.Welle zugeteilt sind.Sie heissen Pioniers im Gegensatz zu den besonderen Formationen ( Batlnen) bildenden Genietruppen.

Jn Südfrankreich soll die Ernte gut stehen:Lebensmittel sind im Lande bisher reichlich gewesen mit Ausnahme von Zucker ,der vor einiger Zeit völlig fehlte.Jm Frieden deckte Frankreichs Producktion an Rübenzukker etwa den eigenen Bedarf;durch die Besetzung der Rübengegend in Nordfrankreich und des grösseren Teils der Raffinerien beträgt die eigene Producktion kaum mehr die Hälfte des Bedarfes,der im übrigen auf die Einfuhr von Rohrzucker angewiesen ist.Diese Einfuhr ist schlecht geregelt, denn als jüngst einige grosse Dampfer mit Zucker untergingen ( wahrscheinlich versenkt )herschte wochenlang eine Zucker-Krisis.

Politisch wird beinahe durchweg ein und dieselbe Anschauung vertreten,was darauf schliessen lässt,dass dem französischen Heer durch Wort und Schrift systematisch eine Art Generalidee eingeimpft wird.

Dass die Entente siegen wird,darin sind sie alle einig und das Haupt-Argument dafür ist die Ueberlegenheit an Zahl,die erst voll zu Wirkung kommen werde,wenn der Vorsprung in der Organisation,den Deutschland vor ihnen und besonders vor Russland und England gehabt habe,allmählich ausgeglichen werde.

Ab einen Sonderfrieden einer Entente Macht mit Deutschland glauben sie nicht,insbesondere halten sie jede Verständigung mit Frankreich für unmöglich.

Ein Offizier des Senegalesen Batls. 36 , ist am 4.9. vorm. beim franz.Gegenangriff gegen 562,gefangen worden.Der Angriff begann um 8 Uhr, war aber erfolglos,

Das Senegalesen Batl.36 ist ebenso wie Senegalesen Batl.43 der 38. J.D. zugeteilt,die noch immer bei Verdun liegt und daher zweifellos nochmal eingesetzt werden soll.

Es bestätigt sich,dass jetzt General Mangin Führer der Gruppe D (östlich der Maas) ist anstelle des Generals Lebrun,mit dem man unzufrieden war,angeblich,weil er sich zu sehr auf die Verteidigung beschränkte. Mangin gilt als äusserst energischer Mann,der unter den Beinamen " le Boucher " ( Metzger) bekannt ist,weil er die Truppe ohne jede Rücksicht auf Verluste einsetzt und Erfolge um jeden Preis verlangt.

Mangim ist der Vater des Gedankens, schwarze Truppen in grosser Zahl auszubilden und gegen Deutschland zu verwenden. Die Opposition der franz. Verwaltungsbeamten in den Kolonien (der gefangene Offizier ist Administrateur im Sudan), die darin eine Gefährdung des Ansehens der weissen Rasse und eine wirtschaftliche Schwächung der Kolonien (fehlende Arbeitskräfte) erblickten, half nichts gegen die Autotität Mangins, der sofort an die Durchführung seines Projektes heranging.

Während vor dem Krieg jeder Ort nur einen kleinen Prozentsatz der Männer zu stellen hatt8, wurde die Rekrutierung jetzt rücksichtslos und mit Gewalt auf alle waffenfähige Männer ausgedehnt, was 1915 mehrfach zu Revolten führte. Jnsgesammt sind 120000 Neger (ohne Marokkaner) eingezogen und ausgebildet worden, wovon jedoch nur etwa der dritte Teil in Frankreich steht; die meisten Batl. werden als Besatzungstruppen nach Tunis, Algier und Marokko gesandt, wozu sie sich besonders eignen und wodurch entsprechend viele weisse Truppen dort frei werden.

Ende September sollen die in Frankreich stehenden schwarzen Truppen nach Saloniki und Algier gesandt werden.

Die 38.J.D. soll demnächst ein drittes Senegalesen Batl. (№ 54 ) erhalten.

Die in letzter Zeit ebenfalls von Mangin angeordnete Zuteilung von Senegalesentrupps an weisse Regimenter hat sich nicht bewährt, da man sie dort nicht richtig zu behandeln verstand und der franz. Soldat eine gr. Abneigung gegen seine "schwarzen Kameraden" empfindet, nicht zuletzt aber deshalb, weil der im allgemeinen gutmütige Neger zum wilden Tiere wird, sobald es zum Kampfe kommt und dann Deutsche und Franzosen leicht verwechselt; so hat der Offizier beim heutigen Angriff von einem seiner Neger einen Bajonettstich in den rechten Arm erhalten.

Die dem Offizier vorgehaltene Meldung, dass verwundete deutsche Soldaten von den Negern in grausamster Weise getötet worden sind, bestreitet er nicht, alle diesbezüglichen Jnstruktionen seien wertlos, sobald es zum Nahkampf kommt, was fast immer der Fall ist, da die Neger ungeachtet der Gefahr auf das ihnen bezeichnete Ziel losgehen. Sie zu zügeln sei umso schwerer, wenn es sich um frisch eingetroffene Batlne. handelt, wie № 36, das erst seit Juni auf franz. Boden steht und heute seinen ersten Angriff machte.

Er selbst empfindet es als Entwürdigung, schwarze gegen deutsche Truppen führen zu müssen.

Südlich 574 wurden Leute des J.R.214 der 67.R.D. gefangen, die offenbar z.Zt. die 73.R.D. im Vaux - Damloupabschnitt ablöst. Die zuletzt am 18.8. dort festgestellte 27.J.D. war etwa am 20.8. durch die 73.J.D. abgelöst worden.

67.R.D. besteht aus J.R. 214,220,283,288
73.J.D. " " J.R. 368,369,346,356

( s. Vernehmung Nachr.Offz.Gersdorflager )

J. R. 102 der 7.J.D. wurde am 1.9. in Verdun selbst gesehen und dort sollten sich noch 3 weitere Regimenter (№ unbekannt) befinden, die angeblich zur Ablösung der 68.R.D. im Souville=Abschnitt bereitständen.

gez. Schmidt-Schröder
Rittmeister.

*Anhang 3 Abbildung 22: 04.09.1916, Gefangenenvernehmung*[37]

[37] KA: 8. I.R._(WK)_13_88-89 (511).

14. b. Inf. Div. Nr 1746/II b.

P. b. Inf. Brig.

Nachr. Offz. A. O. K. 5 6. 9. 1916.
beim XVIII. Res. Korps.

Es wurden heute folgende erbeutete franz. Befehle hier eingeliefert:
(Die meisten darin vorkommenden Geländebezeichnungen sind in der französ. Beutekarte v. 17.5. u. in dem am 5.9. ausgegebenen französ. Blatt: Douaumont zu finden)

I.

32. Div. Befehlsstelle, 27.8.1916.
Generalstab
3. Büro
Nr. 1080/3.

Befehl für die Ablösung der 32. J. D. durch die 68. J. D.

1. Jn der Nacht vom 28. auf 29. 8.:
a. 1 Batl. des J.R. 234 löst in Fleury das Batl. THIEBAUD des J.R. 80 (linkes Batl.) ab; dieses geht nach der Ablösung nach Belleray in Quartier.
b. 1 Batl. J.R. 212 löst im Vaux-Chapitre-Wald das Batln. Fabre J.R. 15 ab, das in Lempire Unterkunft bezieht.

2. a. Das Batl. J.R. 234 findet sich am 28. 8. 7 Uhr 30 nachm. am Ostausgang der Vorstadt Pavé bei Punkt 205 ein. (Karte 1 : 10 000 vom 5.8.)
Das Batl. wird durch Führer des Terr. 340 (einer der Komp.) zu den Unterständen Saint Michel geführt (vorherige Verständigung mit dem Oberst und Kommandeur von Terr. 340, Villa Santiago Vorstadt Pavé Telefon.
Führer der Schwadron Marceau (2 pro Kompagnie) erwarten das Bataillon an den Unterständen Saint Michel von 8 Uhr ab und führen es durch den Verbindungsgraben Nr. 11 zum Petit Bois, wo es durch die 63. Brigade gestellten Führer vorfindet.
Die Kompagnien sind weit auseinander zu ziehen.
Die Einzelheiten betreffend Ablösungen werden durch den Kommandeur des J.R. 80 geregelt.
Das Bataillon Thiebaud marschiert durch den Verbindungsgraben 11 zurück und wird von Petit Bois aus durch die Führer, die das Bataillon J.R. 234 dorthin gebracht haben, weitergeführt.
b. Das Bataillon J.R. 212 steht am 28.8. um 8 Uhr abends am Ostausgang der Vorstadt Pavé auf der Strasse nach Etain bei Punkt 205.
Es wird nach der Kaserne Marceau durch Führer des Terr. 340 (einer der Komp.) geführt (Verständigung mit dem Kommandeur des Terr. 340, wie oben.).
Führer der Schwadron Marceau (2 der Komp.) erwarten das Bataillon von 8 Uhr 30 ab an der Kaserne Marceau u. bringen es zu den Panzertürmen des Fort Souville (Befehlsstelle der 64. Brigade, wo es Führer dieser Brigade vorfindet.
Kompagnien weit auseinanderziehen; Einzelheiten der Ablösung regelt Kommandeur J.R. 15.
Das Bataillon J.R. 15 marschiert auf der Strasse Souville – Marceau zurück.

3. Es bleiben an Ort und Stelle bis 30.8. Mitternacht:
Die Batls.-Kommandeure der abgelösten Bataillone, ein Offizier jeder abgelösten Kompagnie und 1 Unteroffizier jeden Zuges, um die Abschnitte ordnungsgemäss zu übergeben.

4. Die Berichte über die richtige Ausführung der Ablösung und

Quittungen.

Quittungen über die richtige Übergabe sowie Mitteilungen betreffend den Abschnitt sind an den General und Kommandeur des Marceau-Abschnittes zu richten, ehe die betreffenden Offiziere ihren Posten verlassen.

gez. Bouchez,
Kommandeur der 32. J. D.

Für die Richtigkeit:
Der Generalstabschef.
gez. Jordan.

II. 32. Div. Bef. Stelle 26. 8. 1916.

Betrifft : Verpflegung und Nachschub im
S o u v i l l e - A b s c h n i t t .

Dieser Dienst wird durch den Verpflegungsoffizier der Division organisiert; jeder Offizier wird durch 2 ihm beigegebene Offiziere aus den beiden Unterabschnitten unterstützt.

Die einzelnen Regts.- und Bataillons-Kommandeure jeden Unterabschnittes richten täglich ihre Anforderung an Lebensmitteln, Munition und Material an den Kommandanten des Unterabschnittes, der sie vor 7 Uhr vormittags an den Verpflegungsoffizier der Division weitergibt.

Der diesem beigeordnete Offizier des betreffenden Unterabschnittes sammelt sämtliche Anforderungen seines Abschnittes und ordnet dieselben nach Kategorien (Lebensmitteln, Munition etc.) und reicht eine Gesamtaufstellung um 8 Uhr vormittags dem Verpflegungsoffizier der Division ein. Der beigeordnete Offz. ist ausserdem damit beauftragt, die Zufuhr selbst zu organisieren ( Bewachung der Verladung, Stellen von Führern usw.)

A. Magazine.

I. Magazine für Abschnitte:

Die Verpflegungstrupps des Abschnittes empfangen die Verpflegung in den Abschnitt-Magazinen der Kaserne Marceau (Magazin für Lebensmittel, Pioniergerät und Wasserstelle); von hier aus bringen sie dieselben zu den Frontdepots:

Depot der Panzertürme (Lebensmittel, Munition, Material) für den rechten Unterabschnitt,
Depot der Befehlsstelle 318 (Lebensmittel, Munition, Material)
Depot der Befehlsstelle Petit Bois ( für den Unterabschnitt links).
Depot der Poudrière (M-Raum 900 - Lebensmittel - ) gilt für die vorgeschobenen Truppen bei Fleury.

Die Truppen der 1. Linie und die Reserven des Unterabschnittes versehen sich selbst mit dem Nötigen aus den Depots der Unterabschnitte.

Die Truppen der Abschnittsreserve erhalten die Lebensmittel durch ihre grosse Bagage.

Das Abschnitts-Magazin wird stets wieder aufgefüllt, wofür der Verpflegungsoffizier zu sorgen hat und zwar :

1. Lebensmittel, Gesuche an die Divisions-Jntendantur,
2. Munition und Feuerwerk: telefonische Gesuche an die Gruppe D,
3. Pioniergerät: durch Anforderung beim Kommandeur der Pioniere bei der Divn.

Wasser für die Heranschaffung des Wassers zu der Sisterne der Kaserne Marceau ( etwa 12 Tonnen per Tag ist die Jntendantur verantwortlich)

II.

II. Filial-Magazin in Vorstadt Pavè.

Die Ablieferung aller bei der Gruppe D angeforderter Dinge geschieht in diesem Filial-Magazin der Vorstadt Pavè, Nr. 8, alte Strasse nach Etain.

Dieses Magazin (Lebensmittel und Munition) steht unter dem Befehl eines Offiziers des jeweils zur Verfügung des Abschnitts stehenden Terr.Regts. (z.Zt. Terr 340). Ein Offizier der Intendantur ist Verwalter des Lebensmitteldienstes.

Ausser der Rolle eines Zwischendepots zwischen rückwärts und den Abschnitts-Magazin muss dieses Filial-Magazin jederzeit in der Lage sein, einer neu in den Abschnitt einrückenden Brigade zwei volle Tagesrationen ausser den zuständigen Rationen abzugeben, ferner an Munition 50 - 80 Kartuschen pro Mann, 600 Kartuschen pro M.G. und 150 Leuchtraketen pro Batln., von farbigen Leuchtsignalen 100 von jeder Farbe pro Batln.; Leuchtpatronen und Signalleuchtpatronen im gleichen Verhältnis.

Material: 100 Schaufeln und 100 Harken pro Batln.; Kochgeschirr und 1 Brotbeutel pro Mann.

Die Wiederauffüllung des Filial-Magazines mit Lebensmitteln ist Sache des Verwaltungsoffizieres.

B. Transportmittel:

Um die Vorräte des Abschnitts-Magazines zu den Depots der Unterabschnitte zu transportieren, verfügt der Verpflegungsoffizier über folgende Mittel:

1. Trupps, die durch das Terr.Regt. des Abschnitts gestellt werden, telefonische Anforderung beim Regimentskommandeur; z. Zt. werden 15 - 20 Mann pro Tag gestellt.
2. Eine Abteilung von algerischen Eseln, über die ein Hauptmann des Terr.Regts. (z.Zt. Hauptm. Lalaude in Kaserne d' Anthouard) zu verfügen hat; durchschnittlich können täglich 80 - 90 Tiere gestellt werden.
3. Pferde und Maultiere, die aus den Bagagen der im Abschnitt befindlichen Truppenteile zu entnehmen sind: 40 pro Regt.

C. Permanente Trupps, die vom Terr.Regt.des Abschnitts zur Befehlsstelle zu stellen sind:

folgt detaillierter Befehl über Zuteilung der einzelnen Leute für bestimmte Verrichtungen.

---

III. 212. Infanterie - Regiment.

Der von der Brigade befohlene Verbindungsdienst wird, wie folgt, ausgeführt:

8 Läufer zur Verbindung zwischen Brigade- und Regimentskommandeur,

2 Läufer zur Verbindung zwischen Souville und Reserve-Bataillon,

2 Läufer zu stellen zum Gefechtsstand der linken Brigade in „Petit Bois" zur Verbindung beider Brigaden.

2 Untffz. und 16 Mann für eine direkte Verbindung mit dem „Triangle". Diese Leute werden über die ganze Strecke jeweils zu zweien verteilt, ein Untffz. an jedem Ende der Kette.

1 Gefreiter und 12 Mann zur Verbindung mit dem linken Bataillon der vorderen Linie auf dem Wege : vordere Linie, Telefonposten des Kommandeurs des rechten Bataillons des rechten Regiments der linken Brigade, Schlucht

Schlucht der Poudriere, Zahl 318, Panzertürme.
1 Sergeant und 15 Mann der M.G.-Komp. bestimmt zur Bedienung der 5 M.G. in Panzerturm.
1 Beobachtungsoffizier zum Beobachtungsposten " West"
1 " " " " " Ost".
1 Mann zur Bedienung der Brieftaubenstation.
1 Gefreiter und 6 Pioniere zur Bedienung des Ventilatoren.
Ausserdem stellt jedes Batln. 2 Verbindungsleute zum Befehlsstand des Regimentskommandeurs.

28. 8. 1916.
Der Kommandeur J. R. 212.

Für die Richtigkeit der Übersetzung:
gez. Schmidt - Schröder,
Rittmeister.

Verteilungsplan:

| | |
|---|---|
| N. O. A. O. K. 5 | 12 |
| Ang. Gruppe Ost | 3 |
| XVIII. R. K. | 35 |
| Alpenkorps | 25 |
| XV. A. K. | 5 |
| VII. R. K. | 5 |
| Reserve | 5 |
| | 90 |

K. b. 8. Infanterie-Brigade
empf. 9.9.16. Nr. [illegible]

BayHStA /Abt.IV
Infanteriebrigaden (WK) 946

*Anhang 3 Abbildung 23: 06.09.1916, Nachrichten-Offizier, AOK 5: erbeuteter französischer Befehl*[38]

[38] KA: Infanteriebrigaden_(WK)_946_32-35 (1674).

Nachr. Offz. A. O. K. 5 beim XVIII. Res. Korps. 7. 9. 16.

Gefangenenvernehmung.

Es wurden heute eingebracht:

25 Mann J. R. 288 ( 67. J. D.)
4 Mann J. R. 220 ( " )
1 Mann J. R. 315 ( 7. J. D.)
1 Mann J. R. 367 ( 73. J. D. )

Sämtliche von Regimentern der 14. bayr. J. D. u. 33. R. D. gemachten Gefangenen haben an dem gestrigen Angriff teilgenommen.

Aus den Aussagen der Gefangenen ergibt sich, dass die 7. J. D. noch im Abschnitt Kalte Höhe / Fleury, die 73. J. D. im Vaux – Abschnitt und die 67. J. D. zwischen beiden eingesetzt ist. Die 67. J. D. sollte ursprünglich die 73. J. D. ablösen, doch war die Ablösung der bei den Kämpfen am 3.9. schwer mitgenommenen 88. J. D. im Souville Abschnitt offenbar dringender.

An dem Angriff gegen die Front des XVIII. R. K. waren 6 Batlne. beteiligt und zwar:

VI./ J. R. 367 (73.J.D.) gegen das Grabendreieck 874 (Triangle genannt), Front von Süden nach Norden; ein rechts anschliessendes Bataillon des J. R. 346 (73.J.D.) beteiligte sich mit einem Zug ebenfalls am Angriff.

V./ J. R. 220 (67.J.D.) gegen die Westfront des Dreiecks.

J. R. 288 mit sämtlichen 3 Bataillonen (von Ost nach West V., VI., IV. Batl. gegen Chapitreweg und Steinbruchweg; diesem Angriff schloss sich westlich ein von der 88. J. D. zurückgebliebenes Batl. J.R. 212 an.

Bereits in der Frühe des 6.9. setzte starkes französ. Feuer auf die deutschen Stellungen ein und daraus sowohl, als aus anderen Anzeichen schlossen viele Leute auf einen bevorstehenden Angriff, doch wurden sie erst um 1 Uhr Nachm. davon verständigt.

Ein Verbindungsmann hat bei seinem Komp. Führer den Angriffs-Befehl gelesen, wonach als Ziel des Angriffes die etwa 800 m von der Ausgangsstellung entfernte Höhe bestimmt war; dort sollten sie sich eingraben und zwar am jenseitigen Hang der Höhe. Der Angriff sollte um $5^{40}$ nachm. beginnen und von 5 Uhr nachm. ab sollte starkes Sperrfeuer auf die rückwärtigen deutschen Stellungen gelegt werden. Das Erreichen des Zieles war durch Leuchtkugeln anzuzeigen, worauf die Artillerie aller Kaliber stärkstes Sperrfeuer zu legen hatte, um Gegenangriffe gegen die sich eingrabenden Truppen zu verhindern. Mit einem starken deutschen Gegenangriff wurde erst für den folgenden Abend (7.9.) gerechnet.

Die allgemeine Angriffsrichtung war von Südwest nach Nordost und der Angriff selbst sollte gemäss der neuen Vorschriften in Wellen vorgetragen werden.

Das VI./ J. R. 367 auf dem rechten Flügel hatte die erste und zweite Welle in einem Graben zwischen der französ. Stellung und dem Dreieck bei 874, der sonst niemals besetzt war, bereit gestellt; in gleicher Weise hatte vor ca. 1 Woche J. R. 380 derselben Division den Angriff auf das Dreieck versucht und war dabei derart mitgenommen worden, dass es angeblich in Ruhequartiere abbefördert wurde.

Die

Die Bereitstellung der mittleren Bataillone erfolgte in Granatlöcher und kleineren Grabenstücken; sie haben unter dem deutschen Artilleriefeuer, das den ganzen Tag über lebhaft war, ziemlich gelitten.

Der linke Flügel benützte als Ausgangspunkt den Steinbruch, sowie vor dem Steinbruch liegende Grabenstücke (es scheint dass die deutsche Karte die Gegend beim Steinbruch nicht genau wiedergibt).

Pünktlich um $5^{40}$ begann der Angriff, der in der Mitte schnell vorwärts ging; die Leute des V. Batls. 220 u. V./288 sagen, das sie in wenigen Minuten ihr Angriffsziel (Souvillenase) erreichten, ohne auf deutsche Truppen zu stossen. Auf dem letzten drittel ihres Vorgehens erhielten sie jedoch M.G.Feuer vom Hang westlich der Souvilleschlucht, das in ihren Reihen stark aufräumte.

Als sie ihr Ziel erreicht hatten, sahen sie die östl. der Souvillenase vorgestossenen Gruppen etwa auf gleicher Höhe. Beim Dreieck 574 hatten stärkere Kämpfe stattgefunden und 1 Unteroffizier sah, dass von dort etwa 40 deutsche Gefangene abgeführt wurden.

Dagegen blieb der Angriff westlich der Souvilleschlucht bald stecken und die Leute sahen, dass die dort vorgegangenen Franzosen wieder zurückgehen mussten und die Deutschen bis auf etwa 50 m an den Steinbruch herankamen.

Ein Mann der von der Souvillenase über 561 nach dem Steinbruch gesandt wurde um dort Leuchtpatronen und Sanitätspersonal zu holen kehrte um etwa 11 Uhr Nachts über 561 zurück und wurde, als er nach Osten ausbog, weil nördlich starkes Feuer lag, etwa südwestl. 559 von einer deutschen Patrouille gefangen genommen; er schliesst daraus dass in der Zwischenzeit ein Gegenangriff die Franzosen wieder zurückgeworfen hatte.

Das deutsche Sperrfeuer hat sofort nach Beginn des Angriffes eingesetzt, lag aber bei dem schnellen Vorgehen zumeist hinter den vorgehenden Wellen und wird wohl in erster Linie die bereitgestellten Reserven in Mitleidenschaft gezogen haben.

Die angreifenden Truppen hatten Lebensmittel für drei Tage und reichlich Munition erhalten.

J. R. 288, das etwa 10 Tage in Chardogne gelegen hatte war am 4.9. mit Autos in die Gegend bei Nixeville befördert worden und sollte noch am selben abend in Stellung gehen, um am folgenden Morgen anzugreifen. Wegen starken Regens erfolgte jedoch Gegenbefehl; das Regt. wurde in Unterständen südlich Souville untergebracht und kam erst am 5.9. in vordere Linie zur Ablösung von 2 Batlnen. des J. R. 212 (68.J.D.)

J. R. 220 hatte etwa 10 Tage Ruhe in Combles, wo es frisch aufgefüllt wurde. Mit Autos von Combles nach Haudainville am 4.9. befördert, ging ein Batl. am 5.9. abends in Stellung.

Das VI. Batl./ 367, das seit ca. 23.8. in Haudainville gelegen hatte, kam am 5.9. abends in Stellung.

Die Mannschaften der 73. J. D. rechnen mit baldiger Ablösung dieser Division.

Den Leuten der 67. J. D. wurde gesagt, dass sie nach Durchführung des Angriffes bald herausgezogen würden.

Bei den Regimentern der 87. J. D. ist die Klasse 1916 seit März dieses Jahres vertreten, als diese Regimenter westlich der Maas stärkere Verluste erlitten haben.

Ein Mann der Klasse 1898, der bis Mitte August dem Terr. Regt. 291 angehörte, ist in das J. R. 220 eingereiht worden im Austausch gegen Leute der Jahresklassen 1895/96 die zum Terr. übertraten. Dieser 36 jährige Mann ist am 19.3.1915 Soldat geworden und schon nach 3 monatlicher Ausbildung kam er an die Front. Sein Regiment (Terr.

( Torr. 291) lag ebenfalls in Reims im Anschluss an die 67 J. D. und gehörte angeblich zur 97. Div., 38. Korps, Postsektor 156.

Ein Sergeant macht die glaubwürdige Angabe, dass das Stabsquartier des A.O.K.2 sich in Noyers, einem kleinen Ort in der Nähe von Notancourt befindet.

Nach den Aussagen des Gefangenen des VI. J. R. 315 stand dieses Batl. zusammen mit dem V./ J. R. 315 am 6.9. westlich Fleury, wo es J. R. 102, ebenfalls der 7. J. D., abgelöst hatte.

Die beiden Batl. hatten den Befehl um 5 Uhr nachm. einen kleinen vorspringenden Winkel der deutschen Stellung wegzunehmen; die Aktion selbst an der nur eine kleinere Abteilung beteiligt war, sollte von dem Rest der Batine. durch lebhaftes Gewehrfeuer unterstützt werden, womit wohl die Aufmerksamkeit von dem später einsetzenden grossen Angriff östlich Fleury abgelenkt werden sollte.

Westlich von J. R. 315 beim Werk Thiaumont ist J. R. 103 (7.J.D.) in Stellung.

Die Gefechtsstellung der Kompagnien der 67. R. D. betrug durchschnittlich 180 bis 200 Mann; zum Angriff waren alle Leute, auch die Handwerker, Köche, Schreiber usw. ausnahmslos herangezogen worden.

Jn ihrer alten Stellung bei Reims ist die 67. J. D. durch J.R. 403 u. 410 der 51. J. D. abgelöst worden; weiter rechts (östl.) von Reims sei vor kurzem auch eine Kolonial-Division in Stellung gekommen; 1 Mann besteht darauf, in dieser Gegend auch J. R. 55 der 126. J. D. gesehen zu haben.

Ausser einigen Abteilungen von Senegalnegern wurde von der 38. R. D. bei Verdun von keinem der Gefangenen mehr Truppen gesehen.

gez. Schmidt - Schröder

Rittmeister.

__Verteilung:__

| | |
|---|---|
| N. O. A. O. K. 5 | 12 |
| Angr. Gruppe Ost | 3 |
| XVIII. R. K. | 40 |
| Alpenkorps | 30 |
| XV. A. K. | 5 |
| VII. R. K. | 5 |
| Reserve | 5 |
| | 100 |

K. b. 8. Infanterie-Brigade
empf. 9.9.16 Nr. 88 Ctt

1) Abschrift: 1 Krieg für 3. 6.4.6. 412 2.2.9. 412 9 Abdr.

2) zu den Beilagen z. Kriegstagebuch.

9.9.16.

[illegible]

*Anhang 3 Abbildung 24: 07.09.1916, Nachrichten-Offizier, AOK 5, Gefangenenvernehmung*[39]

[39] KA: Infanteriebrigaden_(WK)_946_29-31 (1674).

40

Nachr.Offz.A.O.K. 5
Abschnitt Planitz. 22. 9. 1916.

Auf Grund von Feststellungen durch Gefangenenaussagen und erbeuteten Befehlen u. Karten ist gegenüber der Front des Abschnitts Planitz folgende feindl.Kräfteverteilung und Organisation anzunehmen :

I. Französ. Hauptabschnitte

a.) Abschnitt Tavannes Kommandeur ein Divisionsgeneral.
Befehlsstelle: Champ de Tir (südl.Strasse Etain-Verdun)

b.) Abschnitt Marceau (Souville) Kommandeur ein Divisionsgeneral.
Befehlsstelle: Kaserne Marceau .

Die Grenze der beiden Abschnitte fällt etwa mit der Strasse Dorf Vaux - Kaserne Marceau ( 575 - 596 - 592 - 623) zusammen.

Die beiden Abschnitte unterstehen der Gruppe D - Befehlshaber General Mangin -, die 4 Divisionen umfaßt.

zu a.) Der Abschnitt Tavannes zerfällt in 3 Unterabschnitte
1. Laufée
2. Chenois
3. Vaux-Regnier ( früher Fumin).

Der letztere reicht in vorderer Linie von nördl. 577 a bis nördl. 575.

zu b.) Der Abschnitt Marceau (Souville) zerfällt in 2 Unterabschnitte :
1. Fleury
2. Steinbruch ( 562 a).

Der letztere reicht in vorderer Linie von St. Fine Kap. bis nördl. 575.

II. Organisation der in Betracht kommenden Unterabschnitte Vaux - Regnier bezw. Steinbruch.

Beide Unterabschnitte unterstehen je einem Regimentskommandeur.

a.) Vaux - Regnier-Unterabschnitt.
Derselbe ist verhältnismäßig gut organisiert :
1. Linie besteht aus kurzen Grabenstücken, die nur mit Postierungen besetzt sind
2. Linie 575 - nördl. 577 a ; zusammenhängender Graben
3. Linie südl. 575 - 577 a; Mannstief ausgebaut : mit mehreren soliden Unterständen
4. Linie : 596 - Wegeknie südl. 577; mit Schulterwehr u. Unterständen versehener Graben für Reserven.

Jn der 2. Linie befinden sich die Komp.Führer, in der 3.Linie die Batls.-Kdeure; die Befehlsstelle des Regimentskommandeurs scheint sich südl. 576 zu befinden, diejenige der Brigade am Westausgang des Tavannestunnels.

b.) Steinbruchsunterabschnitt.
1. Linie : nördl. 566 - nördl. 564 - südl.535 - 539 - 562a - 561
2. Linie: 565 - 563 - 562 - Chapitreweg - 574
3. Linie im Bau ( 568 - 571 - 573 ) .

Die Komp.Führer befinden sich in der 1. Linie, an deren Ausbau gearbeitet wird, die Batls.Kommandeure sind in 2. Linie; die jetzige Befehlsstelle des Regts.-Kdeur ( früher im Steinbruch) ist nicht bekannt; Brigadestab im Fort Souville.

II. Kräfteverteilung in den beiden Unterabschnitten .

a.) Vaux - Regnier
2 Batls mit je 1 M.G.Komp. in 1., 2. u. 3. Linie, 1 Batl.mit 1 M.G.Komp. als Reserve in der 4. Linie u. der dahinter liegenden Zwischenstellung.

Abschnittsreserve im Tavannestunnel.

b.) Steinbruch
2 Batle mit je 1 M.G.Komp. in 1. u. 2. Linie; 1 Batl. mit 1 M.G.Komp. in Unterständen u. Gräben bei Fort Souville; Abschnittsreserve in Fort Souville.
Während der letzten Kämpfe war die Besatzung dieses Unterabschnittes bis auf 6 Batle erhöht worden.

IV. Anmarschwege.
a.) für Vaux - Regnier
1., Verbindungsgraben "Altkirch", der von Cabaret-Ferme(an Strasse Verdun - Etain) an Fort Tavannes vorbeiführt u. Verbindungsgraben " Contant" , der westl. Fort Tavannes vom Altkirchgraben abzweigt u. über 641 - 602 nach 577 a führt.
2.,"Teichgraben", der von Cabaret-Ferme östl. Kaserne Marceau vorbei über Hospitalbatterie - 597 - 576 nach 575 führt
b.) für Steinbruch
1., "Caillette"verbindungsgraben, der westl. Kaserne Marceau u. Fort Souville vorbei über 567 - 569 - 563 nach Steinbruch ( 562 a) führt.
2., Verbindungsgraben M N P Q, der von Batterie b östl. Souville über 570 nach 562 a führt.
Jn letzter Zeit benutzen die meisten Truppenteile die östl. Kaserne Marceau durch den Bahndurchlaß führende Strasse bis Batterie b u. erreichen von hier teils in den Verbindungsgräben, teils über freies Gelände auf Pfaden ihre Stellung .

V. Zwischenstellung.
Diese seit Monaten gut ausgebaute Stellung bildet den Hauptrückhalt der Abschnitte Tavannes u. Marceau - Souville.
Jm Falle eines deutschen Angriffs wird sie von Truppen der Abschnitts- u. Gruppenreserven besetzt; die M.G.Stellungen sind aus einer französ. Beuteskizze bekannt.

VI. Artillerie.
Die Beobachtung befindet sich in Batterie b östl. Fort Souville, wo auch eine Signal- u. Fernsprechstation eingerichtet ist, ferner im Fort Souville.
Sperrfeuer wird durch rote, Feuer vorverlegen durch grüne Leuchtkugeln angefordert.
Für das Sperrfeuer sind jedem Unterabschnitt besondere Artilleriegruppen, meist 3 zu je 3 Battor. 7,5 cm zur unmittelbaren Verfügung gestellt.

VII. Verpflegung und Nachschub.
a.) Marceau-Souville-Abschnitt :
Hauptmagazin für Lebensmittel,Wasser,Munition u. Pioniergerät in der Kaserne Marceau. Unterdepot in den Panzertürmen südwestl. Fort Souville.
b.) Tavannes-Abschnitt:
Depot für Lebensmittel u. Wasser im Fort Tavannes u. im Tavannestunnel. Depot für Munition u. Pioniergerät : Tunnelbatterie westl. Fort Tavannes.
Die in Stellung gehenden Truppen erhalten meist 4/5tägige Rationen.

VIII. Allgemeines .
1., Die erste Linie ist bei Tag meist schwach, bei Nacht stark besetzt.
2., Die M.G. sind meist getrennt vom Grabenprofil aufgestellt.
3., Die neue französ.Maske bietet ausreichenden Schutz gegen jede Gasbeschiessung.
4., Zur Verbindung in vorderer Linie hat sich in erster Linie die Läuferkette bewährt.
5., Ablösung in vorderer Linie meist nach 4 - 5 Tagen.

43

6., Da Leuchtsignale häufig nicht gesehen werden geben die sämtl. Maschinengewehre im Falle eines Angriffs Alarmschüsse ab, indem sie 2 Bänder zu 25 Kartuschen so schnell als möglich abschießen.

IX. Feindl. Angriffe erfolgen meist in Wellen.
Zusammensetzung der Angriffswellen :

A. Spitzenbataillon :

| | | |
|---|---|---|
| 1. Welle Angriff | ½ 1. Komp. | ½ 2. Komp. |
| 2. " Säuberung | 1 Zug 1. Komp. 1 Zug Pi. | 1 Zug 2. Komp. |
| 3. " Verstärkung | 1 Zug 1. Komp. ½ M.G. Komp. Komp. Führer | 1 Zug 2. Komp. Komp. Führer |
| 4. " Reserve | 3 Züge 3. Komp. Btl. Kdeur Komp. Führer | ½ M.G. Komp. |
| Trägertrupp | 1 Zug 3. Komp. | |
| Verwundeten-Transport | Krankenträger des Batls. | |

B. Reservebataillon folgt :

| | | |
|---|---|---|
| Regts-Reserve | 1. Welle | ½ 1. Komp. Batls. Kdeur. ½ M.G. Komp. ½ 2. Komp. |
| | 2. Welle | ½ 1. Komp. Kp. Führer Oberst ½ M.G. Komp. Komp. Führer ½ 2. Komp. Komp. Führer |
| Brig. Reserve | 3. Welle | 3. Komp. Komp. Führer |

Normaler Abstand zwischen 1. u. 2. Welle 50 m
" 2. u. 3. " 100 m
" 3. u. 4. " 150 m

X. Zur Zeit steht im
Tavannesabschnitt die 74. J. D.
Souvilleabschnitt die 67. J. D.
Seit 1. 7. 16 wurden eingesetzt :

| im Souvilleabschnitt | im Tavannesabschnitt |
|---|---|
| 131. J. D. | 127. J. D. |
| 128. " | 71 " |
| 37. " | 16. " |
| 15. " | 154. " |
| 39. " | 27. " |
| 32. " | 73. " |
| 68. " | 74. " |
| 67. " . | |

gez. S c h m i d t - S c h r ö d e r .
Rittmeister.

Verteilung:

| | |
|---|---|
| N.O.A.O.K. 5 | 6 |
| Angr. Gr. Ost | 3 |
| Abschnitt Planitz | 75 |
| 54. A.K. | 5 |
| XV. A.K. | 5 |
| VII. R.K. | 5 |
| Reserve | 2 |
| | 100. |

*Anhang 3 Abbildung 25: 22.09.1916, Gefangenenaussagen zu französischen Kräften*[40]

[40] KA: 8. I.R._(WK)_7_207-210 (1554).

## 3.4 Erfahrungsberichte

Abschrift.

Chef des Generalstabes des Feldheeres. Gr.H.Qu., den 3.11.1915.

Nr. 17 411 Op. Geheim.

Nicht in die vordere Linie mitnehmen.

Betr. Erfahrungen aus den letzten Kämpfen.

8.I.R. 23 g.Mob. III 18.1.

Zu den bisherigen Erfahrungen der Armeen, wie sie in meinen Schreiben vom 29.5.1915 Nr.1740 r, vom 30.9.1915 Nr. 8533 r und in den Gesichtspunkten für den Stellungskrieg niedergelegt sind, ist auf Grund der Truppenberichte usw. ergänzend zu bemerken:

a.) Betr. Stellungsbau.

1.) Die schusssicheren Untertreträume ( Kaninchenlöcher und betonierte Unterstände ) haben sich ausserordentlich bewährt. Die Verluste durch feindliches heftigstes Feuer waren gegen die in den Unterständen befindlichen Leute ganz gering ( z.B. bei 6 stündigem Trommelfeuer bei einem Regiment 2 Verwundete ), während die nicht schusssicher untergebrachten Truppenteile grosse Verluste hatten und ihre Spannkraft einbüssten. Jndessen muss die Möglichkeit schnellen Herauskommens aus den Unterständen gesichert sein. Bei grossen und vollgedrängten Unterständen besteht die Gefahr, dass bei überraschenden feindlichen Vorstössen die darin eingezwängten Leute wehrlos sind und gefangen genommen werden. Besser sind daher viele kleine Unterstände. Die Mehrarbeit bei der Herstellung muss in Kauf genommen werden.

2.) Die Gliederung nach der Tiefe innerhalb der Stellung ist unbedingt nötig. Nur sie gewährleistet Festhalten der Stellung auch bei stärksten Angriffen. Die rückwärtigen Linien dürfen nicht zu weit entfernt und müssen durch gut gedeckte, zahlreiche Verbindungsgräben mit den vorderen verbunden sein. Jn angemessenen Entfernungen von einander sind Verbindungsgräben ausserdem gleichzeitig als Riegelstellungen auszubauen ( mit Hindernissen und Flankierungsanlagen.)

3.) Mindestens eine rückwärtige Stellung ist unerlässlich. Sie ist überwiegend mit Rücksicht auf gute Verteidigungsfähigkeit auszusuchen und möglichst der Fliegersicht zu entziehen. Auch zwischen vordersten und rückwärtigen Stellungen sind Riegelstellungen nötig, gegebenenfalls Dörfer, Waldstücke usw. als Stützpunkte auszubauen.

4.) Nur mehrere mit Abständen von einander angelegte Drahthindernisse, namentlich auch verdeckte ( Schlingen ), halten beim stärksten Feuer einigermassen aus. Rückwärtige Linien und Stellungen müssen ebenfalls Hindernisse besitzen.

5.) Wo weitere rückwärtige Stellungen nicht in vollem Umfange wegen Mangels an Arbeitskräften hergestellt und dauernd erhalten werden können, sind Hindernisse, Unterstände und Artilleriebeobachtungsstellen, deren Erhaltung wenig Arbeit erfordert, anzulegen. Die Schützengräben selbst sind im Bedarfsfalle schnell hergestellt.

b.) Verwendung der Jnfanterie.

1.) Beim Einsetzen des feindlichen Angriffs-Artilleriefeuers muss man in der beschossenen vordersten Linie mit der zur Sicherung erforderlichen Besatzung auskommen. Sie muss schusssicher untergebracht sein. (vergl. a.1. )

Stärkere Kräfte sind in den Unterständen der hinteren Linien und Stellungen zu versammeln.

2.) Sehr schwierig, aber unter Umständen entscheidend, ist rechtzeitige Alarmierung. Dauernde Beobachtung des Gegners ist erforderlich. Hierzu sind Spiegelapparate zweckmässig, die sich die Truppe leicht selbst fertigen kann. Da sie schnell zerschossen werden, ist grösserer Vorrat in den Unterständen nötig. Ausserdem sind Alarmmittel vorzusehen. Alle Mittel, die Drahtleitungen bedingen, versagen leicht. Am sichersten wirken die Stimme, Sprachrohre, Hupen usw.

3.) Zur Abwehr des feindlichen Sturmes sind die Maschinengewehre in schussicheren flankierenden Unterständen und Handgranaten bei den Truppen der vordersten Linie besonders wirksam. Betr. Mitwirkung der Artillerie s. unter c. Dringt der Feind an irgend einer Stelle in unsere Linie ein, so gehen sofort die in den Unterständen der rückwärtigen Linie befindlichen Truppen zum Gegenangriff mit Handgranaten und blanker Waffe vor. Besonders zweckmässig ist es, wenn gleichzeitig von den Flanken her gegen das genommene Stück vorgedrückt wird. Nach den bisherigen Erfahrungen ist es fast immer gelungen, den Feind auf diese Art wieder hinauszuwerfen oder gefangen zu nehmen.

4.) Gelingt es dem Feinde trotz der Massregel zu 3 sich in einem genommenen Grabenstück zu behaupten, so ist der Versuch, ihn durch Masseneinsatz von Infanterie wieder hinauswerfen zu wollen, meist vergeblich und unverhältnismässig verlustreich geblieben. Es bedarf dann eines systematisch angelegten Angriffs mit starker Artillerievorbereitung. Es wird also meist erst nach Tagen möglich sein. Ob der taktische Erfolg den unvermeidlichen Aufwand an Verlusten und Munition lohnt, ist abzuwägen.

c.) Artillerieverwendung.

1.) Für die Abwehr von Angriffen ist die Artillerie von ausschlaggebender Bedeutung und zwar um so mehr, je schwächer die Besetzung der vordersten Linie an Infanterie ist. Es ist nötig, dass jede Batterie (Feld- wie schwere) einen besonderen Streifen der feindlichen Infanteriestellung zugeteilt erhält, den sie im Augenblick des feindlichen Sturms mit Schnellfeuer belegt. Das Sperrfeuer besteht dann in einem nur wenige Minuten andauernden Schnellfeuer, das nach Bedarf zu wiederholen ist.

Sehr wichtig ist es, rechtzeitig den Augenblick des Sturms zu erkennen, und schnell den Ruf nach Eröffnung des Sperrfeuers an die Batterie zu übermitteln. Es hat sich gezeigt, dass Hilfs-Beobachtungsstellen in der Infanterielinie bald zerstört oder durch Rauchwolken ausser Tätigkeit gesetzt sind. Diese Beobachtungsstellen werden daher so zu wählen sein, dass der Ueberblick gesichert ist. (Betr. Lage der Hauptbeobachtung möglichst in der Nähe der Batterie vergl. Schreiben vom 4.10.15 № 15 494.)

2.) Neben der unmittelbaren Sturmabwehr fällt der Artillerie hauptsächlich die Beschiessung der feindlichen Infanteriestellungen – einschl. rückwärtiger Deckungsgräben und Annäherungswegen – vor dem Sturm zu, d.h. sobald die Auffüllung der Gräben usw. mit Truppen erkannt wird, oder wenn stärkstes feindliches Artilleriefeuer gegen unsere Stellungen die Wahrscheinlichkeit eines Angriffs gibt. Anscheinend sind feindliche Sturmvorbereitungen wiederholt im Keime durch dieses Verfahren erstickt worden. Das Feuer muss in kurzen starken Wellen abgegeben werden. Gasgeschosse sind bei ruhigem Wetter von Vorteil, weil dann der Aufenthalt in den beschossenen Gräben unmöglich wird.

3.) Während etwaiger eigener Gegenangriffe zur Wiedereinnahme verlorener Grabenstücke (vergl. b 2) muss die Artillerie das Herankommen feindlicher Verstärkungen durch Sperrfeuer verhindern.

4.) Hinsichtlich der Feuertätigkeit der Artillerie gegen die feindlichen Batterien weise ich auf mein Schreiben vom 30.9.1915 № 8533 r hin. Die darin enthaltenen, auf Erfahrungen der Armee beruhenden Grundsätze haben sich überall bewährt.

5.) Zur Verwendung der Gasgeschosse wird auf Folgendes hingewiesen:

Es ist im allgemeinen nicht möglich, die feindliche Artillerie niederzukämpfen, wohl aber sie in ihrer Feuertätigkeit vorübergehend zu stören. Daraus folgt, dass allgemeine Beschiessung der feindlichen Artillerie zur Verhinderung des feindlichen Infanterieangriffs aussichtslos ist. Dagegen ist es z.B. möglich, besonders störende feindliche Batterien (schwerste Geschütze) vorübergehend am Feuer zu hindern. Ebenso ist es möglich, die feindliche Artillerie, die nach abgeschlagenem Angriff der feindlichen Infanterie unsere Stellungen beschiesst, hierin zu stören. Die gewonnene Zeit kann zum Wiederherstellen der Ordnung in der eigenen Stellung benutzt werden.

Es bleibt also zu beachten, dass Gasgeschosse Sondergeschosse sind, die nur für besondere Fälle zweckmässig sind, im allgemeinen aber geringere Wirkung gegen Personal und Gerät ergeben als Brisanzgranaten.

d.) Minenwerfer.

Sie sind eine wesentliche Unterstützung der Artilleriewirkung. Wichtig ist es, die Minenwerfer dem feindlichen Artilleriefeuer, das meist systematisch auf sie gelenkt wird, zu entziehen. Sie sind deshalb nicht in der vordersten Linie einzubauen, ihre Deckungen sind möglichst tief und stark herzustellen. Minenwerfer-Bataillon 1 hat auf diese Weise bisher, trotzdem es seit Monaten fast dauernd im Kampf steht, verhältnismässig wenige Minenwerfer durch feindliches Feuer verloren. Geschlossener Einsatz von Minenwerfer-Formationen ( Kompagnien, Bataillon ) ist besonders erfolgversprechend.

gez. v. Falkenhayn.

---

Oberkommando der Armee-Abteilung 9.11.1915.

von Strantz

Ia Nr. 2746 geheim.

V. s. d. O. K.

Fabarius [signature]

Verteilung bis einschl.
Bataillone, Abteilungen.

33. RES.-DIVISION
Abt. I B. Nr. 176 geh.

III./18 erhalten 12.11.15. № 148 g geh.
ab. 11/18, 12/18 Kenntnis genommen
17.11.15.



*Anhang 3 Abbildung 26: 03.11.1915, Generalstab: Erfahrungen aus den letzten Kämpfen*[41]

---

[41] KA: 8. I.R._(WK)_12_51-53 (511).

III. Armeekorps. K. H. Qu., den 10. 4. 1916.

Generalkommando.

Abt. Ia Nr. 818. Nicht in die vorderen Linien mitnehmen.
Der Empfänger ist persönlich für sichere Aufbewahrung verantwortlich.

Geheim!

E r f a h r u n g e n

aus den Kämpfen vor V e r d u n (21.2.-15.3.)

(Zusammenstellung aus Truppenberichten)

I. Allgemeines.

Der im III. Armeekorps durch seine Verwendung im Kriege und durch ständige Übungen in der Ruhezeit wachgehaltene frische Angriffsgeist und Wille zum Siege hat unsere Erfolge bei Verdun gezeitigt. Diesen Geist auf der alten Höhe zu halten, ist Hauptaufgabe aller Führer und Unterführer.

Die besondere Beschaffenheit der Kampfverhältnisse vor Verdun läßt eine Übertragung der Erfahrungen auf andere Stellen nicht ohne Weiteres zu. Anfangs stellten die großen Wälder mit ihrem dichten Unterholz, später die geschickt angelegten Friedensanlagen - namentliche einzelne zur Verteidigung eingerichtete Hohlräume - an die Sturmvorbereitung durch Artl. und Minenwerfer ungewöhnlich hohe Anforderungen.

Die möglichst frühzeitige Heranziehung der Genkdos. sowie Div.- und Feldartl. Brig.-Stäbe zu den Vorbereitungsarbeiten für größere Angriffshandlungen ist erwünscht, um ihnen den erforderlichen Einfluß auf die Vorbereitung und geplante Art der Durchführung des Angriffs ihrer Verbände zu ermöglichen.

Die hohe Bedeutung flankierder Einwirkung - wenn auch nur durch schwache Kräfte - hat sich (wie bei Vailly, Soupir und Soissons) erneut klar gezeigt. Selbst ungewöhnlich starke Anlagen, die frontale Angriffe mehrfach zum Scheitern gebracht hatten, kamen sehr schnell zu Fall, nachdem es gelungen war, aus Nachbarabschnitten mit Teilen gegen ihre Flanke und Rücken vorzustoßen ( Herbebois, Dorf Douaumont ).

II. Angriffsverfahren.

Unser Angriffsverfahren, in breiter Front und in Wellen rücksichtslos u. soweit irgend möglich vorzustoßen, hat sich überall da, wo die Sturmvorbereitung durch unsere Artl. u. Minenwerfer erfolgreich war, bewährt. Jeder sich bietende Vorteil, wie Lücken im Hindernis, günstig gelegene Spreng- oder Geschoßtrichter, wurde zum schnelleren Vorwärtskommen durch Zusammenballen zu kleineren oder stärkeren Sturmgruppen ausgenutzt.

Andererseits wurde es jedoch häufig nötig, dort wo es nicht gelungen war, die feindl. Stellungen sturmreif zu machen, „Stoßtrupps" mit bestimmten Aufträgen einzusetzen. Nach den Erfahrungen von Verdun-wie anderwärts-wird man mit vorher nicht erkannten oder nicht zerstörten Flankierungsanlagen, Blockhäusern, verteidigten Unterständen, sowie mit nur lückenweise zerstörten oder zerschnittenen Hindernissen - insbesondere im waldigen oder sonst unübersichtlichen

- 2 -

sichtlichen Gelände - immer rechnen müssen.
Es ergibt sich hieraus die Notwendigkeit, zahlreiche Stoßtrupps - für jede Komp. mehrere - auszubilden und hierzu die beherztesten und schneidigsten Leute auszuwählen.

Ob diese Stoßtrupps vor, innerhalb oder hinter den einzelnen Sturmwellen einzusetzen sind, wird in jedem Einzelfall von der Lage unserer Kenntnis u. der Nähe der feindl. Stellungen, von dem Einsatz und der Wirkung unserer Artl. und Minenwerfer u.a.m. abhängen. Als Grundsatz jedoch gilt, daß die Stoßtrupps ihren Auftrag vom Komp. Führer erhalten.

Ihre Stärke und zweckmäßigste Zusammensetzung bedürfen in jedem Einzelfall / ob gegen Blockhäuser, Flankierungsanlagen, oder zum Aufräumen von Grabenteilen u.a.m. / besonderer Überlegung. Im allgemeinen haben 1 bis 3 Gruppen Infanterie mit 1 Gruppe Pionier / beide mit Handgranaten ausgerüstet /, denen je nach Aufgabe und Lage ein M.G. ein l.M.W. oder 1 l. Fl. W. zugeteilt war, sich bewährt.

Wichtig ist, daß die Trupps handlich bleiben. Eingehende Erkundung, klare Rollenverteilung und gutes Zusammenarbeiten sind Vorbedingungen des Erfolges. Sie stoßen - soweit sie nicht durch Sonderaufträge gebunden - ohne Rücksicht auf die Nachbarabteilungen vor, umgehen Blockhäuser, Flankierungsanlagen, greifen flankierend wenn möglich von rückwärts an und helfen sich gegenseitig weiter. Anschluß im gewöhnlichen Sinne gibt es für sie nicht; ihn erreichen sie im Ziel.- Sache der Komp.Führer ist es, das Gefecht der Komp. so zu leiten, daß es die Tätigkeit der Stoßtrupps unterstützt und die errungenen Vorteile schnell u. rücksichtslos ausnutzt.

Für den zweiten Kampfakt, das <u>Vorgehen nach gelungenem Durchbruch</u> zur Ausnutzung des Erfolges - insofern dem ganzen Angriff nicht ein beschränktes Ziel planmäßig gesetzt wird - ist jede Art des Vorwärtskommen berechtigt. Sie wird nach wie vor von der Selbständigkeit der Unterführer, dem Geist u. Schneid der Truppe - Fort Douaumont ! - und dem verständnisvollen Zusammenwirken der in vorderster Linie tätigen Führer und Truppen /Infanterie, Artl. u. Pioniere/ abhängen und in jedem Einzelfalle verschieden sein.

Hier gibt es für alle nur ein Gebot: Zufaßen, Ausnutzen, auch des kleinsten Erfolges, vorwärts soweit es die eigene Artl.- pp. Wirkung und die moralische u. physische Erschütterung des Feindes irgend gestattet.

## III. Sturm.

<u>Sturmausgangsstellungen</u> für sämtliche Sturmtruppen mit einer möglichst großen Zahl schuß- oder splittersicherer Unterstände können garnicht genug ausgebaut werden. Auch nach dem ersten Durchbruch sind genügend tiefe Sturmstellungen und Annäherungswege, wenn der Gegner in hinterer Linie ernstlich den Widerstand aufgenommen hat, nicht entbehrlich. An ihre Herstellung muß in solchen Fällen schneller gegangen werden.

In der Nähe jeder Sturmstellung Anlage von Material -, Munitions- und Verpflegungsdepots nötig. Staffettenverbindung zwischen Sturmstellung und nächstem Pionier Depot, um Nachschub von Handgranaten pp. sicher zu stellen.

<u>Einrücken der Sturmtruppen</u> mehrere Tage vor dem ersten Angriff erforderlich, um sich in den eigenen Stellungen, rückwärtigen Verbindungen usw. einzuleben und im Gelände umzusehen.

<u>Zerstörung des eigenen Hindernisses</u> darf in breiter Front erst beginnen, wenn Sturmtag und - Zeit unbedingt festliegt.

<u>Bei vorderen Wellen</u> Zwischenräume von 3 Schritt zweckmäßig. Abstände zwischen den einzelnen Wellen nicht zu groß /30-50m/, um Zone des Sperrfeuers schnell zu durcheilen, das meist erst nach einer gewissen Zeitspanne einsetzt. Abstand zwischen Batln. 1. u. 2. Linie dagegen größer halten, um bei unvorhergesehenem Halt vorn Auflaufen der hinteren Bataillone und Liegenbleiben in der Sperrfeuerzone zu vermeiden. Augenverbindung zwischen Führern der Angriffs-Bataillone bezw. - Kompagnien und vorderen Wellen dringend erwünscht.

<u>Zweck.</u>..

- 3 -

Zweck des Angriffs und Ziele im Einzelnen müßen bei Führer u. Truppe genau bekannt sein. Sämtliche Masch.Gew. u. Flankierungsanlagen sind zuerst und zwar meist flankierend, Blockhäuser oft erst nach erneuter Erkundung durch Umfassen oder Handstreich einzelner Leute zu nehmen.

Antreten zu verschiedenen Zeiten selten zweckmäßig. Sturm - Infanterie in ihrer jetzigen Beschaffenheit muß Wucht des gleichzeitigen Angriffs fühlen. Folgen sich Angriffe an mehreren Tagen, so Sturmzeit nicht immer auf volle Stunden und wenn irgend möglich wechselnd auf Vor - und Nachmittag legen.

Das Vortäuschen des Angriffs durch zeitweilige Vorverlegung des Artl. Feuers während des Wirkungsschießens und das dadurch erreichte Herauslocken des Gegners aus seinen Deckungen hat sich wiederholt sehr bewährt. Das Wesen liegt in steter Verschiedenheit des Täuschungsverfahrens.

Die Vorverlegung des Artl. u. Minenfeuers bei Sturmbeginn erfolgt zweckmäßig erst so spät, daß die Jnfanterie unmittelbar darauf in die feindl. Stellung einbrechen kann. Die Verluste die durch vereinzelte Sprengstücke und selbst Kurzschüße der eigenen Artl. infolge der unvermeidlichen Streuung von Geschütz und Geschoß bei diesem Verfahren vorkommen können, sind ungleich geringer wie diejenigen bei einem Sturm, der den Gegner bereits wieder feuerbereit an der Brustwehr findet Offiziere und Mannschaften stets erneut darauf hinweisen.

Feuersteigerung vor Sturmbeginn nicht immer zweckmäßig, um Gegner nicht unnötig auf bevorstehenden Angriff aufmerksam zu machen. Aufgefangene Befehle beweisen, daß der Feind daraufhin seine Gegenmaßnahmen trifft.

Besonders schwierig ist richtige Vorverlegung des Artl. Feuers zu Beginn des Sturmes. Erwünscht ist, die Vorverlegung dem tatsächlichen Fortschritt des Angriffs anzupassen. Dies ist aber nur bei einwandfreier Beobachtung des Angriffsverlaufs und guter Verbindung zwischen Beobachter und Batterie möglich. Bei der großen Zahl der beteiligten Batterien und der häufigen Störung ihrer Verbindungen erwies sich daher bisher eine genaue zeitliche, in den Battr.-Stellungen schriftlich niedergelegte Regelung der Vorverlegung als unentbehrlich. Nur die Batterien die das Vorschreiten des Angriffs genau verfolgen konnten und bei Sturmbeginn noch gute Verbindung mit ihrem Beobachter hatten, waren angewiesen, ihre Feuervorverlegung dem tatsächlichen Fortschritt des Jnf.-Angriffs anzupassen.

Bei Säubern von Gräben nicht nur in, sondern auch außerhalb des Grabens vorgehen.

Nach gelungenem Sturm vordere Linie nicht zu stark machen; keine Anhäufung starker Reserven dort ( feindliches Artl. Feuer ). Größte Energie aller Führer erforderlich ( Leute infolge überstandener Anstrengung oft sehr apatisch). Truppe muß sich bewußt werden, daß mit Erreichen des Ziels die Arbeit noch nicht getan ist, daß sofort Vorbereitung des neuen Angriffs durch Vorsenden von Patrouillen, Besetzen wichtiger freier Geländepunkte usw. einzusetzen hat. Erreichung des Ziels melden. Artl. mitteilen, Verbindung nach allen Seiten aufnehmen. Sturmtruppe erst ablösen, wenn Stellung fest in der Hand.

Stäbe müssen bei Stellungswechsel den Weg nach neuem Gefechtsstand sofort durch Tafeln, Wegweiser, weiße Bänder usw. bezeichnen.

IV. Reserven.

Platzwahl. Nur dann dicht heran, wenn gute Deckung vorhanden. Anfänglich lagen Leute zu eng beisammen ( geschloßene Gruppen in kleinen Granattrichtern ). - Waldstücke, Schluchten, Ortschaften, in deren Nähe eigene, vom Gegner meist im Streuverfahren gesuchte Artillerie steht, sowie frühere feindliche Lager und Batteriestellungen sind von Reserven, Mun.Kol. und Gefechtsstaffeln möglichst zu vermeiden. Aufstellung an den dem Feinde abgekehrten Hängen besonders günstig. Mehr Wert auf Sicht, Deckung gegen Flieger und Ballons legen. An wirklich gedeckten Punkten Reserven möglichst lange stehen lassen.

Von höheren Führern bestimmte Plätze dienen nur als Anhalt.

Auswahl

- 4 -

Auswahl im Einzelnen bleibt vorn befindlichen Führern überlassen. Bedingen Gelände und feindliches Feuer größere Abweichungen, ist dies zu melden, in dringenden Fällen unter selbständiger Änderung.

Größere Tätigkeit bei den Reserven ist nötig. Sofort eingraben. Bei längerem Aufenthalt Bau von Unterständen und Stollen, weiter hinten von Hüttenlagern. Wenn möglich hierzu auch Rekruten heranziehen. Sofort Erkundung für weiteres Vorgehen ( Sperrfeuerlücken, Gelände ); Orientierung über Lage vor Front und Bezeichnung der Vormarschwege ( Tafeln, Bänder, Anschlagen von Bäumen usw. In dichtem Walde bei Nacht hat sich lange Schnur, an der sich Leute festhalten, bewährt ).

Art des Vorgehens ist vom Gelände und feindlichen Feuer abhängig. ( Wurde durch feindl. Sperrfeuer, das meist nur 1 - 1 1/2 km tief, mit Erfolg in Wellen, geschloßenen Gruppen und in Reihenkolonne ausgeführt.

V. Befehlserteilung.

Für das unbedingt nötige Durchdringen der Befehle bis in die vorderste Linie muß reichlich Zeit gegeben werden, um Durchsprechen aller Einzelheiten zwischen Truppenkommandeuren und Unterführern zu ermöglichen. Als Mindestmaß für die Ausgabe des Korpsbefehls bis zum Sturm sind 6 Stunden zu rechnen.

Schriftliche Befehle für Angriff nicht in vordere Linie nehmen. Dort nicht durch Fernsprecher verhandeln, was sich auf Angriff bezieht. Franzosen können Gespräche nahe ihrer vorderen Linie mithören und haben es zu unserem Schaden getan, mehrfach getan.

VI. Gefechtsaufklärung.

Ergebnisse waren häufig - namentlich nach ersten Kampftagen - unzureichend. Meldungen oft nach guter wie nach schlechter Seite übertrieben. Über die von eigener Truppe erreichte Linie bestand mehrfach größere Unklarheit wie über die Lage beim Feinde. Ungenaue Meldungen häufig Schuld an Kurzschüßen eigener Artillerie. Bei Weiterbildung der Truppe in Ruhezeit auf Erkundung, Beobachtung, Meldedienst stets besonderen Wert legen ( Einfache Aufgaben wie im Frieden ). Erhöhter Wert auf Meldungen in Skizzenform.

Alle Stäbe, die nicht eigenen Einblick in das Gefechtsfeld haben, müssen Offiziere zur Orientierung über die Lage nach vorn senden. Vorderste Infanterielinie muß rücksichtslos Patrouillen vortreiben. Rege Patrouillentätigkeit hindert vor allem auch feindl. Aufklärung, klärt oft Kartenfehler und ermöglicht nach Angriff Gefangennahme zahlreicher Versprengter des Feindes.

Stützpunkte, Maschinengewehre usw. können garnicht sorgfältig genug erkundet werden. Franzosen besetzen selten Linie gleichmäßig. Hartnäckiger Widerstand meist nur an einzelnen Punkten.

Orientierung im Kampf erfordert Zeit ( feindl. Feuer, Übermüdung, Entbehrung). Umsomehr sind Übungen im schnellen Orientieren und durchdachte Maßnahmen zur schnellsten Rückbeförderung der Erkundungsergebnisse erforderlich, um sie für die Fortsetzung des Angriffs nutzbar zu machen. Sobald Nachlassen der zum Melden verpflichteten Organe sich bemerkbar macht, Entsendung frischer Offiziere nach vorn.

Höhere Dienststellen müssen enge Zusammenarbeit der Waffen bei Erkundung regeln ( Umdruck-Skizzen), Erkundungsergebnisse sofort zusammenfassen und allen Unterstellen bekannt geben.

VII. Verbindung und Nachrichtendienst.

Die für die ganze Gefechtshandlung geradezu ausschlaggebende Bedeutung des Fernsprech-, Melde- und Nachrichten-Dienstes für alle Stäbe und Waffen ist tagtäglich in die Erscheinung getreten. Seiner Ausgestaltung ist daher erhöhte Bedeutung beizumessen.

Korpsfernsprechabteilung muß mindestens bis zu den Brigaden bauen, möglichst darüber hinaus noch einzelne Stationen vorschieben, an die sich Regimenter anschließen.

Truppen -

- 5 -

Truppenfernsprecher.

Einheitliche Leitung des Baues innerhalb der Regimenter durch die Regiments-Fernsprech-Offiziere. Keine Verbindung darf ohne ihr Einverständnis gebaut werden. Enge Fühlung dieser Offiziere mit den Führer bezw. den Offizieren der Korpsfernsprech-Abt. Jede Übersicht geht sonst bei dem ungeheuren Leitungsnetz, das große Kampfhandlungen bedingen, verloren.

Leitungen stets hochlegen ( Stangen, Bäume ) , da beim Angriff Zeit für Bau genügend tiefer Kabelgräben nicht vorhanden; möglichst Doppelleitungen ( 50 m Abstand ). Streckung nicht an Straßen und Waldrändern. Sofortige Bezeichnung der Leitungen, am besten durch mitgeführte dünne Blechmarken mit eingestanzter Truppenbezeichnung.

Längere Leitungen durch Zwischenstationen trennen. Dort Störungssucher mit Kopfhörer einbauen. Je stärker feindl. Feuer, desto enger zusammen die Zwischenstationen. Besondere Ausbildung der dadurch bedingten großen Zahl von Störungssuchern ( pro Komp. und Battr. etwa 4 über den Etat.

Sobald Stellungswechsel von Führern und Stäben vorauszusehen, sogleich mit Vorbau - wenigstens von Zwischenstationen - beginnen, damit Verbindung nie abreißt.

Auf keinen Fall Artillerie- an Infanterie-Leitungen und umgekehrt anschalten.

Sorgfältige Auswahl der Leute ist Vorbedingung für guten Betrieb. (Müssen auch im stärksten Sperr- und Trommelfeuer Leitungen abgehen und flicken, sich selbständig unterrichten suchen, ihre Beobachtungen melden und bei Ablösung die Nachfolger über Stand des Gefechts pp. unterweisen).

Wichtigkeit der Fernsprechleitung muß Truppen immer erneut klar gemacht werden. Leichtsinniges Zerreissen oder gar Zerschneiden kommt immer wieder vor. Jeder Einzelne muß da helfend eingreifen, tiefhängende Leitungen selbständig hochlegen, versehentlich zerrissene notdürftig ausbessern, mutwillige Zerstörungen melden.

Meldedienst.

Staffeten und Meldeläufer erwiesen sich bei der häufigen Störung der Fernsprech-Verbindungen als unentbehrlich.

Staffetten, an den Fernsprechleitungen entlang mit 200-300m Zwischenraum eingegraben, bilden dauernde Verbindung. Ist die Leitung gestört und erst von Zwischenposten nach hinten zu benutzen, so geben die Staffetten die Meldungen von dem betr. Zwischenposten durch Fernspruch durch, außerdem aber noch auf dem Staffettenwege weiter. Sie sind bataillons-pp. weise einem Offizier zu unterstellen (Staffetten-Offizier). Kennzeichnung der Staffettenunterstände und -Wege durch weißes Band, Anschlagen von Bäumen und Bestreichung mit Leuchtfarbe.

Meldeläufer. Bei jedem Regts.Stab von jedem Bataillon pp. 4 Mann. Absendung stets zu 2. Müssen bei Überbringung schriftlicher Meldungen (möglichst vorher umgedruckte, nur auszufüllende Skizze) auch mündlich orientieren können.

Sorgfältige Auswahl der Staffetten und Meldeläufer (beherzte Leute, die in starkem Artl. Feuer aushalten) ist nötig.

Trotz dieser Einrichtung wurde klares Bild der Lage oft, nachdem Kampf schon stundenlang im Gange, erst durch Absendung von „Patrouillen-Offizieren" der Regimenter gewonnen. Sie wußten, was für den Regts.Stab besonders wichtig war, sprachen die vorn befindlichen Führer, orientierten sich genau in vorderster Linie und konnten nach Rückkehr zuverläßige Auskunft geben. Zurückhalten bei den Regts.Stäben zweckmäßig. Absendung mit ihren Leuten (1Utffz.,3 Mann) erst, wenn alle anderen Mittel versagen.

Ebenso bewährt hat sich die Einrichtung vorgeschobener Melde-Offiziere, denen eine Anzahl Meldeläufer, Fernsprechgerät und ein Halbscherenfernrohr beigegeben war. Sie beobachteten von einem günstig gelegen Punkte, evtl. aus Nachbarabschnitt und melden alle Eindrücke über Gefechtsverlauf, Feind, Infanterie, Artillerie Sperrfeuer, Bewegungen usw.

Jede

- 6 -

Jede höhere Kommandobehörde vom Regt. ( auch Artillerie ) bis Generalkommando einschl. muß sich solche Meldetrupps schaffen.

Nachrichtendinst. Austausch von Nachrichten - Offizieren hat sich nicht nur zwischen höheren Kommando-Behörden, sondern besonders zwischen den vorn nebeneinander kämpfenden Infanterie- bezw. Artillerie - Regimentern ( auch anderer Aks. oder Div. ) als zweckmäßig erwiesen. Gegenseitige Wünsche und Erkundungsergebnisse konnten so unmittelbar und am raschesten ausgetauscht werden. Es genügten schriftliche Meldungen mit Skizzen. Den Offizieren wurden einige Meldeläufer oder Meldereiter beigegeben.

Licht und Leuchtsignale.
Die Lichtsignalverbindungen waren zeitweise das einzige und sicher arbeitende Nachrichtenmittel. Die Weiterentwicklung des Lichtsignaldienstes ist unbedingt nötig. - Signalstationen dürfen nicht zu nahe an Beobachtungsstellen usw. eingebaut werden.

Leuchtkugelzeichen müssen so beschaffen sein, daß Verwechselung mit feindlichen Zeichen nicht möglich. Abgabe einer bestimmten größeren Zahl von Schüssen zu diesem Zwecke hat sich nicht bewährt. Grüne Signale sind bei hellem Sonnenlicht schwer erkennbar. Leuchtkugeln mit Verästelung versagten mehrfach.

Leuchtkugeln dürfen nur in vorderster Linie auf Befehl eines Kompagnieführers abgegeben werden. Abschiessen aus zweiter und dritter Linie, wie wiederholt vorgekommen, kann die größte Verwirrung stiften. Ausstattung der Infanterie-Kompagnien mit etwa 10 Leuchtpistolen erwünscht.

VIII. Zusammenwirken der Waffen.

Die ständige Zuteilung und Unterstellung der im Korpsabschnitt eingesetzten Fußartillerie, wie es die K. u. F. verlangt, ist unbedingt nötig. Dann lernt sie die Wünsche und die Not der Infanterie, wie es bei der Feldartillerie bereits der Fall ist, wirklich kennen und wird Hilfe schaffen.

Die Infanterie- Brigade- und Infanterie-Regimentskommandeure müssen über die Aufstellung und Aufgaben der in ihrem Streifen feuernden Feld- und Fußartillerie unterrichtet sein. Der Feldartillerie-Brigadekommandeur muß im engsten Einvernehmen mit der im gleichen Streifen eingesetzten Fußartillerie und umgekehrt arbeiten.

Das in den Kämpfen vor Verdun erneut zu Tage getretene vortreffliche Zusammenwirken von Infanterie und Feldartillerie des Korps hat das kameradschaftliche Vertrauen beider Waffen ganz besonders gesteigert. Die den Inf. Regtrn. zugewiesenen Feldartillerie - Verbindungsoffiziere haben sich ausgezeichnet bewährt. Zweckmäßig wird auch jedem Batl. ein Offizier oder gewandter Unteroffizier mit einigen Leuten und entsprechendem Fernsprechgerät zugeteilt.

Mit der Fußartillerie ist dies Ergebnis nicht immer erreicht. Eine ähnliche Organisation der Verbindung mit der Infanterie ist auch bei ihr unbedingt erforderlich. Bei schmalen Abschnitten und Mangel an Offizieren wird es genügen , wenn statt zu den Inf. Regtm nur zur Inf.Brig. ein Verbindungsoffizier tritt. Die Inf.Brig. sorgt, wenn sich bei ihr kein Verbindungsoffizier befindet, zweckmäßig für eine Fernsprechverbindung zu dem in Betracht kommenden Führer der schweren Artillerie.

Außer den Verbindungsoffizieren müssen sich auch die Beobachtungsoffiziere der für das Sturmreifmachen bestimmten Batterien in enger Fühlung mit der Infanterie halten (An- und Abmeldung bei den Batls. Führern vorderster Linie). Ihr Platz muß der Infanterie bekannt sein. Zur Beruhigung der Infanterie von moralischer Bedeutung.

Von

- 7 -

Von Nutzen können diese Verbindungs- und Beobachtungsorgane der Artl. allerdings nur sein, wenn sie Aufgaben und Aufstellungsort ihrer Battrn. genau kennen und das nötige Fernsprechpersonal und -Material mitbringen ( war oft nicht der Fall ).

Die Infanterie muß andererseits bemüht sein, den Beobachtern und Verbindungsorganen ihre Aufgabe nach jeder Hinsicht zu erleichtern. (Unterkunft, Verpflegung, Aushilfe mit Meldeläufern, Unterstützung beim Herrichten von Beobachtungsstellen usw.).
Gute Beobachtungsstellen hat die Infanterie unter Bezeichnung der von dort gut erkennbaren Ziele der Artl. baldigst mitzuteilen.
Klagen über Feuer durch eigene Artillerie sind vor der Weitergabe eingehend zu prüfen. Mehrfach konnte einwandfrei nachgewiesen werden, daß flankierendes feindl. Feuer für eigenes Feuer gehalten wurde. Schnelle und wirksame Abhilfe ist bei Meldungen über Kurzschüsse eigener Artillerie nur möglich, wenn Infanterie - Truppenteil, Ort, Schußrichtung und Geschoßart der Artillerie angegeben werden.

Gegenseitige Rücksichtnahme ist mehr wie bisher geboten. Batteriestellungen in der Nähe wichtiger Anmarschstraßen, von Dörfern usw. ziehen das feindl. Feuer in bedenklicher Weise dorthin (Ornes). Unbedachtes Verhalten in der Nähe von Beobachtungsstellen machen diese leicht unbenutzbar.

## IX. Infanterie.

Dem Feind muß durch Ausnutzung des Gewehrs mehr Abbruch getan werden. Kein Franzose darf wagen, auch nur seinen Kopf zu zeigen. Jeder Infanterist muß durchdrungen sein, daß er persönlich dem Vaterlande hilft, wenn er einen Gegner außer Gefecht setzt. Die französische Artillerie beschießt in jedem Fall unsere Stellungen, gleichwie unsere Infanterie sich verhält. Dieser wichtige Grundsatz muß zum ständigen Gegenstand des Unterrichts gemacht, Schiessen auf nahe Entfernungen mit aufgepflanztem Seitengewehr in der Ruhezeit geübt werden.
Ist das Ziel selbst nicht erkennbar (z.B. im Walde), seine Bekämpfung durch Infanteriefeuer der taktischen Lage nach aber erwünscht, so muß von Abgabe des Feuers auf Geländepunkte oder -Streifen mehr Gebrauch gemacht werden. Der Gegner wird dadurch oft erheblich geschädigt oder wenigstens zum Aufsuchen seiner Deckungen veranlaßt werden können.

Ausrüstung.
Fertigmachen des bisher üblichen Sturmgepäcks bei Nacht zu umständlich; Brotbeutelbänder als Tragegurt schneiden in Schulter. Mitnahme des erleichterten Tornisters, bei kalter Witterung auch der wollenen Decken wird von verschiedenen Stellen empfohlen. (Ungebrauchte Sachen in Säcken zurücklagern).
Mannschaften der ersten Angriffswellen werden vielfach zu schwer belastet, um allen möglicherweise eintretenden Umständen Rechnung tragen zu können. Für schnelles und gewandtes Durchwinden durch das Hindernis und Eindringen in die feindliche Linie, bevor deren Besatzung kampfbereit ist, ist leichte Belastung und Beweglichkeit erstes Erfordernis. Reichliche Ausstattung mit Drahtscheren aber nötig ( etwa für Hälfte der ersten Welle ).
Hintere Wellen müssen unbedingt großes Schanzzeug (Spaten, Kreuzhacken ) mitführen.
Weiße Armbinden bieten feindl. Artillerie gutes Ziel. Braune Zeltbahnen zu sichtbar; Ersatz durch feldgraue nötig.
150 Patronen pro Mann völlig ausreichend.

Handgranaten.
Wichtige Nahkampfmittel der Infanterie. Ausrüstung sämtlicher Leute damit beim Angriff aber nicht zweckmäßig. Erfolg hängt wesentlich von Vertrautheit mit Granate ab; sie ist daher nur sorgfältig ausgebildeten, beherzten Leuten zu geben. Unbemerkte Entledigung, wie vielfach vorgekommen, wird dann vermieden werden. Mitführung in Sandsäcken hat sich bewährt.

Jn

– 8 –

Jn Verteidigung, wo Leute die Granate aus den Schützengräben werfen, ist Ausgabe an alle oder den größten Teil der Mannschaften angezeigter.

Scharfe und unscharfe Stielhandgranaten dürfen sich nicht gleichzeitig in den Händen der Truppe befinden /Unsicherheit, leichtsinniges Hantieren/. Die Sprengkapseln sind unter Aufsicht einzusetzen; ihr eigenmächtiges Entfernen ist zu bestrafen /Verdacht der Feigheit/.

Vorgekommene Fehler der Handgranaten werden durch neue Verschlüsse und neue Arten ausgeschaltet werden.

Äussere Kenntlichmachung der im Handgranatenwerfen ausgebildeten Mannschaften ist zweckmäßig.

Überweisung französischer Maschinengewehre und Handgranaten zu Ausbildungszwecken während der Ruhezeit ist erforderlich, um sofortige Benutzung erbeuteter zu ermöglichen.

Das stundenlange untätige Ausharren im schweren Artilleriefeuer wurde als schwerste Aufgabe empfunden. Die dadurch bedingte Reizung der Nerven läßt sich vielleicht durch Verwendung von Watte in den Ohren herabmildern.

Die Zuteilung von Offizieren und Unteroffizieren aus der Front zu den großen Bagagen pp. zwecks späterer Ersatzgestellung bei Ausfall hat sich wiederum als zweckmäßig erwiesen. Bei Kampfeintritt genügen ausser Kompagnieführer 2 Offiziere in der Kompagnie.

Die Gefechtskraft wird durch zahlenmäßige Überweisung von Nachersatz nicht wieder hergestellt. Zweckmäßig erscheint, etwa 8 – 14 Tage vor großen Angriffen den Truppenverbänden soviel Ersatz zu überweisen, daß bei jeder Kompagnie 4. Züge aufgestellt werden können, die bei Beginn des Angriffs zunächst bei der Gefechtsbagage zurückbleiben.

Verwendung der Rekruten zur Bildung von Trägertrupps hat sich bewährt.

## X. Maschinengewehre.

Einsatz möglichst flankierend, auch aus Nachbarabschnitten. Mitführung von K Geschossen, die Stahlblenden, mitunter auch Blockhäuser und Unterstände durchschlugen, zweckmäßig.

Für die in vordersten Linien mitzunehmenden einzelnen Maschinengewehre müssen die Bedienungsmannschaften, insbesondere aber die M.G.-Führer zur Lösung der ihnen zufallenden Einzelaufgaben besonders ausgebildet und wendig gemacht werden.

Jn schwierigem Gelände empfiehlt sich Auseinandernehmen der M.G. / für M.G. und Schlitten je 1 Mann/.

Bei jedem M.G. muß eine Drahtschere, durch den M.G.-Führer ein großer Spaten mitgeführt werden.

Ausbildung von Ersatzmannschaften der Jnfanterie für M.G., sowie die Ausbildung von Jnfanteristen im Tragen von Patronenkästen ist erforderlich. 4 Mun.Kästen pro Gewehr sind ausreichend. Nachführung eines Mun.Depots beim Regts.Stab zweckmäßig. Die Waffenmeister müssen möglichst weit nach vorn.

## XI. Artillerie.

Die moralische Wirkung der schweren Artl. gegen die feindl. Jnfanterie-Besatzung war zu Anfang der Kämpfe ganz ungewöhnlich groß. Nach Eintreffen frischer, häufig wechselnder Truppen vermochte sie allein – auch bei starker Zusammenfassung des Feuers – den Gegner nicht zur Räumung seiner Stellungen beim Sturm zu veranlassen.

Die materielle Wirkung gegen Hindernisse und Stellungen blieb oft hinter den Erwartungen zurück. Vorbedingung für gute Wirkung ist gute Beobachtungsmöglichkeit und sichere Verbindung. Die für ihre

Schaffung

- 9 -

Schaffung nötige erhebliche Zeit muß unbedingt gewährt werden. Auf das Punktschießen der schweren Artillerie ist höherer Wert zu legen.

Jn den Gefechtsstreifen des Armeekorps werden gemischte Kampfgruppen aus schwerer und Feldartillerie / Stärke je nach Raum und Aufgaben / unter einheitlicher Feuerleitung und, soweit möglich, mit gemeinsamer Beobachtung und Verbindung zur Jnfanterie oft zweckmäßiger sein, als das getrennte Nebeneinanderarbeiten von Feld- und Fußartillerie. Die Gruppenzusammensetzung und Zielzuweisung ist weniger von der Stellung der Batterien als von der Gemeinsamkeit der Ziele / frontale Wirkung möglichst mit flankierender gemischt / sowie von den Beobachtungs- und Verbindungsverhältnissen abhängig zu machen. Dieses Verfahren schafft klarere Befehls- und Verbindungsverhältnisse im gleichen Gefechtsraum und spart Personal / Beobachter, Verbindungsoffiziere und Fernsprecher / und Material / Fernsprechergerät /.

Die zur Artillerie-Bekämpfung verwandten oder bereit zu haltenden schweren Batterien oder Bataillone scheiden hierbei aus und bilden eine besondere Gruppe für sich.
Die Unterstellung der gesamten Artillerie des Armeekorps /Feld-, schwere und schwerste/ unter eine Befehlsstelle / mit einem entsprechend starken Stab/ wird zur klaren Verteilung der Aufgaben und Ziele sowie zur Erreichung einer einheitlichen Massenwirkung meist notwendig sein. Die Zuweisung der Kampfgruppen mit bestimmten Aufträgen an die Divisionen ist dann auf Vorschlag des Artillerie-Kommandeurs durch das Genkdo. für jeden Angriff besonders zu befehlen. /Unterstellung der Gruppen unter den Feldartl.Brig.Kdr. oder ältesten Artillerie-Offizier in jedem Divisions-Abschnitt/.

An besonders guten Beobachtungsstellen wird oft eine einheitliche Regelung der Beobachtung erforderlich, um ernste Schädigungen der Feuerleitung und unnötige Verluste zu vermeiden.
Mangel an geeigneten Kräften bei der schweren Artillerie kann dazu führen, die Feldartillerie von geeigneten Stellen für die schwere Artl. mitbeobachten zu lassen.

Für Sicherstellung der Verbindung nach rückwärts müssen Maßnahmen im Sinne des Abschnitt VII. getroffen werden.

Beste Unterbringung der Geschützbedienung in schmalen, tiefen Gräben, die 2 - 3 Mann fassen. Laufgräben in der Batterie-Stellung zur Verbindung der Geschützstände.

Für ein sinngemäßes Zusammenarbeiten müssen die Artillerie - Führer bis zum Abteilungs- bezw. Bataillons- und Gruppenführer herab ihre Aufgaben gegenseitig kennen /auch aus den Nachbarabschnitten. Eine scharfe Trennung der gesamten Artillerietätigkeit nach Gefechtsstreifen ist unmöglich.

Beim Stellungswechsel größerer Artilleriemassen ist zeitliche Regelung des staffelweisen Vorgehens sowie Verteilung der Wege und Räume für das neue Jnstellunggehen unbedingt erforderlich - nötigenfalls unter vorheriger Freimachung der Wege von Verpflegungs- oder Verwaltungsfahrzeugen.

Nach durchgeführten Angriffen darf die Feuertätigkeit der Fernkampfartillerie nicht zu früh nachlassen. Regelung des Sperrfeuers und des Einschiessens hierfür möglichst frühzeitig /Skizzen/.

Überschreiten der feindl. Schützengräben durch Feldartillerie war am schnellsten durch Zuschütten zu erreichen. Alle anderen Hilfsmittel /Bretter, Tafeln, besondere Wagen/ scheinen sich nicht sonderlich bewährt zu haben.

Farbe der geschütze im Sonnenschein zu leuchtend; Bestreichen mit Schmutz, Lehm oder Bemalen mit Regenbogenfarben zweckmäßig.



Für

– 10 –

Für Munitionslager keine weißen, sondern erdfarbene Deckpläne verwenden.

Reichliche Ausstattung mit elektrischen Taschenlampen erwünscht, um Nachts Aufsatzstellen zu ermöglichen. Blendlaternen reichen nicht aus, sind außerdem unhandlich.

## XII. Pioniere.

Verteilung.

Die Pioniere bis in kleinste Teile nahezu restlos auf die Infanterie zu verteilen, empfiehlt sich nicht. Zusammenfaßung in Truppe von wenigstens 1/2 Gruppe unter einem Unteroffizier oder Gefreiten ist nötig.

Pioniertupps in vorderster Welle sind nötig, können aber meist nur vorher erkannte Aufgaben lösen. Neuauftretende Aufgaben zweckmäßig durch Trupps der hinteren Wellen oder aus Pionierreserven des Jnf. Batls. bezw. des Regts. lösen, die sich dazu nach Erkundigungsergebnis besonders ausrüsten können. Ausscheiden starker Pionier-Reserven daher nötig. Zuteilung ganzer Pionier – Kompagnien zu einem Jnf. Batln. nur ausnahmsweise gerechtfertigt.

Rein infanteristische Verwendung ( z. B. als Posten, Horchpatrouille ) ist unstatthaft.

Mitnahme großer und kleiner geballter Ladungen hat sich nicht bewährt ; nennenswerte Erfolge gegen Drahthindernisse sind nicht erzielt. Kavallerie-Sprengpatronen mit Holzgriff, zur Handgranate umgewandelt, die nur an Pioniere ausgegeben wurden, erzielten dagegen bedeutende moralische und materielle Wirkung.

## XIII. Minenwerfer, Flammenwerfer.

1. M.W. zur Begleitung des Jnfanterie Angriffs und zur Sturmabwehr sehr brauchbar. Gute Wirkung aber nur, wenn Führer der Min.Werf. Züge gewandte und erfahrene Offiziere oder Offizier-Stellvertreter sind; Unteroffiziere besitzen selten genügende Selbständigkeit, um Auftrag des Jnfanterie Führers durchzuführen.

Ausbildung einer Zahl Leute in jedem Jnfanterie Regt. am 1.M.W. erwünscht, ( stärkt Waffenvertrauen ).

Wirkung der schwn. m.M.W. dort, wo planmäßig und flankierend eingesetzt, gegen Hindernisse sehr gut. Möglichkeit, ihr Feuer bis zum Augenblick des Sturmes auf Ziel zu belassen, sehr wertvoll.

Schwierig ist Munitions Ersatz bei immer wiederkehrendem Einsatz infolge fortschreitenden Angriffs. Inanspruchnahme von Kampftruppen hierzu ist wegen deren Ermüdung unerwünscht. Zuteilung besonderer Trägertrupps ( Landwehr oder Rekruten ), Tragetieren und leichtere Fahrzeuge nötig.

Macht plötzlicher Massenbedarf Heranziehung von Hilfsmannschaften unvermeidlich, so Zuweisung geschloßener Kompagnien mit allen Offizieren; Unterweisung über Tragen der Minen und Ungefährlichkeit, Zündertragen nur Min. Werfer-Mannschaften.

Zusammenfassung der m. und schw. Min. Werfer im ganzen Korpsabschnitt unter M.W. – Batls. Kdr. nur bei Vorbereitung des ersten Angriffs zweckmäßig, wo Zeit zur Erkundung, Befehlserteilung usw. Bei fortschreitendem Angriff besser Unterstellung unter Pionier-Kommandeure der Div.

Flammenwerfer.

Für Sturm auf lange Entfernung ungeeignet. Bei Sturm auf kurze Strecken gut. Für Säubern von Gräben, Löchern, Blockhäusern ganz besonders wertvoll.

Einsatz in vorderster Linie kommt nur bei Stoßtrupps in Frage; sonst im allgemeinen in hinteren Wellen. Einsatz grundsätzlich erst, wenn Deckung durch eigene Jnfanterie vorhanden.

Bedienungs-

- 11 -

Bedienungsmannschaften mit Spaten ausrüsten. Ein Schutzschild, hinter dem der Apparat gedeckt aufgestellt werden kann, erscheint notwendig.

## XIV. Flieger und Fliegerdisziplin.

Entsendung eines Fliegeroffiziers zu einem der vorn befindlichen Stäbe / Inf.- oder Artl.- Regts.- oder Brig.-Stab / als Verbindungsoffizier wird sich empfehlen, um die Berechtigung der häufigen Klagen über lästige feindl. Flieger an Ort und Stelle selbst prüfen zu können.

Bei größeren Kampfhandlungen ist Sperrefliegen erwünscht, sobald Fliegen überhaupt möglich. Die rege feindl. Luftaufklärung hat erhebliche Nachteile zur Folge gehabt - nicht zuletzt durch die ungestörte feindl. Fliegertätigkeit bei Nacht, bei der feindl. Flieger bis auf 300 m und tiefer heruntergingen und ihr Artilleriefeuer auf unseren Kolonnenverkehr, Biwaks usw. lenkten. Verdeckte Aufstellung einzelner Maschinengewehre zur Abwehr wird empfohlen.

Verwendung einer größeren Zahl geübter Artillerieoffiziere bei der Luftaufklärung ist erwünscht. Die Flieger wußten sich, wenn sie eigene Schüsse nicht sahen, selten zu helfen. Feststellung aller der Geländeteile, in denen feindliche Artillerie zweifellos nicht steht, ist schon sehr wichtig.

Die Fliegerdisziplin der Truppe ist unzureichend. Viele Unterführer haben darin nicht das nötige Verantwortungsgefühl für Erhaltung der Truppe. 1000 m hinter der vordersten Linie wurde auf offenem Felde biwakiert. Artillerie stellte Protzen und Pferde bei lodernden Biwaksfeuer dicht hinter und neben die eigenen Stellungen. Heizen und Kochen erfolgte ohne jede Rücksicht auf Flieger. Munitions-Ersatz fand bei hellem Tage auf dem feindwärtigen Hang, bei Nacht mit weitleuchtenden elektrischen Licht statt. Schwere Verluste waren die Folge.

Frische Aufwürfe bei Herstellung von Deckungen müssen sofort maskiert werden. Bei Erscheinen von Fliegern muß alles in Deckung bleiben oder gehen, anstatt durch Aufstehen den Aufstellungsort zu verraten.

## XV. Verschiedenes.

Verpflegung.

Kam in vorderster Linie oft kalt an. Darmerkrankungen z.T. auf tagelange Entbehrung warmer Speisen zurückzuführen. Zahl der Speisenträger erhöhen. Kleineres Modell erwünscht. Ausgabe von Hartspiritus nötig. Wo Vorführung warmer Speisen nicht möglich erscheint wird Ausgabe von Speck, Wurst, größerer Brotportion usw. den kalt ankommenden Gerichten vorgezogen.

Mitführung leicht tragbarer Gefäße bei den Feldküchen zum Vorbringen von Wasser und Kaffee erwünscht; Bedürfnis zu trinken war während der Kampftage größer, wie zu essen. Speisezuführung durch Tragtiere / wie in Serbien / besonders bewährt.

Ausgabe von Rum oder Alkohol in gemäßigten Grenzen zweckmäßig. Jahreszeit dabei berücksichtigen. Cigaretten und Cigarren heben Stimmung.

Das Aufräumen des Schlachtfeldes unmittelbar hinter der Kampflinie muß von den Regimentern durch Bestimmung besonderer Kommandos unter Führung von Offizieren planmäßig organisiert werden. Über die beerdigten Leute ist eine Liste zu führen, aus der hervorgeht: Grabstätte, Name, Adresse der Angehörigen und evtl. Nachlaß.

Auf dem Kampffeld gefundene oder auf dem Hauptverbandplatz den Verwundeten abgenommene Gasmasken, Ferngläser, Dolche, Pistolen usw. müssen in Sammelstellen gebracht werden.

Eine

- 12 -

Eine ständige starke Kontrolle hinter der Front durch Offiziere, Gendarmen und besonderer Kommandos zum Absuchen des Geländes (Unterstände, Keller usw.) ist notwendig, um dem Drückebergerwesen und dem Verkrümmeln vorzubeugen. Einrichtung einer möglichst weit vorn gelegenen Versprengten-Sammelstelle durch die Divisionen ( mit Verpflegungs- und Sanitätsversorgung ) hat sich bewährt.

Ausscheiden hinreichender und geeigneter Kräfte zur Aufrechterhaltung der Straßenpolizei ist von hoher Bedeutung.

XVI. Einige Lehren

für den Ausbau der eigenen Stellung und deren Verteidigung.

Die außerordentliche Wirkung schusssicher eingedeckter und flankierend aufgestellter Masch. Gew. - selbst vereinzelter - trat besonders hervor.

Die größten Schwierigkeiten findet der Angriff in Wäldern, in denen mehrere hintereinanderliegende blockhausartige Verteidigungslinien mit Hindernissen, die flankierend bestrichen werden, geschaffen sind.

Jeder Unterstand, auch der nicht schusssichere, muß zur Verteidigung eingerichtet werden und wird damit zum Blockhaus.

Sehr zweckmäßig und wirksam war folgende französische Hindernisanlage in einem Walde mit starken Unterholz. Hinter mehreren Reihen von Drahthindernissen, die vielfach durch breite Astverhaue noch verstärkt waren, war ein weiteres Hindernis durch einen etwa 2 1/2 m hohen Maschendrahtzaun geschaffen, der die Vorderwand eines ebenso hohen starken Verhaus aus dünnen Baumstämmen bildete. Dieses Hindernis war durch besondere geschickt angelegte Flankierungsanlagen gesichert, bot Truppenbewegungen des Verteidigers völlige Deckung gegen Sicht und stellte den Angreifer vor eine neue, ungewohnte Aufgabe.

gez. von Lochow.

*Anhang 3 Abbildung 27: 10.04.1916, Erfahrungen aus den Kämpfen vor Verdun (21.02.-15.03.1916) III. A. K.*[42]

[42] KA: 8. I.R._(WK)_13_41-42 (511).

Chef des Generalstabes des Feldheeres Gr. H. Q. 15.5.16.

Nr. 27956 og.

Geheim.

Auszug aus

Einige Erfahrungen aus den Kämpfen im Maasgebiet (Februar und März 1916).

I. Angriffsverfahren.

Unser Angriffsverfahren, in breiter, lichter Front und in Wellen rücksichtslos vorwärts zu stossen, hat sich (Artillerie- u. Minenwerfer-Vorbereitung vorausgesetzt) bewährt.

Wo feindliche Stellung noch nicht sturmreif, wurden Stosstrupps eingesetzt.

Hierzu die beherztesten Leute nehmen – 1 – 3 Gruppen Infanterie und 1 Gruppe Pioniere (Handgranaten).

II. Sturm.

Die Ausgangssturmstellungen sind stark auszubauen und mit einer möglichst grossen Anzahl von Unterständen zu versehen.

Die Anlagen von Material – Munitions-und Verpflegungs – Depots in der Nähe der Sturmstellung ist nötig.

Zerstörung des eigenen Hindernisses erst, wenn Sturmtag und Zeit festliegt.

Bei vorderen Wellen Zwischenräume von 3 Schritt: Abstände zwischen den einzelnen Wellen 30 – 50 m. Die Zone des Sperrfeuers schnell durcheilen

Nach gelungenem Sturm Erkunden, Erreichen des Ziels melden, Artl. in Kenntnis setzen, Verbindung nach der Seite aufnehmen.

III. Reserven.

Nur dicht heran, wenn gute Deckung vorhanden.

Sofort eingraben, Stollen, Unterstände bauen, Wege erkunden.

IV. Befehlsverteilung.

Reichlich Zeit für das Durchbringen der Befehle nach vorne rechnen.

V.

Offiziere zur Erkundung senden.

Vorderste Linie muss rücksichtslos Patrouillen vortreiben .. Stützpunkte der M. G. erkunden.

VI.

Truppenfernsprecher. Einheitliche Leitung des Baues innerhalb der Regimenter durch die Regts. - Fernsprech - Offiziere.

Längere Leitungen durch Zwischenstationen trennen; scharfe Trennung zwischen Infanterie und Artillerie - Fernsprechleitung.

VII. Zusammenwirken der Waffen.

Infanterie muss den Artillerie - Beobachtern und Verbindungs-Offizieren Aufgabe erleichtern.

VIII. Infanterie.

Dem Feind muss mehr durch Ausnutzung des Gewehrs Abbruch getan werden.

Sturmgepäck: Erleichterte Tornister (wenn Kalt, auch wollene Decken), nichtgebrauchte Sachen in Säcken zurücklassen).

Erste Angriffswelle möglichst leicht belasten: Drahtscheeren, - zweite Welle grosses Schanzzeug.

150 Patronen für den Mann reichen aus. Handgranaten in Sandsäcken mitnehmen, (nur geübte Leute).

Watte für die Ohren wegen Artillerie - Feuer.

IX. Masch. - Gew.

Möglichst flankierend einsetzen.

X. Artillerie.

Seelische Wirkung sehr gross, tatsächliche blieb oft hinter den

Erwartungen zurück .

Die zur Artillerie = Bekämpfung verwendeten oder bereitzuhaltenden schweren Batterien bilden eine besondere Gruppe .

XI . P i o n i e r e .

Nicht restlos auf Infanterie verteilen ,keine ~~nur~~ rein infanteristische Verwendung .

XII. M i n e n w e r f e r .

Leichte Minenwerfer zur Begleitung des Inf. Angriffs und zur Minenabwehr sehr brauchbar .

Flammenwerfer nur auf kurze Entfernungen geeignet.

XIII. F l i e g e r .

Sperre = Fliegen .

XIV. V e r s c h i e d e n e s .

Verpflegung möglichst warm , Zahl der Speiseträger erhöhen, Hartspiritus ausgeben . Wo keine warmen Speisen , : Speck , Wurst , grosse Brotportion. ( besser wie kalt ankommende Speisen .

Wenn Alkohol in mässigen Grenzen .

XV.

Einige Lehren für Ausbau der eigenen Stellung und deren Verteidigung .

Ausserordentliche Wirkung schussicher eingedeckter und flankierend aufgestellter M. G.

Die grössten Schwierigkeiten findet der Angriff in Wäldern ,in denen mehrere hintereinander liegende Verteidungslinien mit Blockhäusern und Hindernissen, die flankierend bestrichen werden , beschaffen sind . Jeder Unterstand, auch der nicht schussichere muss zur Verteidigung eingerichtet werden .

Sehr zweckmässig und wirksam war folgende franz. Hindernisanlage ; in einem Wald mit starkem Unterholz:

Hinter mehreren Reihen von Drahthindernissen, durch breite Astverhaue verstärkt, war ein weiteres Hindernis durch einen etwa 2 1/2 m. hohen Maschendrahtzaun geschaffen, der die Vorderwand eines ebenso hohen starken Verhaues aus dünnen Baumstämmen bildete . Dieses Hindernis war durch geschickt angelegte Flankierungsanlagen gesichert , wo Truppenbewegung des Verteidigers völlige Deckung gegen Sicht und stellt den Angreifer vor eine neue ungewohnte Aufgabe.

gez. v. F a l k e n h a y n .

III./18. ref. 27.5.16. No 142 g [illegible]

u.R. 9.18. 29/5 [illegible]

10.18. 29/5 [illegible]

11.18. 29/5 [illegible]

12.18. 29/5 [illegible]

4. g. R. 29.5. [illegible]

28.5.16. B.
Walter

29.5.16. zum akt. Taktik.

29.5.16.
G.

*Anhang 3 Abbildung 28: 15.05.1916, Erfahrungen aus dem Kämpfen im Maasgebiet (Februar und März), vom Chef des General-Stabes*[43]

[43] KA: 8. I.R._(WK)_12_24-27 (511).

Angriffsgruppe Ost.
II a Nr. 1159. Geh.

H.Qu. 25. 6. 1916.

ERFAHRUNGEN von der Somme. Mitnahme in die vordere Linie streng verboten !

Aus den " Erfahrungen " die bei einer Division in den Somme-Kämpfen gemacht wurden und die denen vor Verdun vielfach ähneln, werden auszugsweise diejenigen Punkte mitgeteilt, die auch für die hiesigen Kampfverhältnisse erneute Beachtung verdienen.

1.) Rückwärtige Stellungen. Es hat sich erneut erwiesen, daß rückwärtige Stellungen nur dann mit verhältnismäßig schwachen Kräften gegen überlegene feindliche Infanterie und Artillerie gehalten werden können, wenn sie der fdl. Einsicht durch ihre Lage am rückwärtigen Hange von Höhen bezw. im Dorf - oder Waldinnern entzogen sind. Weiter hat sich herausgestellt, in welch' hervorragender Weise Dörfer und Wälder die Verteidigung ausserordentlich erleichtern und unterstützen und dass stützpunktartige Anlagen innerhalb der Dörfer und Wälder die Verteidigung ausserordentlich erleichtern.

Der unvollständige Ausbau der 2. und 3. Stellung, sowie das Fehlen von Annäherungswegen zwischen den beiden Stellungen hat sich des Öfteren sehr nachteilig bemerkbar gemacht.

2.) Artillerie. Es empfiehlt sich die verfügbare Artillerie x besonders wenn sie für das Sperrfeuer nicht unbedingt mehr benötigt wird - nicht restlos einzusetzen, sondern sich eine Reserve zurückzubehalten , dann ist man in der Lage, Materialverluste schnell auszugleichen und bei feindlichem Durchbruch den eigenen Gegenangriff durch Einsatz besonderer Batterien schnell u. wirksam unterstützen zu können.

3.) Maschinengewehre. Es ist unbedingt erforderlich, dass für jede Verteidigungsanlage ein Plan für die Verwendung der M. G's aufgestellt und niedergelegt wird. Dieser Einsatz muß nach folgenden Gesichtspunkten erfolgen :

a.) Einsatz in der vordersten Verteidigungslinie an den Punkten, die eine besonders günstige flankierende Wirkung auf grössere Entfernung gestatten.

b.) Vereinzelter Einsatz im Gelände rückwärts der eigentlichen Verteidigungsanlagen an den Punkten, von welchen aus das Gelände rückwärts der von der Infanterie besetzten Stellung so beherrscht wird, dass jeder feindliche Durchbruch sofort durch M.G.Feuer der rückwärts aufgestellten Maschinengewehre zum Stehen kommt. Diese M.G.Stände müssen nicht nur ausgesucht, durch entsprechende Tafeln bezeichnet und auf Karten genau numeriert eingetragen, sondern auch sonst soweit als möglich durch Schaffung von Unterständen, Munitionsdepots, und durch Anbringung von Zieltafeln vorbereitet sein. Besonders wichtig ist, diese Anlagen so unauffällig als möglich zu gestalten und sie an Punkte zu legen, die zwar selbst eine gute Feuerwirkung gestatten, vom Feind jedoch schlecht zu fassen sind.

4.) Handgranaten. Der Nachschub von Handgranaten muss durch besonders hierzu eingeteilte Organe dauernd sichergestellt sein. Handgranatendepots müssen sich an verschiedenen Punkten hinter der Front befinden, damit alle nach vorn rückenden Truppen, ohne Umwege machen zu müssen, auf ihrem Vormarsch mit Handgranaten ausgestattet werden können. Es darf dabei nicht vorkommen, daß, wie es leider der Fall war, auch Handgranaten ohne Zünder ausgegeben werden. Der Nachschub von Handgranaten in die vorderste Kampflinie muss stets von rückwärts her erfolgen. Mit ihm sind bestimmte Persönlichkeiten verantwortlich zu beauftragen die dafür Sorge tragen, daß die Handgranaten auch wirklich ihren Bestimmungsort erreichen.

Ausbildung der Handgranatentrupps mit französischen und auch englischen Handgranaten hat sich wiederum als notwendig erwiesen.

5.) Verwendung von Musketen. ( Für die Verwendung eroberter fusils mitrailleurs von Wert )

Es empfiehlt sich meist, nur einen Teil der überwiesenen Musketen einzusetzen und sich eine Reserve zur Ablösung oder zum Ersatz für ausgefallene Musketen zurückzuhalten. Die Musketen werden, ebenso wie die M.G.Bedienungen, nur dann frisch bleiben und ihre Aufgabe voll erfüllen können, wenn sie nicht länger als 2 - 3 Tage den aufreibenden Einflüssen derartiger Gefechte ausgesetzt sind. Der Einsatz der Musketen empfiehlt sich nach den gleichen Gesichtspunkten, wie sie unter Ziff.3 für den Einsatz der M.G. angegeben sind. Auch dürfte es ratsam sein, den Batterien , welche am weitesten vorgeschoben und bei fdl. Durchbruch xxxxxx am leichtesten gefährdet sind , 2 Musketen zur Nahverteidigung zuzuweisen, welche sich auf beiden Flügeln der betr. Batterie ausserhalb Feuerstellung eingraben.

6.) __Orientierung der neu eintreffenden Truppen__. Für Truppen welche neu eintreffen und eingesetzt werden sollen, handelt es sich um folgendes :
a.) Kurze Orientierung der Führer bei der Division, Vorschicken von dort zu den Infanterie-Brigaden, möglichst in Kraftwagen.
b.) Vorführen der Truppe durch die Division, welche hiefür ständig ein genau eingearbeitetes Personal vorrätig haben muss. Dieses Personal muss aus besonderen Offizieren und Mannschaften bestehen. Es genügt z.B. nicht, wenn zur Führung eines Bataillons nur ein einzelner Mann gestellt wird. Der nächtliche Einsatz fremder Formationen gestaltet sich meist so schwierig und hat stellenweise zu solchen Reibungen geführtXXXX dass für jede Kompagnie mindestens ein Führer gestellt werden muss, welcher sich schon lange in dem betr. Abschnitt befindet u. über ihn genau Bescheid weiß.
c.) Jede neu eintreffende und nach vorn rückende Truppe muß mit Handgranaten und einer genügenden Anzahl von Karten ausgestattet werden.

7.) __Einsatz neuer Truppen.__ Es hat sich als nachteilig herausgestellt, Infanterie nach längeren Märschen sofort in vorderster Linie einzusetzen. Am zweckmäßigsten gestaltet sich die Ablösung einer in vorderster Linie befindlichen Truppe, wenn die ablösenden Teile in der ersten Nacht zunächst nur bis in die erste, hinter der vordersten Linie befindliche Reserve-Stellung und erst in der zweiten Nacht bis in die vorderste Linie vorgeführt werden. Nur dann ist eine leidliche Orientierung der neuen Führer und ein sachgemässer Einsatz der neuen Truppe gewährleistet.

8.) __Gliederung der Infanterie.__ In den ersten Julitagen fehlte es vielfach an einer genügenden Tiefengliederung der Infanterie, besonders da, wo hinter der vordersten Kampflinie nicht schon rückwärtige Stellungen von vornherein vorhanden waren. Es hat sich aber gezeigt, dass ein feindlicher Durchbruch, nur dann rechtzeitig repariert werden kann, wenn hinter der vordersten Linie Unterstützungen zum sofortigen Eingreifen zur Hand sind. Es muß daher mit Nachdruck darauf gesehen werden, dass diese Unterstützungen sich __dort__ eingraben, wo sie der Gefechtslage entsprechend benötigt werden und nicht etwa an zu weit rückwärts gelegenen Stellungen kleben bleiben. Vorteilhaft ist ferner, wenn solche Unterstützungen und auch die weiter rückwärts befindlichen Reserven der Abschnittskommandeure möglichst geschlossen bleiben und nicht auf einen zu grossen Raum als dünne Linie verzettelt werden, da sonst die Einwirkung der Führer für den rechtzeitigen Gegenstoss verloren geht.

9.) __Gefechtsmeldungen :__ Die Gefechtsmeldungen der Infanterie waren fast durchweg unzureichend und gaben meist nur ein unklares Bild über die wirkliche Lage. Es fehlte den Regts. Kommandeuren vielfach das Verständnis dafür, dass man einwandfreie Meldungen über die Lage an der Front nur erhält, wenn man besondere Offze. oder Patrouillen mit bestimmten Aufträgen in die vorderste Linie entsendet. Meist wurde abgewartet, ob nicht vielleicht von vorn Meldungen zurückkamen und erst wenn diese ausblieben, weitere Schritte unternommen. Jeder Stab muss mit einer bestimmten Anzahl von Offizieren oder Meldern ausgerüstet sein, die für solche Zwecke verwandt werden, ausserdem muss der Div.-Stab ständig einen Offz. auf einen Beobachtungsstand haben, der eine Uebersicht über die Gefechtslage gestattet. Aufgabe dieses Offiziers ist es, die Division über alle Vorgänge an der Front unabhängig von den sonst einlaufenden Meldungen der Infanterie und Artillerie auf dem Laufenden zu erhalten.

Auch bei der Artillerie fehlte vielfach das Verständnis dafür, dass sie sich durch __eigene__ Organe Aufklärung über die Gefechtslage in vorderster Linie verschaffen muß. Jede Anfrage bei der Division oder der Infanterie-Brigade wie z.Zt die eigene Infanterielinie verläuft oder wie der Stand des Gefechts ist, beweist, dass die Artillerie mit der vordersten Infanterie nicht die erforderliche Verbindung hält. Die Artillerie muß sich noch mehr darüber klar sein, daß sie durch eigene Gefechtsmeldungen die Führung unterstützen und die Meldungen der Infanterie ergänzen muß.

10.) __Karten .__ Es hat sich als sehr wichtig herausgestellt, dass Karten vorhanden sind, auf denen sämtliche vorhandenen Unterkunftsmöglichkeiten – Unterstände in Schützen – oder Verbindungsgräben, Unterstände in Batteriestellungen oder auf Gefechtsständen, besonders geeignete Keller in Dörfern usw. – ihrer Lage nach genau und mit Angabe des Fassungsvermögens eingetragen sind. Bei dem ständigen Wechsel der Truppen in einem Unterkunftsabschnitt ist sonst nicht gewährleistet, dass die Truppe in dem ihr fremden Gelände auch alle Unterkunfts und Verteidigungsmöglichkeiten ausnutzt. Dabei muß beachtet werden, daß diese Karte nur an Rgts.Stäbe oder höchstens Bataillonsstäbe ausgegeben wird, damit sie nicht in Feindeshand fällt und so der gegnerischen Artillerie eine gute Handhabe zur Zerstörung der Unterkunftsmöglichkeiten gibt.

11.) <u>Polizei - Kontrolle.</u> Es darf nicht vergessen werden, recht =
zeitig das Gelände hinter der Kampffront durch Gendarmerie= und Kavallerie=
Patrouillen so abzusperren, daß alle Mannschaften, welche sich unbefugter =
weise von der vorn befindlichen Truppe entfernen, angehalten und gesammelt
werden. Die Ausübung dieses Absperrdienstes muß einem Offizier verant =
wortlich aufgetragen werden. Die Patrouillen werden zweckmässigerweise da
aufgestellt, wo die von der Kampffront nach rückwärts führenden Wege die
Reservestellungen schneiden ; desgleichen ist scharfe Polizeikontrolle in
den hinter der Front befindlichen Ortschaften erforderlich.

12.) <u>Verpflegung und Wasserversorgung.</u> Die Divisionen müssen bald=
möglichst besondere Verpflegungsdepots aus Konserven möglichst dicht hin=
ter der vordersten Linie anlegen, aus denen die Kampftruppe selbst den Be=
darf decken kann. Nach diesen Punkten, welche zweckmässigerweise dort lie=
gen, wo sich die Truppenverbindeunterstände befinden, müssen auch möglichst
umfangreiche Mengen an Selterwasser und abgekochten Tee vorgeschafft wer=
den.

V. s. d. A. O.

Der Chef des Generalstabes

gez. Wetzell.

<u>8. bayr. Infanterie=Regiment</u>
<u>empf. 31.8.1916.</u>

Abschriftl. zum K.I.II.III.Batl.

1. 9. 1916.

gez. v. Rücker.

Gel. 15.9.16.
[illegible]

*Anhang 3 Abbildung 29: 25.08.1916, Somme-Erfahrungsbericht*[44]

[44] KA: 8. I.R._(WK)_10_74-76 (414); ident. KA: 8. I.R._(WK)_10_20-22 (838) u. KA: 8. I.R._(WK)_13_37-39 (511).

*Anhang 3 Abbildung 30: 19.09.1916, Verlustliste*[45]

[45] KA: Infanterie-Divisionen_(WK)_5700_11 (1728).

# Anhang 4 Bataillons-, Regiments-, Brigade-, Divisions-, Korpsbefehle

## Abbildungsverzeichnis Anhang 4

Abdruck.

Ausschuß des Verbandes
der deutschen Juden.

Berlin W.35, den 21.Febr.1916.
Steglitzerstr.9.

Ew. Exzellenz

gestatten wir uns, die zum bevorstehenden jüdischen Osterfeste im religiösen Jnteresse der jüdischen Mannschaften zu stellenden Anträge ganz ergebenst zu unterbreiten.

Das Fest beginnt am
Montag, den 17.April, abends 6 Uhr
und endet
Dienstag, den 25.April, abends 9 Uhr.

Hiervon sind
Dienstag und Mittwoch, 18.und 19.April,
Montag und Dienstag, 24.und 25.April
(mit den Vorabenden beginnend) Hauptfeiertage mit Arbeits-und Reiseverbot, während für die dazwischen liegenden Tage nur die besonderen österlichen Speisevorschriften ohne Arbeits- und Reiseverbot gelten.

Wir beantragen ergebenst:

a.) für die in heimatlichen Garnisonen oder in festen Standorten in den Etappengebieten befindlichen Mannschaften Heimaturlaub oder, wo dies aus dienstlichen Gründen unmöglich, Dienstbefreiung an den 4 Hauptfeiertagen und deren Vorabenden. An den beiden ersten Vorabenden (Montag und Dienstag) wird für die in der Garnison Verbleibenden Stadturlaub bis 12 Uhr nachts zur Teilnahme am Gottesdienst und der häuslichen Andacht (Seder) gebeten.

b.) Für die Mannschaften an der Front, soweit es die Kriegslage gestattet, zum mindesten die Möglichkeit, die beiden Abende, Montag, den 17.und Dienstag, den 18.April (die sogenannten Sederabende) in gemeinsamer gottesdienstlicher Feier gruppenweise zu begehen, soweit nicht weitergehende Erleichterungen wie zu a.) für sie möglich sind.

c.) Etwaige Wünsche der in den Etappenlazaretten und Reservelazaretten befindlichen jüdischen Verwundeten nach Meidung der am Passahfeste verbotenen und Empfang rituell erlaubter Speisen mögen seitens der leitenden Ärzte an die am Platze oder in der Nähe befindlichen Rabbinate, wo solche fehlen, den Synagogengemeinden weitergegeben werden. Es wird sich dann in den meisten Fällen die Möglichkeit bieten, dem religiösen Empfinden der Verwundeten ohne Schädigung der gesundheitlichen oder disziplinaren Jnteressen Rechnung zu tragen und dadurch einen schweren Gewissenszwang zu vermeiden.

d.) Denjenigen im Felde stehenden Mannschaften jüdischen Glaubens, denen ein Heimaturlaub ohnedies in nächster Zeit gewährt werden würde, diesen möglichst zum jüdischen Osterfeste zu erteilen.

Wir wären überaus dankbar, wenn diesen Anträgen in wohlwollender Weise stattgegeben und die mobilen und stellvertretenden Generalkommandos sowie die Sanitätsbehörden zur möglichst weitgehenden Berücksichtigung der religiösen Bedürfnisse der jüdischen Mannschaften angewiesen werden würden, die gerade heute mehr als je des stärksten religiösen Haltes bedürfen.

Verband der Deutschen Juden.
( Unterschrift.)

An
das K.Kriegsministerium Berlin.



*Anhang 4 Abbildung 1: 21.02.1916, Ausschuss des Verbandes der Deutschen Juden, Anträge zur Feier des jüdischen Osterfestes*[46]

[46] KA: Infanterie-Divisionen-(WK)_1159_09 (335).

Nr. 2795.
2. Bayer. Jnf. Division.

D.St.Qu., 31.3.1916.

An die Herren Feld-Div. Geistlichen.

Aus vielen meiner Anordnungen, zuletzt wieder aus meiner an die Herren Kommandeure u. Chefs ergangenen Verfügung v. 14.3.16 Nr. 2000 konnten Sie ersehen, welchen Wert ich auf die Feldseelsorge lege. Der religiöse, gottesfürchtige Soldat ist auch ein guter Soldat. Feldgeistliche u. Offiziere arbeiten also in einer u. derselben Richtung.

Sie haben mich in der Erhaltung u. Förderung der christlichen Soldatentugenden durch Jhr seelsorgerisches Wirken u. besonders durch Jhre Predigten bisher trefflich unterstützt. Jch danke Jhnen dafür u. rechne auch weiterhin auf Jhre schätzbare u. wirksame Mitarbeit.

Jn der Absicht, diese Mitarbeit den jetzigen Haupterfordernissen noch mehr anzupassen, gestatte ich mir, im folgenden einige Gedanken auszuführen, die mir in der gegenwärtigen militärischen u. politischen Lage eine besondere Rücksicht zu verdienen scheinen bei der Erziehung unserer Mannschaft.

Jch wäre Jhnen sehr dankbar, wenn diese Gedanken auch durch den Mund des Predigers ihren Weg zu den Herzen der Soldaten finden könnten. Aber selbstverständlich stelle ich dies ganz Jhrem konfessionellen Ermessen anheim u. bin weit davon entfernt, der Militär-Seelsorge irgend welche Vorschriften machen zu wollen.

Es naht die Osterzeit mit ihren Bussgelegenheiten. Die Mehrzahl der von unseren Soldaten zu sühnenden Verfehlungen gegen die Gebote der II. Gesetzestafel wird sich m.E. weniger auf das 6. Gebot, wie

Feldseelsorge.

vielfach immer angenommen zu werden scheint, sondern mehr auf alle übrigen beziehen.

I.

Jn der Auffassung, dass dieser Krieg ein Gottesgericht zwischen den Völkern ist, kann man sagen: Gott gibt es Freund u. Feind gleichmässig in die eigene Hand, zu zeigen, wer der sittlich höher stehende ist. Deutschland besonders hat in diesem Kampf, in dieser Prüfung zu erweisen, ob es würdig u. wert ist, die Vorherrschaft in der Welt zu führen im Namen u. im Zeichen Gottes. Wer in diesem Kampf unterliegt, geht auch zu Grunde u. er ist wert, dass er untergeht, denn er hat dann gezeigt, dass er die Kräfte nicht aufzubringen vermocht hat, die zu erwerben ihm Gott die Zeit u. Gelegenheit gab.

Bei diesen Kräften kommt es nicht so sehr auf die Zahl an, als auf den moralischen Wert der Kämpfer. Für die Zahl an Streitern, Kanonen und Schiffen, für die Güte der Waffen sorgen die höchsten Führer; sie sind dafür allein verantwortlich. Es ist nach 2? monatigem Krieg kein Zweifel, dass in dieser Beziehung auf beiden Seiten eine gleichmässige Höchstleistung erreicht worden ist und erhalten bleiben wird, dass also nur das moralische Element der Kämpfer u. der Völker den Ausschlag geben kann. Dass nun auch unser moralischer Durchschnittswert den des Feindes übertrifft, dazu muss jeder Einzelne selbst mitarbeiten. Dies zu erreichen, ist nicht leicht, denn auch unsere Feinde sind zum Teil sittlich hochstehende Nationen. Wir können sie aber übertreffen, wenn jeder Mann sein Bestes an Tapferkeit, Selbstverleugnung, Opfersinn u. Gehorsam aufbringt u. sein Möglichstes tut, um Kleinmütigkeit, Unbotmässigkeit, Lügenhaftigkeit, Weichlichkeit, Unredlichkeit und Trunkenheit ganz zu verbannen.

Bei der jetzigen Kriegslage kommt Alles auf das Durchhalten an. Wer von den beiden grossen Kämpfern auch nur eine Minute länger aushält als der Ander-, der den Anderen zuerst sprechen macht „genug!", der ist endgiltiger Sieger u.gross u.herrlich wird seine Zukunft sein.

Das Durchhalten muss aber von der Heimat ebenso wie vom Feldheer verlangt werden, denn beide stehen in engster Wechselwirkung zu einander. Während es aber dem jungen Soldaten im Felde, inmitten seiner Kameraden u.unter den Augen seiner Offiziere verhältnismässig leicht ist, den Kopf auch in schwierigen Lagen oben zu behalten, ist es in der Heimat für die Alten, die Frauen u.die heranwachsende Jugend wesentlich schwerer. Dort sind die Gemüter nicht so widerstandfähig u.fernab von den wirklichen Geschehnissen verbreiten sich Gerüchte u.Schreckensnachrichten viel schneller u.verhängnisvoller. Jedes Erschrecken in der Heimat gibt aber dem Heere u.der Reichsleitung gewissermassen einen Stoss, eine Erschütterung u.das Sinken des Vertrauens in der Heimat nähme der Obersten Leitung allen Wind aus den Segeln, wäre der Anfang vom Ende.

Welch' schwere Versündigung am Vaterlande begeht nun der, der -wie es leider vorkommt- dazu beiträgt, die Stimmung in der Heimat herunterzudrücken ? Solches geschieht aber zweifellos, wenn Soldaten in ihren Briefen an Angehörige oder in Gesprächen auf Urlaub Zweifel am guten Ausgang verlauten lassen oder trüben Ahnungen Ausdruck geben. Jn vielen Fällen ist Mangel an Starkmut, Unverstand oder ein Hang zum Schwarzsehen daran schuld. Frevelhaft aber ist es, wenn solches nur geschieht, um den Angehörigen graulen zu machen, damit die eigene Person in umso heldenhafterem Lichte erscheint.
Diese Leute wissen nicht, welches Unheil sie damit anstellen. Kleine Ursachen -grosse Wirkungen ! Ein Verräter an seinem Vaterlande, ein Feigling u.ein Verbrecher ist aber der, der wider besseres Wissen so etwas unternimmt, nur um durch Herabdrücken der Stimmung in der

Heimat die Kriegsdauer zu kürzen, selbst um den Preis der eigenen Niederlage!

II.

Es ist eine Sünde wider das 4. Gebot, wenn den Vorgesetzten nicht die schuldige Achtung u. der unweigerliche Gehorsam geleistet wird. Der Geist der Auflehnung, der sich leider manchmal gezeigt hat, muss erstickt werden. Namentlich ist der leidige Missbrauch geistiger Getränke oft Ursache schwerster Vergehen, die so einen Unglücklichen in dauerndes Elend stürzen.

Gerade im Felde müssen die Formen der Unterordnung, des Respekts, der Rücksichtnahme u. der Dienstwilligkeit gegen alle Vorgesetzten - ohne Ausnahme - strenge eingehalten werden. Diese Formen sollten gar nicht als lästig für den Einzelnen empfunden werden, denn Jeder weiss, dass sie nötig sind. Jeder Vorgesetzte ist verpflichtet, diese Formen zu fordern; es ist ihm gar nicht freigestellt, ob er sie annehmen will oder nicht.

Besonders schwierig ist der militärische Verkehr zwischen jungen Dienstgraden und der Mannschaft bei dem dauernden engen Zusammenleben. Doch geht das ganz von selbst, wenn der Vorgesetzte nur immer den Dienst, den Zweck u. nicht seine eigene Person im Auge hat u. wenn er keinen Verstoss gegen die ihm schuldige Achtung durchgehen lässt.

Wer das Herz auf dem richtigen Fleck hat, kann ein strenger und doch wohlwollender u. daher verehrter Vorgesetzter sein. Dies richtig zu verbinden, ist die Kunst für jeden Vorgesetzten, wie es für jeden Soldaten in Verkehr mit dem Vorgesetzten darauf ankommt, immer die richtige Grenze u. den rechten Zeitpunkt zu erfassen, wo die gerne zugebilligte Kameradschaft aufhört u. der bedingungslose Gehorsam anfängt.

Ein völliges Verkennen der Vorgesetzten bedeutet es, wenn ein Soldat meint, er könne mit einem anonymen Briefe etwas erreichen. Der anonyme Briefschreiber ist verächtlich, weil er sich nicht getraut, den ihm bekannten Beschwerdeweg zu betreten, offen zu sagen, was ihn drückt und wen er anklagen will; meistens ist er aber auch ein niederträchtiger Kerl und der. Solche Leute werden eben nur ihre Angelegenheit, wenn wirklich etwas an ihr sein sollte, statt dass sie sie fördern.

III.

Die Einwirkung der Guten auf die Schlechten muss gefordert und erreicht werden. Wer es ehrlich mit seinem Vaterlande u. seinen Pflichten meint, der darf nicht zusehen, wie schlechte Subjekte etwas anzetteln, was wider die Disziplin u. den guten Geist im Heere ist. Es ist eine Sünde, tatenlos zuzusehen u. etwas geschehen zu lassen, was der Truppe zur Schande gereicht, sei es aus Gleichgiltigkeit oder aus Angst, sich unbeliebt zu machen. Jn solchen Fällen besteht geradezu eine Anzeigepflicht und ein braver Soldat muss dies unumwunden dem anzeigen, der sich unwürdig machen will. Und wenn er es ausführt, wird kein Kamerad ihn darob schelten, sondern ihm dankbar sein, dass er die Allgemeinheit vor Schande bewahrt hat.

Sehr zu begrüssen wäre es, wenn die Zahl der Diebstähle am Kameraden- oder Heereseigentum zurückgehen würde. Der Krieg darf den Unterschied zwischen Mein und Dein nicht verwischen. Diebstahl am Heereseigentum, selbst wenn er nicht einmal zum eigenen Nutzen (Pferdefutter) geschieht, beraubt die Verwaltung aller Uebersicht u. beeinträchtigt das Durchhalten bis zur neuen Ernte.

IV.

Unser Durchschnitts-Soldat ist weichherzig; für den Krieg muss man dies Material mit allen Mitteln härten. Man soll den Soldaten also m.E. nicht zu sehr bemitleiden ob der Strapazen des Krieges, sonst wird er gerührt, beweint sich selbst und glaubt es würde zuviel von ihm verlangt und er könnte es gar nicht mehr aushalten. Jch bin gewiss für Anerkennung der Leistungen unserer Leute, aber im militärischen Jnteresso muss immer noch eine Auffrischung,ein Antrieb vorhanden sein, zur Geringschätzung der eigenen Opfer,zur Steigerung derselben um des höheren Zweckes willen.

Jch halte darauf,dass der Soldat betet,viel betet, im Quartier u.im Schützengraben - Ueberall;aber es kommt mir auf die Art an,wie er dies tut. Er sollte sich m.E.demütigen u.kann seine Anliegen vortragen,aber er sollte seinen Gott nicht lediglich fortgesetzt um die Erhaltung seines eigenen nichtigen Lebens anbetteln und nicht ein Geschäft mit ihm schliessen wollen durch alle möglichen Versprechungen und Gelöbnisse für den Fall,dass er glücklich durchkommt.

Er sollte nicht jammern: „Hilf mir,dass ich am Leben bleibe!" und sollte nicht wimmern: „Errette mich vor dem Feinde u.seinem Dräuen!",sondern er sollte mannhaft beten: „Mache mich stark,meinen Feind zu besiegen und hilf mir,dass ich mich mutiger u.zäher erweise,als er!".

Ob und wie Sie diese meine Gedanken verwerten können und wollen,stelle ich Jhnen ganz anheim. Jch wiederhole,dass ich keineswegs bebabsichtige,Jhnen über die Durchführung Jhres verantwortungsvollen,dankbaren Amtes irgendwelche Vorschriften zu machen.

Für etwaige Hinausgabe an die Jhnen beigegebenen Hilfskräfte lege ich einige Abdrücke des Vorstehenden bei.

*Anhang 4 Abbildung 2: 31.03.1916, 2. Bayer. Inf.-Div.: An die Herren Feld-Div.-Geistlichen*[47]

[47] KA: Infanterie-Divisionen-(WK)_1159_03-08 (335).

8. Infanterie = Regiment R.St. Qu. 14. 6. 16.

Regimentsbefehl.

1.) In der Nacht von heute auf morgen übernimmt II/8 mit 1 Kompagnie die Stellung auf der Marien = Höhe ( Cot St. Marie ) von einer Kompagnie der bayr. 12. Infanterie = Brigade . Ebenso übernimmt die Masch.Gew.Komp. diesen Abschnitt mit . Befehl haben II/8 und M.G.K. gestern erhalten . Die vollzogene Übernahme ist zu melden .

2.) Damit tritt von heute Nacht an folgende Abschnittseinteilung der vordersten Linie ein :

a) Rechter Unterabschnitt : " Pionier = Hügel " . Gegenwärtig besetzt von 5/8 . Abschnitts = Kommandeur ( Vorposten = Kommandeur ) der Führer 5/8 .

b) Mittlerer Unterabschnitt : " Dreigruppen = Stellung und Höhe 322 ". Gegenwärtig besetzt von 6/8 und 7/8 . Abschnitts = Kommandeur (Vorposten = Kommandeur ) Hauptmann G o e t z .

c) Linker Unterabschnitt : " Marien = Höhe " . Heute Nacht zu besetzen von 8/8 . Abschnitts = Kommandeur ( Vorposten = Kommandeur ) Hauptmann Walter .

3.) Die Kompagnien des I. Batls. liegen von morgen Vormittag ab in folgenden Bereitschaftsstellungen : 1 Kompagnie im Lager " Kaiserschlag = Nord ". Bereitschaft für den rechten Unterabschnitt . Diese Kompagnie ~~xxxxxx~~ ist zur Arbeit nach meiner Verfügung bestimmt .

1 Kompagnie im " Hang = Lager " Bienen-Wald " , Bereitschaft für den mittleren Unterabschnitt zur Verfügung des Hauptmanns Goetz .

1 Kompagnie mit einem Zug im " Hanglager 322 ", mit 2 Zügen im Lager " Kaiserschlag = Ost " , ebenfalls Bereitschaft für den mittleren Unterabschnitt zur Verfügung des Hauptmanns Goetz .

1 Kompagnie mit 1 1/2 Zügen im Lager " Kaiserschlag = Süd " , mit 1 1/2 Zügen bei Nacht und Nebel in der " linken Tagestellung " , Bereitschaft für den linken Unterabschnitt zur Verfügung des Hauptmanns Walter .

4.) Das III/8 bleibt in Ruhe und zu meiner Verfügung. Bei Alarm rücken die Kompagnien auf Waldwegen in das Lager " Kaiserschlag " und erhalten dort Befehle.

5.) Morgen - u. Abendmeldungen in der bisher beim 13.J.R. üblich gewesenen Weise zum über Vermittlung Kaiserschlag ans Regiment.

6.) Die Batls. - Kommandeure mit Adjutanten versammeln sich zu mündlicher Einweisung bei mir im Regts. St. Quartier am 16. ds. 10.00 Uhr Vormittag.

Den taktischen Befehl über die vordere Linie und die Bereitschaften übernimmt für diese Zeit Hauptmann W ü r t h.

gez. v. R ü c k e r.

Nachträge zum Regts. Befehl von heute Vormittag.

11.) Dem I/8 werden zur Verpflegung zugeteilt der Ortskommandant von Varvinay, Leutnant Sandtler des 2. Chev. Regts., mit 4 Mann und 2 Pferden. Für heute ist für ihn nachzufassen.

12.) Die Verpfl.-Offiziere der drei Batle. oder Stellvertreter übernehmen morgen 15. 6.16 Vorm. 11.00 Uhr die für jedes Batl. bestimmten Verpflegungsmagazine, Schlachthäuser und Gärten. Eintreffen 11.00 Uhr Vorm. bei dem vom 13. Inf. Regt. zurückgelassenen Lager-Offizier Feldwebelleutnant Radl.

13.) Einteilung der San.-Offiziere für 15., 16., 17. Juni:
Kaiserschlag Regts. Arzt, Höhe 322 Feldunterarzt Brannmann,
Höhe 331 (Marien-Höhe) Oberarzt Dr. Voelkel, Varvinay Feldunterarzt Küsel.

gez. v. R ü c k e r.

Befehlsausgabe 8.15 Uhr Abds.



*Anhang 4 Abbildung 3: 14.06.1916, Rgt.-Bef. zur Übernahme von der 12. Inf.-Brig., nördl. St. Mihiel*[48]

[48] KA: 8. I.R._(WK)_12_22-23 (511).

8. Infanterie-Regiment. 16. 6. 1916.

R E G I M E N T S B E F E H L .

1.) Heute Abend nimmt das Regiment seine neue Gliederung an .

2.) Die 5.Kompagnie im rechten Unterabschnitt auf dem Pionierhügel und im Hanglager Pionierhügel wird um $10^{00}$ Abends durch die 4.Kompagnie abgelöst.
Die 5.Kompagnie rückt dann ins Lager Neu-Heudicourt ab.

3.) Hiezu rückt die 4. Kompagnie rechtzeitig aus dem Bereitschaftslager Kaiserschlag-Nord ab.
Sie wird hier durch die 3.Kompagnie ersetzt. Deren Uebernahmskommando trifft um $8^{00}$ Abends ein.

4.) Die 6.Kompagnie im mittleren Unterabschnitt, rechte Hälfte, Dreigruppenstellung , wird um $10^{00}$ Abends durch die 12.Kompagnie abgelöst.
Nach Ablösung rückt die 6.Kompagnie ins Strassenlager 1 ( 250 Meter südlich Varvinay ).

5.) Die 12.Kompagnie rückt aus dem Lager Neu-Heudicourt rechtzeitig ab und lässt hier für 5/6 ein kleines Uebergabekommando zurück.
Anmarsch bei Tageslicht durch den Wald oder dem Wald entlang, der [illegible] Erscheinen eines feindlichen Fliegers sofort aufzusuchen ist.
Die Ortschaft Varvinay ist zu meiden oder nur in kleinen Trupps mit grossen Abständen beschleunigt zu durchschreiten.
Flurschaden verboten.

6.) Die 7.Kompagnie im mittleren Unterabschnitt, linke Hälfte, 322 wird um $10^{00}$ Abends durch die 1.Kompagnie abgelöst.

7.) Hiezu rückt die 1.Kompagnie rechtzeitig aus dem Hanglager Bienenwald ab. Sie lässt für die hierher nachrückende 11.Kompagnie ein Uebergabe- und Einweisungskommando zurück und schickt ihr Führer an die Strassenbiegung beim Lager " Kaiserschlag " bis 10.45 Abends entgegen .

8.) Die 7.Kompagnie rückt nach vollzogener Ablösung mit 1 1/2 Zügen in die " linke Tagstellung " hinter der " Marienhöhe " , mit 1 1/2 Zügen in das Bereitschaftslager " Kaiserschlag - Süd " an die Stelle der 3. Kompagnie.

9.) Die 3. Kompagnie übernimmt von $8^{00}$ Abends ab das Lager " Kaiserschlag Nord " von der 4.Kompagnie und rückt aus Lager Kaiserschlag-Süd [illegible] Kaiserschlag - Nord " ab , wenn dieses frei ist.
Uebergeber bleiben in Kaiserschlag - Süd .
Sie schickt bis $10^{00}$ Abends je 1 Führer zur 7.Kompagnie nach 322 u. zieht die 1 1/2 Züge aus der linken Tagstellung erst dann nach Kaiserschlag Nord nach, wenn 1 1/2 Züge der 7.Kompagnie dort eingetroffen sind.
Ebenso bleibt das Uebergabs-Kommando in Kaiserschlag-Süd entsprechend lange zurück.

10.) Die 11.Kompagnie rückt um $10^{00}$ Abends aus ihrem Lager ab und bezieht das Hanglager " Bienenwald " .

11.) Die 9.Kompagnie rückt um $10^{00}$ Abends aus ihrem Lager ab und bezieht mit zwei Zügen das Lager " Kaiserschlag - Ost " mit 1 Zug das Hanglager 322 .

12.) Die 2. Kompagnie rückt nach Eintreffen der 9/6 aus den beiden Bereitschaftslagern ab und bezieht Strassenlager 2 ( 800 Meter südöstlich Varvinay ) .

13.) Unterkunft der 10. Kompagnie von heute Nacht an Strassenlager Varvinay.

14.) Die 8.Kompagnie bleibt in ihrer Stellung auf der Marienhöhe.

W e n d e n !

15.) Den taktischen Befehl über den mittleren Abschnitt ( 12.und 1., 11. und 9. Kompagnie ) übernimmt morgen Vormittag als Vorpostenkommandeur Hauptmann Walter von Hauptmann Goetz, den taktischen Befehl über den linken Abschnitt ( 8.und 7.Komp.)als Vorpostenkommandeur Hauptm.Goetz v n Hauptmann Walter. Major Felser bleibt noch in Ruhe.

16.) Die Fernsprecher bleiben wie bisher eingesetzt , sie wechseln morgen nach besonderem Befehl.

17.) Befehl über dauernde Regelung des Dienstes folgt.

---

g e z. v. R ü c k e r .

---

Befehlsausgabe 5.30 Abends.

*Anhang 4 Abbildung 4: 16.06.1916, Rgt.-Bef. mit neuer Gliederung in der Stellung nördl. St. Mihiel*[49]

[49] KA: 8. I.R._(WK)_12_20-21 (511).

Nr.1720. 23. 6. 1916.

8. Infanterie-Brigade.

An
das K.8.Infanterie-Regiment xx.

Behufs sachgemässer Zusammenarbeit mit der Nachrichtenstelle 6 sind bei den täglichen Morgen - und Abendmeldungen noch folgende Gesichtspunkte zu beachten :

1.) Soweit möglich , keine allgemeinen , sondern zahlenmässige Angaben über fdl.Artilleriefeuer.( Angaben , wie " leichtes Streufeuer mittleren Kalibers " sind wertlos.)

Aus den Meldungen soll ersichtlich sein , ob das Feuer mehr auf der 1. oder 2. Stellung lag.
Ueber die Schussrichtung genügt allgemeine Angabe. Die genaue Ermittelung der Batterien erfolgt durch die Messtruppe.

2.) Beschiessungen von Ortsunterkünften und Lagern, vor allem in Senonville , Chaillon und Varvinay , sind sofort durch die Orts - und Lagerkommandanten unmittelbar der N.R.St.6 zu melden.

3.) Meldungen über das Auftreten feindlicher Flieger sowie über Luftkämpfe sind nicht nötig , nur wenn sich gleichzeitig mit der Feuertätigkeit der franz.Artl.auch frz.Flieger zeigen, sodass der Eindruck gewonnen wird, dass der Gegner mit Fliegerbeobachtung schiesst, ist es im eigenen Interesse der Truppe , sofort die N.R.St.6 davon zu benachrichtigen. Die Nachrichtenstelle wird sodann eine Störung der feindl.Funkerverbindung veranlassen.

Die Beobachtung frz.Fesselballons ist in die Meldungen aufzunehmen.

4.) Sollten , wie z.B. am 22.6. Landungen eigener oder feindlicher Flieger beobachtet werden, so bittet die N.St. um unmittelbare sofortige Benachrichtigung.

5.) Die N.St. ordnet die Meldungen über die feindliche Feuertätigkeit wie folgt :

a - Vogtstellung. ( Bayard - Mühle )
b - Gilamont ( Körnlein - und Taxisstellung )
c - Chanot ( Staubwasser und Stäbleinstellung )
d - Pionierhügel ( Waldstellung und Pionierhügel )
e - 322 ( Dreigruppenstellung , Bienenwald 322 )
f - 331 ( Cote Ste.Marie )

Ich empfehle den Offizieren der Brigade die Einrichtung der N.St.6. Creuë , gelegentlich zu besichtigen.

---

gez. v. Riedl.

*Anhang 4 Abbildung 5: 23.06.1916, Brig.-Bef.: Struktur der Abendmeldungen*[50]

[50] KA: 8. I.R._(WK)_12_19 (511).

8. Infanterie-Regiment 30. 6. 1916
Grossherzog Friedrich II von Baden

R E G I M E N T S B E F E H L .

1. Seine Majestät der König von Bayern trifft am 3. 7. 9,30 Vorm. zur Besichtigung von Teilen des III. A. K. der 8. Infanterie-Brigade und des K. Pre Infanterie-Regiments 47 in St. Benoit ein.

2.) Verlauf der Truppenschau.
a.) Paradeaufstellung.
b.) Abschreiten der Front durch Seine Majestät.
c.) Verleihung von Auszeichnungen durch Seine Majestät.
d.) Kurze Ansprache durch den Kommandierenden General III. bay. A. K. Exzellenz von Gebsattel.
e.) Vorbeimarsch der Infanterie.

3. Die Parade kommandiert der Kommandeur der 6. bayerischen Infanterie-Division Generalleutnant K o c h , das Kommando über die von der 33. Reserve Division an der Parade teilnehmenden Truppen übernimmt der Kommandeur der 8. bayerischen Infanterie-Brigade.

4. Zur Teilnahme an der Parade werden 2 zusammengesetzte Kompagnien gebildet :

Es setzen sich zusammen — Kompagnie Wied

aus der 5. und 6. Kompagnie — 3 Züge zu 20 Rotten mit den nötigen Dienstgraden u. Spielleuten nach Anordnung der Btle.

Kompagnie Gross

aus der 2. und 10. Kompagnie — 3 Züge zu 20 Rotten mit den nötigen Dienstgraden u. Spielleuten nach Anordnung der Batle.

Es werden eingeteilt — bei der Kompagnie Wied

Als Zugführer : Leutnant Gistl, Leutnant Schulz, Leutnant Leis.er und Offz. Stellvertr. Vollmar

ferner — Gefreiter Prols 3/8, Gefreiter Leibfried 3/8

bei der Kompagnie Gross

Als Zugführer : Leutnant d. R. Walther, Leutnant P.lzweger, Leutnant Manger und Offz. St. Vertr. Hausen

ferner : — Uoffz. Strauss 1/8, Uoffz. Kneller 2/

Dem Leutnant Gistl und den genannten Uoffzn. und Mannschaften werden Seine Majestät Allerhöchst Selbst die Auszeichnung überreichen.

Ferner sind bei der Kompagnie Wied einzuteilen und von den Kompn dorthin zu senden bis 2. 7. 3°° Nachm.

die Uoffze. Kuntze 8/8 und Lechle 12/8, die Gefreiten Hartmann 6/8, Kuttenlochner 7/8, Georg Prasch 9/8

Bei der Kompagnie Gross sind einzuteilen und von den Kompagnien bis 2. 7. 3°° Nachm. dorthin zu senden :

die Gefreiten Fleischmann 10/8, Wach 11/8, Walter 12/8, Horn st.. 5/8, die Infanteristen Hohn 4/8, Wagner M. G. K.

- 2 -

Jeder Zug zu 20 Rotten, hierin sind die umseitig aufgezählten Mannschaften mit einzurechnen.

Die Anforderung der Offze., Uoffze und Mannschaften regeln die Kompagnieführer.

Ausser den mit Auszeichnungen bedachten Mannschaften sind möglichst Leute die lange im Felde waren, einzuteilen.

Die Uoffze und Mannschaften, die Seiner Majestät vorgestellt werden, sind zur Parade neu einzukleiden.

An Haarschnitt Rasieren, allgemeine Sauberkeit wird erinnert.

Die Mannschaften nehmen Kaffee als Frühstück mit.

Den Kompagnien wird empfohlen, Zuschüsse aus Kompagniemitteln - Zucker, Keks - mitzugeben.

Die Kompagnien, welche im Lager zurückbleiben, bleiben trotz der Abstellungen zur Truppenschau als taktische Körper bestehen.

Bis zur Rückkehr der zusammengesetzten Kompagnien führt die 5. Komp. Offz. St. Vertr. Wagner, die 6. Komp. Leutnant Hellen.

Die von der 6. Komp. zur Truppenschau bestimmten Mannschaften rücken zur Arbeit in der Stellung am 2., 3. und 4.7. nicht aus.

Die Arbeitskompagnie ( 6. Kompagnie ) hat am 4.7. Ruhetag.

Die Kompagnien ohne Pferde ausser den Reitpferden der Kompagnie-Führer und Fahrzeuge. Die Feldküchen der 5. und 2. Kompagnie sind mitzunehmen.

Jeder Kompagnie ist ein Sanitätsunteroffizier bezw. Gefreiter mitzugeben.

Auf dem Aufstellungsplatz wird eine Krankenstelle errichtet, nach deren Platz sich die Sanitätsunteroffze. nach dem Eintreffen in St. Benoit zu erkundigen haben.

Die Ablösung im Abschnitt unterbleibt in der Nacht vom 2. auf 3. und wird in der Nacht vom 4. auf 5. vorgenommen.

Ablösungszeit 4⁰⁰ Vorm.

5.) Anzug: Offiziere: Alter Feldrock mit Orden oder Ordensbändern im Knopfloch oder neue Feldbluse mit kleiner Ordensschnalle, eisernes Kreuz 1. Klasse.

Mannschaften: Feldmässig, ohne Tornister, Seitengewehr aufgepflanzt, Orden.

Ferner: in jeder Tasche 3 Streifen Patronen.

6.) Der Anmarsch ist möglichst in die Dunkelheit zu verlegen. Die Kompagnien treffen zwischen 5⁰⁰ und 5.30 Vorm. am Forsthaus 1 1/2 Km. nördl. St. Benoit ein. Von hier aus werden die Plätze durch 1 Offz. des Generalkdos. angewiesen.

Die Truppen treten im Wald unter und rasten dort.

Wasserwagen wird dort vom Gen. Kdo. bereitgestellt.

Bis zum Einnehmen der Aufstellung für die Befehl ergeht - gegen 8.30 Vorm. - darf niemand die Deckung verlassen.

Beim Abmarsch sind zwischen den einzelnen Kompagnien usw. grössere Abstände zu halten.

7.) Aufstellung siehe Skizze. Frontrapporte werden nicht übergeben.

8. Bei Annäherung Seiner Majestät wird im Ganzen übergenommen u. 3 mal Hurra gerufen.

Die erste Viereckseite bleibt mit Gewehr über stehen.

Die übrigen Viereckseiten nehmen auf Kommando der am rechten Flügel stehenden Kommandeure der 6. bayr. Inf. Div. und 8. Bay. Infanterie-Brigade ab und führen Erneutes Uebernehmen der einzelnen Viereckseiten auf Kommando der gleichen Kommandeure bei Annäherung Seiner Majestät.

Die erste Viereckseite nimmt auf Kommando des Kommandeurs der 5. bay. I. D. ab sobald Seine Majestät diese Seite passiert hat. Sinngemäss verfahren die übrigen Seiten. Die Musiken spielen beim ersten Uebernehmen den Präsentiermarsch. Sobald sich Seine Majestät dem rechten Flügel der Parade-

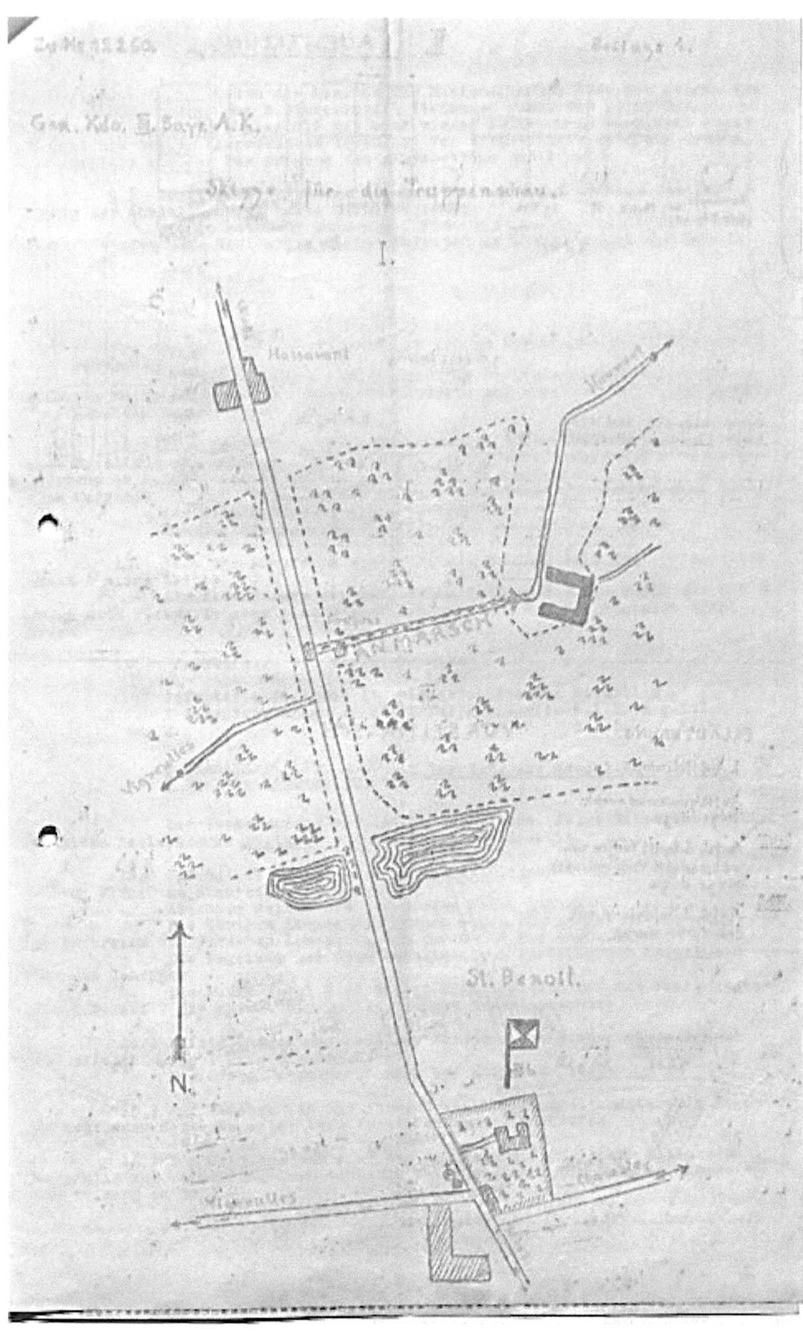
Gen. Kdo. III. Bayr. A.K.
I.
ANMARSCH
St. Benoit.
N.

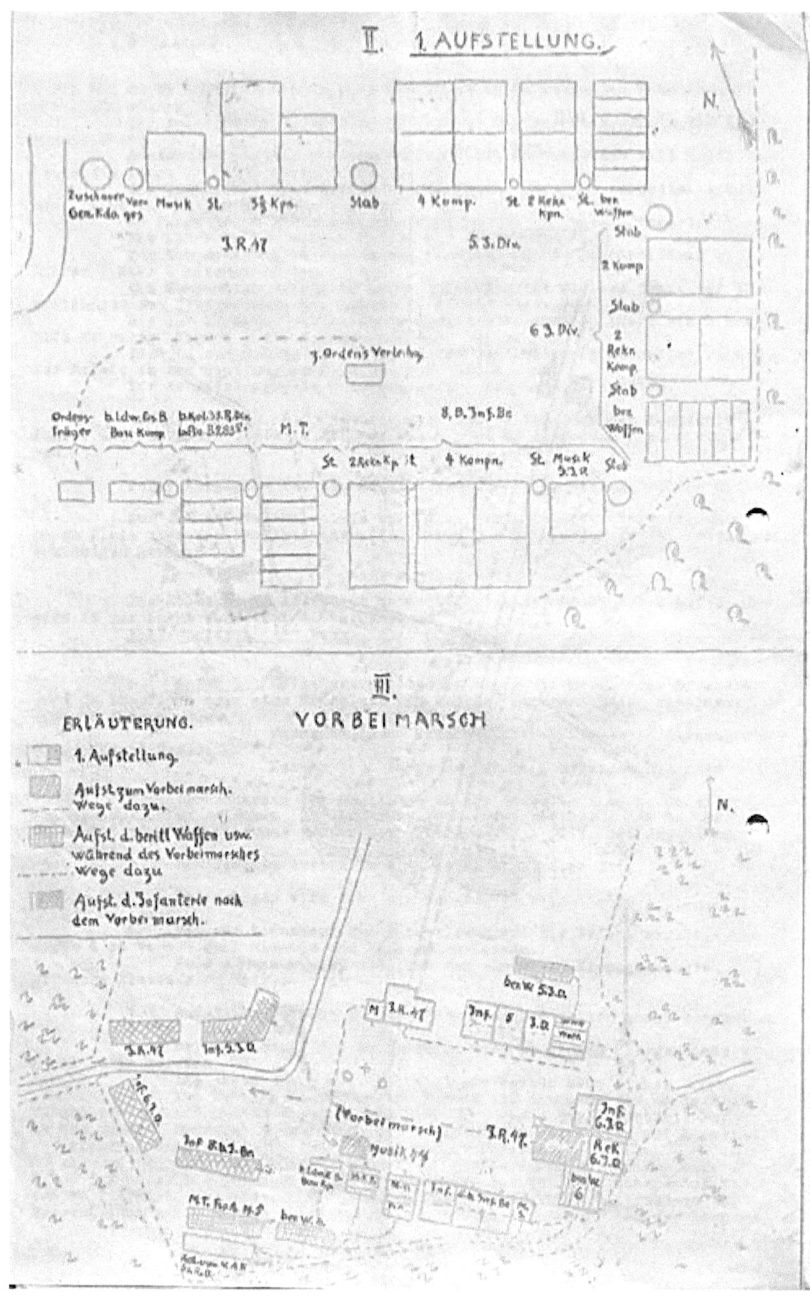
II. 1. AUFSTELLUNG.
N.
Zuschauer
Musik
St.
Stab
4 Komp.
J.R.47
5.J.Div.
Stab
2 Komp
6.J.Div.
Stab
7. Ordens Verleihg.
Ordens-träger
M.T.
St.
4 Kompn.
Musik
III.
VORBEIMARSCH
ERLÄUTERUNG.
1. Aufstellung.
Aufst. zum Vorbeimarsch.
Wege dazu.
Aufst. d. Infanterie nach dem Vorbeimarsch.
N.
J.R.47
(Vorbeimarsch)
J.R.47

- 3 -

Aufstellung nähert , gehen die Musiken zur Nationalhymne über, die jedoch von der am rechten Flügel der 3. Vierecksseite stehenden Musik der 5. Inf. Div. zu nächst nur ein mal durchgespielt und erst wieder aufgenommen wird, wenn Seine Majestät die zweite Vierecksseite erreicht. Von dieser Musik wird die Hymne durchgespielt bis zur Beendigung des Abschreitens der Front.

9.) Unmittelbar nach dem Abschreiten der Front erfolgt die Verleihung der Auszeichnungen durch Seine Majestät.

Die in Betracht kommenden Offze. und Mannschaften ( diese ohne Gewehr ) stehen beim Eintreffen Seiner Majestät am linken Flügel der Paradeaufstellung.

Reihenfolge :
Inf. Regt. 47 , 5. Inf. Div. , 6. Inf. Div., 8.b. Inf. Brig.

Sie werden von dort aus während des Abschreitens der Front durch 1 Offz. des Gen. Kdos. III. bay. A.K. an den in der Skizze gekennzeichneten Platz geführt.

Die Namen werden von diesem Offz. verlesen, worauf der Genannte vor Seine Majestät hintritt ( Sicherheitsnadeln zum Anheften der Orden müssen bereitgehalten werden ) .

10.) Nach Verleihung der Auszeichnungen durch Seine Majestät wird Seine Exzellenz der Kommandierende General stillstehen lassen und eine kurze Ansprache an Seine Majestät halten, die mit einem dreifachen ' Hoch ' auf Seine Majestät in das die Truppen einstimmen geschlossen wird.

Der Helm wird dazu nicht hochgehoben.

Die Musiken spielen die Nationalhymne ein mal durch.

11. Nach der Ansprache stellt sich die Infanterie zum Vorbeimarsch bereit ( siehe Skizze ) .

Die Abordnungen der berittenen Truppen und die Musik der 5. I. D. werden nach rückwärts soweit zurückgeführt, dass sie den Vorbeimarsch nicht stören.

12.) Reihenfolge des Vorbeimarsches

Infanterie-Regiment 47 als geschlossenes Bataillon ,
2 Rekrutenkompagnien mit 2 Feldkompagnien 6. I. D. a. g. Btl.
2 " 4 " 5. I. D. "

4 Feldkompagnien / 2 Rekrutenkompagnien ) 8. bay. I. B. als geschl. Bataillon.

Der Vorbeimarsch erfolgt in Zugkolonne. Jedes Bataillon geführt von einem Batls. Kdeur. Abstände v. Btl. z. Btl. 40 Schritt.

13. Inf. Rgt. 47 stellt sich in aufgeschlossenen Zugkolonnen mit rechtem Flügel am Abmarschpunkt bereit.

Abstände werden erst an diesem Punkt genommen.

Die übrigen Kompagnien können wegen Raummangel nur je nach dem Auftreten der vorderen Kompagnie von der Seite her nachrücken.

Die Regelung der Bereitstellung zum Vorbeimarsch trifft ein Offz. des Gen. Kdos.

Die Musik des I. R. 47 stellt sich sogleich auf dem Platz gegenüber S. M. auf . Sie spielt während des ganzen Vorbeimarsches.

14.) Aufstellungsplatz nach dem Parademarsch siehe Skizze; Einweisung erfolgt durch 1 Offz. des Gen. Kdos.

Die Offze. versammeln sich bei Seiner Majestät.

15.) Zur Abfahrt ist die Strasse vollkommen freizuhalten, die Truppen begrüssen Seine Majestät beim Vorbeifahren mit Hochrufen.

16.) Die Truppenschau wird bei Annäherung feindlicher Flieger nötigenfalls auf Befehl des Komm. Generals unterbrochen ; die Truppen nehmen dann Deckung im Wald.

---

I. V.

gez. Felser.

8. Infanterie-Regiment
Groszherzog Friedrich II von Baden

Beilage

Merkblatt

über Einzelheiten gelegentlich des Besuches Seiner Majestät des Königs

1.) Auszeichnungen. Offze. und Mannschaften die anlässlich des Besuches Seiner Majestät Auszeichnungen erhalten, denen sie aber nicht von Seiner Majestat persönlich übergeben werden, nehmen die Auszeichnungen zur Truppenschau mit. Sie sollen aber erst dann angelegt werden, wenn Seine Majestät die Auszeichnungen an die namentlich Bestimmten verleiht. (Sicherheitsnadeln

2.) Auf Fragen Seiner Majestät ist kurz und deutlich zu antworten.
Es ist damit zu rechnen, dass Seine Majestät Mannschaften mit Auszeichnungen nach dem Anlass der Verleihung frägt.
Auch liebt es Seine Majestät bärtige Leute anzusprechen.

3.) Zeitfolge:

8°° Vorm. Abfahrt von Metz,
9.30 " Ankunft,
9.30 - 11.30 Vorm. Truppenschau,
12.30 - 2.30 Nachm. Aufenthalt in St. Benoit,
2.30 - 4°° Nachm. Rückfahrt nach Metz.

4.) Im Gefolge Seiner Majestät befinden sich:

Oberst Hofmeister, Freiherr von Leonrod, Exzellenz, Generaloberst der Kav. Freiherr v. Kress, Kriegsminister Exzellenz, Staatsrat Ritter von Dandel Exzellenz, Gen. Adjt. von Walther, Exzellenz Gen. St. Arzt Dr. Ritter von Seydel, Exzellenz, Gen. Maj. Freiherr von Nagel, Milit. Bev. im Gr. H. Qu. Oberst Graf zu Castell - Castell, Erlaucht, Flügeladjt. Major Freiherr von und zu Bodman, Major und Adjutant des K. Min. Freiherr von Haller, Major und Adjutant des bay. Mil. Bevollmächtigten v. Pappus, Hauptmann von Bezold 8. I. R.

---

I. V.

gez. Felser.

---

*Anhang 4 Abbildung 6: 30.06.1916, Rgt.-Bef., Besuch des Bayer. Königs in St. Benoît*[51]

[51] KA: 8. I.R._(WK)_8_10-15 (1530).

Abschrift.

Ausschuß des Verbandes der Deutschen Juden.

J.Nr. 1004 Fernsprecheramt Kurfürst 5150. Berlin, 16.7.15.

Dem K. Kriegsministerium.
beehrt sich der unterzeichnete Verband hierdurch ergebenst folgende Bitte zu unterbreiten:

Auch in diesem Jahre wird eine große Zahl von Juden die höchsten Feiertage, nämlich das Neujahrsfest -vom Abend des 8.bis zum Abend des 10. September- und das Versöhnungsfest -vom Abend des 17.bis zum Abend des 18.September- als Angehörige des Heeres unter den Fahnen zu begehen haben.

Wir bitten ergebenst, die zuständigen Kommandostellen geneigtest rechtzeitig veranlassen zu wollen, daß sie an diesen Tagen den jüdischen Militärpersonen, soweit es die Rücksicht auf den Dienst gestattet, Gelegenheit zur Abhaltung eines gemeinschaftlichen Gottesdienstes gewähren, bezw. ihnen die Teilnahme an einem an ihrem Standort oder in dessen Nähe etwa stattfindenden sonstigen jüdischen Gottesdienst zu ermöglichen.

Verband der deutschen Juden.
Unterschrift.
Vorsitzender.

Kriegsministerium Berlin 26.Juli 15.
Nr. 2336/7 C.1.

Abschrift mit dem Anheimstellen dem Wunsche zu entsprechen, soweit es angängig und sich mit den dienstlichen Interessen vereinbaren läßt.
Um Bekanntgabe durch Tagesbefehl wird ergebenst ersucht.

gez. Wild v. Hohenborn.

Gen. Kdo.I.B.A.K.
6.8.15 Nr.M 12577 g.R.J.U. bei 1.,2.und 10.J.D. für weitere Veranlassung.
6.8.15.
F.d.G.K.
gez. W ö h l .

1.J.D. 7.8.15.

2. Bayr. Jnf. Div.
9.8.15 Nr. 3903. I. Urschr. zur K.10.J.D.
II. Abschr. an



*Anhang 4 Abbildung 7: 16.07.1916, Ausschuss des Verbandes der Deutschen Juden, Anträge zum Neujahrs- und Versöhnungsfest*[52]

[52] KA: Infanterie-Divisionen-(WK)_1159_13 (335).

Anlage 121.

8. Infanterie = Regiment. 29. 7. 16.

R e g i m e n t s b e f e h l .

1.) Die in vorderer Linie der Regts.=Stellung befindlichen Kompagnien des Regiments werden im Laufe der heutigen Vormittags durch ein Batl. der 1.Inf. Brigade abgelöst. Die Kompagnien der 2. und 3. Linie (in den Hanglagern) und im Kaiserschlag rücken ~~[illegible]~~ wenn die vorderen Kompagnien ihres Abschnitts abgelöst sind, ohne weiteres ein.

2.) Die in Stellung befindlichen Mannschaften der M.G.K. werden zurückgezogen und nehmen ihre Gewehre mit; Sie werden durch Mannschaften und Gewehre des Scharf Ss. Tr. 187 ersetzt, der auch das in Varvinay befindliche franz. M.G. mit in Stellung nimmt. Die Ablösung des Ss. Tr. trifft um 7.00 Uhr Vorm. im Kaiserschlag ein. Die Unterabschnittskommandeure sorgen für Führer nach den Unterabschnitten.

3.) Die zu einzelnen M.G. abgestellten Infanteristen treten zu ihren Kompagnien zurück. Die in Stellung befindlichen Kompagnien weisen die sie ablösenden Kompagnien ein ob und zu welchen M.G. Mannschaften abzustellen sind.

4.) Die 1. Infanterie = Brigade sendet für jeden Kompagnie=Abschnitt 1 Übernahmekommando voraus. Die in Stellung befindlichen Kompagnien schicken je 1 Führer für diese Kommandos nach St. Mihiel. Meldung heute 4.00 Uhr Morgens auf der Gesch. Stube 1. Inf. Regts.

5.) Es wird abgelöst in der Reihenfolge L. U. A., M. U. A., R.U.A.

Alles zur Stellung gehörige bleibt zurück, alles zur Truppe gehörige wird mitgenommen.

Die abgelösten Batle. bereiten alles zu beschleunigtem Abtransport vor. Vielleicht werden die Batle. schon im Laufe des heutigen Tages abtransportiert.

6.) Die Batle. und die Masch. Gew. Komp. reichen dem Regiment bis heute 10.00 Uhr Vormittag ein:

a) 1 Verzeichnis der Transportstärken, gegliedert in Offiziere, Mannschaften und Pferde, diese wieder in schwere u. leichte ausgeschieden und in Fahrzeuge, getrennt nach solchen, die allein einen Eisenbahnwagen beanspruchen und nach solchen, die mann zu zweit auf einen Wagen laden kann. Die Pferde sind in planmässiger Stärke anzugeben.

Etwaiges Vieh wird mitgenommen und ist anzugeben.

b) Nachweisung wieviel Pferde fehlen und zur Ergänzung angefordert werden.

c) Angabe welche Kommandierte hereingeholt werden müssen.

7.) Alle in Stellung befindlichen Ärzte rücken bei ihren Batlen. ein. Der Arzt des ablösenden Batls. bezieht den Sanitäts = Unterstand im Hanglager 322. An Sanitäts = Ausrüstung wird mitgenommen:

a) 24 Selbstretter mit Reserveteilen (Sauerstoffzylinder und Kalipatronen).
b) die drei grossen Sauerstoffbomben,
c) zwei Stück Labekisten
d) Reserveverbandstoffe in Kiste,
e) die Weinbergspritzen,
f) die Azetylenlampen der Sanitäts = Unterstände.

8.) In Urlaub Befindliche werden nicht zurückgerufen, schon genehmigten Urlaub darf niemand mehr antreten.

J. V. gez. F e l s e r.

Befehlsausgabe. 3.00 Uhr Vorm.



*Anhang 4 Abbildung 8: 29.07.1916, Regimentsbefehl 8. I.R., Abmarsch*[53]

[53] KA: 8. I.R._(WK)_11_01 (1554).

III/18

31. 7. 1916.

8. Infanterie = Regiment .

Anlage 122.

Regimentsbefehl.

1.) Es fahren :

Stab 8. Inf. Brig., 8. J. R. und M.G.K. 8.J.R. gemeinsame Fahrtnummer 65490. Einladebahnhof Vigneulles = Wald - Verladebeginn 31. 7. 10.00 Uhr Abends.

Abfahrtszeit 1. 8. 1.15 Uhr Vormittag.

Ferner : I/8 Fahrt Nr. 65491 - Einladebahnhof St. Benoit - Verladebeginn 1.8. 12.00 Uhr Mitternacht . Abfahrtszeit 2.30 Uhr Vormittag. 1. 8. 16.

II/8. Fahrtnummer 65492. Einladebahnhof Vigneulles = Dorf. Verladebeginn 1.8. 12.15 Uhr Vormittag . Abfahrtszeit 1.8. 3.15 Uhr Vormittag .

III/8. Fahrtnummer 65493 . Einladebahnhof Vigneulles Wald. Verladebeginn 1.8. 12.45 Uhr Vormittag. Abfahrtszeit 4.30 Uhr Vormittag .

Abmarschzeit regeln die Batls. unter Berücksichtigung der gegenwärtigen Verhältnisse selbständig .

J. V.

gez. Felser .

Bef. Ausgabe 12.45 Uhr Nachm.

*Anhang 4 Abbildung 9: 31.07.1916, Befehl zum Verladen des Regiments*[54]

[54] KA: 8. I.R._(WK)_11_02 (1554).

1418

A b s c h r i f t !

8. Bayr. Infanterie = Brigade. 6. 8. 1916.

Notizen aus der heutigen Besprechung Seiner Exzellenz des Oberbefehlshabers der Angriffsgruppe O s t .

Der Einsatz der Division kann von heute auf morgen oder unter Umständen sofort notwendig werden. Es ist auch möglich und wird erstrebt, der Truppe vor dem Einsatz noch Zeit zur Ausbildung und Festigung der Manneszucht zu geben.

a <u>Gesichtspunkte für den Einsatz</u>:

Der Infanterie = Fernsprecher versagt meistens. Also Ersatz.

Jede Truppe und jeder Stab muss über eine Anzahl unbedingt sicherer und verlässiger Meldegänger verfügen. Mit besonderer Auswahl auf Grund freiwilliger Meldungen sind gute Erfahrungen gemacht worden.

Die Stäbe von den Batlen. bis zur Brigade müssen mit einer ausreichenden Anzahl von Erkundungs = und Verbindungsoffizieren versehen sein. Aufgabe dieser Offiziere ist eigene Erkundung und eigene Beobachtung von geeigneten Punkten.

Auch starkes Artillerie = Feuer darf die Erfüllung dieser Aufgabe nicht verhindern!

Zweck des Ganzen: Jede Befehlsstelle und jeder Stab muss dauernd über die Vorgänge und Verhältnisse in der vordersten Linie der unterstellten und womöglich auch der anschliessenden Truppe unterrichtet sein. Das Durchkommen von Befehlen nach vorne bis zur vordersten Linie muss unbedingt gesichert sein

Die Granatlöcher geben allerdings beste Möglichkeit, gegen feindliche Fliegerbeobachtung unauffällig und daher ziemlich geschützt zu sein. Aber: Jede kleine oder grössere Gruppe ist ohne Verbindung zu ihren Nachbargruppen, daher ziemlich auf sich angewiesen. Befehlsgebung, Einwirkung auf die Leute, Überwachung sind sehr erschwert. Die Gruppen selbst sind ohne Nachricht vom Feinde, da die Beobachtung erschwert und Beobachtung des Einzelnen nicht für die Gesamtheit nutzbar ist. So ist Gelingen des letzten franz. Infanterie = Angriffs erklärlich, der ohne Artillerie = Vorbereitung, nur mit Überraschung am hellen Tage vorankam!

Allmählich also überall Stellung schaffen, zunächst benachbarte Trichter durch Gräben verbinden, zu kleinen, aber in sich zusammenhängenden Befestigungsgruppen, in denen eine verantwortliche Persönlichkeit den Befehl führt. Diese Gruppen dann durch unregelmässig geführte Gräben soweit verbinden dass Zug = und Kompagnieführer herumkriechen und zu ihren Leuten gelangen können, um ihre Abteilungen in der Hand zu behalten und dass Munition, Handgranaten und Verpflegung, namentlich Wasser, vorgebracht werden können.

Wasserversorgung überhaupt <u>sehr</u> wichtig. Es werden Traggefässe mit je 25 Liter Inhalt ausgegeben (leider noch nicht genügend da), vorne müssen dann grössere Behältnisse eingegraben werden.

Franzosen schiessen viel mit Gas! Unsere Masken sind vorzüglich, aber noch nachsehen und unbrauchbare, insbesondere zerrissene austauschen.

Die Franzosen haben überall da in ihrer Tätigkeit nachgelassen und "klein beigegeben", wo man sie in Schacht hielt. Hierzu <u>muss</u> die Truppe tätig sein.

Die Infanterie darf sich nicht scheuen, zu beobachten und zu schiessen. Handgranaten sind gut, haben aber geringe Reichweite. Hauptwaffe des Infanteristen immer noch sein gutes Gewehr! Dieses muss rücksichtlos gebraucht werden. Franzosen haben auch keine besonders ausgebildeten Scharfschützen, unsere Geschosse sind ihnen mindestens ebenso unangenehm wie uns die ihrigen! Deutsche Schiessausbildung ist überlegen, also Gebrauch machen! Auch dann, wenn feindliche Artillerie dafür herschiesst.

Die französischen Flieger fliegen <u>nicht so tief</u>, wie es oft den Anschein hat. Je tiefer feindlicher Flieger fliegt, umso weniger grosses Gelände übersieht er, umso rascher fliegt er über Einzelheiten weg, umso weniger ist er imstande, genau Verlauf unserer Linien, noch weniger Standpunkt einzelner Masch. Gewehre zu erkennen. Also durch tieffliegende feindliche Flieger in der gesamten sonst notwendigen Kampftätigkeit nicht beirren lassen.

Wirklich tieffliegende feindliche Flieger können durch Infanterie - und M.G. Feuer heruntergeholt werden .

Hierzu sind eigene Masch. Gewehre etwa 1 km. hinter der vordersten Linie auf besonderer Lafettierung einzubauen .Maskieren !

b Ausbildung jetzt soweit noch irgend möglich nach diesen Gesichtspunkten fördern !

Hauptsache : Förderung der Disziplin ! Insbesondere straffe Marschzucht . Wer auf dem Marsch ohne Erlaubnis austritt, wer beim Halten sich ohne Erlaubnis setzt oder legt , drückt sich auch aus dem Gefecht .

Bewährt haben sich nur die Truppen, die in straffer Zucht zusammengeschweisst waren.

Diese gehen auch durch Sperrfeuer vor .Hier gibt es immer schwächer belegte Stellen,die ausgesucht werden müssen .

Am Ende der Kompagnien besonders energische Dienstgrade , die Nachzügler und Drückeberger vortreiben und sich hierzu auch nicht vor scharfen Massnahmen scheuen !

Das Ausbildungsprogramm muss von den Regiments - und Batls.- Führern festgesetzt werden , damit Zeit möglichst ausgenützt wird . - Übungsstoff : Sturmübungen , Ausbau gestürmter Stellungen , Zusammenwirken von Infanterie und Masch.Gewehren.

Pioniere zu Übungen anfordern !

Übungsplatz : Es sind noch viele alte Übungsplätze und Übungswerke da ( von Rekruten - Depots usw., ferner viel Gelände mit " wildem Buch "

Bebaute Felder dürfen nicht betreten werden .

Übungsanzeigen für den folgenden Tag jeden Abend 6.00 Uhr zur Brigade , für 6. 8 sobald als möglich

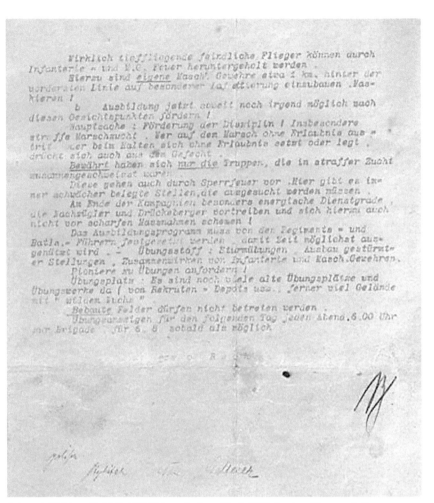

*Anhang 4 Abbildung 10: 05.08.1916, Weisung Lochow, Oberbefehlshaber Angriffsgruppe Ost*[55]

[55] KA: 8. I.R._(WK)_18_13-14 (511).

III/8

Anhang 124

8. Infanterie - Regiment 6. August 1916.

Grossherzog Friedrich II. v. Baden.

An

I. II. und III. Bataillon.

Zusammenstellung der Bemerkungen des Herrn Brigadekommandeurs.

A) Vorbereitungen im Ruhequartier:

1) Übungsmärsche rund um die Ortschaften, um bei Alarm stets zur Hand zu sein.

2.) Verpassen der Gasmasken bezw. Austausch.

3.) Ausheben von Granatlöchern und deren Verbindung durch Schützengräben.

4.) Einteilung der Kompagnie in 4 Züge, in Sturmkolonnen (Freiwillige).

5.) Einteilung der Dienstgrade, die als Reserve zurückbleiben.

6.) Einteilung des Meldedienstes
(Batls. zum Regt., Kompen. zum Batl.).

7.) Einteilung der Erkundungs - und Beobachtungsoffiziere.

8.) Offizieren die nötigsten Handgriffe am M.G. zeigen; Infanteristen am M. G. ausbilden.

9.) M. G. Kompagnie K. Munition mitnehmen.

B) In Stellung:

1.) In die Stellung ohne Gepäck; Führer werden gestellt; sind später auch selbst zu stellen.

2.) Vorgehen in der Reihe zu Einen; Zugführer und Kompagnieführer am Ende ihrer Kolonne; Masch.Gewehre zu den Infanterie-Kompagnien.

3.) Anschluss an die benachbarten Abteilungen suchen und darüber melden.

4.) Austausch gegenseitiger Beobachtungen.

5.) Vom Gewehr Gebrauch machen, nicht blos von Handgranaten; auch auf Flieger schiessen.

6.) Gegenseitige Mitteilung über das Vorhandensein von Wasserstellen.

7.) Kein Wasser trinken aus Granatlöchern, da Wasser dort vergiftet.

8.) Regelung der Verpflegung; für vier Tage mitnehmen - 25 Liter Behälter, 2. Feldflaschen.-

9.) Batls. Stäbe Brieftauben nicht länger als 48 Stunden zurückbehalten.

10.) Kein Zurückgehen ohne Ausweis.

11.) An Regts. Stab Meldung wo Schwerverwundete liegen - Reserve-Kompagnie - oder Züge wird dann Patrouillen absenden.

12.) Bei Ablösung Verwundete mitbringen.

J. V.

gez. F e l s e r.

*Anhang 4 Abbildung 11: 06.08.1916, Regimentsbefehl, Bemerkungen des Brigadekommandeurs*[56]

[56] KA: 8. I.R._(WK)_11_05-06 (1554).

Generalkommando. K. H. Qu., den 8. 8. 16.

XVIII. Reservekorps.

Abt. Io Nr. 12484.

Brieftauben - Verkehr.

1.) Um den Divisionen an Gefechtstagen eine größere Anzahl von Brieftauben in die vorderste Stellung vorsenden zu können, hat jede Division von jedem J.Rgt. 4 Mann zur Ausbildung im Brieftaubendienst zu kommandieren. Meldung auf Gefechtsstand des Genkdos. bei Brieftaubenoffizier Lt.d. Res. W e h m e l .

2.) Bei Abfassung des Wortlautes der Brieftauben-Meldungen muß damit gerechnet werden, daß die Meldungen durch verirrte Tauben in Feindeshand gelangen können. Aufstellung von Reserven, Stärke und Bezeichnung von Truppenteilen dürfen keinesfalls gemeldet werden. Truppenteile sind mit Namen, Schluchten mit Decknamen nach Anordnung der Divisionen zu bezeichnen, z. B.: „Bataillon Collani erbittet zum Stollen-Bau in der X Schlucht 1 Zug der Pionier Komp. Schulz. Die in der Y-Schlucht befindlichen Truppen sind mit Vorbringen von Verpflegung pp. so belastet, daß andere Kompagnien zum Heranschaffen des Materials kommandiert werden müssen."

Die Brieftauben haben Nummern, aus denen die absendende Division zu erkennen ist. Die betreffende Division erkennt aus den Führernamen den betreffenden Truppenteil.

3.) Als Empfänger der Meldung ist nicht die Brieftaubenstation zu bezeichnen, sondern die Dienststelle, für die der Inhalt der Meldung bestimmt ist, z. B. Regiment Behring oder Verpflegungsoffizier Bataillon Horn.

4.) Jeder Taube können zwei dünne Meldeblätter in einer Meldetube mitgegeben werden, so daß auch bei längeren Meldungen kleine, undeutliche Schrift vermieden werden kann.

5.) Skizzen auf Meldeblättern können an jeden Empfänger vermittelt werden.

6.) Die von den Divisionen gewählten Decknamen sind dem Gen. Kdo. nach Festsetzung baldmöglichst zu melden.

V. s. d. G. K.

Für den Chef des Generalstabes.

[Unterschrift]

Hauptmann.

Wenden.

*Anhang 4 Abbildung 12: 08.08.1916, Brieftauben-Verkehr*[57]

[57] KA: 8. I.R._(WK)_10_67 (414).

Abschrift.

Generalkommando K. H. Qu., den 11. 8. 16.

XVIII. Reservekorps.

Abt. Ia Nr. 12212 geh.

Zu A. G. O. Ia Nr. 1049 geh.

Ziffer 1.

Maßnahmen zur Bekämpfung des Abbröckelns der Gefechtsstärken in vorderer Linie:

I. Einwirkung auf den Geist und die Disziplin der Truppe:

a.) durch Unterricht muß dem Manne klar gemacht werden, daß der jetzige Kampf die volle Hingebung und die höchste Kraftanspannung von jedem einzelnen fordert. Das Drückebergertum schädigt das Vaterland. Der einzelne Drückeberger schädigt seinen Kameraden, den er feige vor dem Feinde in Stich läßt. Die Mannschaften müssen auf einander achten und im Notfall durch Zwang den schwach werdenden Soldaten mit nach vorn führen.

b.) Die Führer aller Dienstgrade müssen die strengste Disziplin aufrechterhalten. Durch unnachsichtiges Strafen muß jede Feigheit geahndet werden.

c.) Die älteren Offiziere müssen auf die jüngeren Offiziere (Kompagnieführer) belehrend und aufklärend einwirken, daß eine Nachsicht gegenüber Drückebergern äußerst gefährlich ist. Es muß die ganze Strenge des Gesetzes in kriegsgerichtlichem Verfahren im Interesse des Ganzen, ohne Rücksicht auf die Person, angewandt werden.

II. Zweckmäßige Einzelanordnungen:

a.) Es ist verboten, Mannschaften fremder Truppenteile aus den Feldküchen zu speisen, es sei denn, daß die Leute mit einem Ausweis versehen sind oder ein Offizier die Speisung anordnet. Die Überwachung bei der Essenausgabe in allen Lagern und Ortsunterkunften muß von den Truppenteilen geregelt werden.

b.) Alle Lager ,- und Ortskommandanten haben häufig ihre Bez
auf Angehörige fremder Truppenteile hin zu revidieren. A
zurückgelassenen Mannschaften müssen gültige Ausweise v.
ihren Komp. haben.

c.) Maßnahmen für den Marsch der Truppe zur Stellung:

1.) Stärke der Truppe beim Abmarsch schriftlich festle
und im Kampfabschnitt nachprüfen.

2.) Besondere Aufsichtsorgane beim Marsch; ein Offz. m
stets am Ende der Truppe marschieren. Drückeberger
mit Gewalt vorzuführen.

3.) Tägliche Prüfung der Grabenstärke.

d.) Jeder Mann der sein Lager oder seinen Unterkunftsort ver
läßt, muß einen schriftlichen Ausweis haben. Offiziere m
sen bei einzelnen Mannschaften, die sie ausserhalb der L
und Unterkünfte antreffen die Ausweise nachprüfen.

e.) Alle Mannschaften ohne Ausweise sind festzunehmen und na
näherer Weisung der Divisionen ihren Truppenteilen wiede
zuzuführen

f.) Alle Strassen im Gebiete der Ruhelager und Unterkünfte m
sen durch Gendarmerie - Patr. überwacht werden, besonders
wichtig ist die Überwachung der aus der vorderen Linie
zurückführenden Wege.

g.) Auf den Hauptverbandsplätzen, Krankensammel- und Transpor
stellen, Revierstuben und Feldlazaretten muß eine Kontrol
sichergestellt werden.

Der kommandierende General
gez. v. Steuben.
General der Infanterie.

*Anhang 4 Abbildung 13: 11.08.1916, Maßnahmen zur Bekämpfung des Abbröckelns der Gefechtsstärken in vorderer Linie*[58]

[58] KA: Infanterie-Divisionen-(WK)_5938_05-06 (1728).

Garde - Ersatz - Division Div.St.Qu.14.8.16

Abt. I Nr. 132 / g
Betrifft: Brieftauben.

An jeden 2. Tag werden dem dort befindlichen Brigade-Stab 8 - 12 Brieftauben in 2-3 Körben von der Brieftaubenstation des Generalkommandos XVIII.R.K. zugeführt. Verteilung der einzelnen Brieftaubenkörben auf die Regimenter veranlasst die Brigade nach den dort bestehenden Bedarf, die in einem Korb befindlichen Tauben dürfen nicht herausgenommen und verteilt werden.

Die Brieftauben müssen innerhalb 48 Stunden aufgelassen werden, unter Umständen sind sie ohne Meldung freizulassen.

Die Tauben dürfen nicht gefüttert werden, sie sind nur zu tränken. Satte Tauben fliegen nicht ~~fliegen nicht~~ nach ihrem Schlag zurück, es besteht die Gefahr, dass sie mit der Meldung in die Hand der Franzosen fallen. Das Herausnehmen der Tauben aus den Körben und das Anbringen der Meldung soll im allgemeinen nur durch die Ueberbringer erfolgen, die auch sonst für sachverständigemässe Behandlung verantwortlich sind.

In den Brieftaubenmeldungen darf auf keinen Fall ein Truppenteil genannt werden, damit bei etwaigem Verlorengehen nicht unsere Kriegsgliederung und Absichten dem Feinde bekannt werden. Die einzelnen Verbände sind mit Namen der Führer zu bezeichnen. Jede Taube besitzt eine Nummer, die Verteilung der Tauben ist der Brieftaubenstation bekannt, sodass jederzeit festzustellen ist aus welchem Abschnitt eine im Schlag eintreffende Taube stammt.

Decknamen für den Brieftaubenverkehr sind folgende:
(Div.v.25.7.16.I Nr. 420/7 geh.)

Vaux-Schlucht........................ a - Schlucht
Kasematten-Schlucht .................. b - Schlucht
Brulé-Schlucht ....................... c - Schlucht
Russen-Schlucht ...................... d - Schlucht
Caillettewald ........................ Grunewald
Fine-Chapelle ........................ Tempel
Chapitrewald ......................... Tiergarten
Souville-Schlucht .................... l - Schlucht

Beispiel einer Meldung:

Abs.
Bataillon Müller
Empf. Div. Larisch.
Fester Anschluss zum rechten Nachbar ist heute durch 3.Komp. hergestellt worden. Zur Verfügung gestellte Verfügung gestellte 2 Kompagnien der anderen Brigade sind rechtzeitig eingetroffen. Erbitte Nachschub von Handgranaten nach e Schlucht.

Müller

---

Wird eine Brieftaube eingefangen, so ist über den Inhalt der mitgeführten Meldung umgehend der Division auf dem kürzesten Wege Mitteilung zu machen. Eingefangene Tauben ohne Meldung sind der Brieftaubenstation des Generalkommandos in Billy zuzuführen. Jeglicher Abschuss von Tauben ist untersagt.

gez. v. Larisch
F. d. R.
Schönheinz

K. b. 8. Infanterie-Brigade
eingel. 22.8.16 Nr. 2651 Zum K. 8. I.R.
24.8.16
a. H.
Kittel

*Anhang 4 Abbildung 14: 14.08.1916, Garde-Ersatz-Division, Befehl über den Einsatz von Brieftauben*[59]

[59] KA: 8. I.R._(WK)_10_97 (414).

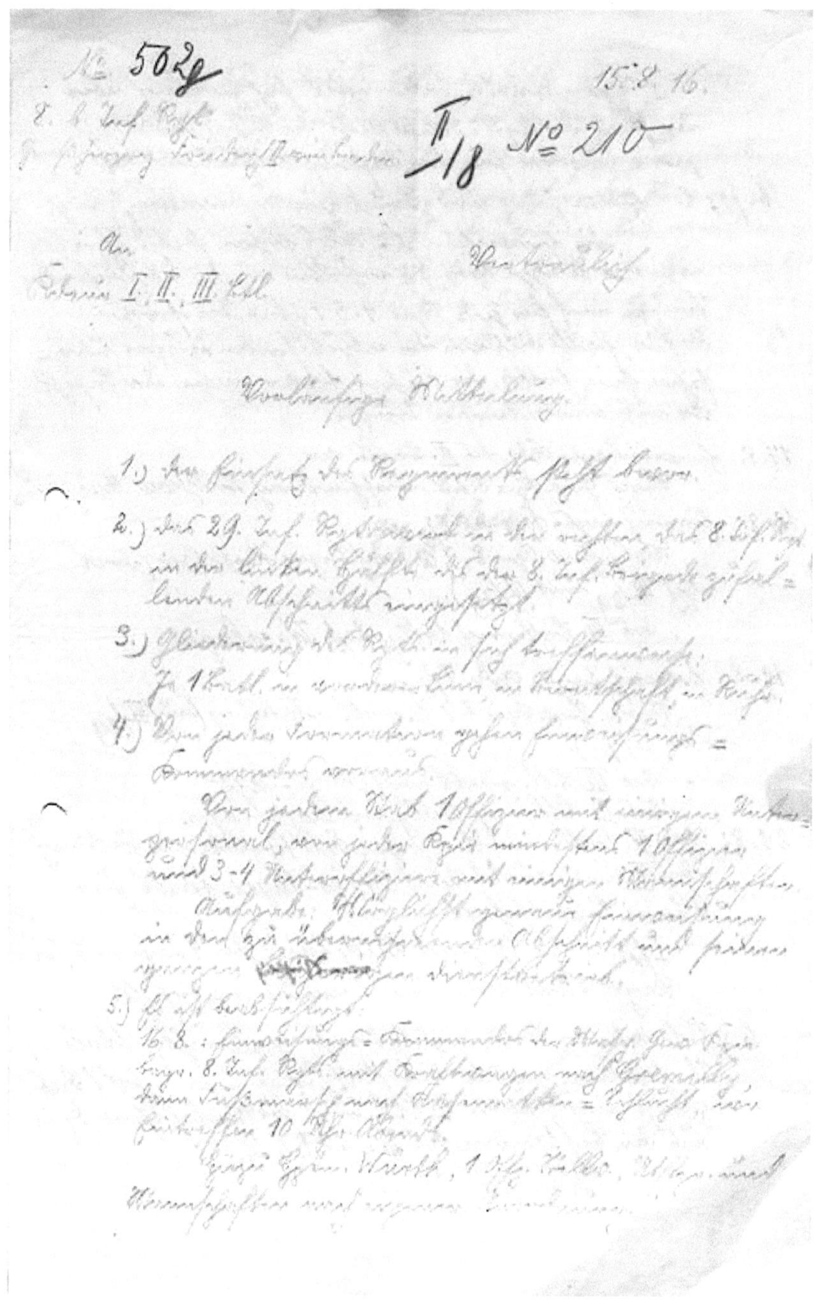

No 502g

15.8.16.

8. b. Inf. Regt.
Großherzog Friedrich II. von Baden

II/18 No 210

An
Stäbe I., II., III. Btl.

Unterkunft

Vorläufige Mitteilung.

1.) Der Einsatz des Regiments steht bevor.

2.) Das 29. Inf. Regt. wird in der rechten, das 8. Inf. Regt. in der linken Hälfte des der 8. Inf. Brigade zufallenden Abschnitts eingesetzt.

3.) Gliederung des Regts. in sich [illegible].
Je 1 Batl. in [illegible] in [illegible] in Reserve.

4.) Von jedem Bataillon gehen Einweisungs-Kommandos voraus.

Von jedem Batl. 1 Offizier mit einigen Unterführern, von jeder Kp. mindestens 1 Offizier und 3-4 Unteroffiziere mit einigen Mannschaften.

Aufgabe: Möglichst genaue Einweisung in den zu übernehmenden Abschnitt und [illegible] durchführend.

5.) Es ist beabsichtigt:
16.8.: Einweisungs-Kommando des [illegible] 8. Inf. Regt. mit [illegible] nach [illegible] dann Fußmarsch [illegible], Eintreffen 10 Uhr Abends.

[illegible] 1 [illegible], [illegible] und Mannschaften [illegible].

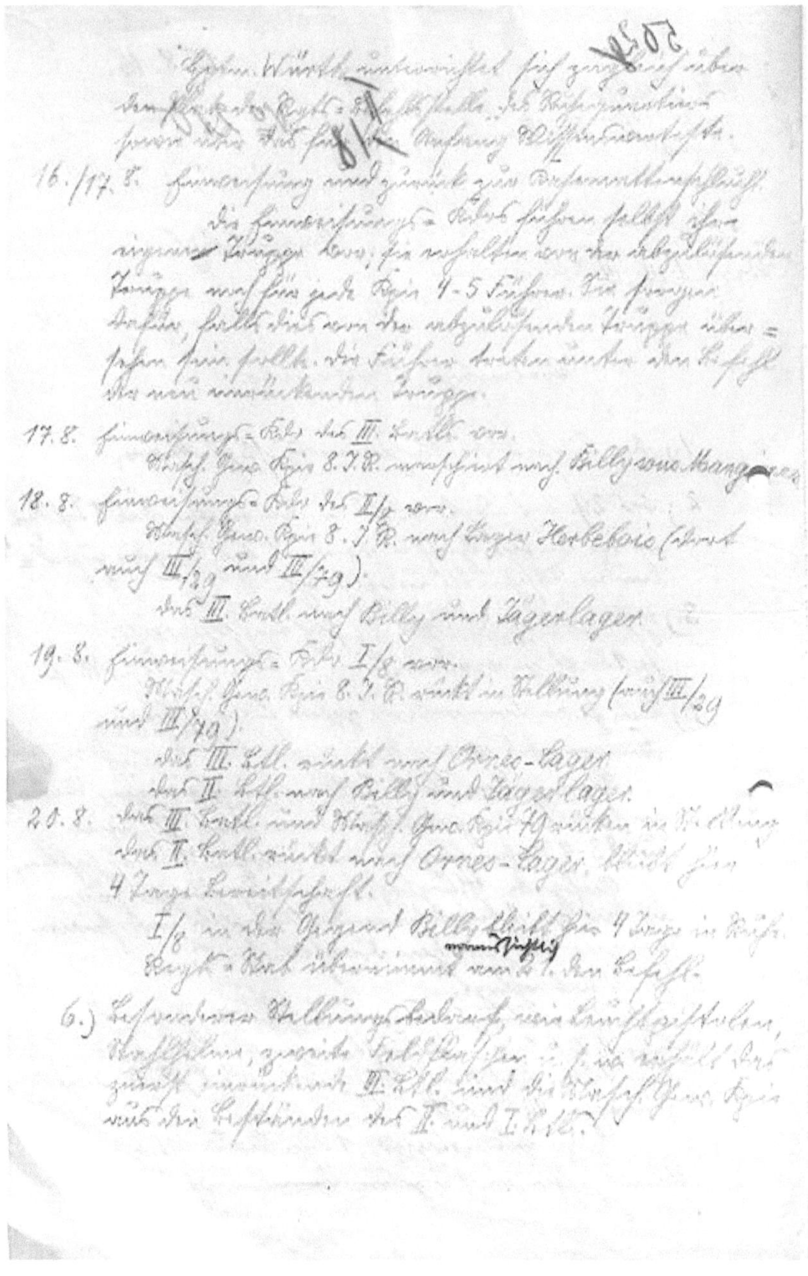

Das durch das III. Btl. abzulösende bisherige Btl. vorderer Linie und alle aus der Stellung kommenden Truppen haben dafür den ihnen überwiesenen besonderen Stellungsbedarf beim Rückmarsch in den Zwischen=punkt und Zwischenpunkte abzugeben; hier wird er von besonderen durch die Btle. zu bildenden Kommandos übernommen; es werden dann damit die später in vordere Linie rückenden Teile ausgestattet.

Nähere Anordnungen werden folgen.

gez Felser

*Transkription:*

Regimentsbefehl vom 15.08.1916
Vertraulich
An I., II., III. Bataillon
Vorläufige Mitteilung

1. Der Einsatz des Regiments steht bevor.
2. Das 29. Infanterieregiment wird in der rechten, dass 8. Infanterieregiment in der linken Hälfte des der 8. Infanterie-Brigade zufallenden Abschnitts eingesetzt.
3. Gliederung des Regiments in sich treffenweise[60]: je ein Bataillon in vorderer Linie, in Bereitschaft, in Ruhe.
4. Von jeder Formation gehen Einweisungskommandos voraus. Von jedem Stab ein Offizier mit einigem Unterpersonal, von jeder Kompanie mindestens ein Offizier und 3-4 Unteroffiziere mit einigen Mannschaften. Aufgabe: möglichst genauer Einweisung in den zu übernehmenden Abschnitt und seinen ganzen dazugehörigen Dienstbetrieb.
5. Es ist beabsichtigt:
   16.8.: Einweisungskommandos der Masch. Gew. Kp. 8. Bayer. Inf. Rgt. mit Kraftwagen nach Gremily, dann Fußmarsch nach Kasematten-Schlucht, vor Eintreffen 10:00 Uhr Abends. Hierzu Hptm. Würth, ein Offiziersstellvertreter, Unteroffiziere und Mannschaften nach eigener Anordnung. Hptm. Würth unterrichtet sich zugleich über den Platz der Regimentsbefehlsstelle, des Ruhequartiers sowie über das für den Auftrag Wissenswerte.
   16./17.8.: Einweisung und zurück zur Kasematten-Schlucht. Die Einweisung-Kommandos führen selbst ihre eigene Truppe vor; sie erhalten von der abzulösenden Truppe noch für jede Kompanie 4-5 Führer. Sie sorgen dafür, falls das von der abzulösenden Truppe übersehen sein sollte. Die Führer treten unter den Befehl der neuen anrückenden Truppe.
   17.8.: Einweisung-Kommando des III. Btls vor. MG Kp des 8. I.R. marschiert nach Billy-sous-Mangiennes.
   18.8.: Einweisung-Kommando des II. Btls vor. MG Kp des 8. I.R. nach Lager Herbébois (dort auch III/29 und III/79). Das III/8 nach Billy und Jägerlager.
   19.8.: Einweisung-Kommando des I. Btls vor. MG Kp des 8. I.R. rückt in Stellung (nach III/29 und III/79). Das III. Btl. rückt nach Ornes-Lager. Das II. Btl. nach Billy und Jägerlager.
   20.8.: Das III. Btl. und MG Kp 79 rücken in Stellung. Das II. Btl. rückt nach Ornes-Lager, bleibt für 4 Tage Bereitschaft. [20.08.16 Karl Didion tritt aus Lazarett zur 5 Ers. Kp 8. I. Rgt.] I/8 in der Gegend Billy bleibt für 4 Tage in Ruhe. Regimentsstab übernimmt voraussichtlich am 21. den Befehl.
6. Besonderer Stellungsbedarf, wie Leuchtpistolen, Stahlhelme, zweite Feldflasche und usw. erhält das III. Bataillon und die MG Kp aus den Beständen des II. und I. Bataillons.
   Das durch das III. Btl. abgelöste bisherige Btl. vorderer Linie und alle aus der Stellung kommenden Truppen haben dafür den ihnen überwiesenen besonderen Stellungsbedarf beim Rückmarsch in den Pionier-Parks und Pionier-Depots abzugeben; hier wird er von besonderen durch die Bataillone zu bildenden Kommandos übernommen, es werden dann damit die später in vordere Linie rückenden Teile ausgestattet.
   Nähere Anordnung werden folgen.
   gez. Felser

*Anhang 4 Abbildung 15: 15.08.1916, Regimentsbefehl[61]*

[60] Siehe Studien für Infanterie-Manöver im Grossen, oder Anleitungen für die taktischen Uebungen der Infanterie, von 1843, o. Verfasser, Original British Library, S. 4. Hier wird der Begriff „treffenweise" so gebraucht, dass die Btl. eines Regiments hintereinander und nicht flügelweise (nebeneinander) aufgestellt sind.
[61] KA: 8. I.R._(WK)_10_124-126 (414).

No. 337/Ib geh. II/8 D. St. Qu., 16. 8. 1916.

14. bayer. J. D. Geheim!

Besondere Anordnungen

z.Div. Bef.v.15.8.16

1.) 14. bayer. J.D. löst in der Zeit vom 16. - 21.8. die G.Ers.Div. ab und tritt unter den Befehl des Gen.Kdos.XVIII. R.K. Div.Stab bis einschl. 20.8.Baslieux vom 21.8. an Mangiennes.

2.) Die Mun.Kol. u. Trains der bayer. 14. J.D. werden zunächst noch nicht eingesetzt. Sie bleiben unter Befehl der 14.bayer.J.D. in ihren jetzigen Unterkunftsorten.

3.) Die Mun.Kol.u.Trains der G.Ers.D.:

| G.St.St.7 | | G.St.St.6 |
|---|---|---|
| A.M.K.160 (P) | A.M.K.159 | J.M.K. 100 |
| | F.L. 134 | F.L. 133 |
| F.K.169 | F.K. 168 | F.K. 167 |
| | | F.Bäck.K.58 |

treten mit dem Befehlswechsel zwischen den Stäben der 14.bayer. J.D. u.G.Ers.Div. am 21.8. unter den Befehl der 14. bayer. J.D.
Die Mun.Kol.u.Trains der G.Ers.Div. arbeiten nach den von der G.Ers.Div. gegebenen Befehlen weiter. G.St.St. 6 u.7 melden zum 18.8. über Verteilung der ihnen unterstellten Kolonnen u.Trains und das ihnen übertragene Arbeitsgebiet.Gleichzeitig Antrag auf allenfalls notwendige Ablösung von Kommandos,die von ausscheidenden Teilen der G.Ers.Div. gegeben wurden.

4.) Munitionsersatz:
Mun.Ausgabestellen der 14.J.D. Deutsch-Eck-Lager und Usp-Lager westl. Azannes (beide für Jnf.u.Feld Art.Munition). Die Jnf.der Div. holt die benötigte Munition in der nächstgelegenen der beiden Ausgabestellen durch ihre Patr.Wagen ab. Mun.Ersatz der Feld-u.Fussart. wie bisher.

5.) Verpflegung:
Das Div.Prov.Amt 14.bayer.J.D. löst nach näherer Vereinbarung der beiden Div.Jnt. die Magazine der G.Ers.Div.in Deutsch-Eck-Lager u. Billy sous Mangiennes ab. Während der Durchführung der Ablösung der G.Ers.Div.durch 14. bayer.J.D. empfangen die Truppen Verpflegung und Futter bei dem nächstgelegenen der beiden Magazine. Anmeldung einige Stunden vorher. Nach Durchführung der Ablösung werden die Truppen auf die ihrer Unterkunft entsprechenden Mag. verwiesen werden.
Die im Etappengebiet zurückbleibenden Teile der 14.J.D. empfangen Verpflegung und Futter weiter bei den bisherigen Magazinen.

6.) Sanitätsdienst:

Abtransport der Verwundeten aus den vorderen Linien zu den T.V.P. in der Kasemattenschlucht durch die Truppenkrankenträger. Von hier Weiterbeförderung der Verwundeten durch Krankenträger der San.Kp.14 zum Werk Bezonvaux. Von da Weitertransport mittels Krankenwagen der San.Komp.14 zum H.V.P. Azannes.

F.L.133 Im Rechet-Wald nördl. Azannes.

F.L.134 Billy sous Mangiennes.

L.V.S.P. Azannes. (Wird von San.Komp.14 abgelöst).

7.) Unterkunft:

Skizze des Unterkunftsbereiches der Div. mit Eintrag der Belegungsfähigkeit der Ortschaften u. Lager siehe Beilage. Lagerinspekteur Rittm. Frhr. v. Hacke 4./8. Chev.R. Dieser hat die Oberleitung des gesamten Lagerwesens. Für jedes Lager wird noch ein ständiger Lagerkommandant bestimmt werden. Rittm. v. Hacke tritt baldigst mit dem Lagerinspekteur der G.Ers.Div. (durch Ord.Offz. der G.Ers.Div.) in Verbindung und meldet die Übernahme der Geschäfte an die Division.

8.) Grosse Bagagen.

Die grossen Bagagen der Truppen der Div. sind nach Durchführung der Ablösung nach folgender Übersicht nachzuziehen.

| Truppenteil | Unterkunft der grossen Bagagen | Bemerkungen |
|---|---|---|
| Stab 14. J.D. | Mangiennes | |
| " 8.J.Br. | Nach Bestimmung der Brig. | (Platz melden) |
| 29.J.R. (einschl. d. zugeteilten Hilfswaffen) | Lager Neuer Wald | regimenterweise gesammelt (Re[illegible]-bataillone ziehen ihre grossen Bagagen heran). |
| 8.J.R. (einschl. d. zugeteilten Hilfswaffen) | Jäger Lager | |
| J.R. 364 | in den Ruheorten | |
| 4./8.Chev.R. | Lager Neuer Wald | |
| Fspr.D.Z.14 u. Feld-Sign.Tr.40 u.41 | Mangiennes | |
| San.Komp. 14 | Azannes (H.V.P.) | |
| Div.Br.Tr.5 | Duzey | |

Vorziehen einzelner Teile der grossen Bagagen – jedoch nicht über die Brule-Schlucht hinaus – können die Regts. Kdeure. anordnen. Der Führer der gr. Bagage der Div. ist hiervon jedesmal zu verständigen.

Die unter den Befehl der bayer. 14. J.D. tretenden Truppen der G.Ers.Div. melden die Unterkunft ihrer grossen Bagagen durch ihre Division an 14. J.D.

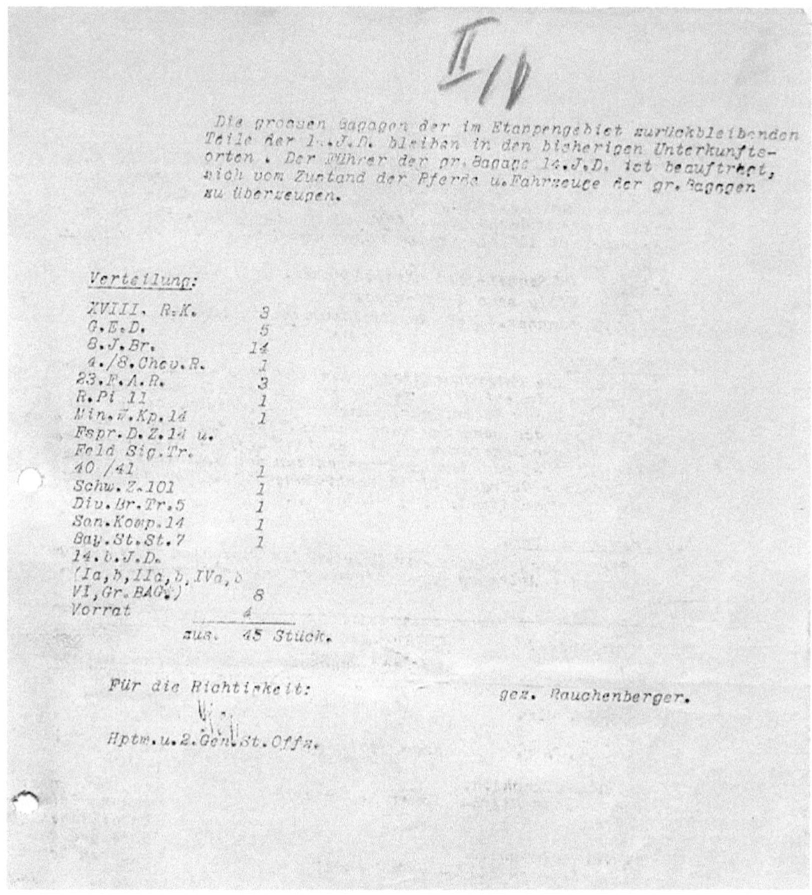

II/1

Die grossen Bagagen der im Etappengebiet zurückbleibenden Teile der 14.J.D. bleiben in den bisherigen Unterkunftsorten. Der Führer der gr. Bagage 14.J.D. ist beauftragt, sich vom Zustand der Pferde u. Fahrzeuge der gr. Bagagen zu überzeugen.

Verteilung:

XVIII. R.K. 3
G.E.D. 5
8.J.Br. 14
4./8.Chev.R. 1
23.F.A.R. 3
R.Pi 11 1
Min.W.Kp.14 1
Fspr.D.Z.14 u.
Feld Sig.Tr.
40 /41 1
Schw.Z.101 1
Div.Br.Tr.5 1
San.Komp.14 1
Bay.St.St.7 1
14.b.J.D.
(Ia,b,IIa,b,IVa,b
VI,Gr.BAG.) 8
Vorrat 4
zus. 45 Stück.

Für die Richtigkeit: gez. Rauchenberger.

Hptm.u.2.Gen.St.Offz.

*Anhang 4 Abbildung 16: 16.08.1916, Div.-Bef., Besondere Anordnungen*[62]

[62] KA: 8. I.R._(WK)_10_04-06 (838).

No 2548/36 geheim [illegible] 504q 16.6.16.

II/18 zur Kenntnis

An I. R. I. R.
" 29 I. R.
M.G.K. 8
III/29 (III/Res. 79).

Nur für Offiziere!

1.) [illegible]

a) [illegible] III/29 (III/Res. 79) [illegible] M.G.K. 79 [illegible] Pierrevillers [illegible] Nouillon-Pont [illegible] Mauzeray, Billy [illegible] Mangiennes [illegible] Azannes, Gremilly [illegible] III/29 (III/Res. 79) [illegible] Pierrevillers [illegible]

b) für M.G.K. 8 [illegible] Pierrepont - Arrancy - Billy - Mangiennes - Azannes [illegible] Gremilly.

2.) [illegible] Gremilly [illegible]

3.) [illegible]

[illegible]

4.) III/29 (III/Res. 79) [illegible]

[illegible] III/79

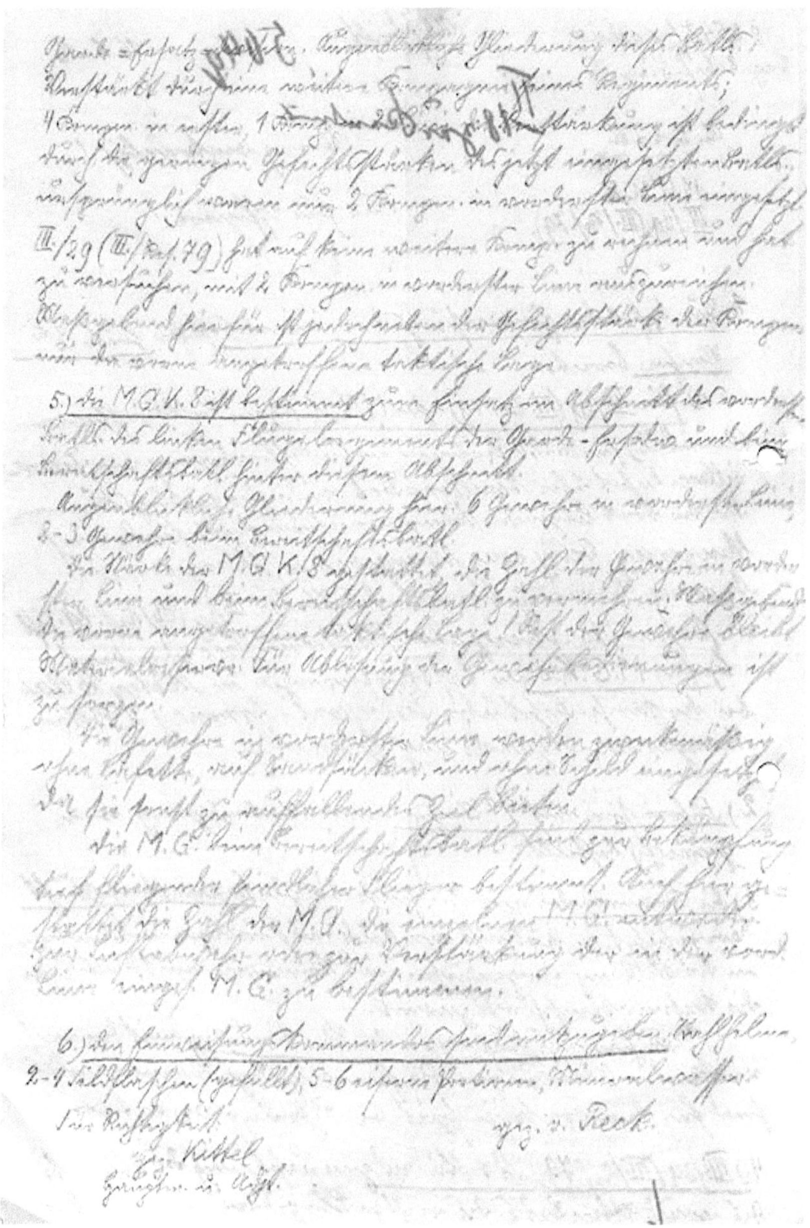

*Anhang 4 Abbildung 17: 16.08.1916, Brig.-Bef.: Anfahrt, Einweisung in die Stellungen und geplante Gliederung*[63]

[63] KA: 8. I.R._(WK)_10_120-121 (414).

Infanterie-Regiment Nr. 357
Tageb. Nr. 3688

19.8.16

Fernspruch

An II. Battl. 8. bayr. Inf. Regts.

1) Das I. Batl. 8 bayr. I. R. rückt am 19. abends aus dem Jägerlager ab und trifft in der Nacht vom 19. zum 20. 8. zur Hälfte in der Hassoule-Schlucht und mit einer Kompagnie am 20. 8. 6 Uhr früh in der Kasemattenschlucht ein. Quartiermacher sind sowohl nach der Hassoule-Schlucht, wie nach der Kasemattenschlucht vorauszusenden.

2) Die letzte Kompagnie des I. Battl. beginnt am 20. 8. 6 Uhr vorm. mit der Ablösung der Meldekette, bisher gestellt von 7/357. Hierzu steht die Komp. am 20. 8. 6° morgens in der Bezonvaux-Schlucht auf dem Nordhang bereit. Der Komp. Führer der ablösenden Komp. meldet sich um 6 Uhr früh auf dem alten Regts. Gefechtsstand Bezonvaux-Schlucht Nordhang, woselbst auch ein Führer von 7/357 zugegen ist. Die Ablösung hat durch Aufrollen der einzelnen Postenstationen vom alten Regts. Gefechts. Stand aus zu geschehen.

3) Zur Übernahme der Läuferkette sind 120 Mann erforderlich. Sollte die als Ablösung in Aussicht genommene Kompagnie nicht ausreichen, ist von einer anderen Komp. die noch erforderliche Anzahl mit in den Läuferdienst aufzunehmen. Die Läuferkompagnie hat, wie sämtliche anderen Kompagnien des Bataillons, einen vierten Zug auszuscheiden. Dieser vierte Zug macht keinen Läufer- sondern Essenträgerdienst.

4) Sämtliche Telephontrupps des Bataillons finden sich geschlossen am 20. 8. 5 Uhr vorm. auf dem alten Regts. Gefechtsstand ein. Jeder Telephon-Trupp bringt seinen Apparat u. seine Batterien

mit; Tornister sind bei der großen Bagage
zurückzulassen.
5.) Das II. Batl. hat außerdem einen unter-
richteten etwas älteren Offizier um 20.8. 6° vorm.
zur Übernahme des Lebensmittel- und Pionier-
depots an der Bezonvaux-Schlucht zu stellen.
Dieser Offizier löst ab den Oberleutnant Danter
vom Inf. Rgt. 357. Außerdem ist für jedes Depot
noch 1 Untffz. u. 2 Mann zu gestellen und
eine Wache von 6 Mann. Diese Leute müssen
ebenfalls um 20.8. 6° vorm. im Pionier-
Park Bezonvaux-Schlucht eintreffen.

Infanterie-Regiment 3[illegible].

[illegible]

*Anhang 4 Abbildung 18: 19.08.1916, Rgt.-Bef., Marschbefehl für II/8*[64]

[64] KA: 8. I.R._(WK)_10_01-02 (838).

Abschrift.

No 607.

14. b. Inf.-Division. 19. 8. 1916.

Betreff:

Dienstbetrieb

1) Die Abkommandierungen, die von der Div. zu leisten sind, sind äußerst zahlreich. Nach der Zusammenstellung der Garde-Ers. Div. sind für die Zwecke des Gen. Kdo. allein 157 Mann, für Arbeits-, Bau- und Kraft-Kdo. innerhalb der Div. rund 400 Mann benötigt.

Die Verringerung letzterer Kdo. ist eingeleitet. Ich ersuche jedenfalls Kdeure, dauernd die möglichste Einschränkung aller Kdos. hinter der Front im Auge zu behalten und darüber zu wachen, daß nicht im Laufe der Zeit sich die Kdos. mehr und mehr vermehren.

Grundsatz ist, daß jede Waffengattung ihre Kdos. selbst stellt. Aushilfe durch Infantr. werde ich nur ausnahmsweise genehmigen. Die Verwendung Schonungsbedürftiger und entsprechender Wechsel in den Kdos. ist nötig.

2) Um einen Überblick über die Gefechtsstärken zu erhalten, ist vor jeder Ablösung zu melden, mit wieviel Gewehren die Kompagn., (Infantr.; M.G.-Kpn., Pioniere, Minenwerfer) in die Stellung rücken. Sodann ist baldigst zu melden, mit wieviel Gewehren die Stellung tatsächlich erreicht und – nach der Ablösung – mit wieviel Gewehren sie verlassen wurde.

3) Alle abgelösten Battls.-Führer und Komp.-Führer der Pioniere melden sich baldigst nach der Ablösung beim Div.-Stab.

Für die Richtigkeit: gez. Rauchenberger.

gez. Speer

Hauptm. im Gen. Stab.

8. Inf.-Brig. No 2634. Zu einer Abschrift an K. 8. u. b. 9. I.R. sowie I.R. 364

Meldung nach Ziffer 2 entsprechender Verfüg. von Fall zu Fall sofort zur Brigade.

20. 8. 1916

gez. v. Reck.

K. b. 8. Infanterie-Regiment nach 23. 8. 16 No 3344 zu 1 Abschr. an I, II, III/8 [illegible] z. K.

zu Ziff 2. Jeweils 6 Stunden vor Ablösung ist dem Regt. zu melden mit wieviel Gewehren die Kompagn. in Stellung rücken.

Meldung mit wieviel Gewehren die Stellung erreicht wurde, 6 Stunden nach jeder Ablösung zum Regt.

Meldung mit wieviel Gewehren die Stellung verlassen wurde, ebenfalls 6 Stunden nach Ablösung zum Regt.

23. 8. 16

I. V.

gez. Felser.

*Anhang 4 Abbildung 19: 19.08.1916, handschriftlicher Befehl der 14 b. Inf.-Div. über den Dienstbetrieb*[65]

[65] KA: 8. I.R._(WK)_10_177 (414).

Angriffsgruppe - Ost. H. Qu., den 20. 8. 1916.

Ia/ Artl. Nr. 1134 geh.

Aus Äußerungen von Infanterieführern habe ich den Eindruck gewonnen, daß an einzelnen Stellen noch immer nicht das absolut erforderliche Vertrauen der Infanterie zur Artillerie vorhanden ist. Dieser Mangel an Vertrauen ist eine Folge ungenügender Verbindung. Es genügt nicht, daß die höheren Truppen- und Artillerieführer die Artillerietätigkeit regeln und daß dann die Artillerie die gestellten Aufgaben durchführt, unbekümmert um die Wünsche der Truppe in vorderer Linie. Die Infanterie wird mit mehr Ruhe und Vertrauen in ihrer schwierigen Lage ausharren, wenn sie selbst Einblick hat in die Unterstützungsmöglichkeit durch die Artillerie und wenn geäußerte Wünsche schnell erfüllt werden. Sie will auch wissen, wer sie vor feindlichen Angriffen schützt, wer die feindlichen Stellungen sturmreif macht, die sie angreifen soll; sie will ihre Wünsche dazu äußern. Die persönliche Fühlungnahme der Artillerie- und Infanterieführer (vor allen der Regimentsführer) durch Besprechungen bei den Divisionen und die stete Verbindung durch Verbindungsoffiziere müssen die Waffen durch gegenseitiges Verständnis einander näher bringen. Bei den Abschnitts-Kommandeuren und Regts.Kdren. der vordersten Linie müssen dauernd Verbindungsoffiziere der Feld- und schweren Artillerie sein. Diese Verbindungsoffiziere müssen gut orientiert und in der Lage sein, Vorschläge zu machen und Urteile abzugeben über die Möglichkeit der Artillerieunterstützung, auch in Rücksicht auf die Munitionslage. Diese Offiziere sind so wichtig, daß sie mit besonderer Sorgfalt ausgewählt werden müssen. Es ist nicht angängig, daß Abschnittskommandeure die Gestellung von Verbindungsoffizieren ablehnen; solche Vorkommnisse zeigen nur, daß die betreffenden Verbindungsoffiziere für ihren Posten nicht geeignet waren.

Die Infanterie in vorderer Linie hat vielfach das Gefühl, daß die Artillerie weiter rückwärts kein rechtes Verständnis für ihre Lage hat und daß Ablehnung ihrer Wünsche durch die Artillerie diesem Mangel an Verständnis zuzuschreiben ist. Es ist deshalb das größte Entgegenkommen der Artillerie am Platz, um dieses ungerechtfertigte Mißtrauen in Vertrauen zu verwandeln. Berechtigte Wünsche müssen umgehend erfüllt werden, ohne Verzögerung durch langes Nachfragen auf dem Instanzenwege; es ist auch angezeigt, Wünschen nachzukommen, deren Erfüllung der Artillerie vielleicht nicht ganz so dringlich erscheint, wenn die Lage und besonders die Munitionslage es gestatten. Andererseits dürfen die Infanterieführer Einwendungen der Artillerie gegen ihre Wünsche ihr Ohr nicht verschließen in dem Vertrauen, daß gesucht wird, was gemacht werden kann.

Es ist bedauerlich, wenn die hervorragenden Leistungen unserer Artillerie gerade bei der Infanterie nicht überall so gewürdigt werden, wie sie es verdienen; das muß und wird durch Zusammenarbeit und gegenseitiges Verständnis erreicht werden.

v. [Unterschrift]

General der Infanterie.

Verteilung.
(bis Inf.- und Artl.Regter.)
einschl.

| | | |
|---|---|---|
| VII.R.K. | 25 | |
| Alp.Korps | 23 | |
| XVIII.R.K. | 20 | (14.b.J.D. und 21.R.D.) |
| XV.A.K. | 29 | |
| 33.Res.Div. | 6 | |
| 34.Inf.Div. | 10 | |
| Heeresgruppe | 2 | |
| Gruppe West | 1 | |
| A.O.K. | [illegible] | |
| Reserve | [illegible] | |



*Anhang 4 Abbildung 20: 20.08.1916, Gen.-Kdo.: mangelndes Vertrauen in Artillerie*[66]

[66] KA: Infanteriebrigaden (WK)_945_14 (1674).

Generalkommando. K.H.Qu. den 20.8.1916.
XVIII. Reservekorps.
Abt. Ia Nr. 12238 geh.

U. der 14. bayr. Inf. Div.

Zum Angriffsentwurf Genkdo. Ia Nr. 12238 geh. bemerke ich, daß die nächste Aufgabe der Division sein wird, die Herstellung der Sturmausgangsstellung für den geplanten Angriff zu betreiben. Sobald Klarheit gewonnen ist, wann diese Arbeiten vollendet sein werden, ersuche ich um Meldung dieses Zeitpunktes. Es muß dabei im Auge behalten werden, daß der Angriff die jetzt sehr schwierige Lage der 21. R.D. erheblich verbessern wird.

Die für den Angriff bestimmten Batls. müssen während ihrer Ruhezeit das hier anzuwendende Angriffsverfahren üben.

Soweit hierzu Unterstützung des Sturm-Batls. Rohr notwendig sein sollte, ist dieses unmittelbar zu vereinbaren.

Vert. Plan.
14. bayr. J.D. 1
Genkdo. 1
2

14. bayr. Inf.-Division
empf. 21. 8. 1916 No. 10 / Ia

Anhang 4 Abbildung 21: 20.08.1916, Gen.-Kdo. XVIII. Res.-Korps, Sturmausgangsstellung der 14 b. I. D.[67]

[67] KA: Infanteriebrigaden (WK)_945_13 (1674).

No. 9 /Ia geh. D. St. Qu.,20.8.16

14. b. J. D.

An

8. J.Brig., Kdeur d.Pi.

Abdr. an 21. R.D.

Betreff:

A n g r i f f .
(Zu D.Bef.v.17.8.16 7 Ia geh.)

Zufolge G.K.V. XVIII.R.K. vom 19.8.16 No.12238 Iageh. ist die Wegnahme der Linie 536a - Steinbruchgraben - Chapitre-Weg - 574 zwischen 22. u. 30.8. nach vorherigem Ausbau der Sturmausgangsstellung geplant. Vorher soll durch überraschenden Jnf. Angriff der Graben 535 - 536a genommen werden.

Dem Angriff soll ein dreitägiges Zerstörungsschießen vorhergehen; am 4. Tag soll nach erneutem verstärktem Zerstörungsschießen der Sturm erfolgen.

Während des Zerstörungsschießens - also 4 Tage lang !- muß der Graben gegenüber 535 - 506 geräumt werden. Die Sturmausgangsstellung ist daher sofort mit ganzer Kraft in Angriff zu nehmen; bei ihrem Ausbau ist auf die Dauer ihrer Benutzung und auf die Notwendigkeit Rücksicht zu nehmen, daß das Eindringen des Feindes in die geräumte vordere Linie dem Feinde außer durch das Sperrfeuer der Art. auch durch Jnf. u. MG. Feuer (Flankierung, Verschieben von Posten) verwehrt werden muß. Der Verlauf der Sturmausgangstellung geht im allgemeinen über 505 in westlicher Richtung zur 2. Linie, dann dieser entlang bis 537 u. ist von hier noch in Richtung auf 534 zu verlängern. Die Brigade meldet baldigst den genauen Verlauf u. den Zeitbedarf für den Ausbau.

Der Angriff ist in der Hauptsache von der 14.b.J.D. allein auszuführen u. zwar mit 2 Btlen. westlich, 1 Batl. östlich der Souvilleschlucht. Die 21.R.Div. beteiligt sich nur durch Vorgehen gegen 561 u. südöstlich davon. Die Grenze zwischen beiden Divisionen ist noch nicht festgesetzt, wird jedoch nordöstlich 561 sein ( im allgemeinen entlang der durch 561 ziehenden Schichtlinie).

Die im Div.Bef.v.17.8. No.7 - Ia geh. angeordneten Erkundungen sind daher auch auf den Batlsabschnitt östlich der Souvilleschlucht auszudehnen. Die 8.Brig. tritt für Durchführung der Erkundungen u. Anforderungen für weiteren Ausbau der Sturmstellung mit der 21.R.D. unmittelbar in Verbindung.

Der Kdeur der Pion. bereitet im Einvernehmen mit 8.J.B. Stellungen für leichte u. mittlere Minenwerfer vor, von denen aus flankierende Wirkung gegen den Talgraben u. Graben 506 - 536a, die Anlage westlich 538a, den Steinbruch - u. Chapitre-Graben, den Graben bei 561 u. das Grabendreieck westl. 539 zur Begleitung des Sturmes möglich ist. Der Zeitbedarf regelt sich nach dem der 8. J.Brig. Wegen Mitwirkung der Minenwerferkomp. 21.R.D. ist mit dieser Div. ins Benehmen zu treten.

Die G.Mwfrkp. 7 bleibt zur Verfügung.

Für die Richtigkeit: gez. Rauchenberger.

[Unterschrift]

Hptm. im Gen.Stb.



*Anhang 4 Abbildung 22: 20.08.1916, Angriffsbefehl der Division an Brigade*[68]

[68] KA: Infanteriebrigaden (WK)_945_01 (1674).

6.) Uebersicht über die Gliederung morgen :

Verfügungstruppe der 14. J.D. : J.R. 364.

" " " 8. J.Brg. : I./8. Herbebois.
1.Res.-Jäg.-Btl. } Neuer Wald
mit M.G.K. }

Bereitschaften der Regtr. : rechte: II./29 (IV./4.) | linke: II./8.

Vordere Linie : III./29. (III./R.79) mit M.G.K. 79 | III./8. mit M.G.K. 8.

(Zur Arbeit zugeteilte Truppen sind nicht aufgeführt, sie dürfen zum Gefecht nur im äussersten Notfalle eingesetzt werden.)

gez. v. R e c k.

Für die Richtigkeit :

Kittel,

Hauptmann u. Brig.-Adjutant.

*Anhang 4 Abbildung 23: 20.08.1916, Angriffsbefehl der 8. Inf.-Brig. an die unterstellten Regimenter*[69]

[69] KA: 8. I.R._(WK)_10_107-108 (414); ident. KA: Infanteriebrigaden (WK)_945_02-03 (1674).

Nr. 2645.
2. b. Inf.-Brigade.

21. 2. 1916.

Verteilung:
3. Inf.-Brig. . . . . 2
R. 8. J.R. . . . . 8
R. 29. J.R. . . . . 7
J.R. 364 . . . . . 6

11. J.D. nachrichtlich 1
Kdr. d. Pion. " 1
Kdr. d. Artl. " 1
87. Inf.-Brig. " 1
42. Res. Inf. Brg. " 1
zus. 27 Abdr.

Brigade Befehl

1.) Tagesverlauf:
Gestern nachm. zunehmende fdl. Artl.-Tätigkeit. Von 9⁰ – 10⁰ abds. starkes Feuer auf vordere Linie des rechten Regts.-Abschnitts. Feuer-Ueberfälle und Streufeuer auf die Bereitschaften beider Regtr. und auf die Schluchten des Geländes hinter der Kampffront der Brigade.
Die gestern Abend durchgegebene Mitteilung eines fdl. [illegible] ([illegible]) auf der Front Thiaumont – Fleury – [illegible] hat sich falsch herausgestellt.
Um 9³⁰ und 10³⁰ abds. sind gegen das J.R. 144 (rechter Nachbar-Abschnitt, 33. Inf. Div.) 2 Handgranatenangriffe angesetzt worden. Die fdl. Infanterie kam kaum aus den Gräben heraus. Die Angriffe sind zusammengebrochen.
Die vordere Linie des R. J.R. hat flankierendes Infanterie- und M.G.-Feuer von rechts her erhalten.
Auf die abendliche Unruhe und auf die Mitteilung, dass einzelne Unterstände stark vergast würden, ist gestern 10⁰ abds. an das 1. Res.-Jäger-Btl. mit M.G.K. (Lager Neuer Wald) Marschbereitschaft befohlen worden.
Die Nacht ist weiterhin – von sich wiederholenden Feuerüberfällen abgesehen – ruhiger verlaufen. Die Front der 11. b. Inf.-Div. ist nicht angegriffen worden.
Die eigene Artl. hat gestern von 9³⁰ – 9⁵⁰ abds. auf 3 Anforderungen Sperrfeuer abgegeben.
Heute vorm. wurde das I./R. 8. J.R. von Billy nach dem Lager Herbébois Mitte vorgezogen; nach seinem Eintreffen wurde die Marschbereitschaft des I./29 (1. Res.-Jäg.-Btl.) mit M.G.K. aufgehoben.
Das I./8 liegt nunmehr zur Hälfte im Lager Herbébois Mitte, zur Hälfte in Grémilly.
In der Nacht von heute auf morgen Ablösung bei J.R. 144 (rechts).

2.) Beabsichtigte Gliederung der Infanterie des Div.-Abschnittes morgen, 22. 2.:

Verfügungstruppe der 11. J.D. J.R. 364.
Verfügungstruppe der 2. b. Inf. Brig. I./29 (1. Res. Jäg. Btl.) mit M.G.K. Lager Neuer Wald.
I./R. 8. J.R. 1/2 Grémilly, 1/2 Herbébois.

| | rechts | links |
|---|---|---|
| Bereitschaften der Regtr. | II./29 (IV./Bn. 4)<br>1/2 Kasematten-Schl.<br>1/2 Kasematten-Schl. | II./8. J.R.<br>1/2 Kasematten-Schl.<br>1/2 Kasematten-Schl. |
| Vordere Linie | III./29 ([illegible])<br>M.G.K. 79. | III./8<br>M.G.K. 8. |

Zur Arbeit zugeteilte Truppen sind nicht aufgeführt.

3.) Das R. 29. [illegible]-Inf.-Regt. stellt für 1 Nacht heute Abend 50 Mann zur Verfügung der 7. Minenwerfer-Komp. zum Vortragen von

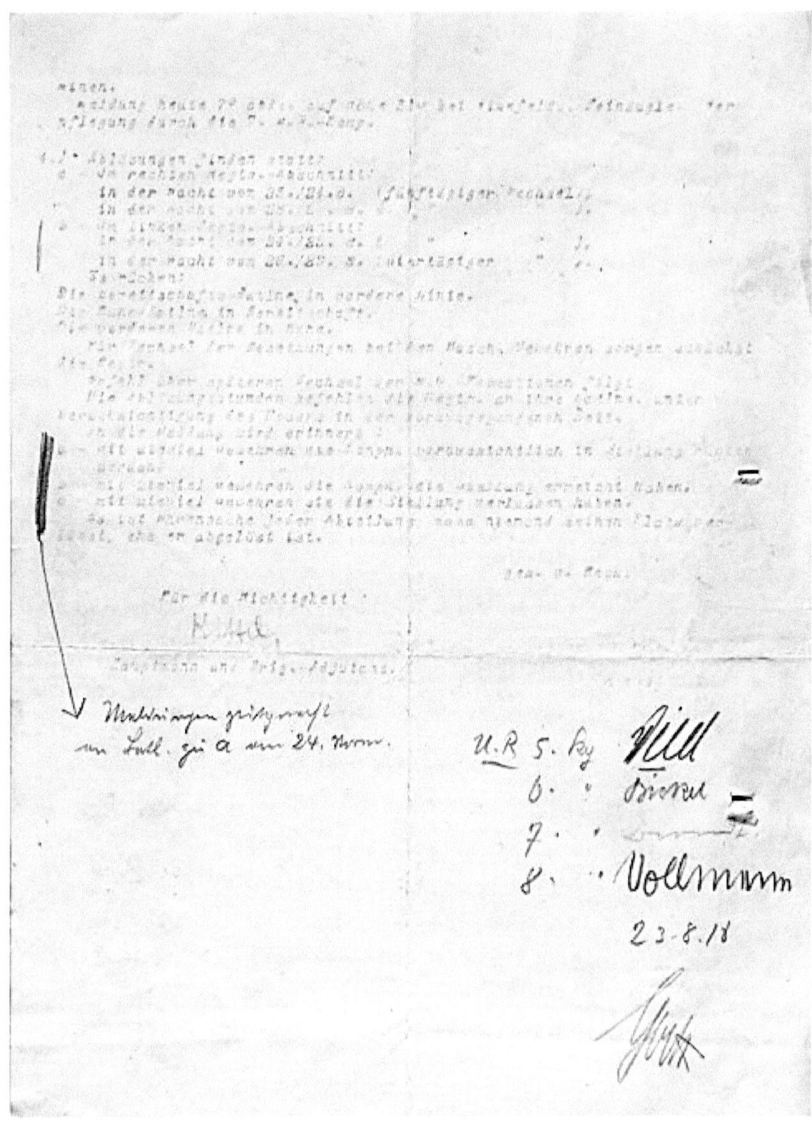

U.R 5. Kp

6.

7.

8. Vollmann

23.8.18

*Anhang 4 Abbildung 24: 21.08.1916, Brig.-Bef. Nr. 2646: Gefechtssituation des Tages*[70]

[70] KA: 8. I.R._(WK)_10_93-94 (414); ident. Infanteriebrigaden (WK)_945_05 (1674).

Nr. 2.6449
8.b.Jnf.Brig.

27.8.16.

Jm Umdruck
an b.29.J.R. 6
an b. 8.J.R. 5
an Kdeur d.Pi. 3
an 14.b.J.D. 1
an 21.R.D. 1
an 42.R.Brig. 2
an 67.J.Brig. 1
8.b.J.Brig. 3
Vorat 3
25

G e h e i m !

Nur so weit bekannt geben, als unbedingt notwendig!

Betreff:
Angriff.

Nach Mitteilung der 14.b.J.D.v.20.8.16.Nr.9/Ia gh. (zG.K.V.XVIII.R.K.v.19.8.16.Nr.12 239 t) soll die Wegnahme der fdl. Grabenlinie 536 a - S t e i n b r u c h - g r a b e n - C h a p i t r e W e g - 574 zwischen 22. und 30.8. stattfinden.

Dem Angriff sollen voraus gehen:

1./Wegnahme des Grabens 535 - 536a durch überraschenden Infanterie-Angriff.

2./Ein dreitägiges Zerstörungsschiessen auf die oben bezeichneten Gräben und Werke.

Am 4.Tage soll nach erneutem verstärktem Zerstörungsschiessen der Sturm erfolgen.

Das Zerstörungsschiessen erfordert Räumung des eigenen Grabens gegenüber 535 - 506 für die ganze Dauer des Schiessens, 3 - 4 Tage. Die hiefür zu schaffende Ausweichstellung ist gleichzeitig Sturmausgangsstellung. Sie soll im allgemeinen über 505 in westlicher Richtung zur 2. Linie gehen, dann dieser entlang bis 537 und von hier nach in Richtung auf 534.

Sie muss wegen der notwendigen langen Dauer ihrer Benutzung und wegen der Wahrscheinlichkeit, dass die Franzosen während der Pausen unseres Zerstörungsfeuers mehreremale Sperrfeuer auf und hinter unsere vordersten Linien legen, ferner für die Aufnahme von Reserven möglichst stark und widerstandsfähig ausgebaut werden.

Unsere vorderste Grabenlinie liegt nach den vorgenommenen Erkundungen schon hinter der im C h a - p i t r e -Wald von Südwest nach Nordost ziehenden Rückenlinie und gestattet nicht, mit Jnf. und M.G.Feuer auf die gegenüber liegende fdl. Grabenlinie oder auf den Hang auf der Südseite der S o u v i l l e - Schlucht zu wirken.

Da die Ausweich und Sturmausgangsstellung noch weiter zurückgezogen werden muss, sind von der jetzigen Grabenlinie aus Sappen -Granattrichterverbindungen- bis auf die Höhe vorzutreiben und nach rückwärts bis zur Ausweich- und Sturmausgangsstellung zu verlängern.

Die Sappen sind mit Jnf. und M.G.Posten so zu besetzen, dass der Feind nicht in unsere geräumte vorderste Linie eindringen kann, und dass die M.G. sich unauffällig auf den südöstlichen Hang der S o u v i l l e-

Schlucht

Schlucht einschiessen können.

Von diesen Sappenbesatzungen müssen mindestens einzelne Leute während unseres Artl.Zerstörungsfeuers vorne aushalten.

Die Ausweich- und Sturmausgangsstellung ist sofort mit ganzer Kraft in Angriff zu nehmen; vom 29.J.R. und vom 8.J.R. baldigst der genaue Verlauf zu melden.

Die Stellung muss in der Nacht 26./27.August bezogen werden.

Wegen der durch die nächtlichen Beschiessungen sehr beschränkten nächtlichen Arbeitszeit sind von vorneherein soviel Kräfte als möglich für diese Arbeit einzusetzen und in der ersten Grabenlinie nur soviel Leute zu belassen, als für ihre Sicherung und zur Alarmierung der Arbeitstruppe notwendig sind.

Der Angriff wird von 3 Btln.der 14.b.J.D.ausgeführt. Mit 2 Btln.nordwestlich, mit 1 Btl. südöstlich der Tiefenlinie der S o u v i l l e - Schlucht.

Die 21.R.D.beteiligt sich durch Angriff gegen 561 und südöstlich davon. Trennungslinie voraussichtlich im allgemeinen entlang der durch 561 ziehenden Schichtlinie.

Das 8.J.R.dehnt demgemäss die mit Div.Verf.v.17.8. Nr.7 Ia geh. und Brig.Verf.v.18.8.Nr.2597/39 geh.angeordneten Erkundungen auf den nächsten Batls.Abschnitt östlich der S o u v i l l e - Schlucht aus.

Soweit aus der Karteneinzeichnung ersichtlich, bedarf es hier einer Ausweichstellung nicht, die Sturmausgangsstellung wird im allgemeinen mit der ersten deutschen Grabenlinie zusammenfallen. Diese und - für Reserven - die 2.Grabenlinie werden lediglich der Erweiterung und Verbesserung bedürfen.

Das 8.J.R.teilt seine Wünsche hierüber auf Grund der von ihm sofort an Ort und Stelle durchzuführenden Erkundung möglichst bald dem linken Nachbarregiment mit und meldet das Mitgeteilte an die Brigade.

Die 21.R.D.und die 42.Res.Jnf.Brig.werden um Anweisung an Res.J.R.87 oder den nachfolgenden Truppenteil gebeten, dem b.8.J.R. bei der Erkundung an die Hand zu gehen und den weiteren Ausbau der Sturmstellung nach den Vereinbarungen mit 8.J.R. alsbald durchzuführen.

Der Kommandeur der Pioniere der 14.J.D.hat nach Weisung der Division Stellungen für leichte und mittlere Minenwerfer vorzubereiten zur Flankierung gegen den Graben 506-536a, den Talgraben, die Anlage westlich 539a, den Steinbruch-Graben und Chapitre-weg, den Graben bei 561 und das Grabendreieck westl.539 zur Begleitung des Sturmes.

Seine Erkundungen sind von der Infanterie zu unterstützen.

gez. v. B e c k.

F. d. R.

[illegible]

Hauptmann u. Brig.Adjt.



*Anhang 4 Abbildung 25: 21.08.1916, Brig.-Bef. Nr. 2648: Angriffsziel und -zeitpunkt*[71]

[71] KA: 8. I.R._(WK)_10_105-106 (414).

8. Infanterie - Regiment . 21. 8. 1916.

An das K. I. II. III. Bataillon .

Die täglichen Morgen - und Abendmeldungen haben sich auf folgende Punkte zu erstrecken :

1.) Tätigkeit der eigenen Infanterie und Maschinengewehre , z.B. Unsere Infanterie und Masch. Gew. störten die franz. Grabenbesatzung und den Verkehr hinter den feindlichen Gräben bei Tage durch stetes Einzelfeuer,bei Nacht durch Strichfeuer und Massenstreufeuer.

2.) Eigene und feindliche Erkundungstätigkeit : Ergebnisse der eigenen Erkundung . z.B. 1 Offz.Patrouille der 10/8 verliess um 11,00 Uhr Nachts unsere Graben,blieb 2 Stunden am Feind und kehrte ohne neue Nachrichten über ihn zurück.

3.) Fortgang der eigenen Befestigungsarbeiten : z.B. Schnellhindernisse wurden in Breite und Tiefe von + m gesetzt , oder : Vordere Linie wurde durch Verbindung dreier Granattrichter durch Gräben um 20 m Feuerlinie verstärkt.

Ausserdem melden alle Bataillone zu den Zeiten der Morgen - und Abendmeldung , aber auf gesondertem Blatt , an das Regiment,

1. über den Fortgang des dem III/8 zuerst aufgetragenen und von den anderen Bataillonen fortzusetzenden Ausbaues der vorderen Linie zur Sturmstellung.

2. über den Stand der Arbeiten an dem von III/8 begonnenen von den anderen Bataillonen fortzuführenden Ausweichgraben südl.des Wortes Chapitre.

I. V. gez. FELSER .

*Anhang 4 Abbildung 26: 21.08.1916, Rgt.-Bef. an die Btl. über die Melde-Inhalte*[72]

[72] KA: 8. I.R._(WK)_10_109 (414).

8. Infanterie = Regiment . 22. 8. 1916.

An das K. I. II. III. Bataillon.

Betreff : Gliederung in der Kampfstellung.

Von der nächsten Ablösung ab gliedern sich die die Stellung im Chapitrewald besetzenden Bataillone wie folgt :

3 Kompagnien in vorderer Linie ,
1 Kompagnie Reserve hinter dem linken Flügel in zweiter Linie.

1. Die rechte Kompagnie nimmt 2 Züge in die vordere Linie ( dazu 1 Masch. Gewehr am rechten Flügel ) , 1 Zug in die zweite Linie.

2. Die mittlere Kompagnie : 2 Züge in die vordere Linie ( dazu 3 Masch. Gewehre ) ; 1 Zug in die 2. Linie.

3. Die linke Kompagnie : 2 Züge in vordere Linie ; 1 Zug als Flankenschutz in den Verbindungsgraben zwischen vorderer Linie und 2. Linie; ~~dazu 2 Masch. Gewehre~~ zur linken Kompagnie 2 Masch. Gewehre.

Ausserdem ist östlich dieses Grabens 1 Masch. Gewehr zur Bestreichung des in die Souville-Schlucht abfallenden Hanges vorzuschieben.

4. 1 Kompagnie als Reserve des Bataillonsführers in die linke Hälfte der 2. Linie.

Betreff : Ablösung .

Zusätze des Regts. zur Brigadeverfg. vom 21.8.16 Nr. 2646.

Die Ablösung in der Nacht 24/25. findet nach den gegenseitigen Vereinbarungen zwischen II/8 und III/8 statt.

Stab III/8 behält den Befehl bis zur vollzogenen Ablösung bei.

Es rücken : Stab III/8, 11. und 12. Kompagnie nach Lager Herbebois.
9. und 10. Kompagnie nach Gremilly .

~~XXXXXX~~ Das I. Bataillon rückt in die Bereitschaft und zwar 2 Kompagnien in die Kasemattenschlucht , 2 Kompagnien in Kassoule-Schlucht.

Von den 2 Kompagnien der Kasemattenschlucht übernimmt 1 Kompagnie die Gestellung der Läuferposten.

Die Läuferpostenkompagnie 7/8 ist bei Staffette 1 am Regts. Gef. Stand in der Bezonvauxschlucht abzulösen. Rechtzeitiges Eintreffen der Kompagnie muss unbedingt gewährleistet sein. Beginn der Ablösung 12,00 Mitternachts.

Für II/8 wird es sich empfehlen die 7/8, welche in der Stellung abteilungsweise ~~einrückt~~ eintrifft, als Reserve-Kompagnie einzuteilen.
An die Meldung zu Ziffer a b c wird erneut erinnert.

J. V. gez.

F E L S E R .

*Anhang 4 Abbildung 27: 22.08.1916, Regt.-Bef.: angedachte Gefechtsgliederung*[73]

[73] KA: 8. I.R._(WK)_10_102 (414).

8.Infanterie = Regiment . 22. 8. 1916.

ZUSÄTZE ZUM BRIGADE = BEFEHL vom 21.8.16 Nr.2642 g.

Zu 1. Obliegt dem Infanterie = Regiment 29.

Angriffsbefehl wird rechtzeitig ausgegeben.

Sämtliche dem Regiment aufgetragene Arbeiten führt das jeweils in vorderster Stellung befindliche Bataillon aus. ( III/8 , dann II/8 )

Fortschritt der Arbeiten ist täglich auf der Abendmeldung ersichtlich zu machen.

Mit der Morgen = und Abendmeldung sind gleichzeitig ausführliche Erkundungsergebnisse nach den vom Regiment hinausgegebenen Fragebogen vorzulegen.

Der Führer der M.Gew.Komp. stellt Antrag bei den in Stellung befindlichen Bataillon über Besetzung der Sappen mit M.Gew.Posten. Dieses meldet hierüber an Regiment.

Das vorne befindliche Bataillon meldet , wieviel Sappen angelegt , wie stark sie besetzt werden müssen , damit die Sicherung unserer 1.Linie auch wenn sie während unserer Beschiessung vorübergehend geräumt ist , unbedingt gewährleistet ist.

Zu S 2 , 5.Absatz.

Angriffsbefehl erfolgt noch. Dem Regiment ist noch nicht bekannt wieviele Kompagnien vom Regiment eingesetzt werden müssen. Jedenfalls kommen 2 Bataillone des Regiments zum Einsatz in vorderer Linie.

Die Erkundung des dem Regiment zufallenden Angriffsraumes von der rechten Regiments=Grenze bis zur Tiefenlinie der Souville=Schlucht obliegt nach wie vor dem in Stellung befindlichen Bataillon. (III/8 - dann II/8)

Die Erkundung des dem Regiment zufallenden Angriffsraumes südöstlich der Tiefenlinie der Souville=Schlucht , ( rechte Grenze genannte Tiefenlinie, linke Grenze die durch 561 ziehende Schichtlinie ) wird dem I.Bataillon übertragen.

Die Bataillone reichen täglich die Erkundungsergebnisse mit der Abend = bezw. Morgenmeldung dem Regiment ein.

Durch die Erkundungs=Abteilung des Regiments wird die Naherkundung des Stellungsbataillons und Bereitschaftsbataillons durch Fernerkundung aus dem Panzerbeobachtungsstand und Beobachtungsstelle 640 ( beide in Nähe des Zwischenwerkes Hardaumont ) ergänzt.

Diese Erkundungsergebnisse und jene des Artillerie Verbindungs=Offiziers gehen den Bataillonen - auch dem Ruhebataillon - täglich zu.

Um die Nahaufklärung des Bereitschaftsbatls.zu ermöglichen , ist mit dem Nachbarregiment der 21. R.Div. - z.Zt. Regt.81 - vereinbart worden , dass sich dauernd 1 Offizier des Bereitschaftsbataillons im Abschnitt des rechten Flügelbataillons der 21. R.Div. befindet.

Dieser Offizier ist während der ganzen Stellungsperiode in diesem Abschnitt zu belassen.

I.Batl. kommandiert vom 25.ab auf etwa 3 - 4 Tage ( Ende des Kdos.wird noch befohlen ) einen geeigneten Offizier hiezu. Dieser meldet sich am 24. 8. 9,00 Uhr Abends im Gefechtsstand des Regts. in der Bezonvaux=Schlucht.

J. V.

gez. Felser.

*Anhang 4 Abbildung 28: 22.08.1916, Zusätze zum Brig.-Bef. vom 21.08. durch Rgts.-Kdr. 8. I.R.*[74]

[74] KA: 8. I.R._(WK)_10_101 (414).

Abschrift.

8. Infanterie - Regiment . 22. 8. 1916.

An das K. Infanterie - Regiment 81 .

Betreff : Angriff . G e h e i m !

Das 8. Infanterie - Regiment soll mit einem Bataillon aus der Li - Strassengabel etwa 100 m nördlich der Kiesgrube - Schichtlinie , die Punkt 561 aus die Stellung des Inf. Rgts. 81 schneidet , die feindl. lung(Chapitreweg) in Linie : Tiefenlinie der Souvilleschlucht , Schichtlinie durch Punkt 561 - angreifen.

Hiezu soll das Bataillon als Sturmausgangsstellung die 1. Linie des rechten Flügelbataillons Inf. Rgts. 81 benützen.

Die Gliederung des Bataillons zum Angriff wird vorraussichtlich folgende sein :

3 Kompagnien in 1. Linie , 1 Kompagnie hinter dem linken Flügel der 1. Linie als 2.Treffen ; Batls. Stab in Batls. Gefechtsstelle bei Punkt 544.

Räume für die Kompagnien der 1. Linie :

Kompagnie am weitesten rechts : rechter Flügel der 2. Linie , 50 m nördlich der Kiesgrube ( etwa für 2 Züge ) - Graben am Westrand der Kiesgrube bis 50 m südlich davon für 1 Zug .

1 Kompagnie von Fort Souville-Nase bis 150 m südlich davon ; nächste Kompagnie von da an bis zu der Linie , die etwa die Punkte 561 und 559 miteinander verbindet.

Da in der dem Regt. als Entwickelungsraum zufallenden Stellung schon 3 Kompagnien des Infant.Rgts. 81 als ständige Besatzung liegen ,so ~~wird~~ werden in den Stunden vor dem Sturm , namentlich wenn die Leute im Liegen ruhen,die Unterkunft für die Leute im Graben sehr beschränkt und die Verluste durch feindliches Artl. Feuer vorraussichtlich gross werden.

Es ist deshalb notwendig , dass die 1. Linie zur Sturmstellung ausgebaut wird und dass etwa 80 - 100 m hinter der 1. Linie Deckungsgräben für je 1 Zug der mittleren und linken Angriffskompagnie und ausserdem für die hinter dem linken Flügel des 2. Treffens kommende Verfgs.Kompagnie des Batls. Führers ausgehoben werden.

Da 4 Kompagnien für die Aufgaben des Batls. reichlich sind,werden die Kompagnien für den Angriff zu etwa 120 Gewehren formiert,wobei angenommen wird,dass sie bis zur Ankunft in der Sturmausgangsstellung schon etwa 20 bis 30 Leute durch feindliches Feuer verloren haben.

K. Regt. bitte ich um Mitteilung,ob die Besatzung des als Sturm - ausgangsstellung für 8. J.R. in Betracht kommenden Grabenstücks in der Sturmnacht behufs Raumgewinnung nicht vermindert werden will.

Ferner bitte ich um baldgefl.Mitteilung inwieweit K.Regiment den von mir geäusserten Wünschen für Ausbau der 1. Linie und Neubau an Deckungsgräben für eine Reservekompagnie und 2 Unterstützungszüge hinter der 1. Linie entsprechen kann und innerhalb welcher Frist die Arbeiten ausgeführt sein können.

An K. Regiment wende ich mich in dieser Angelegenheit auf Grund der Verfg. der bayerischen 8. Jnf. Brigade vom 21.8.16 Nr. 1642g deren Bekanntsein ich voraussetzen darf .

Fa

Felser.

*Anhang 4 Abbildung 29: 22.08.1916, Zusammenarbeit des 8. I.R. mit Inf.-Regt 81 beim Angriff*[75]

[75] KA: Infanteriebrigaden (WK)_945_10 (1674).

8. Infanterie = Regiment . 22. 8. 1916.

Ausgangsstellung für den Angriff und Erkundung für Durchführung des Angriffs obliegt II/8.

Erkundungsergebnis ist möglichst bald dem Regt.vorzulegen.

Bedenken gegen Hervorbrechen zum Angriff aus Ausweichgraben , weil Moment der Ueberraschung dadurch verloren geht.

Gliederung und Kräftebemessung für den Angriff hängt von der Erkun = dung ab , wie stark feindliche Stellung ausgebaut und besetzt ist. ( Zahl der Masch. Gew.,Minenwerfer,Infanterie = Besatzung ).

Gliederung für Besetzung des Steinbruchgrabens nach dem Angriff.
Nach dem Angriff muss Steinbruchgraben nördlich der Strasse Vaux – St. Fine-Kapelle ( mit etwa 400 m Ausdehnung ) mit etwa 300 Gewehren und 4 Masc Gew.,die sich nach der Tiefe staffeln müssen , besetzt werden , da starke Gegenangriffe zu erwarten sind.
Wie stark die Angriffstruppen im Steinbruchgraben ankommen,entzieht sich jeder Berechnung. Deshalb müssen Reserven für diesen Zweck bereit = stehen.

Für Chapitreweg südlich der genannten Strasse sind die Verhältnisse ähnlich . Gegenangriffe finden hier weniger Ausgangsstellungen wie nördlich des Weges ; daher Besetzung hier ebenfalls 300 Gewehre und 4 Masch.Gew. mit Staffelung nach der Tiefe.

Einteilung der Rollangriffstrupps zum Aufrollen des von 506 gegen 535 a ziehenden Grabens.

Gegen die Linie 506 – zur rechten Grenze des dem Regiment zugewiese = nen Angriffsraumes sollen 2 Kompagnien angesetzt werden.
Jede Kompagnie setzt gegen 2 vorher erkundete Punkte je 2 Sturmtrupps an, die sich nach dem Eindringen in je 2 Rollangriffstrupps spalten.

Unterstützung erhalten sie von rückwärts.

Auftrag für die Stosstrupps gegen 506 , 507 , 507 a und westl. des Talgrabens hängt von Erkundungen ab. ( vom Fuminrücken aus zu erkunden ).

Einsatz von 2 Masch.Gew. zur baldigen flankierenden Wirkung gegen Steinbruchgraben in 1.oder 2.Linie jenseits der Regts.Abschnittsgrenze im Abschnitt des Regts.29.

Einbauen 2 er Masch.Gew. etwa 70 m östlich des "e" von Chapitre.
Einbau von 2 Masch.Gew. etwa 120 m südlich des "t" von Chapitre zur Flankierung der Linie des Grabens der von 506 nach der Souville-Schlucht zieht.
Einbau von Masch.Gew.etwa 120 m südwestlich des "F" von "Fumin".

Flankierung des Chapitre[illegible]weges von einer Stelle etwa 100 m östl. von 561 aus .

<u>Sicherung des Genommenen.</u>

a.) 6 Masch.Gew.und Flankierung durch Minenwerfer etwa in Gegend der zur Bestreichung eingebauten Masch.Gewehre.

b.) Probe des Artillerie=Sperrfeuers zur Sicherung .

<u>Wenden .</u>

Zusammensetzung und Auftrag für die auf dem rechten Flügel der 21. Reserve - Division mitwirkenden Truppen.

1 Bataillon , 8 Masch.Gew., Unterstützung durch die eingebauten Minen - werfer.

Wünsche wegen anderer Waffen , Anforderung beim Sturmbataillon.

a.) Für jede Kompagnie der 1. Linie 3 Sturmtrupps , für die östlich der Schlucht vorgehenden Kompagnien Granatenwerfertrupps zu den gegen die Punkte 506,507,507 a vorgehenden 2 Flammenwerfertrupps. ( Gelegenheit zur vor - herigen gemeinschaftlichen Uebung.

Gebirgshaubitzen zur direkten Beschiessung der Bauten bei und zwischen Punkten 506 und 507 a.

b.) Minenwerferkompagnie mit Vorgehen von leichten Minenwerfern mit den Angriffstruppen beiderseits der Souville-Schlucht ; diese sollen später die Besatzung der Linie Steinbruchgraben -Chapitreweg verstärken.

c.) Feld - und schwere Artillerie .
Verbindungsoffze.zu den Bataillonsstäben und Beobachtungsoffiziere zu den vordersten Angriffstruppen.

d.) Pioniere : Verteilung auf die Kompagnien der 1. Linie , besondere Sprengtrupps zu den gegen die Punkte 506 , 507 und 507 a vorgehenden Kom - pagnien.

Zur Frage : Wie empfiehlt sich zeitl.Zusammenstimmung der Angriffe 1 und 2 ?

Die Lage der wegzunehmenden franz. Gräben erfordert zwei zeitlich mit-einander nicht zu verbindende Angriffe , die unter einheitlicher Führung , aber jeder für sich selbständig angesetzt werden sollen.

Angriff A : Gegen die Linie Punkt 535 , 536 a , bis zum Bruchpunkt ~~etwa~~ etwa 50 m westlich des Punktes 506.

Angriff B : hat aus nordöstlicher Richtung gegen die Linie Bruch-punkt ~~506~~ , Punkt 507 , 507 a , dann im allgemeinen Linie die Souville - Schlucht hinaufführend gegen die Linie Steinbruchgraben - Chapitreweg vor-zustossen und diese Linie zu nehmen.

Begründung : . Die Wegnahme der Linie 535 ; 506 wird erleichtert , wenn während des ganzen Angriffes schwerstes eigenes Artilleriefeuer auf den Punkten 506 , 507 a , Talgraben , Steinbruchgraben , Chapitreweg,562 und westlich davon liegt. Bei gleichzeitiger Durchführung der Angriffe A u. B muss aber das Feuer gegen die Punkte 506 , 507 a und Gegend so frühzei-tig aufhören,dass das Vorgehen franz.Verstärkung gegen die von uns zu neh - mende Linie unmöglich wird . Gegenangriffe gegen die von uns genommene Lini 535 - 506 sind , weil unser Artilleriefeuer dauernd auf den Punkten 506 , 507 , 507 a Gegend und Talgraben belassen werden kann , und weil sie dann frontal geführt werden müssen , unschwer abzuweisen..

Von der linken Hälfte der genommenen franz. Grabenlinie 535 - 506 kann der Angriff B durch Vorgehen von Sturmkolonnen gegen Flanke und Rücken der Gräben und Stützpunkte im Dreieck 506 , ~~TPP~~ 507 , 507 a unterstützt wer - den.

Etwaige Gegenangriffe gegen die unseren Angriff vortragenden Truppen können durch die Besatzung des genommenen Grabens 535 - 506 in der Flanke gefasst werden.

Ein Anschliessen unserer Truppen aus dem Graben 535 - 506 an den An - griff B ist nur gewährleistet , wenn die Truppen , welche den Graben 535 - 506 genommen haben,wieder geordnet worden sind.

Die Stärke der Truppen für den Angriff A und B hängt von der Fest - stellung der Stärke des Gegners ab. M.E. sollen die zur Durchführung des Angriffs A und B bestimmten Truppen ohne Rücksicht auf die Regts. Abschnitts grenzen unter einen gemeinsamen Befehl gestellt werden.

*Anhang 4 Abbildung 30: 22.08.1916, Ausgangsstellung für den Angriff durch 8. I.R.*[76]

[76] KA: Infanteriebrigaden (WK)_945_11-12 (1674).

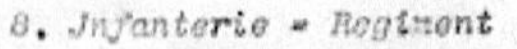
8. Infanterie - Regiment . 23. 8. 1916.

## D I E L Ä U F E R K O M P A G N I E !

Schemat.graph.Darstellung der Stationen !

Station 1 1 Uoffz.12Mann.

Station 2 1 Uoffz.
6 Mann .

Stat.3
1 Uoffz.
4 Mann

Stat.5.
1 Uoffz.
5 Mann

Station 4
1 Vzfdw.
2 Uoffz.
13 Mann

Stat.5 b .
1 Uoffz.1 Gefr.
6 Mann .

Stat.4b
1 Uoffz.
4 Mann .

Stat.
6.
1 Uoffz.
4 Mann

Stat.7.
1 Uoffz. 12 Mann
1 " 4 Signalposten.

Stat.8 in 7 Raum (jetzt aufgeh.
3 Uoffze.17 Mann verl.zu 7 .

Stat. 9. 1 Uoffz. 1 Gefr. 9 Mann .

Die von der Kompagnie zu stellende Läuferkette hat 9 Stationen, die nach anliegender Skizze verteilt sind.
Station 9 befindet sich in vorderster Linie beim Bataillons-führerstand.
Station 8 ist seit kurzem aufgehoben, d.h. in die Kasematten-schlucht zurückverlegt wegen zu starker Beschiessung des J-Raumes 3 Uoffze. 17 Mann .
Station 7 in der Kasemattenschl.
Station 6 liegt an Hardaumont-eck.
Station 5 im Walde von Hardaumont.
Station 5 b beim neuen Regts. Gefechtsstand .
Station 4 b liegt beim Beobachtungsstand 340.
Station 4 im grossen Steinbruch.
Station 3 und Station 2 zwischen dem grossen Steinbruch u. der Bezonvauxschlucht und
Station 1 beim alten Regts.Gefechtsstand , der überleitet in den Trupp der Läuferkette zur Brigadegefechtsstelle.(nicht von dieser Kompagnie zu stellen.)
Die Gesamtstärke an der Hand der eingezeichneten Besetzungsstärke der Stationen beträgt für die Läuferkompagnie 1 Vzfdwbl.15 Uoffz. 2 Gefr. 99 Mann , dadurch ist die Kompagnie völlig aufgebraucht, da der Rest derselben , 1 Vizefeldwebel , 5 Uoffz. , 37 Mann ( der 4.Zug ) Essenträgerdienste verrichtet. Der Dienst der Leute ist ausserordentlich anstrengend und gefahrvoll. Die Läufer der Stationen 9 und 8 müssen den gefährlichen Anmarschweg zur vorderen Linie fortwährend durchqueren.

Hinzu kommt, dass jeder Befehl an das vorderste Bataillon doppelt gegeben wird der Sicherheit halber. Daher können die Mannschaften auf Station 9 nur kurze Zeit Verwendung finden . Der Kompagnieführer, auf Station 8 gelegen, hatte die Absicht gehabt, die Läufer der Station 9 alle 4 Tage abzulösen, wurde aber von den Führer der Station dringend gebeten, es eher zu tun, da sonst mit einer sicheren Ueberbringung der Meldungen nicht gerechnet werden könne. Der Kompagnieführer ging sogar von 4 Tagen über 3 Tage auf 2 Tage hinab. Diese abgelösten Leute der Station 9 haben nun nicht in Ruhe , sondern werden mit Mannschaften der weiter hinten liegenden Stationen ausgetauscht,, wo sie dann weiter den Läuferdienst verrichten müssen. An Offzn. hatte die Kompagnie den Führer ( Hauptmann ) u. 1 Leutnant. Der Kompagnieführer liegt auf Station 8 und der Leutnant auf Station 7 , während der Vizefeldwebel auf Station 4 liegt. Der Kompagnieführer hat die Pflicht , sämtliche Meldungen, die von vorne kommen und nach vorne gehen , zu öffnen und auf ihre Dringlichkeit zu prüfen. Die von vorne kommenden dringlichen Meldungen, fast ausnahmslos alle, gibt der Kompagnieführer sofort telefonisch an den Empfänger ( Regt.) weiter .

W e n d e n !

Zu seiner Vertretung übernimmt der Leutnant von Station 7 dieses Amt. Gingen die einlaufenden Meldungen undurchgesehen weiter, so würden die Leute der Läuferkompagnie nicht ausreichen ; daher werden die Meldungen je nach der Dringlichkeit nach telefonischer Durchgabe gesammelt und mehrere zusammen weitergegeben; ferner hätte der Kompagnieführer die Pflicht , wichtigere selbständige Beobachtungen weiterzugeben ( ans Regt. auf telefonischem Wege ) .

Die Läuferstationen sind in 3 Züge eingeteilt , damit sie von den Zugführern täglich revidiert werden können. Da ebr nur der 1 Leutnant und der 1 Vizefeldwebel zur Verfügung standen , so mussten diese sich noch täglich in die Revision des 3. Zuges teilen.
Die Entfernung von Station 1 zu Station 9 beträgt unter den günstigsten Verhältnissen mindestens 1 3/4 Stunden.

*Anhang 4 Abbildung 31: 23.08.1916, Läuferkompanie*[77]

[77] KA: 8. I.R._(WK)_10_91-92 (414).

8.Infanterie = Regiment. 24. 8. 1916.

An

das K. B. III. II. Bataillon.

Nach Mitteilung der 8. Infanterie – Brigade rechnet das XVIII.Reserve-Korps mit einer Fortsetzung der gestrigen Angriffe und zwar auf die Front der 33. Infanterie-Division ( rechts ) und der 21. Res.Inf.Div. ( links ).

Für den Abschnitt der Brigade kommt es hiebei hauptsächlich darauf an, den rechten Flügel der Brigade zu stützen.

Das 29. Inf. Regt. ist davon benachrichtigt.

Das II. Bataillon ersuche ich um Vorlage eines Vorschlages über die beabsichtigte Gliederung für den Fall , dass das III. Bataillon von den Franzosen angegriffen , durch das II. Bataillon unterstützt werden muss.

Die M.Gew. der Kasemattenschlucht stehen zur Verfügung.

( Einschieben , Gegenstoss ? )

Auf jeden Fall ist die Riegelstellung, die vom Fort Douaumont zur Kolbenstellung reicht , zu halten.

Mit der Bataillonsbefehlsstelle 29.J.R. wäre hierüber in Verbindung zu treten.

J. V. gez. FELSER.

---

---

Bei der heutigen Ablösung hat das III.Bataillon an das II.Bataillon abzugeben :

1.) die zweiten Feldflaschen ,
2.) die Leuchtpistolen ( in Stellung belassen ) ,
3.) für jeden Mann des II/8 eine Dreischichtenpatrone ( oder Leichtatmer )

Bei der K.8.Inf.Brigade sind 1100 Leichtatmer angefordert, die nach Eintreffen dem III/8 zugeteilt werden.

An Uebergabe der Stahlhelme , soweit II/8 noch solche benötigt, wird erinnert.

An die Meldung wird ferner erinnert .

a.) mit wieviel Gewehren die Kompn.voraussichtl.in Stellung rücken werden ?

b.) mit wieviel Gewehren die Kompagnien die Stellung erreicht haben ?

c.) mit wieviel Gewehren sie die Stellung verlassen haben ?

Am 26.8. übernimmt das III. Bataillon ein Drittel der bisher von I/8 gestellten Kommandos.

J. V. gez. FELSER .

---

*Anhang 4 Abbildung 32: 24.08.1916; 8. I.R. an Btlne.: Angriffe auf 33. Res.-Div. erwartet*[78]

[78] KA: 8. I.R._(WK)_10_179 (414).

Generalkommando. K. H. Qu., den 25. 8. 16.
XVIII. Reservekorps.
Abt. Ia Nr.12247 geh.

Streng geheim. 34

Korpsbefehl.

1.) Die 14. bayr. J. D. setzt sich in den Besitz der französ. Stellung 535 – 536a und stellt sodann eine möglichst geradlinige Verbindung von 536a zur Sappe am linken Flügel des Alpenkorps 150 m südlich 535 her.

2.) Das Alpenkorps unterstützt den Angriff mit Teilen seiner schweren Artl. und mit 1 Komp., die der 14. bayr. J. D. unterstellt wird.

3.) Die artilleristische Vorbereitung leitet der Gen.d.Fußa.5 nach Weisung der 14. bayr. J. D.

4.) Der Angriff ist baldmöglichst auszuführen. Die 14. bayr. J. D. meldet den Zeitpunkt unter Einreichung ihres Befehls für den Angriff.

5.) Die Vorbereitungen für den Angriff auf den Souville-Sack sind unabhängig von dem hier befohlenen Angriff weiter zu betreiben.

[illegible signature]

Vert. Plan.
A. G. O. ............... 3
Alpenkorps ............ 2
14. bayr. J. D. ....... 1
21. R. D. ............... 1
Gen.d.Fußa.5 .......... 1
Genkdo.................. 2
10

14 b. J. D.
empf. 25. 8. 16.

*Anhang 4 Abbildung 33: 25.08.1916, Korps-Befehl: Inbesitznahme 535 – 536a durch 14. b. I. D.*[79]

[79] KA: Infanterie-Divisionen-(WK)_5702_23 (1728).

Nr. 2744.
8. B. Jnftr.-Brigade.

26. 8. 1916.

Brigade-Befehl und besondere Anordnungen.

1.) Tagesverlauf:
Die feindl. Artl. verstärkte gestern in den Abendstunden ihr Feuer und versuchte zeitweise durch starkes Sperrfeuer die vorderen deutschen Linien von den Bereitschaften abzuschnüren.
Sehr starkes Feuer lag auf Gegend Thiaumont und Fleury. Bei Thiaumont fanden französ. Angriffe statt.
Kurze Handgranatenkämpfe waren aus Gegend Bergwald hörbar.
Die Front der 21. R.D. lag unter starkem Feuer.
Das feindl. Feuer liess etwa 10[00] Abds. nach, es flackerte die Nacht über wiederholt zu heftiger Stärke auf.
Die Front der Division blieb verhältnismässig ruhig, angegriffen wurde sie nicht.
Die Ablösung eines Batls. J.R. 135 durch I./155 im rechten Nachbarabschnitt (33.R.D.) in der Nacht von gestern auf heute wurde durch das feindl. Artl.-Feuer nicht verhindert.
I./135 ist heute taktisch dem 29. J.R. unterstellt. Sie hat ebenso wie die vorderen Linien 29. J.R. und 8. J.R. (auf dessen rechtem Flügel) die vordersten Linien streckenweise geräumt, um Feuer unserer schweren Artl. gegen 558a und anschliessende Gräben zu ermöglichen.
Der Vormittag verlief ohne bemerkenswerte Ereignisse.

2.) Beabsichtigte Gliederung morgen, 27. August.

Verfügungstruppe der K. 14. I.D. — J.R. 364, Billy, Jägerlager, Deutsch-Eck.

Verfügungstruppe der 8.B. J.Brg. — III./Res. 79, neuer Wald, III/B. 8. J.R., Herbébois, Grémilly.

| | Rechts | | Links |
|---|---|---|---|
| Bereitschaften der Regtr. | 1/2 I./29 (1.Rs.Jg.) | Bezonvaux-Schlucht | 1/2 I./8. |
| | 1/2 I./29 (1.Rs.Jg.) | Kasematten-Schl. | 1/2 I./8. |
| Vordere Linie : | II./29 (IV./Res. 4) M.G.K. 79 und M.G.K. Res.Jg. (1/2) | | II./8. M.G.K. 8. |

3.) Zum Minentransport stellen übermorgen, 28. August, 6[00] vorm. an die alte Batterie 645 ab:
K. 8. J.R. 1 Uffz., 50 Mann mit Waffen.
K. 29. J.R. 50 " " " .

4.) Der Sanitäts-Unterstand des vorgeschobenen San.-Postens im Bezonvaux-Südteil ist zu vollenden.
Hierzu stellen ab: Der Kdeur. der Pion. 1 Uffz., 2 Pioniere, das K. 8. J.R. 12 Jnftr.
Meldung morgen, 7[00] Vorm. bei der Arbeitsstelle.
Die Leute bleiben bis zur Vollendung der Arbeit kommandiert.

5.) Stichproben haben bei einzelnen Läuferposten ergeben, dass kein Mann des betreffenden Postens laufbereit war, sondern dass mehrere Minuten hierzu gebraucht wurden.
Ich ersuche die Regtr., durch energische Ueberwachung für Abhilfe zu sorgen.

gez. v. Reck.

*Anhang 4 Abbildung 34: 26.08.1916, Brig.-Bef. Nr. 2744: starkes Feuer auf Thiaumont und Fleury*[80]

[80] KA: Infanteriebrigaden (WK)_945_43 (1674).

Brigade-Tages-Befehl.

1.) Die vom J.R. 364 empfangenen Rucksäcke sind für das Vortragen von Stellungsbedarf bestimmt. Es erhalten: J.R. 364, B. 8., B. 29. J.R. je 200 Stück.

2.) Zur Verstärkung der Gendarmerieposten Deutsch-Eck, Gremilly und Azannes stellen ab:

| | | |
|---|---|---|
| Bayer. 29. J.R. | 1 Uffz., | 5 Mann, |
| " 8. J.R. | 1 " | 5 " , |
| J.R. 364 | 1 " | 4 " . |

Es sind schonungsbedürftige, aber energische Leute abzustellen. Meldung am 28.8.16, $4^{0}$ nachm. in Gremilly beim Führer des dortigen Grenadier-Postens, Feldgendarm Scheider.

Verpflegung durch B. 8. J.R.; B. 8. J.R. verpflegt auch den Grenadier-Posten mit 3 Mann mit.

Es ist dafür zu sorgen, dass den einzelnen Posten ihre Verpflegung an ihren Standpunkt gebracht werden kann.

3.) Von den zur Korpsschlächterei XVIII. Res.-Korps Spincourt kommandierten Leuten (Brig.-Tag.-Befehl v. 21.8.16) sind 28 Mann nicht verwendbar und auszutauschen. Die Namen der betr. Leute sind erbeten. Voraussichtlich sind die Mehrzahl der Abgestellten auszutauschen, die nicht Metzger sind.

gez. v. Beck.

Für die Richtigkeit:

Kittel,

Hauptmann u. Brig.-Adjutant.

*Anhang 4 Abbildung 35: 26.08.1916, Brigade-Tages-Befehl: Rucksäcke, Gendarmerieposten*[81]

[81] KA: Infanteriebrigaden (WK)_945_44 (1674); ident. KA: 8. I.R._(WK)_10_158 (414).

Nr. 2705/50 geheim. II/18 27. 8. 1916.
k. 8. Inf. Brigade.

Streng geheim!

An
k. 29. I. R.
k. 8. I. R.

Betreff: Angriff.

1.) Der Angriff von Teilen des II/29 und des [illegible]/135 auf frz. Graben 535 – 536a gestern Abend ist mißglückt.
Grund: Zwischen dem Vorverlegen des Artl. Feuers und dem Stürmen der Infanterie vergingen einige Minuten, während denen der Feind seinen Graben besetzte.
Es muß erreicht werden, daß die Sturminfanterie in das eigene Feuer hineinläuft und daß dieses erst im Augenblick [illegible] verlegt wird, [illegible] Angriff den feindlichen Graben erreicht.
[illegible] die Infanterie ist nicht rechtzeitig angetreten.

2.) Die Artl. Vorbereitung für den Angriff gegen Linie 535 – 536a – 518 – Steinbruchgraben – Chapitel-Weg wird in 2 tägigem Zerstörungsschießen vor dem Angriffstage und in Feuerüberfällen an diesen 2 Vorbereitungstagen und am Angriffstag selbst durchgeführt.
Die schwere Artl. [illegible] des XVI. Res. Korps ist dazu verstärkt worden.

3.) Von der Artillerie [illegible] auf alle französischen Gräben möglichst [illegible]

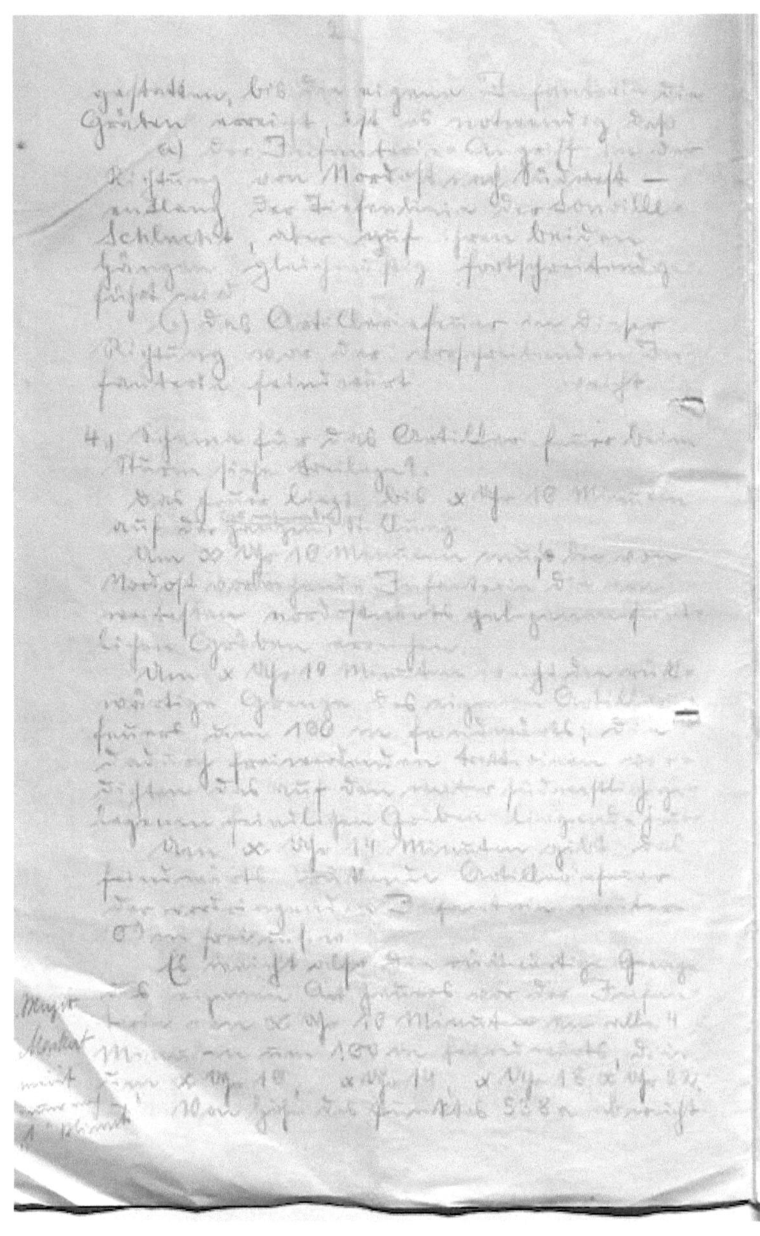

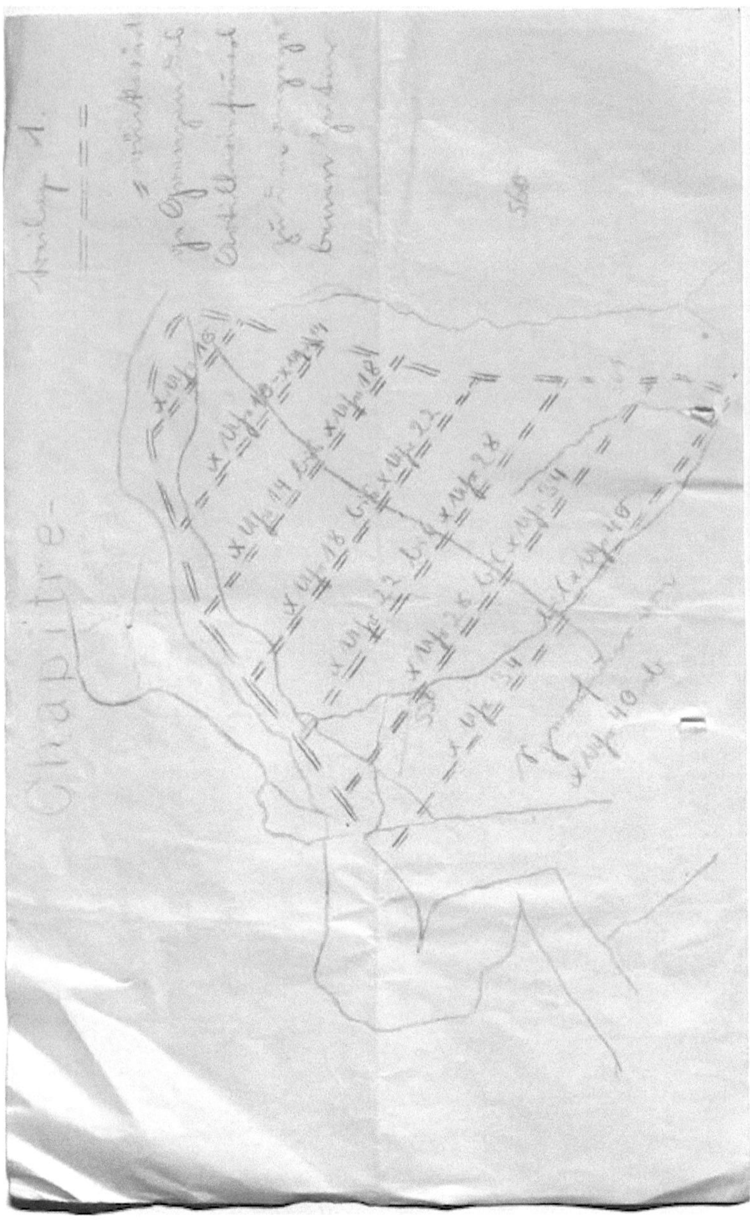
Chapitre-

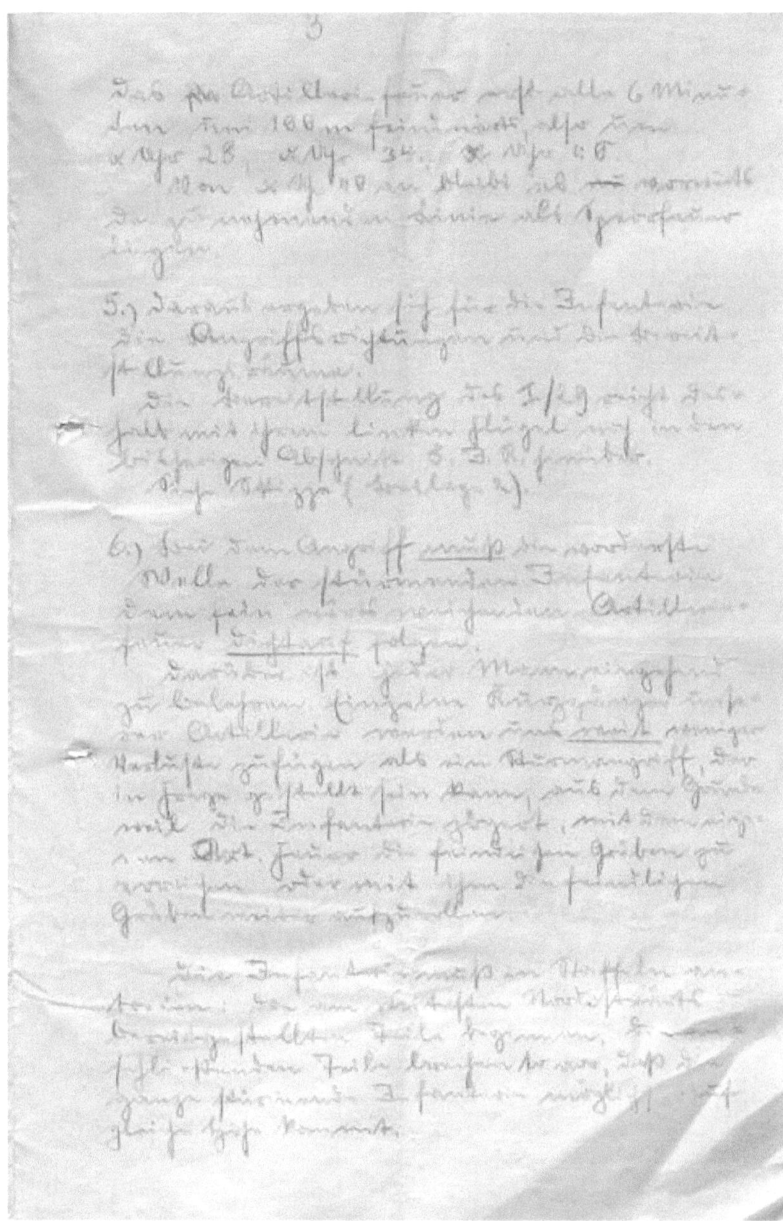

*Anhang 4 Abbildung 36: 27.08.1916, Brigade an das 29. und 8. I.R., streng geheimer Angriffs-Befehl*[82]

[82] KA: 8. I.R._(WK)_10_159-164 (414).

K. 8. Inf. Brigade. 27. 8. 1916.

Brigadetagesbefehl.

Im Namen des Brigadestabes, ~~und~~ des bay. 8. ~~Inf. Rgts. heiße ich das~~ und 29. Inf. Rgts. einschl. III./Res. 79 heiße ich das bay. 4. Inf. Rgt. in der Brigade herzlich willkommen.

Die beiden Regimenter der alten 8. Inf. Brigade haben 2 Feldzugsjahre gemeinsam nebeneinander gekämpft und sich ~~bewährt~~ in schweren Lagen bewährt. ~~Sie werden mit dem~~ Sie gehen gemeinsam mit dem 29. Inf. Rgt. fortan, ~~und~~ entscheidungsreicher und schwerer Zeit entgegen; ich bin für die drei Regimenter werden wetteifern, ihr Bestes zu tun.

Das scheidende Inf. Rgt. 364 hat bei seinem Einsatz im Verband der 11. Res. Division Vorzügliches geleistet und sich Anerkennung und Achtung im hohen Maße erworben.

Der Brigadestab und die alten Regimenter der Brigade geben ihre Grüße an die 33. Res. Division mit und wünschen ihr und der Division Kriegsglück und ~~schöne~~ weitere schöne Erfolge.

[illegible]

8. B. Jnftr.-Brigade. 27. 8. 1916.

<u>Brigade-Tages-Befehl.</u>

Jm Namen des Brigadestabes, des B. 8. und 29. Jnf.-Regts. einschl. III./Res.J.R. 79 heisse ich das B. 4. Jnf.-Regt. in der Brigade wieder herzlich willkommen.

Die beiden Regimenter der alten 8. Jnftr.-Brigade haben 2 Feldzugsjahre gemeinsam nebeneinander gekämpft und sich in schweren Lagen bewährt. Sie gehen gemeinsam mit dem 29. J.R. harter, entbehrungsreicher und opferreicher Zeit entgegen. Die drei Regimenter werden wetteifern, ihr Bestes zu tun.

Das scheidende Jnf.-Regt. 364 hat bei seinem Einsatz im Verbande der 21. Reserve-Division Vorzügliches geleistet und sich Anerkennung und Achtung im hohen Masse errungen.

Der Brigadestab und die beiden Regimenter der Brigade geben ihm ihre Grüsse an die 33. Reserve-Division mit und wünschen ihm und der Division Kriegsglück und weitere schöne Erfolge.

gez. v. R e c k.

Für die Richtigkeit :

[illegible]

Hauptmann und Brig.-Adjutant.

*Anhang 4 Abbildung 37: 27.08.1916, Brigade-Tages-Befehl: Willkommenheißung des 4. I.R. in der Brigade*[83]

[83] KA: Infanteriebrigaden (WK)_945_55-56 (1674); ident. KA: 8. I.R._(WK)_10_155 (414).

No. 1160 / Ia. D. St. Qu., 27. 8. 16

Id. D. J. D.

Divisionsbefehl.

Zu Div.Bef.v.27.8.16 No. 1129 Ia geh.

Karte 1 : 5000

1.) Die Wegnahme des Grabenstückes 535-536a erfolgt gleichzeitig mit dem Angriff gegen 536a – Steinbruchgraben – Chapitreweg.

Günstige Gelegenheiten, das von 535 nach Südosten ziehende Grabenstück bis zur vorspringenden deutschen Sappe und das Grabendreieck 150 m südöstl. 536a mit wegzunehmen, um eine direkte Verbindung von der deutschen Sappe über 539 zum Steinbruchgraben zu erhalten, sind auszunützen.

2.) Die schwere Art. wird das Grabenstück 535-536a u. die südl. anschliessenden Gräben beim allgemeinen Zerstörungsschiessen sturmreif schiessen; die Mitwirkung der Feldart. u. der Minenwerfer ergibt sich aus Skizze 2 u. 3 zu Div.Bef 1129/Ia.

3.) Das Grabenstück nördl. 536a muß in der Nacht zum 1. Tag bis auf 150 m von 536 a geräumt werden. Die 33. Jd. wird ersucht, die Sappe u. den spitzen Winkel südl. 535 bis zum Wege St. Fine Kapelle-Punkt 502 zu räumen.

4.) Die Wegnahme des Grabenstückes 535 – 536a hat durch flankierendes Vorgehen von Nordosten her zu erfolgen. Das Sturmbtl. Rohr stellt außerdem Sturmtrupps zur Verfügung, von denen einer auch von Westen her gegen 535 vorgehen wird.

5.) Die flankierende Unterstützung durch Jnf. u. Masch. Gew. Feuer aus westl. Richtung vereinbart die 8. J. Brig. unmittelbar mit der Jnf. Brig. 33. J. D.

Für die Richtigkeit:

[Unterschrift]

Hptm. im Gen. Stb.

gez. Rauchenberger.

Verteilt: wie D Bef 1129/Ia

Anhang 4 Abbildung 38: 27.08.1916, Div.-Bef. Nr. 1160, Ergänzung zu Div.-Bef. Nr. 1129: Weiteres zur Wegnahme von 535 – 536a[84]

[84] KA: Infanteriebrigaden (WK)_945_49 (1674).

21. Reserve-Division
I. Nr. 3605.
Geheim!

27. 8. 1916.

Nicht mit in vordere
Linie nehmen!

**D i v i s i o n s b e f e h l Nr. 2.**

1.) T a g e s v e r l a u f.

Sicht bis 10° günstig, später durch Dunst behindert.
Feindl. Artl.-Tätigkeit blieb Nachts sehr lebhaft. Starke Feuerwellen aller Kaliber gegen unsere vorderen Linien, besonders auf der Souville-Nase und bei 574 – 575 sowie gegen Fumin-Rücken. Schluchten, Artl.-Stellungen am Hardaumont und rückwärtige Verbindungen wurden dauernd, auch mit schweren Kaliber mittelstark abgestreut. Morgs. flaute das feindl. Feuer allmählich ab. Am Tage schwaches Streufeuer gegen Div.-Abschnitt mit leichtem und mittleren Kaliber.
Eigene Feldbattrn. setzten ihr Beunruhigungsfeuer fort und beschossen mit gutem Erfolge einen feindl. M.G. Stand bei 559.
Schwere Artl.: Rgt. Richter schoss sich gegen feindl. Jnf.-Anlagen im Raume 596 – 597 – 597a und 562a – 562 – 559 – 558 erneut ein und beunruhigte Ft. Souville. Rgt. Fritze beschoss feindl. Gräben am Westhang der Souville-Nase, 561 – 575 – 577a, 571 – 572 und bekämpfte feindl. Battrn. 2867 f, g, 2866 k u. d. Feld- und schwere Battrn. gaben auf Anfordern der Jnfanterie am 26.8. von 6° – 7° Abds., 9⁴⁵ – 10⁴⁵ Abds. sowie am 27.8. von 5° – 5³⁰ Morgs. Sperrfeuer von wechselnder Stärke ab.
Beabsichtigte Tätigkeit am 28.8.: Feldbattrn. wie heute. Schwere Battrn. Rgt. Richter Wirkungsschiessen gegen den Raum 596 – 597 – 597a, Rgt. Fritze gegen feindl. Jnf. Anlagen am Westhang der Souville-Nase, Steinbruch 562a, 571 – 572. Dauerziele.
Jnf.-Linien: Der mit stärkeren Kräften am 26.8. 8° Abds. gegen die ganze Südfront der Division geführte feindl. Angriff brach nach Meldungen der Jnf.-Abschnittskommandeure teils im Artl.-Sperrfeuer, teils im M.G.- und Handgranatenfeuer vollständig zusammen. Ebenso wurde Morgs. ein feindl. Vorstoss gegen linken Div.-Flügel mit Handgranaten abgewiesen. Die ganze Stellung ist restlos in unserm Besitz.
Luftaufklärung. Bis 6° Nachm. keine Fliegertätigkeit.
Kaliber über 22 cm nicht festgestellt.
Nachbarabschnitte. Der für den 26.8. Abds. geplante Angriff des rechten Flügels 14.b.J.D. kam nicht zur Durchführung. Bei 50.J.D. ist der heute Morgen erneut unternommene Versuch zur Wiedereroberung der westl. 578 verlorenen Grabenstücke nicht gelungen. Jn beiden Nachbar-Abschnitten Nachts rege Artl.- und zeitweise Jnf.-Tätigkeit.

2.) T r u p p e n e i n t e i l u n g 21. R.D. am 28.8.16.

Vordere Linie:

a. Westfront: Rgts.Stab R.J.R.87, 5.,6.,7.,8.,3.,2.,1./R.J.R.87, M.G.K./R.J.R.81, 5./Pi.11.

b. Süd- und Ostfront: Rgts.Stab R.J.R.88, I./R.J.R.87 (ohne 1 Kp.), I./R.J.R.130 (ohne 1 Kp.), 2.M.G.K./R.J.R.88, 4./Pi.11.

Sturmausgangsstellung: 4./R.J.R.87, 2 Kpn. III./R.J.R.88, 4./R.J.R.88.

Fumin-Schlucht: Batls.-Stäbe u. je 1 Kp. I./R.J.R.87 und I./R.J.R.130, 3./R.J.R.80.

Har-

8. J. Brig.

| | |
|---|---|
| Hardaumont-Werk | : 1 Kp. III./R.J.R.88. |
| Hardaumont-Schlucht | : Btls. Stab, 1.u.2./R.J.R.88 |
| Lager Bezonvaux | : Btls.-Stab u.1 Kp.III./R.J.R. 88 |
| Preussenlager | : Stab 42. R.J.Brig. |
| Kronprinzenlager | : II./R.J.R. 88 |
| Bismarcklager | : I./G.J.R. 6 |
| L o i s o n | : I./R.J.R. 88 , II./R.J.R. 88 |
| Houdelaucourt | : M.G.K./R.J.R. 88 |
| Vaudoncourt | : I./R.J.R.81 , 1.M.G.K./R.J.R. 87 , Regts.-Stab R.J.R. 81 |
| Spincourt | : Stab 41.R.J.Brig.,Regts. Stab R.J.R. 88 , III./R.J.R. 87 , 2.M.G.K./R.J.R. 87 |
| Starostelager | : 1./L.Pi.XVIII.A.Ks. |
| Rauchlager | : 3./Pi. 28 ( Korpsreserve ) |
| Briey | : III./R.J.R. 88 |
| Amermay | : 1.M.G.K./R.J.R. 88 |
| Tucquegnieux | : III./R.J.R. 81 |
| Anoux | : II./R.J.R. 81 |

Für die Richtigkeit gez. B r i e s e.

[illegible]

Major im Generalstabe.

Verteilungsplan
wie 21.R.D. v.25.8.
I.Nr 3584

14. bayr. Inf.-Division
empf. 21/1 1916 No. 1183

Anhang 4 Abbildung 39: 27.08.1916, Div.-Bef. 21. R. D.: ständiger Angriff gegen deutsche Verbände[85]

[85] KA: Infanteriebrigaden (WK)_945_50-51 (1674).

21. Reserve Division
I. Nr 125
Streng geheim !

27. 8. 1916.

Nicht mit in vordere
Linie nehmen !

8. Horg.

D i v i s i o n s b e f e h l .

1.) Das XVIII. Reserve-Korps ( 14.b.J.D. und Teile 21.R.D.) setzt sich an einem noch zu bestimmenden Tage in den Besitz der Linie 538a - Steinbruchgraben - Chapitreweg - 574 und hält diese Linie gegen jeden feindl. Angriff.

2.) Angriffstruppen :

| L. Fl. 14.b.J.D. | 21. R. D. |
|---|---|
| Führer : Hptm. Walter | Führer : Hptm. von Wenckstern |
| III./b.J.R.8 | Stab, 9.u.11./R.J.R.87 |
| 1 M.G.K. | 4 M.G. |
| 2 Züge 11/Res.Pi.5 | 3 Gruppen 2./Pi.20 |
| | 1 Stosstrupp Rohr. |

3.) Die Besetzung des Jnf. Gefechts-Abschnittes auf der Souville Nase am Morgen des Angriffstages, sowie die Bereitstellung der Sturmtruppen des linken Flügels 14.b.J.D. und der 21.R.D. in diesem Abschnitt zeigt Planpause 1.

4.) Trennungslinie bei dem Angriff zwischen 14.b.J.D. und 21.R.D. ist die Linie 569 - 561 - Waldecke 150 m nördlich 571. Das Angriffsziel für 21.R.D. bildet hiernach der unmittelbar westlich an die Südwestecke unserer jetzigen Stellung anschliessende etwa 150 m breite Teil des Chapitreweges.

5.) Artillerievorbereitung. Dem Angriff geht ein zweitägiges Zerstörungsschiessen der schweren Artl. des Armeekorps voraus. Hieran beteiligen sich am zweiten Tage der Artillerievorbereitung 4 s.F.H. und 3 Mörser- Battrn. der Nachbarkorps. Die Feuerverteilung zeigt Planpause 2. Ausserdem werden folgende Feuerüberfälle, an denen sämtliche Mörser und s.F.H. Battrn. teilnehmen, stattfinden:
Am 1. Tage der Artillerievorbereitung :
$10^{30}$ bis $10^{40}$ Vorm.
$6^{05}$ " $6^{20}$ Abds.,
am 2. Tage der Artillerievorbereitung:
$6^{35}$ bis $6^{45}$ Vorm.
$11^{5}$ " $11^{15}$ "
$7^{20}$ " $7^{35}$ Abds.
Die Feuerverteilung der schweren Artl. für diese Feuerüberfälle ist ebenfalls auf der Planpause 2 angegeben.
Am Angriffstage ( 3.Tag) findet von X Uhr bis X Uhr + 10 Minuten ein Feuerüberfall der schweren Artl. in der für den zweiten Tag angegebenen Feuerverteilung statt.
Um X Uhr + 10 Minuten erfolgt der Einbruch der Jnfanterie bei 506 - 537. Zu diesem Zeitpunkt eröffnet die zum Niederhalten und zur Flankierung bestimmte schwere Artl., die durch 7 Steilfeuer- und 5 Flachfeuer-Battrn. der Nachbarkorps verstärkt wird, ihr Feuer. Gleichzeitig setzt die Feldartl. mit ihrem Sperrfeuer ein( vergl. Planpause zum Div.Bef. vom 20.8.-I.3626 geh.- ). Das Vorverlegen des Feuers der gesamten Batterien erfolgt, entsprechend dem Vorgehen der Jnfanterie, in der allgemeinen Richtung von Nordosten nach Südwesten in Sprüngen von 100 m zunächst stets nach je 4 Minuten, dann nach je 6 Minuten. Näheres zeigt Planpause 3. R.F.A.R. 21 lässt das Sperrfeuer vor der Südfront 574 - 578 unverändert liegen und

erreicht

erreicht mit den übrigen Battrn. um X Uhr + 10 Minuten den Raum etwa 150 m nordwestlich 571 - 180 m südlich 574. Dort verbleibt das Feuer als Sperrfeuer.

Ueber die spätere Verschiebung des Feldartillerie Sperrfeuers nach Osten lediglich vor die Front 21.R.D. folgt Befehl.

5.) M.W.K. 221 beteiligt sich mit 4 mittl. M.W. in Fumin-Schlucht am Angriffstage an dem Feuerüberfall von X Uhr + bis X Uhr 10 Minuten gegen 596 597 und schiesst sich hieran sorgfältig ein.

6.) Räumung der Gräben : Während des Zerstörungsschiessens und der Feuerüberfälle der schweren Artillerie sind, soweit ausführbar, die besonders gefährdeten Punkte in dem Graben westlich der Kiesgrube 542 und gegenüber 561 durch seitliches Zusammenschieben zu räumen.

Die Feldartl. hält sich zum Schutz dieser geräumten Grabenstücke in erhöhter Sperrfeuerbereitschaft.

7.) Durchführung des Infanterie-Angriffs :

Der Zeitpunkt des Sturmes wird spätestens am Mittag vor dem Angriffstage befohlen.

Die Bereitstellung zum Angriff östlich der Souville Schlucht erfolgt von dem Angriffs-Bataillon 14.b.J.D. in der vorletzten Nacht, von der Sturmtruppe Wenckstern in der letzten Nacht vor dem Angriff. Bei Tagesanbruch muss die Bereitstellung beendet sein. Nach dem Eintreffen vom III./b.J.R.8 im Nordabschnitt der Souville Nase ist II./R.J.R.87 bis auf starke Nachkommandos, die in der Stellung verbleiben, zurückzunehmen. Der nördliche Abschnitt der Souville-Nase tritt von diesem Zeitpunkt ab unter den Befehl der 14.b.J.D.

Die Besetzung des südlichen Abschnittes der Souville-Nase ist in entsprechender Weise zu verringern, sobald die Sturmtruppe Wenckstern dort eingetroffen ist. Unbedingt muss aber dauernd eine ausreichend starke Besetzung des wichtigen Dreiecks bei 574 gewährleistet sein. Im Uebrigen vergl. Planpause 1. Bei der Bereitstellung ist alles zu vermeiden, was den Feind aufmerksam machen kann. Völlige Regungslosigkeit entzieht die bereitgestellte Truppe am besten der Sicht feindlicher Flieger. Seitengewehre sind erst kurz vor dem Sturm unauffällig aufzupflanzen und die Gewehre dann niedrig zu halten. 42.R.J.Br. trifft hiernach die weiteren Anordnungen im Einvernehmen mit 8.b.J.B. Am Angriffstage ist bis 7° Vorm. der Division zu melden, dass die Bereitstellung beendet und der Anschluss zum III./b.J.R.8 sichergestellt ist.

Der Angriff erfolgt aus der nach Westen gerichteten Sturmausgangsstellung heraus in südwestlicher Richtung. Die hiernach notwendige Schwenkung ist durch staffelweises Vorbrechen vom rechten Flügel auszuführen. Der rechte Flügel der Sturmtruppe Wenckstern stürmt gleichzeitig mit dem linken Flügel vom III./b.J.R.8 vor, sobald die ersten Sturmwellen der 14.b.J.D. sich dem Steinbruchgraben nähern. Der genaue Zeitpunkt richtet sich nach der Verlegung des Artilleriefeuers (Planpause 3). Die Sturmtruppen müssen in das eigene Artl.-Feuer hineinlaufen, sodass sie den feindl. Graben spätestens in dem Augenblick erreichen, wo unser Feuer von dort fortverlegt wird.

Die Sturmkompagnien gliedern sich beim Vorgehen in mehrere Wellen. Die ersten Wellen überrennen den Graben bei 561 und stossen sofort bis zum Chapitreweg durch. Die nächsten Wellen füllen auf und haben besondere feindliche Widerstände zu brechen (Unterstände bei 561). Die mit den nächsten Wellen vorzubringenden Maschinen-Gewehre sind besonders zur Längsbestreichung des 100 m südlich 561 in den Chapitreweg einmündenden Annäherungsgrabens und zur flankierenden Vorfeldbestreichung anzusetzen. Die verlassene Sturmausgangsstellung ist von in der Montagne Schlucht bereitzustellenden Truppe sofort wieder zu besetzen.

Die durch den Angriff erreichte Linie ist baldigst auszuflaggen sowie um X Uhr + 2 Stunden und um 4 Uhr Nachm. durch Abbrennen von Leuchtsatzfeuer kenntlich zu machen.

Jeder Mann gräbt sich, soweit erforderlich, sofort ein. Herstellung des Anschlusses nach beiden Seiten ist besonders wichtig.

Alles

Alles ist vorzubereiten, um die sicher zu erwartenden feindl. Gegenangriffe abzuweisen. Der planmässige Ausbau der neu genommenen Stellung beginnt nach Einbruch der Dunkelheit.

8.) Flankierende Unterstützung des Angriffes durch Maschinen-Gew.: 42.R.J.Br. hat durch kräftiges Feuer einer grösseren Zahl von M.G. auf der Souville Nase vom Sturmbeginn ab den Angriff der 14.b.J.D. zu unterstützen. Hierbei sind unter Feuer zu halten: Der Chapitreweg, die M.G. Stände 500 m südlich 561 und von der Süd-front aus die franz. Gräben südlich und westlich 575.

9.) Angriffstag und Angriffszeit sind solange als möglich geheim zu halten. Mit allen Mitteln ist vorzusorgen, dass nicht die Angriffsabsicht durch Gefangene oder durch Ueberläufer dem Feind verraten wird.

10.) Die Uhrzeit wird vom 25.8. ab täglich $12^{15}$ Nachm. und $7^{15}$ Abd. ausgegeben.

Besondere Anordnungen.

1.) Anzug:

Den Sturmanzug bestimmt 42.R.J.Br. Die Sturmkompagnien sind in dem „Stahlhelm-Depot" bei 310 vollständig mit Stahlhelmen auszurüsten.

2.) Die Division beabsichtigt, III./R.J.R.87 mit Kraftwagen oder Eisenbahn am 29.8. Morgs. von Spincourt nach Höhe 310 vorzuführen.

3.) Verpflegung:

Auf Ergänzung der 3 Verpflegungs-Depots (vergl. Div.Bef.v.18.8. I Nr. 3493 geh.) wird besonders hingewiesen.

4.) Nachrichtendienst:

Auf Verstärkung der Läuferkette nach Souville-Nase und auf Entsendung von Verbindungs-Offizieren und Unteroffizieren zu den Nachbarverbänden wird noch besonders hingewiesen.

Brieftauben werden 29.8. nach vorn gebracht. Die 4 Lichtsignalverbindungen sind auszunutzen.

Die Division besetzt ihre beiden Beobachtungsposten nördlich Bezonvaux-Schlucht (Lt. Blomeyer) und am Zwischenwerk Hardaumont (Oblt. Kuhlenkamp) und entsendet 1 Offizier nach Ft. Vaux.

5.) Gefangene sind mit Begleitmannschaften der Division über Höhe 310 unmittelbar nach der Sammelstelle in Azannes zu leiten.

6.) 42. R.J.Br. meldet am 28.8., welche Anordnungen getroffen sind, um das rechtzeitige Vorbrechen der Sturmtruppen sicherzustellen und in welcher Weise die Unterstützung des Angriffes 14.b.J.D. durch M.G.-Feuer beabsichtigt ist (Zahl der Gewehre, Aufstellungsort, Schussrichtung).

Briese.

Verteilungsplan:

41., 42. R.J.Brig. je 1 – 2
R.J.R.80,81,88 " " – 3
" " " 87, I.u.III./87 " " – 3
Rgts.Stab I.u.II./130 " – 3
" " u.I./87 " – 2
R.F.A.R.21 4
Pi.Kdr., 2./Pi.20 je " – 2
M.W.K.221 1
Div.Gef.Std. 1
Genkdo. 3
14.b.J.D. 3
50.J.D. 1
33.J.D. 1
Gen.d.Fussa.5 1
Fussa.R.Richter 1
" " Fritze 1
Div.(K., I, IVa, IVb) 4
Res. 5
40

*Anhang 4 Abbildung 40: 27.08.1916, Div.-Bef. 21. R. D.: Angriff linke Flanke durch 14 I. D., rechte Flanke durch 21. R. D.*[86]

[86] KA: Infanteriebrigaden (WK)_945_52-54 (1674).

Nr. 2778. 27. [illegible] 1916.
2. [illegible] Inftr.-Brigade.

Brigade-Befehl und besondere Anordnungen.

1.) Tagesverlauf.
Nach Steigerung seines nachmittäglichen Artl.-Feuers griff der Feind um 5[illegible] Nachm. die Stellung der [illegible] Res.-Div. im Bergwald an. Der Angriff brach in unserem Sperrfeuer zusammen.
Beiderseits sehr starke Artl.-Tätigkeit.
Die eigene Artl. hielt von [illegible] - [illegible] Abds. die feindl. Gräben bei 535 bis 538a nieder.
Der im Anschluss daran unternommene Angriff der [illegible]/136 und der [illegible]/29 ([illegible]/Res. [illegible]) führte nicht zu dem beabsichtigten Erfolg. Während der Nacht starkes Artl.-Feuer beiderseits. Es liess am Morgen nach.
Der Vormittag verlief verhältnismässig ruhig.

2.) Beabsichtigte Gliederung der Infantr. [illegible] am [illegible]

Verfügungstruppe der [illegible] J.D.: J.R. 364, ohne M.G.K. [illegible] Jägerlager, Deutsch-Eck M.G.K. [illegible] J.R. Deutsch-Eck.

Verfügungstruppe der [illegible] Inftr.-Brg.: III./Res. 79 mit M.G.K. 79 neuer Wald. III./[illegible] [illegible] u. [illegible]

| | Rechts | | Links |
|---|---|---|---|
| Bereitschaften der Rgtr. | 1/2 I./29 (1. Rs. Jäg.) | Bassoule-Schlucht | 1/2 I./[illegible] |
| | 1/2 I./29 (1. Rs. Jäg.) | Kasern-Schlucht | 1/2 I./[illegible] |
| Vordere Linie: | II./29 (II./Rs. [illegible]) [illegible] Rs. Jäg. Btl. | | II./[illegible] M.G.K. [illegible] J.R. |

3.) Zufolge Verfügung der [illegible] Kronprinz Ia 2410/16 tritt das J.R. 364 zur 53. Res.-Div., das [illegible] J.R. zur [illegible] Inf.-Div. über.

4.) M.G.K. [illegible] ist heute nach Lager Deutsch-Eck vorgezogen worden. [illegible] mit M.G.-Ers.-Zug des J.R. 364 ist in die Unterkunft des [illegible] J.R. abgerückt. M.G.K. [illegible] J.R. hat 12 M.G. mitgebracht und zunächst von den M.G.-Formationen J.R. 364 übernommen: [illegible] deutsche M.G., [illegible] französ. M.G., [illegible] mit [illegible] Gebirgskarren.
Die Ausstattung weiterer M.G. steht bevor.

5.) M.G.K. [illegible] hat heute die M.G. zur Bekämpfung tief fliegender feindl. Flieger bei [illegible] Deutsch-Eck, neuer Wald mit je 1 Gewehrführer, 4 Mann für die M.G.K. 1. Res.-Jäg.-Batls. abzustellen. Die bisher abgestellten M.G. mit Bedienung [illegible] bei der M.G. 1. Res.-Jäg.-Batls. [illegible]

6.) M.G.K. 79 wird heute nacht durch M.G.K. 1. Res.-Jäg.-Batls. nach Anordnung des [illegible] abgelöst. M.G.K. 79 rückt in Unterkunft nach Lager neuer Wald.
Die M.G.K. 79 stellt heute Nacht an das M.G. zur Fliegerabwehr in der Bassoule-Schlucht und von morgen an die Gewehre zur Fliegerabwehr bei [illegible] Deutsch-Eck und neuer Wald. Gewehre und Bedienungen rücken nach Ablösung zur M.G.K. 1. Res.-Jäg.-Batls. und zur M.G.K. [illegible] J.R. ein.

7.) Das III./[illegible] übernimmt in der Nacht vom [illegible] den rechten [illegible] abschnitt der [illegible] Res.-Inf.-Brg. ([illegible] Res.-Div.) bis zur Linie 560 - 561. Es vereinbart alles Nähere mit der 12. Res.-Inf.-Brig. und mit

[illegible]

Zusätze des 8. Infanterie-Regiments :

Zu Ziffer 9.: III/8 legt Läuferpostenverbindung über Regts.Gefechtsst.81 zur Läuferpostenverbindung des 8. Infanterie-Regiments. ( Gefechtsstand Bezonvauxschlucht )

Zu Ziffer 11.: Die Gewehrgranatenschiessgestelle verbleiben zunächst in der Bezonvauxschlucht.

Zu Ziffer 13.: Die Granatwerfer werden verteilt wie folgt :

I/8 ... 4 Stück , III/8 ... 6 Stück , abholen durch die Bataillons.

Ort , wo die Granatwerfer eingesetzt werden , melden die Bataillone ( I/8 und III/8 ) an das Regiment .

28. 8. 1916.

J. V. gez.

F E L S E R .

....... ........

*Anhang 4 Abbildung 41: 27.08.1916, Brig.-Bef. mit Zusätzen für 8. I.R.*[87]

---

[87] KA: 8. I.R._(WK)_10_156-157 (414).

No. 1129 /Ia geh D. St. Qu. 27. 8. 16.

14. b. J. D.

Divisions - Befehl.

Karte 1 : 5000

1.) Die 14. b. J.D., unterstützt durch Teile der 21.Rd. nimmt Linie 535-536a-538- Steinbruchgraben-Chapitre-Weg-574 weg und hält sie. Der Angriffstag wird noch bestimmt. Über die Wegnahme des Grabenstücks 535 536a folgt noch ergänzender Befehl.

2.) Trennungslinie zwischen 14 b.J.D. u. 21.Rd. bildet die Linie 560-561-Waldecke 150 m nördl. 571. Die Wegnahme des Erdwerkes bei 561 fällt der 14. b. J. D. zu.

3.) Der Angriff wird in einem Zuge, von Nordost nach Südwest geführt. Zum Sturmreifschießen allein sind 14 Mörserbatterien u. 8 s.F.H.-Batterien bestimmt. Den Sturm unterstützen ausserdem die Feldartillerien der 14 b.J.D. u. der 21 Rd., u. 9 mittlere, 8 leichte Minenwerfer. Diese Feuermasse wird allmählich vor der vorgehenden Infanterie nach rückwärts verlegt, so daß sich das Feuer bis zum Angriffsziel immer mehr verdichtet. Sache der Infanterie ist es, dem eigenen Art. Feuer dicht auf zu folgen, so dass der Feind nicht zum Wiederaufleben kommt. Das Niederhalten der weiter südl. befindlichen Anlagen erfolgt durch 7 s.F.H., 3 Mrs., 7 schw. Flachf. Batterien u. durch Feldart.

4.) Artilleristische Vorbereitung:

1.Tag. Einschiessen u. Beginn des Zerstörungsschiessens. 2 Feuerüberfälle der schweren u. Feldart. Die zeitliche u. örtliche Regelung dieser Feuerüberfälle u. des Munitions-Verbrauches erfolgt durch den Gen. d. Fa. 5 entsprechend dessen Art. Befehl v. 26.8.16 Ia No. 222 geh (an 8.J.Brig. u. 23. F.A.R. ergangen).
2.Tag. Hauptzerstörungsschiesstag, drei Feuerüberfälle wie am 1.Tag.
3.Tag. Feuerüberfall der schweren Art. von x Uhr bis x Uhr 10 Minuten. An diesem Feuerüberfall beteiligt sich die Feldart. nicht.
Um x Uhr 10' Vorm. erfolgt der Einbruch der Infant. in die feindl. Stellung.

5.) Artilleristische Begleitung des Sturmes.
x Uhr 10' beginnt die schwere Artillerie ihr Feuer von 100 zu 100 m entsprechend beiliegender Skizze zu verlegen u. bleibt schliesslich auf der Linie 100 m nördlich 563-562-571-572-573 als Sperrfeuer liegen. Die zum Niederhalten der fdl. Anlagen bestimmten schweren Steilfeuer- u. Flachbahnbatterien eröffnen x + 10 Uhr schlagartig ihr Feuer. x Uhr 10' beginnt die Feldart. mit voller Kraft ihr Feuer Zielverteilung siehe Skizze 2) u. folgt mit 7 Batterien der schweren Art. bis in die neuen Sperrfeuerräume. Aufgabe: Niederhalten des Feindes bis zum Einbrechen unserer Infanterie. Je eine Batt. ist um die gleiche Zeit gegen Caillette-Graben u. Pfad zur Unterbindung der feindl. Beobachtung u. feindl. Verkehrs einzusetzen. Sturmabt. Rohr steht am Hardaumont zur Begleitung des Sturmes u. zur Sturmabwehr bereit.

Die 4 mittleren gegen 506-507 eingesetzten Minenwerfer beteiligen sich am Feuerüberfall von x Uhr bis x Uhr 10'. Die anderen Minenwerfer setzen mit dem Feuer x Uhr 10' ein. Feuerverteilung siehe Skizze 3. Begleitung des Angriffes entsprechend der Verlegung der Art. Das Feuer ist kurz vor dem Einbruch der Infant. zur höchsten Kraft zu steigern.

Nach Erreichung des Zieles beteiligen sich die leichten Minenwerfer an der Abwehr etwaiger feindl. Gegenangriffe. Einzelne leichte Minenwerfer sind zum gleichen Zwecke baldigst in die gewonnene Linie vorzubringen.

6.) Die Leitung des Infant. Angriffes wird dem Kdeur der 8.J.Brig. übertragen. Es stehen ihm hiezu zur Verfügung: 8.u.29.J.R. (einschl. III/R 79), ein Btl.u.die MGK 4. J.R.

Zum Sturm sind 2 Btle westlich ein Btl östlich der Souville Schlucht anzusetzen.

7.) Die Sturmausgangsstellung muß in der Nacht zum 1. Tage, die Stellung östl. der Souville Schlucht in der Nacht zum 2. Tage bezogen werden. Die zum Sturm bestimmten Truppen müssen durchweg in der Nacht vom 1. auf 2. Tag einrücken.

Die vordere Linie westl. der Souville Schlucht bleibt während des 1.-3. Tages geräumt; der Sturm erfolgt aus der Sturmausgangsstellung. Die geräumte vordere Linie ist durch Jnf.u.M.G.Feuer u. einzelne vorgeschobene Postierungen zu sichern. Nach der Räumung legt ausserdem die Feldart. ihr Sperrfeuer näher an die eigene Linie heran, so dass die vordere feindl. Linie im Sperrfeuerbereich liegt.

Die Übernahme der Stellung östlich der Souvilleschlucht regelt die 8. J.Brig. unmittelbar mit der anschliessenden Brig. 21.Rd. Zahlreiche Führer u. Einweisepersonal ist zu erbitten; das Verbindungsnetz muß besonders übernommen werden.

8.) Der Angriff erfolgt in rein südwestl. Richtung unter Aufrollung der in dieser Richtung ziehenden Gräben. Ein vorzeitiges Vorbrechen von Osten oder Westen her muß vermieden werden, um die Artilleriewirkung nicht vorzeitig auszuschalten. Die Jnf. muß demnach in Staffeln vorbrechen, um die Front nach Südwesten zu gewinnen. Die zeitliche Regelung ergibt sich aus der Feuerverlegung der Art. Hiebei ist das Antreten der Jnf. so frühzeitig anzusetzen, dass der Einbruch in die feindliche Stellung mit der Wegverlegung des Art.Feuers erfolgen kann. Antreten erst im Augenblicke der Feuerverlegung ist zu spät und lässt den Feind wiederaufleben.

Beim weiteren Vorgehen muss vor allem ein Hinunterlaufen u. Zusammendrängen in die Souvilleschlucht vermieden werden

Zum Aufrollen der Gräben, insbes. auch des Chapitre-Grabens von Nordwesten her sind besondere Truppe zu bestimmen. Für besondere Zwecke stellt ausserdem das Sturmbatl. Rohr 1 Flammenwerfr.trupp u. 2 Sturmtruppe zur Verfügung. Die 21.Rd. unterstützt das Vorgehen durch M.G. Feuer von der Souville Nase her u. schliesst sich zeitgerecht dem Angriff an.

Jn der Stellung sind Masch.Gew. zur Wirkung gegen sich zeigende lebende Ziele bereit zu halten.

Die 33. J.D. hält ausserdem südl. 534 Masch.Gew. zur Wirkung in südöstl. Richtung, die 21.Rd. M.G. nördl. 574 zur Wirkung in südwestl. Richtung gegen fdl. Gegenangriffe bereit.

9.) Jn die genommene Linie sind möglichst bald Masch.Gew. vorzubringen; vor allem ist der flankierende Einbau von Masch.Gew. in Linie 535-536a-538 vorzusehen.

10.) An Pion. stehen zur Verfügung
jedem Sturmbatl. 2 Züge
der 8.J.Brig. 2 Züge
zur Verfügung der Div. 1 Zug ( Schönwalder Lager).

11.) Die Div.Res.- RStab u. 2 Btle 4.J.R. trifft am 3.Tage 8⁰ Vorm. mit je 1 Btl. in Herbebois (1 Btl.) u. Grémilly (RSt. u. 1 Btl.) ein u. bleibt zu meiner Verfügung. Fernspr.Verbindg. Grémilly-Azannes ist durch Fspr.D.Zug sicher zu stellen.

12.) Jch befinde mich am 2. Tage 6⁰ Nachm. ab auf dem Div. Bef. Stand, Höhe 267 südöstl. Azannes.

Besondere Anordnungen.

1.) Die Festsetzung des 1.,2.u.3.Tages u. des Zeitpunktes x wird noch befohlen.

Die Uhrzeit wird vom 27.8. ab täglich Mittags u. Abds ausgegeben. Die am 2. Tage Mittags ausgegebene Uhrzeit ist die endgültig massgebende u. darf keinesfalls mehr geändert werden. Jn die vordere Linie muss die Uhrzeit durch gestellte Uhren gebracht werden.

2.) Um x Uhr u. 2 Stunden u. um 4° Nachm ist die erreichte Linie durch Abbrennen von Leuchtsatzfeuer kenntlich zu machen. Das Ausflaggen der erreichten Linie hat baldigst zu erfolgen. Für die Leuchtsatzfeuer sind besondere Truppe u. die Plätze schon vorher zu bestimmen

3.) Zur Verbindung erhält jedes der 3 Sturmbatle 8 Brieftauben. Der sonstige Meldeverkehr(Läuferketten,Lichtsignalpatronen,Leuchtsignalposten, Beobachtungs-u.Verbindungsoffze) ist nochmals sorgfältig nachzuprüfen u. nötigenfalls durch Verstärkung zu ergänzen. An die Verbindungsoffze der Div. ergeht gesonderte Weisung.

4.) Der Ausstattung mit Nahkampfmitteln, Signalmittel,Verpflegung u. Wasser ist besondere Aufmerksamkeit zu widmen. Der Kdeur der Pion. sorgt ausserdem für reichlichen Nachschub von Baumaterial.

5.) Angriffsziel u. Angriffszeiten müssen möglichst lange geheim gehalten werden. Insbesondere darf die Zeit nicht früher bekanntgegeben werden als zur sicheren Verständigung der Sturmtruppen nötig ist.

6.) Gefangenensammelstelle ist Azannes.

7.) Die 8. J.Brig. meldet baldigst die beabsichtigte Gliederung u. die zeitliche Regelung des Antretens, der Kdeur 23.F.A.R. die Durchführung des Einschiessens gegen die Angriffsziele.

Für die Richtigkeit:

gez. Rauchenberger.

Sperr.

Hptm. im Gen. Stab.

Verteilung:

8.J.Brig. 4 (hiezu 1 Art.Befehl)
23.FAR. 4 (hiezu 1 Art.Befehl)
Rgt.Richter 1
Rgt.Fritze 1
Kdeur d.Pi. 1
21.Rd. 2
33.Rd. 2
Alpenkorps (Gen.d.Fsc) 1
Gen.Kdo.XVIII.R.K. 2
Gen. d. Fsa 5 1
Fernspr.D. Zg. 1
Verbindungsoffze,je 1
Sturmbatl.Rohr 1
Res. 3

*Anhang 4 Abbildung 42: 27.08.1916, Div.-Bef. Nr. 1129: 14. b. I. D. unterstützt 21. R. D.*[88]

[88] KA: Infanteriebrigaden (WK)_945_46-48 (1674).

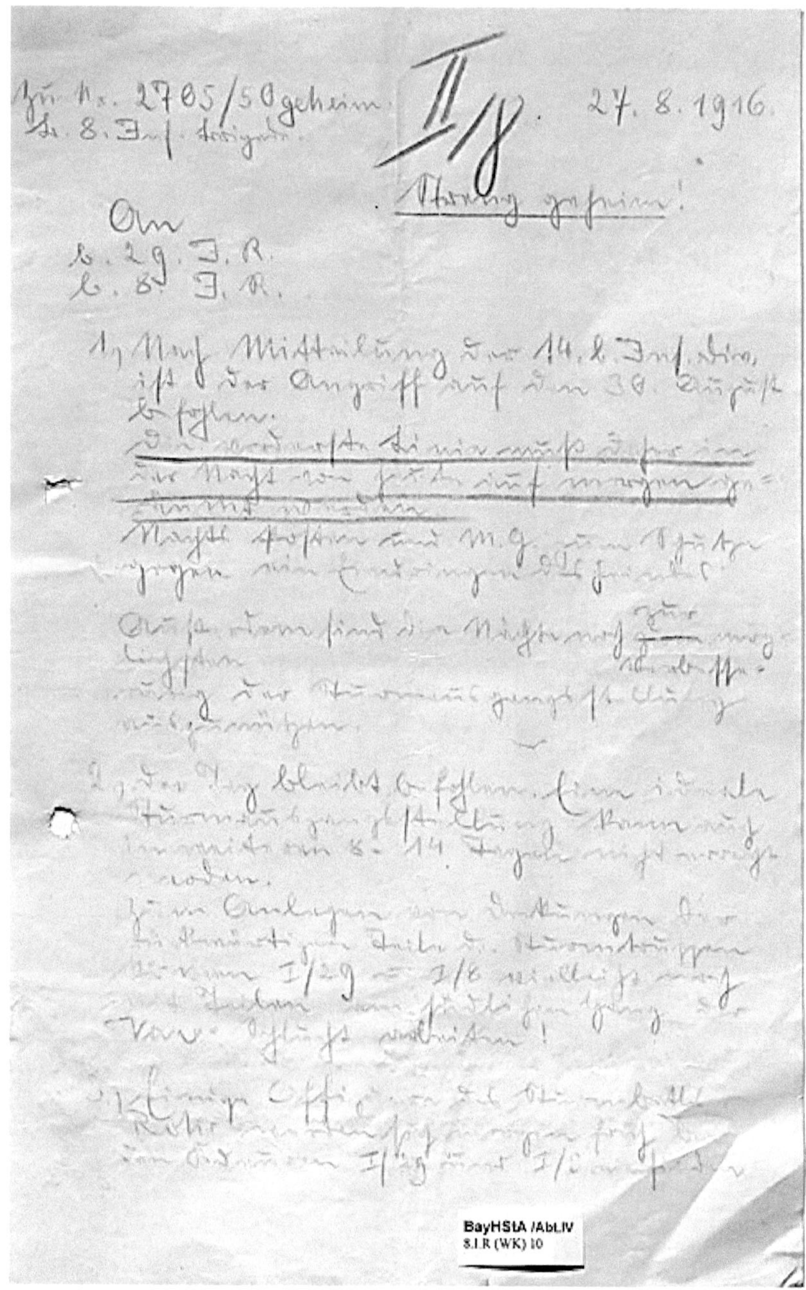

Zu Nr. 2705/50 geheim.
K. 8. Inf. Brigade.

II/8. 27. 8. 1916.

Streng geheim!

An
b. 29. I. R.
b. 8. I. R.

1) Nach Mitteilung der 14. b. Inf. Div. ist der Angriff auf den 30. August befohlen.

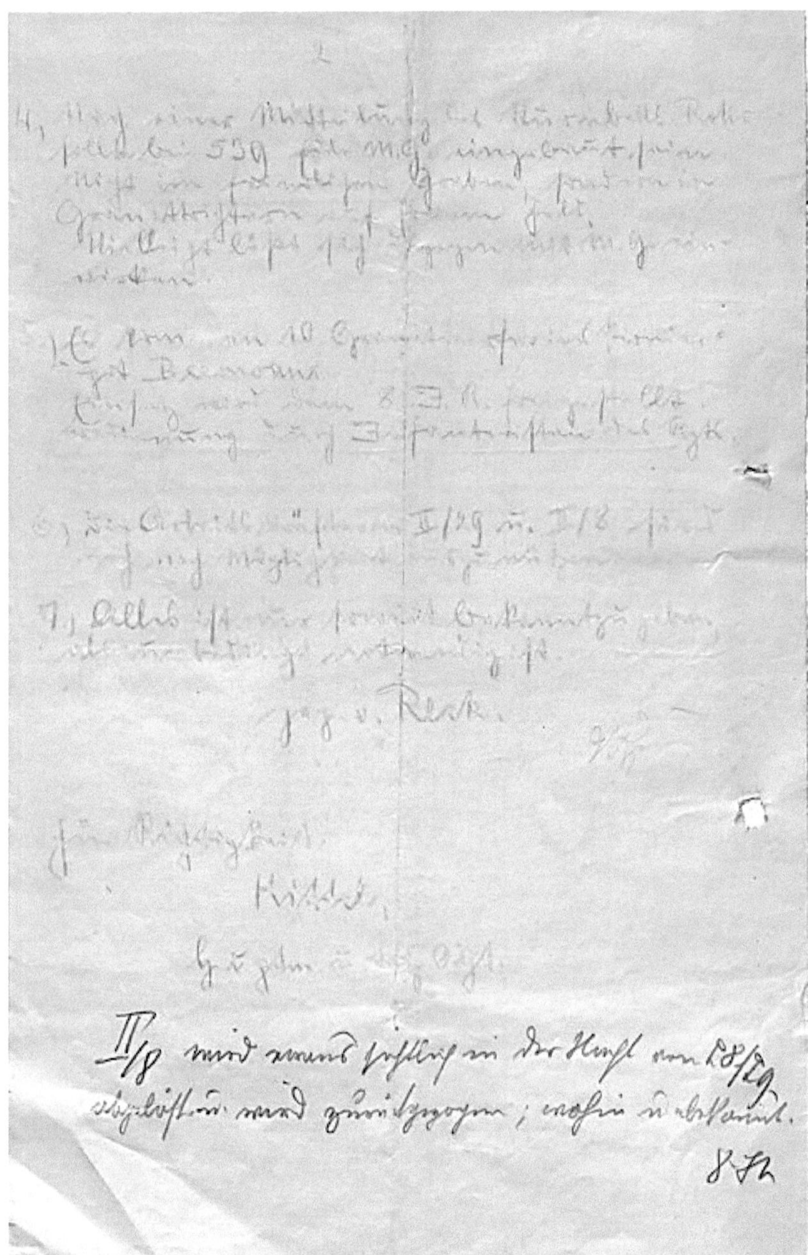

*Anhang 4 Abbildung 43: 27.08.1916, Befehl Nr. 2705/50 der 8. Inf.-Brig an 8. und 29. I.R. über den Beginn des Angriffs*[89]

[89] KA: 8. I.R._(WK)_10_165-166 (414).

*Anhang 4 Abbildung 44: 28.08.1916, Div.-Bef. über die Verschiebung des Sturmes*[90]

[90] KA: 8. I.R._(WK)_10_73 (414).

Nr 2788.
B. 8. Jnftr.-Brigade.

28. 8. 1916.

## Brigade-Befehl und besondere Anordnungen.

1.) <u>Tagesverlauf:</u>

Der gestrige Nachmittag und die Nacht sind verhältnismässig ruhig verlaufen.

Nur zeitweise war auf einzelne Stellen lebhafteres Artl.-Feuer gerichtet. Sperrfeuer wurde in der dunklen und regnerischen, vollkommen unsichtigen Nacht einmal im Brigade-Abschnitt angefordert.

Jn der Nacht von gestern auf heute wurden zumteil die vordersten Gräben im Brigade-Abschnitt und im linken Komp.-Abschnitt der 67. Jnf.-Brigade geräumt, um unserer Artl. Einschiessen und Wirkungsschiessen auf die feindl. gegenüberliegenden Gräben zu ermöglichen.

Zwischen 4 und 5[h] vormitt. französ. Patrouillen-Tätigkeit vor dem linken Flügel des 29. J.R. Die Patrouillen wurden mit Handgranaten vertrieben.

Am Vormittag und den heutigen Tag über Einschiessen und Wirkungsschiessen der schweren Artl. des XVIII. Res.-Korps und der Nachbar-Divisionen auf die feindl. Gräben und Anlagen vor der Front der Brigade.

Als Antwort belegt die französ. Artl. die vorderen Linien mit ziemlich starkem Feuer und legt Streufeuer und Feuerüberfälle auf das Gelände hinter den vorderen Linien.

2.) <u>Beabsichtigte Gliederung der Jnftr. morgen, 29. Aug.</u>

Verfügungstruppe der Bayer. 14. Jnf.-Div.: Bayer. 4. J.R. Stb., II., III. Billy, Jägerlager, III./8. Deutsch-Eck, M.G.K.8 " ".

Verfügungstruppe der B. 8. Jnf.-Brig.: II./29 (IV./Res.4) Neuer Wald, I./4 Herbébois, Gremilly, M.G.A.79 Neuer Wald.

| | Rechts. | | Links |
|---|---|---|---|
| Bereitschaften der Regimenter: | 1/2 III./Res.79 | Bezonvaux-Schlucht | 1/2 II./8 |
| | 1/2 III./Res.79 | Kasematten-Schlucht | 1/2 II./8. |
| Vordere Linie: | I./29 (1.Res.Jäg.) M.G.K. Res.Jäg.Btl. | | I./8, M.G.K. 4. |

3.) Jn der Nacht von heute auf morgen wird die M.G.K. 8 durch die M.G.K. 4 in vorderer Linie des 8. J.R. abgelöst. Die Gewehre werden zwischen beiden Abteilungen ausgetauscht, bleiben also in der Stellung.

Die M.G.K.8 rückt nach der Ablösung nach dem Lager Deutsch-Eck.

4.) Das Lebensmitteldepot der 14. Jnf.-Div. in der Bezonvaux-Schlucht ist nur als Reserve bestimmt für den Fall, dass die Verpflegung der vorderen Batlne. auf andere Weise versagt. Für ihre laufende Verpflegung haben die Batlne. durch ihre Verpflegungsorgane selbst zu sorgen.

Jch empfehle sehr, Mineralwasser aus der Mineralwasserfabrik XVIII. Res.-Korps aus Kantinenmitteln zu kaufen.

Aus dem Lebensmitteldepot der Division dürfen künftig Bestände aller Art nur gegen Anforderung und Empfangsbestätigung eines Regts.-Adeurs. abgegeben werden.

Das 8. J.R. stellt, wenn notwendig, dem Lagerverwalter zur besseren Beaufsichtigung eine kleine Wache ab.

Uffz Lambe 4/8

heute,
5.) III./8. ist auf Befehl der Division nach Deutsch-Eck gerückt.

6.) Das heute begonnene stärkere Schiessen unserer Artl. ist auf einige Tage aufgeschoben worden.
Die vorderen Linien sind wieder in der früheren Weise zu besetzen.
Der weitere Bau der Ausweich- und Sturmausgangsstellung ist mit allem Nachdruck fortzusetzen.

gez. v. Meck.

Für die Richtigkeit :

[illegible]

Hauptmann und Brigade-Adjutant.

*Anhang 4 Abbildung 45: 28.08.1916, Brig.-Bef. Gliederung, Lebensmittel-Depot III/8 nach Deutsch Eck*[91]

[91] KA: 8. I.R._(WK)_10_153-154 (414).

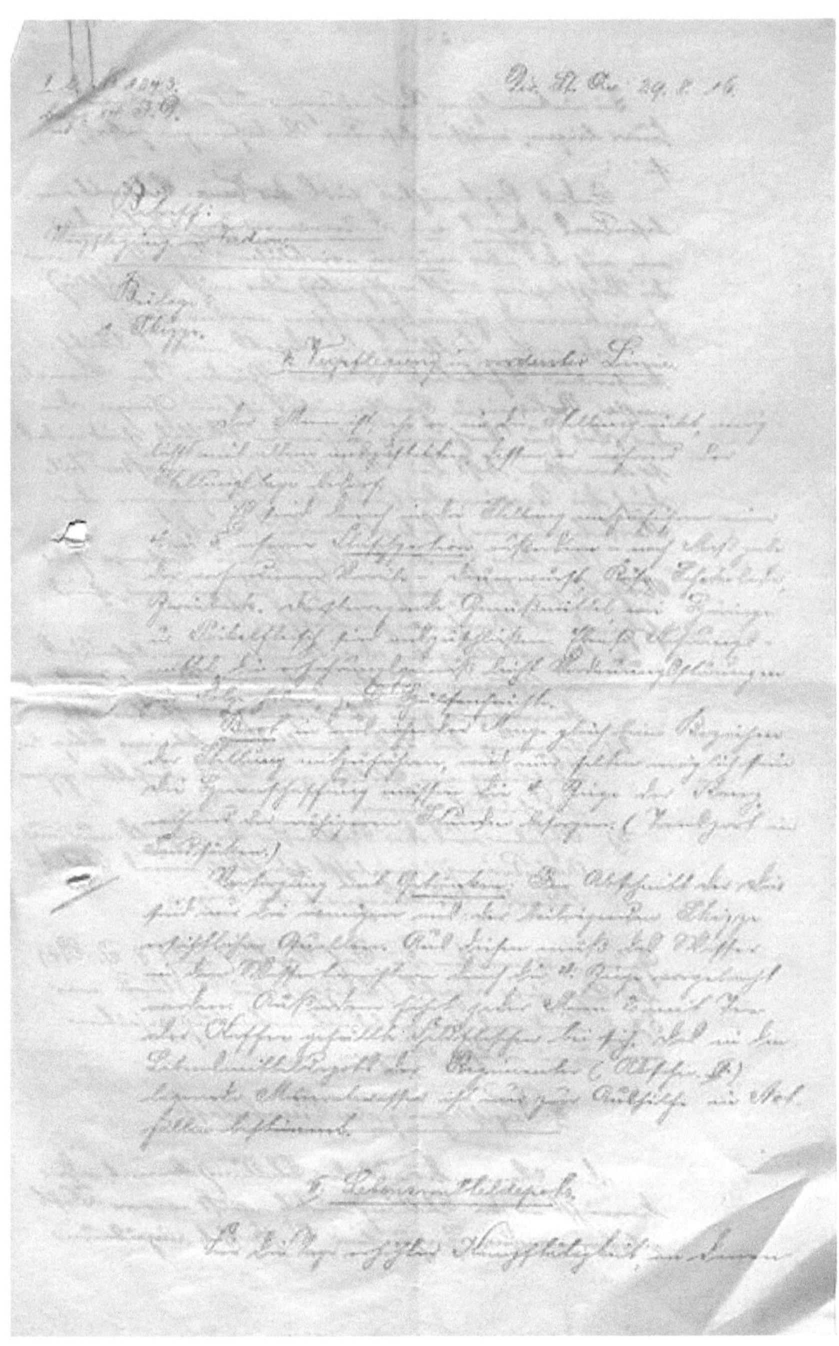

Div. St. Qu. 29. 8. 16.

Betreff:

Beilage:
1 Skizze.

4. Verpflegung in vorderster Linie.

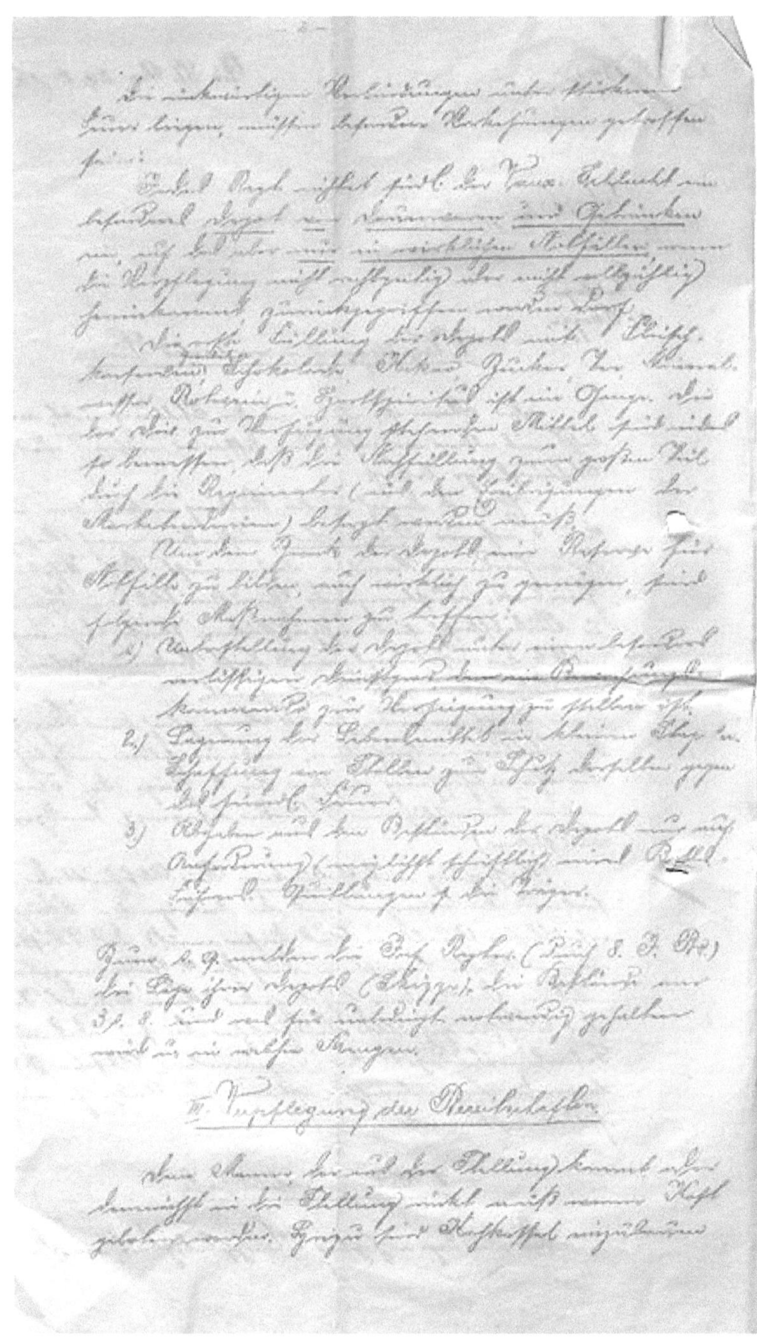

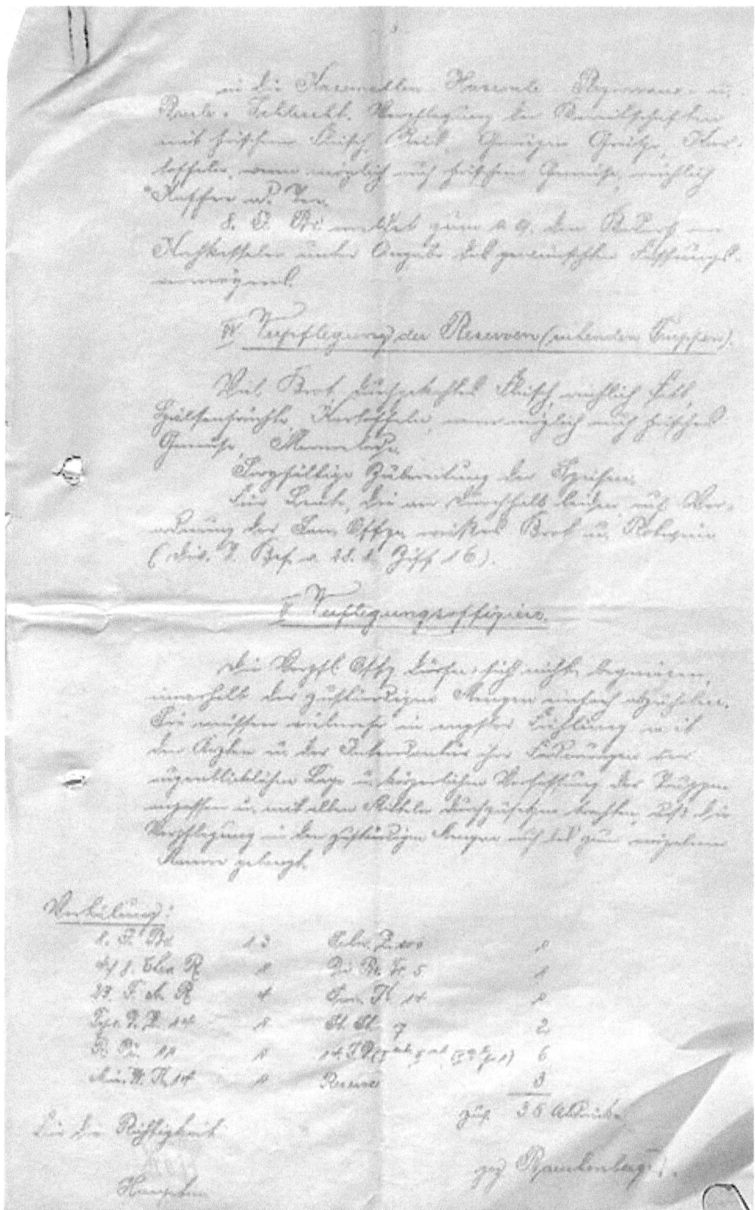

*Anhang 4 Abbildung 46: 29.08.1916, Befehl über die Verpflegung in vorderster Linie*[92]

[92] KA: 8. I.R._(WK)_10_143-145 (414).

8. Inftr.-Brig. 29. 8. 1916.
7,35 abends.

Brigade-Befehl.

1.) Nach Mitteilung des Gen.-Kdos. XVIII. R.K. ist der Feind auf dem linken Flügel der 33. Res.-Div. eingebrochen. Lage am rechten Flügel der 14. J.D. noch unbekannt.
Nach Mitteilung der Artl. hat das deutsche Sperrfeuer auf der ganzen Front von Fleury bis Chapitre-Wald eingesetzt. Unsere Inftr. hatte bis etwa 6,20 Abds. Sperrfeuer noch nicht dringend verlangt.

2.) Die Brig.-Reserven sind im Vorrücken begriffen:
I./4 in das Ornes-Lager, II./29 nach Azannes.

3.) Wenn es sich nach der Lage als notwendig erweisen sollte, d.h. wenn der Feind den linken Flügel der 33. J.D. oder den rechten Flügel der 14. J.D. eingedrückt hat, oder zwischen beiden vorgedrungen ist, wird die 8. Inf.-Brig. zum Gegenangriff ~~mong~~ in allgemein südwestlicher Richtung vorgehen und den linken Flügel dieses Gegenangriffs so weit ausdehnen, dass dabei die feindl. Stellungen in Linie 535 – 536a genommen werden. Der Anschluss an den linken Flügel der 33. J.D. ist bei dem Gegenangriff wieder herzustellen.

4.) Mit der Leitung wird der Kdeur. 29. J.R. beauftragt. Es werden ihm hierzu ~~die gesamten~~ Bereitschafts-Batl. ~~der beiden~~ Regtr. in der Kasematten-Schlucht und in der Hassoule-Schlucht sowie die dort noch zurückgehaltenen M.G. unterstellt.

5.) Das 23. Feld-Artl.-Regt. und die schwere Artl. sind angewiesen, ihr Sperrfeuer diesem Angriff anzupassen durch Verdichtung auf die Grabenpunkte 564, 563, 562, 539, 536.

6.) Wenn irgend möglich, ist ~~[illegible]~~ im Falle des Angriffs die Zeit seiner Durchführung hierher oder an die Artl., allenfalls mit Brieftauben, zu melden.

7.) An Ausscheidung einer Sicherheitsbesatzung auf der Riegelstellung Douaumont – Kolbenwald wird erinnert.

8.) Meldungen über Lage und Massnahmen bei beiden Regtrn. an die Brigade, sobald durchführbar.

gez. v. Heck.

Verteilung:
29. J.R., 8. J.R., I./4.

Für die Richtigkeit:
Kittel
Hauptmann und Brig.-Adjutant.

An II/8.
Die [illegible] in der Hassoule-Schlucht [illegible] in der Kasematten-Schlucht [illegible] Regts.-Geschäfts-Stand 9[20] Abends [illegible].
Die [illegible] II/8 bleibt [illegible] zum [illegible]. Die [illegible]

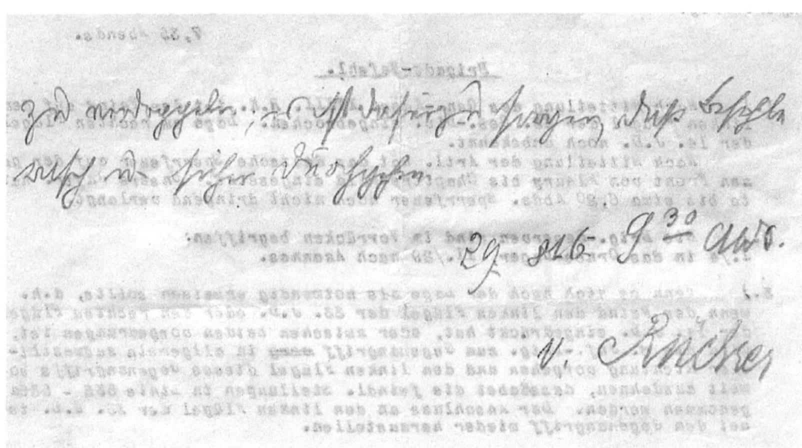

*Anhang 4 Abbildung 47: 29.08.1916, Brig.-Bef.: Feind auf linkem Flügel der 33. Res.-Div. eingebrochen*[93]

8. Infanterie - Regiment . 29. 8. 916.

R E G I M E N T S B E F E H L .

Jch habe heute die Führung des Regiments wieder übernommen.

Jch freue mich , wieder inmitten des Regiments zu sein und begrüsse herzlich alle Offiziere , Unteroffiziere und Mannschaften.

Jch möchte meiner Freude hauptsächlich dahin Ausdruck geben , gerade in dieser ereignisvollen , ernsten Zeit , in der jedermann ohne Unterschied des Ranges voll seinen Mann stellen muss , wieder an die Spitze des Regiments getreten zu sein.

Herrn Major FELSER spreche ich für die Führung des Regiments während meiner Erkrankung noch meinen besonderen Dank aus.

gez. v. Rücker .

*Anhang 4 Abbildung 48: 29.08.1916, Oberst v. Rücker übernimmt wieder das 8. I.R.*[94]

[93] KA: 8. I.R._(WK)_10_151-152 (414).
[94] KA: 8. I.R._(WK)_10_150 (414).

Abschrift.

Ia. Nr. [illegible]
14. b. J. D.

D. St. Qu. den 30. 8. 1916.

An

8. J. Brig. 23. F. A. R. Frspr.Dop.
Verbindungsoffiziere.

Bei dem gestrigen Angriff gegen den linken Flügel der 33. J.D. hat sich gezeigt, dass die Verbindung zur und von der vorderen Linie nicht rasch genug gearbeitet haben.

Es werden nunmehr eingerichtet:

1.) eine Beobachtungs- u. Meldesammelstelle auf der Höhe halbwegs Douaumont – Hardaumont. Das 23. F.A.R. bestimmt hiezu einen geeigneten, taktisch möglichst geschulten Beobachter mit Unterpersonal, der die Division über die taktischen Vorgänge im Div. Abschnitt über das 23. F.A.R. auf dem laufenden erhält. Die Läuferverbindung und Fernspr. Verbindung ist durch das 23. F.A.R. sicher zu stellen. Anlage der Fernspr. Verbindungen (Panzerkabel) mit Fernspr. Doppelzug. Die M.S.St. benützt zur Weitergabe von Meldungen ausserdem die Lichtsignalstation 320 – Romagne – Rücken.

2.) Eine Beobachtungs- u. Meldesammelstelle am Hardaumont. Besetzung durch einen Verbindungsoffizier der Div. mit Unterpersonal. Gleiche Aufgabe wie bei Ziffer 1. Läufer- u. Fernsprechverbindung durch 8. J.Brig. mit Fernspr. Doppelzug. Meldungen gehen über die Brigade. Der Beob. Posten benützt ausserdem die Lichtsignalstation Hardaumont – 307 nordöstl. Ornes und die Funkerstation Hardaumont zur Weitergabe von Meldungen.

Beide Meldesammelstellen melden – abgesehen von sofort zu erstattenden Meldungen – täglich 8 Uhr Vorm. u. 8 Uhr Abds. ihre Beobachtungen.

Die Verbindungen zu den Meldesammelstellen sind täglich von der 8. Inf. Brig. u. dem 23. F.A.R. durchzuprüfen.

Der bisherige Div. Beobachter tritt zur Verfügung der Meldesammelstelle Hardaumont. Ausrüstung der Meldesammelstellen mit Scherenfernrohren durch 23. F.A.R.

Beide Meldesammelstellen nehmen durch Läufer u. kleine Signallampen Verbindung miteinander auf, um sich gegenseitig in der Meldungsübermittlung ergänzen zu können.

Die Einrichtung ist sofort vorzunehmen, so dass sie bei der demnächstigen Unternehmung benutzbar ist.

Alle von vorne kommenden Meldungen gehen an die Meldesammelstellen, die für rasche Weitergabe zu sorgen haben. Vom rückw. kommande Befehle gehen ebenfalls an die Meldesammelstellen. Die Regler sorgen ihrerseits für Anschluss an die nächstgelegene Meldesammelstelle.

Die im Bau befindliche Lichtsignalstation vom Nordosthang des Chapitre – Waldes, die in Richtung Hardaumont leuchtet, ist am 2.9. zu besetzen, ebenso ist Personal zur Aufnahme der Lichtsprüche am Hardaumont einzusetzen. (Fspr. Dppzg.) Verbindung der am Nordhang des Chapitre – Waldes befindl. Batlsführer zur Signalstation ist herzustellen.

Der rasche Ausbau des Signalunterstandes ist mit allen Kräften zu fördern.

Das östlich der Souville – Schlucht eingesetzte Batl. nimmt an den Verbindungen der 21. R.D. teil und meldet baldigst in welcher Weise die Verbindung nach rückwärts gesichert ist.

Die Verbindung über den Vauxgrund muss sorgfältigst geregelt werden. Fernspr. Verbindungen sind auf den verschiedensten Wegen zu legen. Umwege u. Legen einer grösseren Anzahl von Verbindungen erhöhen die Möglichkeit, den Fernsprechbetrieb aufrecht zu erhalten.

Das gleiche gilt von den Läuferketten. Wenn die Läuferverbindung über den Caillette - Rücken besondere Schwierigkeiten macht, so muss gesucht werden, die Kette auf Umwegen zu führen. Aushilfe mit Handsignallampen, Flaggenzeichen, akustischen Signalen ist vorzusehen. Es ist ferner unerlässlich, dass mit der Beaufsichtigung der Läuferketten eine ausreichende Anzahl von Offizieren beauftragt wird.

Nach Möglichkeit werden ferner täglich Brieftauben (etwa 4 pro Batl.) vorgebracht. Falls keine besonderen Ereignisse die sofortige Absendung nötig machen, sind sie am Abend kurz vor der Dämmerung u. am Morgen (möglichst nach Eintreffen der nächsten Tauben) mit Meldung über die Lage abzusenden.

Eine weitere Notwendigkeit ist die Aufrechterhaltung der seitlichen Verbindung - Regimenter, Batl. Kompagnien - um über die gegenseitige Lage stets auf dem Laufenden zu bleiben. Hierdurch wird auch am besten die gegenseitige Unterstützung in der Zurückbeförderung von Meldungen erreicht.

Jch verweise schliesslich auf die Notwendigkeit, bei feindl. Kampftätigkeit Meldungen aus der vorderen Linie zurückzuschicken, auch wenn der eigene Abschnitt nicht angegriffen wird. Das Erkennen, wo die Flügel eines feindl. Angriffes angesetzt sind, ist ein wesentliches Hilfsmittel für die Führung.

Ebenso müssen die rückwärtigen Befehlsstellen möglichst bald bei erhöhter feindl. Kampftätigkeit Offizierspatrouillen vorsenden.

Für die Richtigkeit:

gez. Rauchenberger.

gez. Sperr.

Hauptmann & Gen. St. Offz.

K.b. 8. Inf. Brigade Nr. 2827 Vervielfältigt und verteilt, wie Brigade - Befehl.

31. 8. 1916.

gez. von Reck.

*Anhang 4 Abbildung 49: 30.08.1916, Div.-Bef. Nr. 1289 an 8. I.R über den „gestrigen Angriff“*[95]

[95] KA: 8. I.R._(WK)_10_128-129 (414).

Nr 2820.
8. b. Inftr.-Brigade.

30. 8. 1916.

An
das K. 4., 8. und 29. J.R.

Betreff:
Verpflegung während des Einsatzes vor Verdun.

Zusätze zur Div.-Verfg. v.29.8.16 Ib Nr 1243/.

Allgemeines:

Die Verpflegungsorgane der Batlne. müssen durch entsprechenden Empfang dafür sorgen, dass, soweit irgend möglich, in der Kost der Truppen einige Abwechselung eintritt. Sie haben hierbei die von der 14. J.D. angegebenen Gesichtspunkte nach Möglichkeit durchzuführen.

Das 29. J.R. empfängt im Pionierpark Azannes 30 Wassertornister für I./29, das 8. J.R. 30 Wassertornister für I./8 und 30 Wassertornister für III./8., ebenso 10 Wassertornister Ueberschuss.

Die Wassertornister sind ausschliesslich für die Versorgung der vordersten Batlne. mit Wasser bestimmt, gehören zu den Stellungen und sind bei Ablösung in der Stellung den nachfolgenden Truppenteilen zu übergeben.

Das III./8 nimmt seine 30 Wassertornister in die von ihm zu übernehmende Stellung östlich der Souville-Schlucht mit und übergibt sie bei späterer Ablösung ebenfalls an den nachfolgenden Truppenteil.

Das 8. J.R. lässt die 10 ausserdem noch empfangenen Wassertornister im Pionierpark Bezonvaux niederlegen; sie dienen hier als Vorrat bei etwaigem Ausfall.

Die Fürsorge für die Truppen verlangt, dass die Wassertornister stets sorgfältig behandelt werden und dass ihrem Verlust durch geeignete Massnahmen der Regtr. vorgebeugt wird. Verluste durch Unachtsamkeit müssen möglichst ausgeschlossen werden.

Zu II. der Div.-Verfg.

Mit der Errichtung der von der Division befohlenen Regts.-Depots südlich der Vaux-Schlucht wird das bisherige Lebensmittel-Depot der Division in der Bezonvaux-Schlucht aufgelöst und werden diese Bestände in die Lebensmittel-Depots der Regtr. aufgeteilt. Den Regtrn. bleibt es überlassen, an geeigneter Stelle weiter rückwärts Zwischendepots anzulegen, bis zu denen die Lebensmittel mit Fahrzeugen gebracht werden können. Brigade-Befehl vom 28.8.16 Ziffer 4 tritt ausser Kraft. Die Inftr.-Regtr. legen die von der Division verlangte Meldung über die Lage ihrer Depots, die Bestände am 31.8. und den notwendigen Ergänzungsbedarf zum 31. 8. Abds. an die Brigade vor.

Zu III. der Div.-Verfg. Schlussatz:

Meldung der Regtr. zum 31. Abds.

Zu V. der Div.-Verfg.:

Die Verpflegungsoffiziere haben sich den Vollzug dieser Bestimmungen besonders angelegentlich sein zu lassen.

gez. v. Reck.

Für die Richtigkeit :
Kiffler
Hauptmann und Brig.-Adjutant.

*Anhang 4 Abbildung 50: 30.08.1916, Brig.-Bef. Nr. 2820 über die Verpflegung während des Einsatzes vor Verdun*[96]

[96] KA: 8. I.R._(WK)_10_146 (414).

*Anhang 4 Abbildung 51: 30.08.1916,* ***Zusatz des Kommandeurs auf der Rückseite des Brigadebefehls Nr. 2820***[97]

[97] KA: 8. I.R._(WK)_10_147 (414).

Abschrift. *Beilage 1 z. Gef. Ber.*

N°2824/61 geheim. 30. 8. 16.

8.B.Jnftr.-Brigade.

Geheim !

Nicht in die vorderste Linie

mitnehmen.

Brigade - Befehl.

für den 1.,2.,3. Tag.

Zu Div.-Befehlen der 14.J.D. vom 27.8.16.N° 1129 Ia geheim,1160 Ia, vom 28.8.16.N°1207 Ia.

1.) Befehl über die Bestimmung des 1.,2.und 3.Tages sowie der Stunde x erfolgt noch. Voraussichtlich wird der 1.Septbr.der 1.,der 2.Septbr. der 2.,der 3.Septbr.der 3.Tag.

2.) Truppeneinteilung:

a - Sturmtruppen: II/4.mit M.G.K.79
III/4.mit M.G.K. 4
III/8.mit M.G.K. 8

b - Bereitschaften: III/Res.79 und
I/4 zur Verfügung des B.4.J.R.,je zur Hälfte in der Kasemattenschlucht und in der Hassoule-Schlucht,
II/29 zur Verfügung des 8.J.R.im neu übernommenen Abschnitt des 8.J.R.,in Stellung 508, 556 nahe der Souville-Schlucht,südl.des Vaux-Teiches und im Werk Hardaumont-West.

c.- Brigade Reserven: II/8 Bezonvaux - Schlucht,
M.G.K.1.Res.Jäg.Batl.: Bezonvaux - Schlucht.

d - Div.-Reserven: Führer Major Aschauer,Herbebois.
I/8 im Ornes - Lager
I/29 im Herbebois und in Gremilly.

3.) Zum Sturmangriff stellen sich in der Nacht vom 1. auf 2. Septbr. bereit:

II/4. im bisherigen Regts.-Abschnitt 29.J.R.,mit linken Flügel in den bisherigen Abschnitt des 8.J.R.übergreifend,unter das "e" des Wortes "Chapitre"auf Karte 1 : 5000.

III/4. von da bis zur Souville - Schlucht.

III/8. östl. der Souville - Schlucht zwischen der Linie 560 - 561. III/8 gewinnt seine Gliederung erst in der Nacht vom 2. auf den 3. Tag,d.i. voraussichtlich vom 2. auf 3. September.

M.G.K.79 bei II/4.,
M.G.K. 4 bei III/4.,
M.G.K. 8 bei III/8.

Die vordersten Gräben im Gefahrbereich unseres Artl.-Vorbereitungsfeuers sind seit der Nacht auf den ersten Tag ( voraussichtlich 1.September ) geräumt,jedoch durch Jnf.-Posten und M.G. gegen feindl.Eindringen unbedingt zu sichern.

Bei II/4. ist die Bereitstellung an den Stellen zu verdichten, von denen aus der Angriff auf Graben 535 - 536a und auf den feindl. Graben südwestl. 506 zu führen ist.Bereitstellung möglichst so,dass beim Vorbrechen nicht wesentlich von der graden ~~Linie~~Richtung abgegangen werden muss.

4.) Das I/29. ist in der Nacht vom 1. auf 2. Septbr. durch II/4.in der vordersten Linie abgelöst;es rückt bis zum 3. Tage,d.i. voraussichtlich 3. Septbr.,6 Uhr vorm. nach den Herbebois und nach Gremilly.

5.) Das I/8. ist nach der Ablösung aus vorderer Linie durch III/4. in das Ornes - Lager gerückt. Es bleibt dort.

6.) III/8. zieht zu seiner Bereitstellung am frühen Morgen des 3. Tages, d.i. voraussichtlich des 3. Septbr., seine letzte Kompagnie aus der Stellung 508 - 548 nach vorne.

Das II/29. rückt dafür bis zum Hellwerden mit einer Kompagnie aus dem Nordlager der Bezonvaux - Schlucht in die Bereitschaftsstellung im Graben 508 - 548 ein. Gleichzeitig geht sein Batls. Stab dahin vor.

7.) Das II/8. rückt am Morgen des 3.9. von Herbebois und Gremilly nach der Bezonvaux - Schlucht und ist hier bis 6 Uhr Vormittags eingetroffen und untergetreten.

8.) Die M.G.K 1. Res. Jäg. Batls. ist in der Nacht vom 1. auf 2. Sept. nach der Ablösung aus vorderster Linie in das Lager Neuer Wald gerückt. Sie rückt am frühen Morgen des 3.9.16 nach der Bezonvaux - Schlucht und ist hier um 6 Uhr eingetroffen.

9.) Befehl über Zuteilung von Pionieren folgt; es erhält jedes Batl. in vorderster Linie 2 Züge.

10.) Zum Angriff gegen die von der Div. bezeichneten Ziele: Grabensystem bei 535 - 536a - 538, Steinbruchgraben, Chapitre-Weg gehen aus ihren Bereitstellungen in südwestl. Richtung vor:
4.J.R. mit II/4., linker Flügel etwa entlang Linie : 150 m. westlich 506 - 538.
mit III/4 rechts der Tiefenlinie der Souville - Schlucht.
8.J.R. mit III/8., links der Tiefenlinie der Souville - Schlucht. Linker Flügel entlang Linie 560 - 561 - Waldeck 150 m. nördl. 571.
Links des III/8 greifen Teile der 33. Res. Div. (J.R. 364.) den etwa 150 m. langen Ostteil des Chapitre - Weges an. 561 fällt zur Wegnahme dem 8.J.R. zu.

11.) Die Sturm - Bataillone gliedern sich zum Angriff tief in mehrere Wellen.
Das Vorbrechen erfolgt genau in den zugewiesenen Angriffssteifen; die in südwestl. Richtung ziehenden feindl. Gräben sind in dieser Richtung aufzurollen.

Vorgehen nach der Tiefe der Schlucht hinunter und Zusammenballen muss vermieden werden.

Von den zugeteilten Pionieren gibt bei jedem Batl. 1 Zug die Sturmtrupps an die zweiten Wellen der Kompagnien, der Rest dieses Zuges ist als Pionier - Reserve bei den Komp.-Führern der vorderen Kompen. aufgeteilt. Der andere Zug Pioniere ist bei den Batls. Führern der Jnfanterie als Reserve.
Aufgabe : Einsatz gegen feindl. Anlagen, mit deren Besatzung die zuerst vorgegangenen Teile nicht fertig geworden sein sollten. Verwendung beim Umbau der feindl. Stellung.

12.) Der Sturmangriff der Jnfanterie bricht so vor, dass er dem feindwärts verlegten Artl.- Feuer dicht auf folgt.

Das III/4 beginnt und tritt mit den vordersten Wellen seiner vorderen Kompn. vor x Uhr 10 Minuten gleichzeitig auf seiner ganzen Linie an.

Die Zeit vor x Uhr 10 Minuten ist vom Batls.-Führer so festzusetzen, dass die Jnftr. um x Uhr 10 Minuten die rückwärtige Grenze des eigenen Artl.-Feuers erreicht hat.

Das weitere Vorgehen der vordersten Wellen III/4. richtet sich ebenfalls nur nach dem Vorverlegen des eigenen Artl. Feuers, dem stets dicht auf zu folgen ist und mit dem die weiteren feindl. Gräben erreicht sein müssen.

Das II/4. bricht in Staffeln vom linken Flügel aus vor. Seine ersten Wellen müssen um x Uhr 14 Minuten die rückwärtige Grenze des eigenen Artl. Feuers etwa im linken Teile der Linie 502 -507a erreicht haben und von da hinter dem eigenen Artl. Feuer dicht auf unaufhaltsam vordringen. Die weiter rechts befindlichen Teile des II/4 brechen in ihrer Angriffsrichtung vor, kurz bevor die ~~anderen~~ die vorher angetretenen Teile in ihrer Höhe gekommen sind. Das ganze Batl. bleibt dicht hinter dem Artl. Feuer in unaufhaltsamen Vordringen.

Das III/8 beginnt das Vorbrechen mit seinen der Kiesgrube zunächst liegenden Teilen so, dass sie um x Uhr 18 Minuten die rückwärtige Grenze des eigenen Artl.-Feuers etwa in Linie 503 - 560 erreichen.

Die weiter links bereitgestellten Teile des III/8 brechen in ihrer Angriffsrichtung vor, kurz bevor die vorher angetretenen Teile in ihrer Höhe gekommen sind.

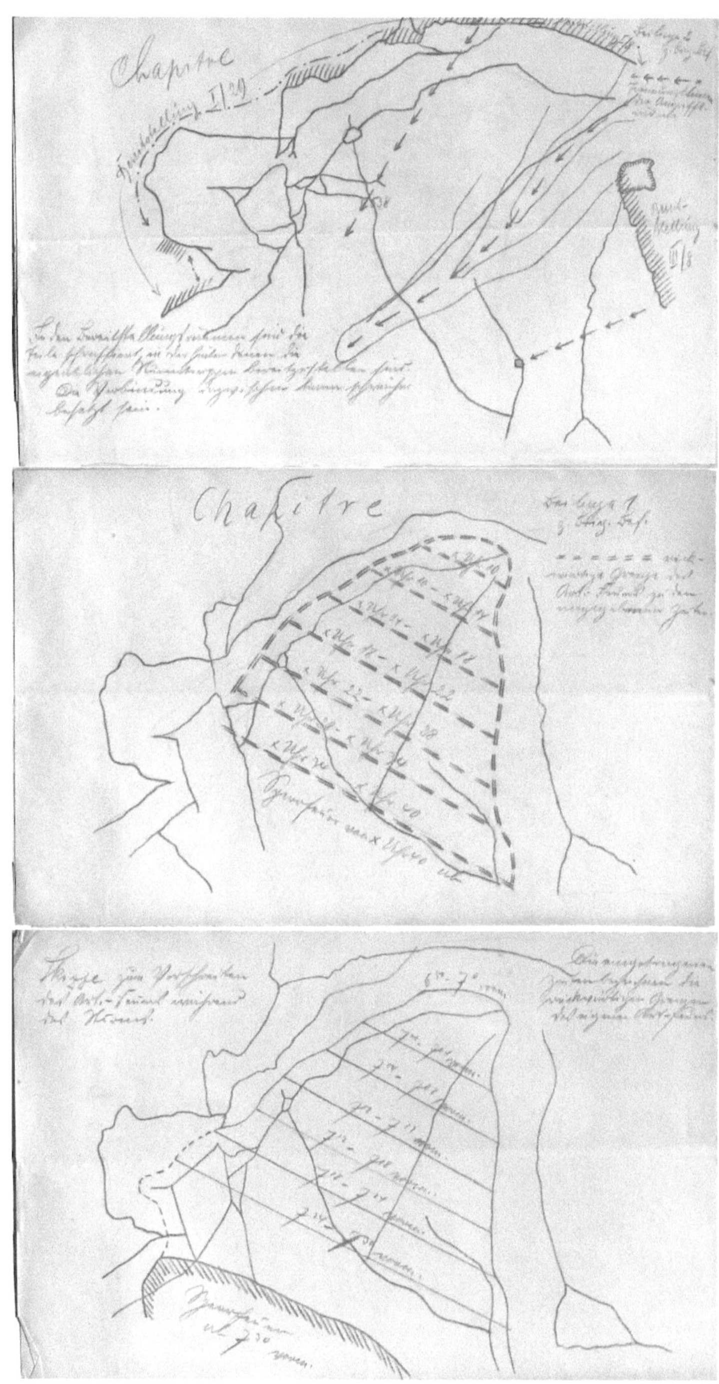
Chapitre
Chapitre

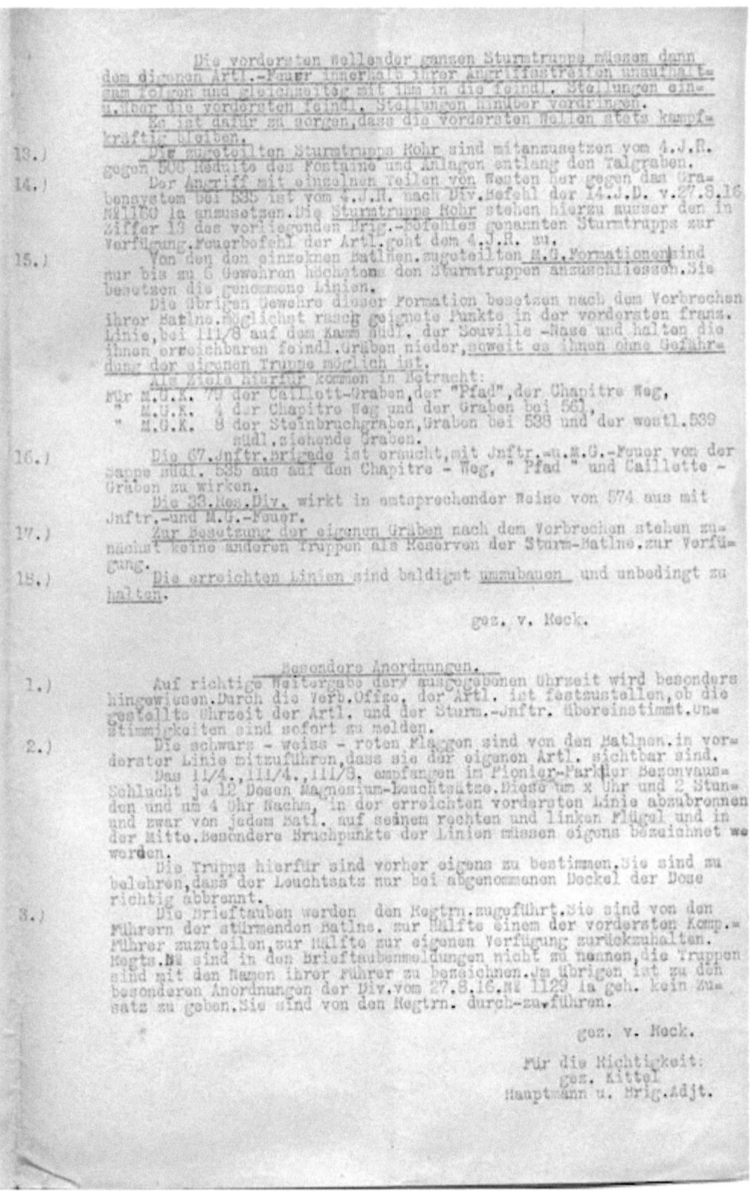

Die vordersten Wellen der ganzen Sturmtruppe müssen dann dem eigenen Artl.-Feuer innerhalb ihrer Angriffsstreifen unaufhaltsam folgen und gleichzeitig mit ihm in die feindl. Stellungen ein- u. über die vordersten feindl. Stellungen hinüber vordringen.

Es ist dafür zu sorgen, dass die vordersten Wellen stets kampfkräftig bleiben.

13.) Die zugeteilten Sturmtrupps Rohr sind mitanzusetzen vom 4.J.R. gegen 506 Reduite des Fontaine und Anlagen entlang den Talgraben.

14.) Der Angriff mit einzelnen Teilen von Westen her gegen das Grabensystem bei 535 ist vom 4.J.R. nach Div.Befehl der 14.J.D. v.27.8.16 №1160 Ia anzusetzen. Die Sturmtrupps Rohr stehen hierzu ausser den in Ziffer 13 des vorliegenden Brig.-Befehles genannten Sturmtrupps zur Verfügung. Feuerbefehl der Artl. geht dem 4.J.R. zu.

15.) Von den den einzelnen Batlnen. zugeteilten M.G.Formationen sind nur bis zu 6 Gewehren höchstens den Sturmtruppen anzuschliessen. Sie besetzen die genommene Linien.

Die übrigen Gewehre dieser Formation besetzen nach dem Vorbrechen ihrer Batlne. möglichst rasch geeignete Punkte in der vordersten franz. Linie, bei III/8 auf dem Kamm südl. der Souville-Nase und halten die ihnen erreichbaren feindl. Gräben nieder, soweit es ihnen ohne Gefährdung der eigenen Truppe möglich ist.

Als Ziele hierfür kommen in Betracht:
Für M.G.K. 79 der Caillett-Graben, der "Pfad", der Chapitre Weg,
" M.G.K. 4 der Chapitre Weg und der Graben bei 561,
" M.G.K. 8 der Steinbruchgraben, Graben bei 538 und der westl. 539 südl. ziehende Graben.

16.) Die 67.Jnftr.Brigade ist ersucht, mit Jnftr.-u.M.G.-Feuer von der Sappe südl. 535 aus auf den Chapitre - Weg, " Pfad " und Caillette - Graben zu wirken.

Die 33.Res.Div. wirkt in entsprechender Weise von 574 aus mit Jnftr.-und M.G.-Feuer.

17.) Zur Besetzung der eigenen Gräben nach dem Vorbrechen stehen zunächst keine anderen Truppen als Reserven der Sturm-Batlne. zur Verfügung.

18.) Die erreichten Linien sind baldigst umzubauen und unbedingt zu halten.

gez. v. Meck.

Besondere Anordnungen.

1.) Auf richtige Weitergabe der ausgegebenen Uhrzeit wird besonders hingewiesen. Durch die Verb.Offze. der Artl. ist festzustellen, ob die gestellte Uhrzeit der Artl. und der Sturm.-Jnftr. übereinstimmt. Unstimmigkeiten sind sofort zu melden.

2.) Die schwarz - weiss - roten Flaggen sind von den Batlnen. in vorderster Linie mitzuführen, dass sie der eigenen Artl. sichtbar sind.

Das II/4., III/4., III/8. empfangen im Pionier-Park der Bezonvaux-Schlucht je 12 Dosen Magnesium-Leuchtsätze. Diese um x Uhr und 2 Stunden und um 4 Uhr Nachm. in der erreichten vordersten Linie abzubrennen und zwar von jedem Batl. auf seinem rechten und linken Flügel und in der Mitte. Besondere Bruchpunkte der Linien müssen eigens bezeichnet werden.

Die Trupps hierfür sind vorher eigens zu bestimmen. Sie sind zu belehren, dass der Leuchtsatz nur bei abgenommenen Deckel der Dose richtig abbrennt.

3.) Die Brieftauben werden den Regtrn. zugeführt. Sie sind von den Führern der stürmenden Batlne. zur Hälfte einem der vordersten Komp.-Führer zuzuteilen, zur Hälfte zur eigenen Verfügung zurückzuhalten. Regts.№ sind in den Brieftaubenmeldungen nicht zu nennen, die Truppen sind mit den Namen ihrer Führer zu bezeichnen. Im Übrigen ist zu den besonderen Anordnungen der Div. vom 27.8.16. № 1129 Ia geh. kein Zusatz zu geben. Sie sind von den Regtrn. durch-zu-führen.

gez. v. Meck.

Für die Richtigkeit:
gez. Kittel
Hauptmann u. Brig.Adjt.

*Anhang 4 Abbildung 52: 30.08.1916, Brigade-Angriffsbefehl für die ersten 3 Tage*[98]

[98] KA 8. I.R. (WK)_Bd.13_08-13 (511) (mit 3 Skizzen, 1 Angriffs-Richtung u 2 Artillerie-Zeitskizzen; diese sind inhaltlich ident. mit den Skizzen des Brig.-Befehls vom 27.08.1916; KA: 8. I.R._(WK)_10_159-164 (414)); ident. KA: 8. I.R._(WK)_10_133-138 (414) und KA: Infanterie-Divisionen-(WK)_5702_13-18 (111) (ohne Skizzen).

Nr 2823/60 geheim. 30. 8. 1916.

4. B. Inftr.-Brigade.

Geheim !

Nicht in die vorderste Linie mitnehmen !

Brigade-Befehl Nr 2.

1.) Auf Befehl der 14. Inf.-Div. übernimmt das 4. B. J.R. am 2.9.16 den Befehl über die bisherigen Regts.-Abschnitte des B. 29. und des B. 8. J.R. Das B. 8. J.R. übernimmt am gleichen Tage den Befehl über den links angrenzenden Abschnitt (s. Brig.-Befehl v. 30.8. Nr 2822/59 geheim). Der Kdeur. 29. J.R. wird für kurze Zeit von der Division anders verwendet (s.Brig.-Bef. v.30.8.16 Nr 2824/61 geheim).

2.) Befehlsübernahme durch den Stab 4. J.R. in der bisherigen Befehlsstelle des 8. J.R. in der Bezonvaux-Schlucht am 2. 9., 8 Uhr vormittags.

3.) In der Nacht vom 1. auf 2. Septbr. werden die vorderen Batlne. der bisherigen Regts.-Abschnitte des 29. und des 8. J.R. abgelöst: im Abschnitt des 29. J.R. das I./29. (1. Res.-Jäg.-Batl.) durch das II./4., die M.G.K. Res.-Jäg.-Btls. durch die M.G.K. 79, im Abschnitt des 8. J.R. das I./8. durch das III./4. Die M.G.K. 4 bleibt in diesem Abschnitt in vorderster Linie eingesetzt.

Die Ablösung in beiden Abschnitten wird vom Kdeur. 29. und vom Kdeur. 8. J.R. geleitet. Diese bestimmen die Ablösungszeit und sorgen dafür, dass die in die Stellung neu einrückenden Batlne. richtig geführt werden. Einweisungs-Kdos. sind vorausgegangen.

4.) Am 1. 9. rücken in den Morgenstunden das III./4. vom Jäger-Lager nach dem Ornes-Lager, das II./4 von Billy nach Azannes. Sie melden ihr Eintreffen hier an den Kdeur. des betreffenden Regts.-Abschnitts und an die Brig.-Befehlsstelle durch Fernsprecher.

M.G.K. 79 trifft am Vormittag im Ornes-Lager ein.

5.) Das weitere Vorführen erfolgt in der Nacht vom 1. auf 2. Septbr durch die Kdeure. 29. und 8. J.R.

\- 2 -

6.) Das I./29 rückt nach der Ablösung nach Azannes, das I./8. nach dem Ornes-Lager. Die M.G.K. 1. Res.-Jäg.-Btls. nach dem Lager Azuer Wald.

7.) Die Masch.-Gewehre der M.G.K. 1. Res.-Jäg. und der M.G.K. 79 sind nach Anordnung des 29. J.R. auszutauschen, die Bedienungsmannschaft der Luftabwehr-Gewehre von der M.G.K. 79 rückt am 1.9. Vorm. zur M.G.K. 79 ein, die Luftabwehr-Gewehre sind am 1.9. Vorm. von dem zurückgebliebenen Teil der M.G.K. 4 (Lager Deutsch-Eck) zu besetzen und am 2.9. Nachm. von Gewehrführern und Mannschaften der M.G.K. Res.-Jäg. zu übernehmen, womöglich von den gleichen Leuten, die früher zu ihrer Bedienung kommandiert waren. Die Besetzung des Luftabwehr-Gewehres in der Bezonvaux-Schlucht ist vom 29. J.R. gesondert zu regeln.

8.) Das 29. J.R. lässt dem II./4. am Vormittag des 1.9.16 200 Stahlhelme des III./79 oder II./29 nach Azannes bringen und dort übernehmen. In gleicher Weise gibt das 8. J.R. aus den Beständen des I./4. oder II./8. an das III./4. 200 Stahlhelme im das Ornes-Lager ab. Die von Teilen des 29. J.R. oder des 8. J.R. an II./4. und III./4. gelieferten Stahlhelme sind später vom 4. J.R. den beiden Regtrn. zurückzugeben.

9.) Das 29. und das 8. J.R. sorgen für gründlichste Einweisung der neu einrückenden Batlne. und dafür, dass von diesen [illegible] auch in der Nacht vom 1. auf 2. Septbr. die Bereitstellungen in der Ausweichstellung eingenommen werden. Vergleiche Brig.-Befehl vom 30. 8. 16 Nr 2824/81 geheim.

10.) Das III./79 und das I./4. werden nicht abgelöst, sondern bleiben in Bereitschaft der beiden Regts.-Abschnitte.

11.) Soweit notwendig, sind vom 29. und vom 8. J.R. die Fernsprechverbindungen derart zu ändern, dass das 4. J.R. bei Befehlsübernahme nach Ziffer 1 fertige Verbindungen vorfindet. Die Läuferketten sind vom 29. und 8. J.R. ebenfalls entsprechend vorzubereiten. Die bleiben ohne Ablösung stehen. Ablösung der Läuferketten im bisheri-

- 3 -

gen Abschnitt des 8. J.R. durch Leute des 4. J.R. findet erst nach dem 4. Septbr. statt.

12.) Den Batlnen. des 4. J.R. ist alles zu übergeben, was zur Stellung gehört: Munition, Nahkampfmittel usw. Uebergabe von Karten-Skizzen, Fliegerbildern und dergleichen ist schon befohlen.

13.) Soweit noch möglich, sind die Vorräte an Nahkampfmitteln, Leucht-Munition, Signalpatronen usw., namentlich in vorderster Linie, vom 39. und 8. J.R. noch zu ergänzen.

gez. v. Meck.

Für die Richtigkeit:

Kittel,

Hauptmann und Brig.-Adjutant.

Verteilungsplan:

| | | |
|---|---|---|
| R. 4., R. 8., R. 39. J.R. je 6 | = 18 | Abdr. |
| Kdeur. d. Pion. | = 1 | " |
| Kdeur. d. Artl. | = 1 | " |
| 14. B. J.D. | = 1 | " |
| 8. Inf.-Brig. | = 3 | " |
| zus.: | 24 | Abdr. |

*Anhang 4 Abbildung 53: 30.08.1916, Angriffsbefehl Nr. 2*[99]

[99] KA: 8. I.R._(WK)_10_139-141 (414).

Nr. 2796/56 geheim. 30. 8. 1916.

8. b. Inf.- Brigade.

<u>Brigadebefehl und besondere Anordnungen.</u>

zum Divisionsbefehl der 14. J.D. vom 28.8.16 Nr. 1207/Ia.

1.) Der Brigadebefehl für den Angriff auf Linie 535 – 536 a – Steinbruchgraben – Chapitreweg wird noch ausgegeben.

2.) Als Sturmtruppen sind II. u. III./ 4. J.R. und III./8 bestimmt. Von M.G.-Formationen werden voraussichtlich zugeteilt:
M.G.K. 79 ( Zur Zeit in Ruhe im Lager Neuer Wald ) und M.G.K.4 ( zur Zeit in Stellung im Abschnitt 8.J.R.) dem 4. J.R.
M.G.K.8 dem III./8.
Je nach Bestimmung des Angriffstages können noch Ablösungen und damit Verschiebungen in der Zuteilung der M.G. Formationen an die Bataillone eintreten.

3.) Es übernehmen alle ohne besondere Schwierigkeit zu wechselnden Abstellungen:
Für II./ b.4.J.R. das II./ 29(1k./Res.4 ).
" III./B. 4. J.R. das I./B. 4. J.R. nach gegenseitiger Vereinbarung.
" III./B.8.J.R. das I. und II./8. nach Bestimmung 8. J.R.

4.) Regts.-Stab 4. J.R. ~~sendet~~ hat einen Offz. voraus gesandt zur Einweisung auf den Befehlsstellen des 29. und des 8. Inf.-Regts.
Von den Offzn. pp. des II. und III./4. J.R. nach Div.-Befehl Ziffer 4 treffen die ersten in der Nacht von heute auf morgen, 12[h] mitternachts bei der Brig.-Befehlsstelle südl. des Südostecks des Waldstückes Herbébois ein und werden die Läuferketten entlang nach vorne zu den Regts.-Befehlsstellen geführt.
Die Offze. usw. des II./4. zum 29. J.R.,
" " " " III./4. " 8. J.R..
Sie sind von den Regtrn. nach vorne zu führen und in den Stellungen der vorderen Batlne. genau einzuweisen. Sie haben dort alles Nötige so zu erkunden, dass sie ihre Kompn. später vorführen und einweisen können.
Rückkehr dieser Offze. je nach Möglichkeit am Vormittag des 31. August oder in der Nacht vom 31./1. Sept. aus der Stellung.
Eiserne Portionen und gefüllte Feldflaschen sind daher mitzunehmen.
In gleicher Weise meldet sich ein zweiter Teil von Offzn. des II. und des III./4. in der folgenden Nacht ~~jedesmal~~ um 12[h] Mitternachts bei der Brig.-Bef.-Stelle. Das im Vorstehenden für die zuerst eintreffenden Offze. Gesagte gilt ebenso.
Das 29. und 8. J.R. sorgen dafür, dass die Offze. usw. des 4. J.R. die neusten Stellungs-Skizzen, wesentlichen Erkundungs-Ergebnisse und Fliegeraufnahmen sehen können.
Sämtliche beim 29. J.R. und 8. J.R. irgend entbehrlichen Stellungs-Skizzen, Erkundungsergebnisse, Fliegeraufnahmen sind, soweit sie nicht den Ord.-Offz. 4. J.R. übergeben werden konnten, der Brigade ~~im Laufe des morgigen Vormittags~~ baldigst zuzuschicken. Sie werden von hier dem 4. J.R. übermittelt.

5.) Die Bereitstellung des III./8. westlich der Souville-Schlucht ist vom 8. J.R. genau erkundet worden.
Die Vorschläge 8. J.R. sind der Bereitstellung zugrunde zu legen, diese selbst nach Möglichkeit vorzubereiten.
Nach Mitteilung der 14. J.D. hat die Brig. die nördl. Hälfte des Westabschnitts der 21. Res.-Div. in der Nacht vom ~~31./8. auf 1./9.~~ 1. auf 2. Sept.

zu übernehmen.
Befehl hierüber folgt. –

6.) Zur Teilnahme an den Sturmübungen der Batlne. stehen zur Verfügung !
die M.G.K. 79 dem 4. J.R.,
" M.G.K. 8 " III./8.
An den Nachmittagen bilden diese M.G.-Formationen und die M.G.Kp. 4 (zurückgebliebener Teil) möglichst viele Mannschaften, vor allem aber die Offze. und Uoffze. der Sturm-Batlne. am M.G. so weit aus, dass Bedienung der M.G. auch beim Ausfall eigentlicher M.G.-Leute gesichert erscheint.

7.) Zum Ausbau der Sturmstellungen, der nach Div.-Befehl mit allen Kräften und unter Zurückstellung aller sonstigen Arbeit zu fördern ist, sind vom 29. und 8. J.R. die Bereitschaften mit heranzuziehen: die Hälfte trägt, die Hälfte arbeitet.
Eingehende Meldungen über die Arbeitsleistung der vergangenen 24 Stunden schriftlich und mit Skizzen täglich bis spätestens 5 Uhr Nachm. an die Brigade.

gez. v. Reck.

Für die Richtigkeit :

Hauptmann und Brig.-Adjutant.

Anhang 4 Abbildung 54: *30.08.1916, Brig.-Bef.* Nr. 2796 *mit besonderen Anordnungen über die Einweisung der verschiedenen Sturmtruppen*[100]

[100] KA: 8. I.R._(WK)_10_148 (414).

Nr 2832.
8. B. Jnftr.-Brig.

30. 8. 1916.

Brigade-Befehl und besondere Anordnungen.

1.) Tagesverlauf:

Der Nachmittag des 28. 8. und der Vormittag des 29. 8. verliefen verhältnismässig ruhig und ohne besondere Ereignisse. Das fdl. Artl.-Feuer nahm keinen aussergewöhnlichen Umfang an. Streufeuer und Feuer-Ueberfälle hinter die vordere Linie.

Am 29. 8. Nachm. richtete sich heftiges fdl. Artl.-Feuer auf die ganze Front von Thiaumont und auf Fleury und Chapitre bis zum Bergwald; es wurde bald planmässiges Vorbereitungsfeuer.

Gleichzeitig wurden erkannte Befehlsstellen und Battr.-Stellungen von der fdl. Artl. beschossen.

Das fdl. Artl.-Feuer auf die vorderen Batlne. der Brigade wurde sehr heftig, mit besonderer Stärke lag es auf dem I./29 (1.Res.-Jäg.-Batl.). Es schossen viele schwere Kaliber und auch schwere Minen mit.

Erst nach 9 Uhr Abds. trat einige Ruhe ein, später lag noch Streufeuer und erfolgten noch Feuer-Ueberfälle der fdl. Artl. auf die Regts-Abschnitte.

Die Verbindungen nach vorne versagten bald, insbesondere gelang es nicht, Nachrichten von den vordersten Batlnen. zu erhalten.

Auf die beim Gen.-Kdo. XVIII. Res.-Korps eingetroffene Nachricht von einem fdl. Angriffserfolg in Gegend östl. Fleury – bei 33. J.D. – wurde die Jnftr. der Brig.-Reserven nach vorne gezogen: I./B. 8. J.R. ins Ornes-Lager, II./29 (IV./Res.4) ins Herbébois und nach Grémilly.

Ebenso wurden die Vorbereitungen für einen allenfalls notwendigen Gegenstoss aus dem Chapitre-Wald in südwestl. Richtung getroffen, von Ablösung des II./8. durch I./4 musste abgesehen werden.

Die vom 29. J.R. angesetzten Offzs.-Patrouillen brachten gegen Morgen die Nachricht, dass die Lage bei der 33. J.D. und auf dem rechten Flügel der 14. J.D. unverändert war. Gleichzeitig kam die Nachricht über einen von der 33. J.D. glatt abgewiesenen französ. Jnftr.-Angriff von der 14. J.D. nach vorne.

Darauf wurden die nach vorne aufgeschlossenen Bereitschaften 29. und 8. J.R. in ihre gewöhnlichen Unterbringungsräume entlassen.

Der Vormittag verlief ohne besonderes Ereignis.

2.) Beabsichtigte Gliederung der Jnftr. morgen, 31. Aug.:

Verfügungstruppe der 14. B. Jnf.-Div.:
B. 4. J.R., Stab Billy.
B.4.J.R. II.Btl. "
B.4.J.R.III.Btl. Jäg.-Läger
B.8.J.R.III.Btl. Deutsch-Eck
Teile M.G.K.4 -Eck
M.G.K.8 Neuer Wald.

Verfügungstruppe der 8. B.Jnf.-Brg.:
II./29.(IV./Rs.4) Neuer Wald.
M.G.K. 79 Neuer Wald,
II./B.8.J.R. Herbébois u. Grémilly

| | Rechts | | Links |
|---|---|---|---|
| Bereitschaften der Regtr.: | 1/2 III./79 | Hassoule-Schl. | 1/2 I./4. |
| | 1/2 III./79 | Kasematten.-" | 1/2 I./4. |
| Vordere Linie : | I./29 (1.Res.-Jäg.-Btl.) | | I./8. |
| | M.G.K. 1.Res.-Jäg.-Btl. | | M.G.K. 4. |

3.) Das II./8 wird als Bereitschaft des 8. J.R. in der Nacht von heute auf morgen durch I./4. abgelöst. II./8. rückt nach Herbébois und Grémilly.

4.) Das III./8. übernimmt in der Nacht vom 1. auf 2. Septbr. den Abschnitt der 3 rechten Flügel-Kompn. der 21. Res.-Div. auf der Souville-Nase. Zugeteilt wird die M.G.K. 8. Bisherige M.G.-Besetzung in

diesem Abschnitt: 4 M.G. in erster Linie,
2 M.G. rechts rückwärts gestaffelt in Gegend 548.
Einweisungs-Kdos. der M.G.K. 8 in der Nacht von heute auf morgen vor, III./8. in der Nacht vom 31. auf 1. 9.

5.) Auf nachdrücklichste Arbeit mit aller verfügbaren Kraft wird auf's neue hingewiesen.

Die Ausweichstellung muss in beiden Regts.-Abschnitten baldigst so weit fertiggestellt sein, dass den ihr bereitgestellten Truppen ein geordnetes Vorbrechen im allgemeinen in südwestl. Richtung möglich ist.

Die vordere Linie ist soweit wiederherzustellen, dass sie verteidigungsfähig bleibt und dem Feinde keine Möglichkeit zu überraschendem Angriff gibt.

Dabei planmässiger feindl. Artl.-Vorbereitung ein fdl. Angriff eher Aussicht hat, in die erste Linie einzudringen, muss die Ausweichstellung durch baldigsten Ausbau das Gelingen eines Gegenstosses gewährleisten, der sofort von den Batls.-Reserven der vordersten Batlne. zu unternehmen wäre.

6.) Das 8. J.R. stellt die Verbindungen zu dem von der 21. Res.-Div. neu zu übernehmendem Abschnitt des III./8. bis zum Morgen des 2. 9. sicher.

7.) Auch zu gewöhnlichen Zeiten sind die Brieftauben den vordersten Batlnen. zuzuteilen und im Falle des Versagens anderer Verbindungsmittel zu gebrauchen.

8.) Im Materialien-Depot der 14. J.D. Deutsch-Eck liegen 2000 Feld-Flaschen für 8. Inf.-Brig. Hiervon erhalten : 29. und 8. J.R. je 1000 Feld-Flaschen.

gez. v. Reck.

Für die Richtigkeit :

Hauptmann und Brig.-Adjutant

*Anhang 4 Abbildung 55: 30.08.1916, Brig.-Bef. Nr. 2822 mit besonderen Anordnungen*[101]

[101] KA: 8. I.R._(WK)_10_131-132 (414).

A b s c h r i f t !

Nr. 1305 / I a . Div. St. Qu. 30.8. 1916.

14. bayr. Jnf. Div. G E H E I M !

D I V I S I O N S B E F E H L .

1.) Die 14.bayr. Jnfanterie - Div. übernimmt in der Nacht vom 1./2.9. die nördlichen 3 Kompagnieabschnitte auf der Souville-Nase von der 21.R.Div.

Befehlsübernahme am 2.9. 7,oo Vorm. Die Ablösung ist durch die 8. Jnfanterie - Brigade zu leiten.

2.) Zur Unterbringung von Bereitschaften und Reserven stehen zur Verfg.:

Südlich der Vaux-Schlucht : Platz für 2 Kompagnien in der alten Sturmausgangsstellung im Fumin , für 1 Kompagnie die alten Unterstände südlich des Vaux-Teiches. Mitbenutzung des Betonunterstandes bei 542 für einen Bataillons - Stab. Mitbenutzung des Vaux-Dammes .

Nördlich der Vaux-Schlucht : Für 1 Kompagnie in Hardaumont-West, für 2 Kompagnien Nordlager Bezonvaux.

Weiterhin ist die Regts.Befehlsstelle des R.J.R.87 zu übernehmen.

Die Sicherung des Werkes Hardaumont-West bleibt der 33. RD.über - tragen.

3.) Die Ablösung der Pioniere im Abschnitt regelt der Kommandeur der Pioniere.
Die Minenwerfer 21.Rd. bleiben zunächst in Stellung.

B E S O N D E R E A N O R D N U N G E N .

1.) Die 21.RD. stellt Führer zur Einweisung und beläßt noch 48 Stunden Wachkommandos in der Stellung. Dies gilt insbesondere auch für die Uebergabe der Läuferketten.

2.) Die einrückende Truppe ist von vornherein mit dem gesamten Stellungsbedarf auszurüsten. ( Leuchtpistolen , Stahlhelme , großes Schanzzeug, Handgranaten,Sandsäcke,2.Feldflaschen.)

Die abgelöste Truppe wird alles besondere Verdungerät ( 2.Flaschen Wassertornister, Wassertragen,Wasserfässer,Tragetiere mit Ausrüstung und Führer, Stahlhelme,grosses Schanzzeug,zur Stellung gehörige Leuchtpistolen ) ) im Stahlhelmdepot 310 nordöstlich Ornes abliefern. Die Gegenstände sind gegen Schein zu übernehmen , eine Aufstellung des übernommenen Gerätes ist der Division vorzulegen.

3.) Jn der Stellung sind zu übernehmen : die dort lagernde Munition, Handgranaten,Granatwerfer,Leuchtpatronen,und Pioniergerät,sowie das Karten-Lichtbilder-und Erkundungsmaterial. Ausserdem ist das Jnfanterie-Munitionsdepot südlich des Vaux-Teiches zu übernehmen. Der San.Unterstand bei 512 ist gemeinsam mit der 33.Rd. zu benützen.

4.) Besonders zu übergeben sind : Erfahrungen über Verhalten des Feindes,insbesondere seiner Artillerie , zeitliche Benützbarkeit der Annäherungswege,Aufstellung von Leuchtraketenposten und Zwischenposten,alle Verbindungsmittel einschl.der Läuferketten. Fernsprechapparate sind auszutauschen,das eingebaute Material bleibt liegen.

Für die Richtigkeit: gez. Rauchenberger.
gez. ........
Hauptmann i.GenStb.

B.8;J.B. empf.31.8.16.Nr.2839./63.Geh. Zum K.B.8;J.Rgt. unter Beziehung auf Brig.Befehl vom 30.8.16 Nr.2822 / 59 Geheim. III/8 hat unmittelbar erhalten.

31. 8. 1916.

gez.v.Reck.

8. Infanterie - Regiment
empf. 31. 8. 1916.

31. 8. 1916.

Zusatz des Regiments.

Das II. Bataillon stellt zur Uebernahme des Verdun-Gerätes (siehe Ziff. 2. 2. Absatz) 1 energischen Vizefeldwebel und 6 Mann ab.

gez. v. Rücker.

Anhang 4 Abbildung 56: 30.08.1916, Divisionsbefehl geheim, Übernahme durch 14. b. I. D.[102]

[102] KA: 8. I.R._(WK)_10_71-72 (414).

Nr. 2838/62 geh. 31. 8. 1916.
K. 8. Inf. Brigade.

An
b. 29. I. R.
b. 8. I. R.
b. 4. I. R.
R. K. 67. Inf. Brig.
K. K. 66. Res. Inf. Brig.

Geheim!

Betreff: Angriff.

1.) Nach Mitteilung der 14. Inf. Division ist als Angriffstag der 3. September bestimmt worden.
1. Tag = [illegible] 1. Septbr.
2. Tag = 2. Septbr.
3. Tag = 3. Septbr.

2.) Die vordersten Gräben sind in der Nacht von heute auf morgen zu räumen, Vollzugsmeldung morgen Vorm. 7° an 8. Inf. Brigade.
Das Schießen der Art. beginnt morgen auf alle Fälle. Meldung: „Gräben nicht geräumt werden konnten" hat keinen Aufschub des Zerstörungsschießens nicht zur Folge.

3.) Die 67. Inf. Brig. wird ersucht, für Räumung des beim Vorbereitungsschießen der Artillerie gefährdeten Teiles der Stellung ihrer linken Flügelkompagnie von heute Nacht an auf 3 Tage zu sorgen.

[illegible]

*Anhang 4 Abbildung 57: 31.08.1916, 8. Inf.-Brig. Nr. 2838/62, Präzisierung des Angriffsbefehls von der 14. I. D. und Festlegung des Angriffstags auf 03.09.1916*[103]

[103] KA: 8. I.R._(WK)_13_40 (511).

Nr. 2847.
8. Jnftr.-Brigade. 31. 8. 1916.

Brigade-Befehl und besondere Anordnungen.

1.) Tagesverlauf:
Auf der Stellung viel Artl.-Feuer, zumteil schweres Feuer.
In der Nacht von gestern auf heute ist II./8 als Bereitschafts-Batl. 8. J.R. durch I./4 abgelöst worden und nach Herbébois-Mitte und Gremilly gerückt.

2.) Beabsichtigte Gliederung morgen:

Verfügungstruppe der 14. Jnf.-Div.: 4. J.R. Stab Billy, II./4 Azannes, III./4 Ornes-Lager, III./8 Deutsch-Eck, M.G.K. 8 neuer Wald.

Verfügungstruppe der 8. Jnf.-Brig.: II./29 (II./Res.4) neuer Wald, M.G.K. 79 Ornes-Lager.

| | Rechts. | | Links. |
|---|---|---|---|
| Bereitschaften der Regtr.: | 1/2 III./79 | Hassoule-Schl. | 1/2 I./4, |
| | 1/2 III./79 | Kasematten-Schl. | 1/2 I./4. |
| Vordere Linie | I./29 | | I./8 |
| | M.G.K. [illegible] Res. | | M.G.K. 4. |

3.) Das III./8 mit 21 Offz., 920 Mann wird morgen, 4 Uhr nachm. vom Deutsch-Eck mit Kraftwagen abgeholt und fährt bis hinter Höhe 310 n. Gremilly. Hier Rast, gegen Fliegersicht gedeckt, dann Marsch in seine Stellung nach Brig.-Befehl vom 30. 8. 16 Nr 2822/59 geheim.
Die M.G.K. 8 wird bei neuer Wald aufgenommen. Angemeldete Fahrstärke: 1 Offz., 80 Mann.

4.) Auf Verfügung der 14. J.D. vom 30. 8. 16 Ia Nr 1889 über Verbindungsdienst wird zum Vollzug in den Regts.-Abschnitten hingewiesen.
Zu 2: Beobachtungs- und Meldesammelstelle am Hardaumont. Sie wird beim Wasserwerk Hardaumont errichtet, (in der Nähe der Beobachtungsstelle 8. J.R.) Läuferverbindung stellt 8. J.R. zu der schon bestehenden Läuferkette her. Zur Arbeit an der Fernsprechverbindung melden sich in der Nacht von heute auf morgen um 1 Uhr morgens 5 Fernsprecher des 8. J.R. beim Gefreiten Leuchner, Fernsprechdoppelzug 14, bei Punkt 640 zwischen Douaumont und Hardaumont.

5.) Zusatz zum Brig.-Befehl vom 30. 8. 16 Nr 2821/61 geheim:
Es treten zum II./4 : 2 Züge Bayer. Res.-Pi. 11,
" III./4 : 1 Zug 3./Pi. 20 und
1 Zug 1.Res.Pi. 20 (Lt. Kleinhenz),
" III./8 : 1 Zug Bayer. Res.Pi.11 und
1 Zug 1.Res.Pi.20 (Lt. Pulch),
zur Brig.Res. : 2 Züge 3./Pi. 20.
Diese treffen am 3.9. um 6 Uhr vorm. in der Bezonvaux-Schl. ein.
Im übrigen ziehen die Batlne. die Pi.-Formationen selbst heran. Die Pion.-Führer sind angewiesen, baldigst Verbindung mit den Batls.-Kdeuren. aufzunehmen.

6.) Die Einweisung der Kdos. II./ und III./4. wird fortgesetzt, neue Einweisungs-Kdos. II./ und III./4 kommen heute Nacht nicht.

gez. v. Reck.

Für die Richtigkeit:
[illegible]

*Anhang 4 Abbildung 58: 31.08.1916, Brig.-Bef. Nr. 2847: Stellung unter schwerem Artilleriefeuer*[104]

[104] KA: 8. I.R._(WK)_10_130 (414).

III/8. J. R. 1. 9. 16.

Ergänzung zu Brig. Verfg. v. 30. 8. 16. №2824/61.geh.

Angriffsbefehl.

Hiezu die den Kompagnien bereits zugängig gemachten Skizzen der Angriffs - räume.

1.) Es greifen an: rechts vom Batl.III/4 den Steinbruchgraben vom Punkt 538 biszum Steinbruch einschliesslich.
Links vom Batl.Teile der 33.R.D.(J.R.364 ) den etwa 150 m. langen Ostteil des Chapitre Weges.

2.) III/8 greift mit dem rechten Flügel in Richtung der Tiefenlinie der Souville Schlucht, mit dem linken Flügel entlang der Linie durch 560,561 -Waldecke 150 m. nordöstlich 571 - die feindliche Stellung am Chapitre Weg vom Steinbruch,dieser ausschliesslich,an der Strasse Vaux-St.Fine-Chapelle bis zu einem Punkt etwa 50 m.südöstlich der durch Punkt 561 gehenden Schichtlinie an,nimmt diese Stellung ,baut die um und hält sie gegen feindl.Angriffe.

3.) Angriffsziel der 11/8:rechte Hälfte
" " 9/8:linke Hälfte der wegzunehmenden Franz.Stellung.
Wegnahme des Punktes 561 fällt der 9/8 zu.

4.) Gefechtsaufgabe der 10/8:
Sie unterstützt durch 2-Züge-gegen die Linie 507,507a vorgehende Sturmkolonnen den Angriff des III/4.
Sie lässt 2 Gruppen mit 1 M.G. in allgemeiner Richtung der Tiefenlinie der Souville Schlucht entlang vorgehen mit dem Auftrag,Flanke und Rücken der 11/8 gegen feindliche Einwirkung aus nordwestl.Richtung zu schützen, im Uebrigen unterstützt sie den etwa stockenden Angriff der 11/8 und trägt ihn wieder vorwärts.Ausserdem füllt sie durch Verluste entstandene Lücken der 11/8 u.9/8 durch Einschieben auf.

5.) Das Vorbrechen der in erster Linie stehenden Kompagnien erfolgt genau in den zugewiesenen Angriffsstreifen, Vorgehen nach der Tiefe der Schlucht hinunter und zusammenballen darin muss vermieden werden.
Die Kompagnien brechen so vor, dass sie dem feindwärts verlegtem Artl.Feuer dichtauf folgen.
10/8 beginnt das Vorbrechen so,dass sie um x Uhr 18 Min. die rückwärtige Grenze des eigenen Artl.Feuers etwa in Linie 503/560 erreicht ( ? ), die weiter links bereitgestellten Kompagnien (11 u. 9/8 ) brechen in ihrer Angriffsrichtung vor, kurz bevor die vorher angetretenen Teile in ihre Höhe gekommensind.

6.) Die Angriffsstunde wird noch befohlen.
Die Kompagnien sorgen dafür, dass die vordersten Wellen stets kampfkräftig bleiben.

7.) Nach dem Vorbrechen der 9 u.10/8 besetzt 12/8 mit 2 Zügen die diesen Kompagnien verlassenen Graben.
Die der 12/8 zugeteilten M.G. besetzen zu gleicher Zeit auf dem Kamm südl. der Souville Nase vorher erkundete Punkte, von denen aus sie den Steinbruchgraben,den Graben bei 538 und den westl.539 südlich ziehenden Graben ohne Gefährdung der eigenen Truppen durch ihr Feuer niederhalten können.
Die Stelle ist am Morgen des 2.9. durch die M.G.K. zu erkunden und mir darüber zu melden.

8.) Die erreichten Linien sind baldigst umzubauen und unbedingt zu halten. Die genommene Stellung ist durch Ausstecken der ausgegebenen Schwarz-weissroten Flaggen für unsere Artl. kenntlich zu machen.Jede Kompagnie hat 5 Flaggen.

9.) 2 Stunden nach der befohlenen Angriffszeit und um 4 Uhr nachm.lässt die 11/8 an ihrem rechten und linken Flügel,die 9/8 an ihrem linken Flügel je 2Dosen Magnesium Leuchtsätze zur Bezeichnung unserer vordersten Linie für die eigene Artl.abbrennen.
Hiezu haben am 1.9. im Pionierpark Bezonvauxschlucht 11/8 8 Dosen und 9/8 4Dosen Magnesium Leuchtsätze zu empfangen.Die Trupps hierfür sind vorher eigens zubestimmen.

wenden!

10.) Der Führer der 9/8 erhält von den dem Batl.zugewiesenen Brieftauben die Hälfte zu seiner Verfügung ( voraussichtlich 4 , Rgts.№ darf in den Brieftaubenmeldungen nicht genannt werden.

11.) Truppenverbandsplatz im U-Werk Punkt 512 ( dort St,Arzt Dr. Gottschalk ausserdem eine Verbandsstelle am Vauxteich ( dort Feldunterarzt Sartorius)

12.) Batls.Gefechts Stelle während des Gefechtes im Punkt 544.Dorthin legen 10,11 u. 9/8 Läuferverbindungen.

*Anhang 4 Abbildung 59: 01.09.1916, 2. Ergänzungsbefehl für die Sturmausgangsstellung*[105]

[105] KA: 8. I.R._(WK)_13_18-19 (511).

[illegible]
8. b. Inftr.-Brigade. 1. 9. 1916.

Brigade-Befehl und besondere Anordnungen.

1.) Tagesverlauf:
Die feindl. Artl. unterhielt während der Nacht ziemlich heftiges Feuer auf die rückwärtigen Teile der vordersten Batlne. und auf die Schluchten hinter der Kampffront der Brigade. Das Feuer liess gegen Morgen nach. Seit dem Vormittag liegen wieder Streufeuer und Feuerüberfälle auf den Schluchten hinter der Kampffront.
Im Abschnitt rechts der Brigade ist die 67. preuss. Inf.-Brig. durch die 192. Inftr.-Brigade abgelöst worden. Anschluss-Regt. rechts ist das Bayer. 25. Inf.-Regt.
Im Abschnitt links der Brigade ist die 42. Res.-Inf.-Brig. durch die 66. Res.-Inf.-Brig. abgelöst worden. Anschlussregt. links wird das Inf.-Regt. 364.

2.) Beabsichtigte Gliederung für morgen:

Verfügungstruppen der 14. I.D. und der 8. Inf.-Brig.: M.G.K. 1. Res.-Jäg. [illegible]; I./29 (1. Res.-Jäg.) Azannes; II./8 Herbébois u. Gremilly; I./8 Ornes-Lager.

| | Rechts | Mitte | Links |
|---|---|---|---|
| Bereitschaften der Regtr.: | III./79<br>[illegible]-Schl. u. [illegible] | I./4<br>[illegible]-Sch. u. [illegible]-Schl. | II./29 ([illegible])<br>[illegible]-Schl., Hardaumont-West, südl. Vaux-Teich u. Stellung bei [illegible]<br>½ III./8<br>Stellung bei [illegible] |
| Vorderste Linie: | II./4<br>M.G.K. 79 | III./4<br>M.G.K. 4 | ½ III./8<br>M.G.K. 8. |

3.) An Granatwerfern sind noch verfügbar: In der [illegible]-Schlucht 2 Werfer mit [illegible] Schuss, für den vom 4. I.R. zu übernehmenden Abschnitt. In der [illegible]-Schlucht 4 Werfer mit [illegible] Schuss für [illegible]

4.) An die Mitnahme von Schnelldrahthindernissen aus den Pionier-Depots mit den Umbautruppe wird erinnert.

gez. v. [illegible]

Für die Richtigkeit:

Hauptmann u. Brig.-Adjutant.

*Anhang 4 Abbildung 60: 01.09.1916, Brig.-Bef.: heftiges Feuer auf die rückwärtigen Teile der vordersten Bataillone*[106]

[106] KA: 8. I.R._(WK)_10_78 (414).

III/8.J.R. Tagebuch. 1.9.16.

Ergänzung zu Brig.Befehl v. 30.8.16 № 2824/61 geh.

B e f e h l z u r B e r e i t s t e l l u n g.

1.) Zum Sturmangriff stellen sich in der Nacht von 2./3.9.in erster Linie bereit:
10/8 im Graben westlich der Kiesgrube,in der Kiesgrube selbst und im Grabenstück südlich der Kiesgrube in einer Breite von 100 m.
Hiezu 1 M.G. am rechten Flügel der Kompagnie und ½ Zug der b.R.Pion.11
links der 10/8 die 11/8 in einer Breite von 150 m.hiezu 1 M.G. und ½ Zug b.R.Pion.11
links von 11/8 die 9/8,hiezu 2 M.G. und ½ Zug der b.R.Pion.11.,linker Flügel der 9/8 ist begrenzt durch die Linie 560 über 561 - Waldecke 150 m. nördlich 571 -.
561 fällt zur Wegnahme der 9/8 zu.
Die Verteilung der einzelnen M.G. ordnet der Führer der M.G.K. an.
Die vordersten Gräben im Gefahrbereich unseres Artl.-Vorbereitungsfeuers sind seit der Nacht vom 1./2.9.geräumt,jedoch durch Jnf.-Posten und M.G. gegen feindliches Eindringen unbedingt zu sichern.

2.) Jn zweiter Linie: 12/8 mit ½ Zug b.R.Pion.11.und mit 2 M.G.und zwar mit 1 Zug in der Kiesgrube, mit einem Zug hinter dem Abschnitt der 11/8, mit einem Zug und 2 M.G. hinter dem Abschnitt der 9/8.Plätze für die Züge sind durch die Kompagnie rechtzeitig zu erkunden.
Die 12/8 rückt in die neue Bereitstellung am frühen Morgen des 3.9. aus ihrer bis dahin eingenommenen Stellung im westlichen Teil der Linie 508/548.

3.) 1 Zug der Res.Pi.Komp.20 steht zu meiner Verfügung in der Kiesgrube (war vorher bei der 12/8 im westl. Teil der Linie 508/548).

4.) Die Kompagnien und der Zugführer der Res.Pi.Komp.20 melden über die Einnahme der Bereitstellungen an die Batls.-Gef.St.im Punkt 544.

5.) Die Sturm-Kompagnien 10/8 ( diese nur teilweise ) 11/8 und 9/8 gliedern sich zum Angriff tief in meheren Wellen.

6.) Von den zugeteilten Pionieren ist eine Gruppe als Sturmtrupp den 2. Wellen der Kompagnien zuzuweisen.Der Rest der zugewiesenen Mannschaften ist als Pionier-Reserve beim Komp.-Führer einzuteilen.
Die Pioniere sind gegen feindliche Anlagen,mit deren Besatzung die zuerst vorgegangenen Teile nicht fertig geworden sein sollten,einzusetzen, ferner sind sie beim Umbau der genommenen feinlichen Stellungen zu verwenden.

Heute 11 Uhr vorm. Komp.-Führer zu Herrn Major

gez. Felser.

*Anhang 4 Abbildung 61: 01.09.1916, Befehl zur Bereitstellung des III/8*[107]

[107] KA: 8. I.R._(WK)_13_17 (511); ident. KA: 8. I.R._(WK)_13_108 (511).

[illegible] 2887.
[illegible]. Jnftr.-Brigade.

2.9.16.

Brigadebefehl und besondere Anordnungen:

1.) Tagesverlauf:

Das gestern früh begonnene Wirkungsschiessen unserer Artl. gegen die franz. Gräben und erkannten besonderen Anlagen im Raume 566 – 535 – 506 – 507 – 561 – 576 wurde am Nachmittag fortgesetzt und heute Vormittag wieder aufgenommen.

Das fdl. Artl.-Feuer war zeitweise sehr stark.

Gestern zwischen 10 Uhr und 11 Uhr Abds. und heute zwischen 5 Uhr und 6 Uhr morgens haben die Franzosen auf der Front Thiaumont – Bergwald an mehreren Stellen Angriffe angesetzt. Die Angriffe gegen die deutschen Frontteile rechts der Division haben keinen Erfolg gehabt, die Brigade selbst wurde nicht angegriffen, ein gegen den linken Flügel der 33. Res. Div. angesetzter Angriff kam durch das deutsche Sperrfeuer nicht durch.

Das deutsche Sperrfeuer löste französisches Feuer aus. Trotzdem und trotz der grossen Bewegung gelang es, in der Nacht von gestern auf heute die Gliederung nach Brigadebefehl von gestern Nr. 2 einzunehmen. Nennenswerte Verluste sind dabei nicht eingetreten.

2.) Beabsichtigte Gliederung der Infanterie für morgen, 3.9.:

Divisions-Reserve: Führer: der Kdeur. 29. J.R., Herbébois,
I./29 (1. Res.-Jäg.) Herbébois, Gremilly,
I./8 Ornes-Lager.

Brigade-Reserve: Führer: der Kdeur. II./8. J.R. Bezonvaux-Schl.,
II./8. J.R.
M.G.K. 1. Res.-Jäg.
2 Züge 3./Pi. 20
Eintreffen in Bezonvaux-Schlucht 6 Uhr vorm. Meldung an Brigade!

| | Rechts | Mitte | Links. |
|---|---|---|---|
| Bereitschaften der Regtr.: | Kdeur. 4. Jnf.-Regts. III./79 Kasematten-Schlucht und Hassoule-Schlucht | I./4 | Kdeur. 8. J.R., II./29 (IV./Res.4), 1/4 Hardaumont-West, 1/4 südl. Vaux-Teich 1/2 Stellung bei 502 |
| Vordere Linie: | II./4 M.G.K.79 | III./4 M.G.K.4 | III./8 M.G.K.8. |

3.) Besondere Anordnungen der 14. Jnf.-Div. für den Sanitäts-Dienst (durch Fernspruch bekanntgegeben; 14. Jnf.-Div. Ib 1451):

1.- Die vorgeschobenen Patrouillen in der Kasemattenschlucht zum Transport der Verwundeten von der Vaux-Schlucht nach Bezonvaux werden um 3 verstärkt.

2.- Vorgeschobener Verbandsplatz der Sanitäts-Komp. 14 in Bezonvaux wird um einen Arzt verstärkt.

3.- In Bezonvaux werden Verwundetenwagen der Benzolbahn zum Abtransport der Verwundeten auf dem Schienenwege bereitgehalten

4.) Statt der in Aussicht gestellten 8 Brieftauben können für morgen dem II./4., III./4., III./8. nur je 6 Tauben überwiesen werden. Bei Verteilung auf Batls.-Stäbe und Komp.-Führer der vordersten Linie sollen die Tauben eines Korbes nicht getrennt werden.

5.) Die Lichtsignalstation am Nordosthang des Chapitre-Waldes (Div.-Verfg. v. 30.8.16 Ia Nr 1289) hat sich noch nicht durchführen lassen. Die Batlne. vorderer Linie sind angewiesen, auf folgende Lichtsignalstationen:

a – Lichtsignalstation im nördl. Teil der Souville-Schlucht. Verbin-

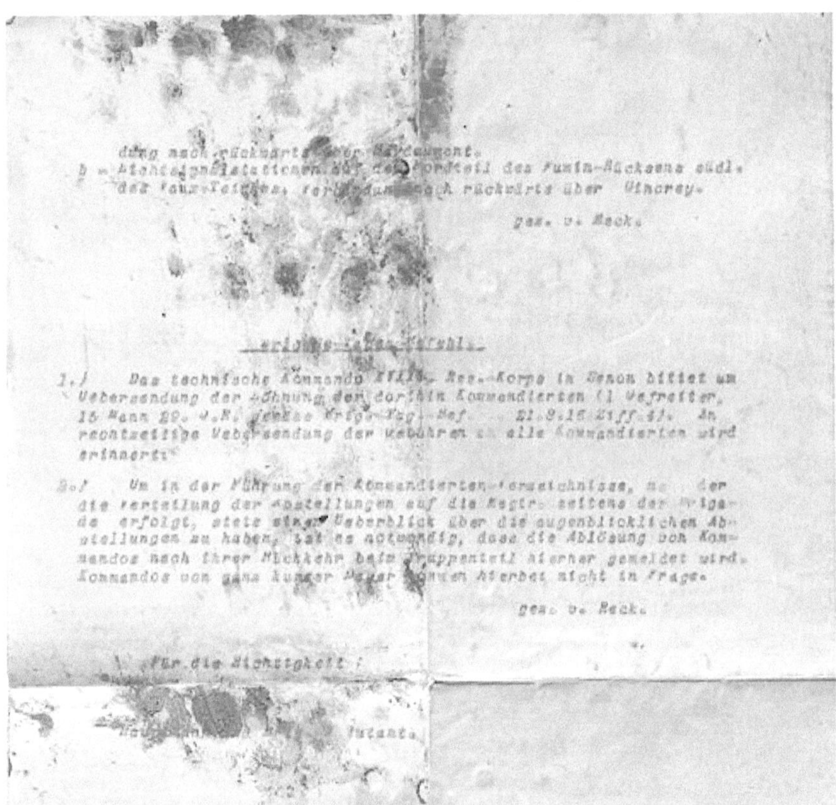

dung nach rückwärts über [illegible].
b – Lichtsignalstationen auf dem Nordteil des Fumin-Rückens südl. des Vaux-Teiches, Verbindung nach rückwärts über Vincrey.

gez. v. Reck.

Brigade-Tages-Befehl.

1.) Das technische Kommando XVIII. Res.-Korps in Senon bittet um Uebersendung der Löhnung der dorthin Kommandierten (1 Gefreiter, 15 Mann 20. I.R.) gemäss Brig.-Tag.-Bef. v. 21.8.16 Ziff. 4). An rechtzeitige Uebersendung der Gebühren an alle Kommandierten wird erinnert.

2.) Um in der Führung der Kommandierten-Verzeichnisse, da der die Verteilung der Abstellungen auf die Regtr. seitens der Brigade erfolgt, stets einen Ueberblick über die augenblicklichen Abstellungen zu haben, ist es notwendig, dass die Ablösung von Kommandos nach ihrer Rückkehr beim Truppenteil hierher gemeldet wird. Kommandos von ganz kurzer Dauer kommen hierbei nicht in Frage.

gez. v. Reck.

Für die Richtigkeit:

Hauptmann [illegible] Adjutant.

*Anhang 4 Abbildung 62: 02.09.1916, Brig.-Bef.: Fortsetzung des Wirkungsschießens*[108]

[108] KA: 8. I.R._(WK)_10_61-62 (414); ident. KA: Infanterie-Divisionen-(WK)_5702_25-26 (111).

Merkblatt für die Trupps

zur Benutzung der Brieftauben.

1.) Die Tauben dürfen nicht länger als 48 Stunden in der Stellung gehalten werden; im äußersten Notfalle 3 Tage.

2.) Die Tauben dürfen unter keinen Umständen in der Stellung gefüttert werden; die sofortige Rückkehr der Tiere zum Schlage und Überbringung der Meldung ist andernfalls in Frage gestellt. Tränken ist erforderlich.

3.) Die Tauben dürfen in der Stellung nur durch die auf der Brieftaubenstation unterwiesenen Mannschaften gepflegt und behandelt werden.

4.) Die Brieftaube fliegt nicht in der Dunkelheit. Sie muß spätestens eine Stunde vor Einbruch der Dunkelheit abgelassen werden, sonst erreicht sie das Ziel erst am folgenden Tage.

Sehr heftiges Regen- und Sturmwetter verhindert mitunter die Taube am Fliegen.

5.) Es müssen stets zwei Tauben zusammen abgelassen werden (Meldung in 2 Ausfertigungen).

6.) Das Tragegerät ist nach Ablassen der Tauben möglichst umgehend zur Station zurückzusenden; eine Neuzuteilung von Tauben kann anderenfalls nicht erfolgen.

7.) Die Brieftaubenmeldungen haben nur dann Wert, wenn sie von der vordersten Linie abgesandt werden. Alle Stäbe haben darauf zu dringen, daß die Brieftaubenträger mit den Tauben bis nach den Kompagnieführer – oder Bataillons – Unterständen der vordersten Linie gelangen.

Brieftaubenstation XVIII. R. K.

Geheim.

BayHStA /Abt.IV
8.I.R (WK) 10

Anhang 4 Abbildung 63: 01.09.1916, Merkblatt für die Trupps zur Benutzung von Brieftauben[109]

[109] KA: 8. I.R._(WK)_10_68 (414).

5. 9. 1916.

Inftr.-Brigade.

135

**Brigade-Befehl und besondere Anordnungen.**

1.) Das II./4., III./4., III./8 mit M.W.K. 79, M.W.K. 4 und 8 sowie Teilen der Bereitschaftsbataillone I./4, III./Res. 79, II./29 (Inf.-Res.4) haben sich heute durch Angriff in Besitz der Linie 535 – 50 m südl. 539 – Steinbruch – Chapitre-Weg gesetzt und bisher im schweren feindl. Feuer gehalten. Unsere Artl. hat französ. Gegenangriffe zur Umkehr gezwungen.

2.) Die gewonnene Linie ist von den Regtrn. zu halten.

3.) Zur Verstärkung der in vorderster Linie eingesetzten Truppen verfügen die Regtr. über ihre Bereitschafts-Bataillone, desgleichen zur Verwendung beim Ausbau der neuen Stellung. Eine Ablösung der Kampftruppen unterbleibt heute, doch können nach Anordnung der Komp.-Führer die 4. Züge gegen einzelne Leute ausgetauscht werden, die am Angriff teilgenommen haben. Diese Leute sind von den Offizieren namentlich zu bestimmen und mit Ausweisen zu versehen.

4.) 2 leichte Minenwerfer gehen bei 537 in Stellung; 2 leichte Minenwerfer und 2 mittlere Minenwerfer werden heute Nacht in Gegend 557 eingesetzt, um die Unterstände bei 566, 565, 562 niederzuhalten.

5.) Das 4. J.R. setzt, wenn notwendig, frische Kräfte an, um den von 555 südl. ziehenden französ. Graben vom Norden her aufzurollen und bis zu der vom linken Flügel des Bayer. 25. J.R. vorgeführten Sappe in Besitz zu nehmen. Die gewonnene Front ist abzurunden.

6.) Das 8. J.R. hat auf der Bouville-Nase 2 Züge der M.W.K. 1: Res.-Jäger eingesetzt und hat in dieser Gegend möglichst viele Granatwerfer in Stellung zu bringen. Maschinen-Gewehre und Granatwerfer halten die Nacht über das Gelände vor der neu gewonnenen Front unter unregelmässigem Feuer und verhindern Vordringen und Festsetzen des Feindes vor unserer Front.

7.) Im Übrigen hat die Inftr. und die M.G.-Besatzung der vordersten Linie zu gleichem Zwecke das Vorgelände unter unregelmässigem Feuer zu halten.

8.) Zum Vorbringen von Stollenhölzern, Schnelldrahthindernissen, Handgranaten usw. sind die Bereitschaften der Regtr. zu verwenden. Von der Brigade-Reserve, II./8, werden 2 Kompn. beauftragt, die von den Regtrn. angeforderten Materialien und Lebensmittel bis zur Kasemattenschlucht vorzubringen. 2 Kompn. bleiben zu meiner Verfügung in der Bezonvaux-Schlucht zurück. Der Kdeur. II./8 sorgt für angemessenen Wechsel.

9.) Zum Abtransport von Verwundeten sind 12 Wagen der Inftr.-Mun.-Kolonne 100 unterwegs nach dem Verbands-Platz der Sanitäts-Komp. Bezonvaux-Keller. Sie bringen mit: 5000 Flaschen Mineral-Wasser, 400 Flaschen Rotwein, 300 Flaschen Schnaps.

| Hiervon erhalten: | 4. J.R. | 8. J.R. | 25. F.A.R. |
|---|---|---|---|
| Mineralwasser | 2800 Fl. | 1400 Fl. | 800 Fl. |
| Rotwein | 220 Fl. | 120 Fl. | 60 Fl. |
| Schnaps | 170 Fl. | 80 Fl. | 50 Fl. |

Das II./8 bringt die für 4. J.R. bestimmten Flaschen nach der Kasemattenschlucht, die für 8. J.R. bestimmten nach Anordnung 8. J.R. Weitere Verteilung durch die Regtr. unter hauptsächlicher Berücksichtigung der Sturmtruppen mit zugeteilten Pionieren usw.

10.) Die von den Regtrn. empfangenen Wassertornister sollen nicht alle nach vorne gekommen sein. Soweit dies in der Tat nicht geschehen ist, ist unverzüglich dafür zu sorgen.

11.) Durch Verfügung der Angriffsgruppe Ost vom 30. 8. 16 Ia Pi. Nr 1185 geh. sind bestimmt zur Anforderung von Sperrfeuer: Gelb mit schwebenden Kugeln bei Nacht, weisse Perlen bei Tage. Zum Vorverlegen des Artl.-Feuers: Roter Doppelstern. Die Anordnung tritt mit 5.9., 6° Vorm. in Kraft. Als bei Tage gilt Zeit von 6 Uhr Vorm. bis 8 Uhr Abds..

Die entsprechenden Signal-Patronen liegen im Pion.-Depot Bezonvaux-Schlucht bereit. Die Truppen sorgen dafür, dass die bisher gültigen Signale bis zum 5.9. 6° Vorm., die künftig geltenden von diesem Zeitpunkt an gebraucht werden. Um Irrtümer auszuschliessen, ist eingehende Belehrung geboten.

12.) Die der Brig.-Reserve in der Bezonvaux-Schlucht zugeteilten 2 Züge Pioniere rücken in ihr Ruhelager ab.

Brigade-Tages-Befehl.

1.) Die beim heutigen Angriff beteiligten Truppen der Brigade, der Pioniere, Minenwerfer und des Sturm-Batls. Rohr haben, von sehr guter Artl.-Wirkung unterstützt, den Feind aus einer hartnäckig verteidigten, wiederholt vergeblich angegriffenen, gut ausgebauten Stellung geworfen und diese Stellung unter schwerem Feuer und gegen wiederholte Angriffe gehalten. Zahlreiche Gefangene sind gemacht, 1 Regts.-Kdeur., 1 Batls.-Kdeur. mit ihren ganzen Stäben befinden sich darunter. Der Herr Divisions-Kdeur. hat mich beauftragt, den Truppen seine uneingeschränkte Anerkennung und seinen Dank zu übermitteln. Dem II. Batl. 4. I.R. mit zugeteilten Truppen wird besondere Anerkennung ausgesprochen, weil es sich durch anfänglichen Misserfolg und eingetretene Verluste nicht abhalten liess, sondern den Angriff unter Einsatz aller Kräfte so lange erneuerte, bis er zu dem erstrebten Ziele führte.

Ich schliesse mich der Anerkennung und dem Dank des Herrn Divisions-Kdeurs. freudig an und beglückwünsche die Regtr. mit zugeteilten Truppen zu ihren heutigen ausgezeichneten Leistungen.

Nun gilt es, das errungene Gelände zu halten und dem Gegner keinen Fuss breit desselben mehr zu überlassen. Ich bin überzeugt, dass die Regtr. auch dieser Aufgabe gerecht werden.

2.) In Anerkennung des heutigen schönen Waffenerfolges hat der Kdde. Herr General des XVIII. Res.-Korps an Auszeichnungen vorläufig 2 Eis.-Kreuze I. Klasse und 100 Kreuze II. Klasse zur sofortigen Verteilung auf die Sturmtruppen überwiesen.

Auf Befehl des Herrn Div.-Kdeurs. erhalten:
4. I.R. 2 Eis.-Kreuze I. Klasse, 50 Eis.-Kreuze II. Klasse,
8. I.R. 25 Eis.-Kreuze II. Klasse,
Pioniere und Feld-Artl. zusammen 25 Eis. Kreuze II. Klasse.
Die Verteilung bleibt den Herren Regts.-Kdeuren überlassen; es sind in nur Angehörige der Regtr. mit diesen Auszeichnungen zu bedenken, die beim heutigen Angriff sich ausgezeichnet haben.

Die Eisernen Kreuze werden heute noch den Regtrn. zugehen. Sie sind sofort nach Eintreffen den Beliehenen auszuhändigen.

Namentliche Verzeichnisse sind dem Gen.-Kdo. XVIII. Res.-Korps auf dem Dienstweg sobald als möglich vorzulegen.

Weiteren Vorschlägen zu Auszeichnungen aufgrund der heutigen Leistungen wird entgegengesehen.

gez. v. Meck.

Für die Richtigkeit :

Hauptmann und Brig.-Adjutant.

*Anhang 4 Abbildung 64: 03.09.1916, Brig.-Bef.: Inbesitznahme gelungen*[110]

[110] KA: Infanterie-Divisionen-(WK)_5702_22-23 (111).

Abschrift.

14. b. J. D. No.1560/Ia. D. St. Qu., den 4.9. 1916.

An
bay. 8. Jnf. Brig. G.R.

Betreff: Verstösse gegen das Völkerrecht.

III/8. J.R. hat folgende Meldung vorgelegt: 4.9.16.$11^{0}$ V.

" An das Rgt."
" Nach Auss. des verw. Lt. Kreisel wurden von Seneg. Negern ( Kol. Rgt. 22 ) Verwundete getötet, auf Verwundeten wurde herumgetrampelt, Leute, die sich ergeben wollten, wurden getötet.

Für die Richtigkeit:
gez. Kreisel.
Leutn. i. 8. J. R.

Jch bitte dass dieses weiter gemeldet wird u. dass auch das darauf Geschehene der Truppe mitgeteilt wird.

gez. Felser."

Zu Verfolgung der Angelegenheit wird um Vernehmung von Zeugen ersucht.

gez. Rauchenberger.

K.b. 8. Jnf. Brig. No. 2909. Vervielfältigt und verteilt bis auf die Batle. und Masch. Gew. Komp.
III/8. u. M.G.K. 8 legen Zeugenvernehmungen unmittelbar an Brig. vor.

5. 9. 1916.

gez. von Reck.

*Anhang 4 Abbildung 65: 04.09.1916, Verstöße gegen Völkerrecht: Senegal-Neger töten Verwundete*[111]

[111] KA: 8. I.R._(WK)_10_42 (414); ident. Infanterie-Divisionen-(WK)_5702_32 (111).

Nr. 2901.
8. Jnftr.-Brigade.

4. 9. 1916.

**Brigade-Befehl und besondere Anordnungen.**

1.) Nach den bisher vorliegenden Meldungen hat die vorderste Jnftr.-Linie der Brigade die gestern errungene Stellung gegen wiederholte französ. Gegenangriffe gehalten und da, wo der Feind eingedrungen ist, ihn wieder hinaus geworfen. Hierbei haben auch die Bereitschaften der Regtr. mitgewirkt.

2.) Die gestern erreichte Linie ist weiter zu halten und auszubauen.

3.) Es lösen in der Nacht von heute auf morgen ab :
Das I./29 (1.Res.-Jäg.) das II./4 im Regts.-Abschnitt v. Kleinhenz rechts,
das I./8 das III./4 im Regts.-Abschnitt v. Kleinhenz links,
das I/364, von der 33. Res.-Div. auf Befehl der Angriffsgruppe Ost für 4 Tage zur Verfügung gestellt, das III./8 im Regts.-Abschnitt v. Rücker.

4.) Es rücken: II./4 nach Lager Deutsch-Eck, III./4 mit je 2 Kompn. nach Lager Herbébois Mitte (hier Stab) und Gremilly, III./8 nach Lager Neuer Wald. Für Gepäcktransport für II./4 und III./8 stehen morgen, 6° Vorm., an Strassengabel 300 m südl. Gremilly einige Lastkraftwagen der Division zur Verfügung.

5.) Die Bereitschafts-Bataillone im Regts.-Abschnitt von Kleinhenz bleiben: III./79 in der Kasematten-Schlucht,
I./4 in der Bezonvaux-Schlucht.
Bereitschafts-Batl. im Regts.-Abschnitt v. Rücker wird II./8. Das 8. J.R. meldet über die Art seiner Verwendung und die Plätze seiner Bereitstellung.

6.) Das II./29 rückt, wenn es aus der vorderen Linie des III./8 abgelöst ist, in die Ornes-Schlucht und wird hier Brigade-Reserve.

7.) Jm Regts.-Abschnitt v. Kleinhenz bleibt nach Bestimmung des 4. J.R. entweder die M.G.K. 4 oder die M.G.K. 79 eingesetzt, die andere von den beiden Kompn. rückt nach Deutsch-Eck.
Jm Regts.-Abschnitt v. Rücker bleibt nach Bestimmung des 8. J.R. entweder die M.G.K. 8 oder die M.G.K. 1. Res.-Jäg. eingesetzt, die andere von den beiden Kompn. rückt nach Neuer Wald.

8.) Die die Stellung übergebenden Batlne. sind dafür verantwortlich, dass die einrückenden Batlne. genau eingewiesen werden und dass bei der Ablösung kein Teil der Stellung, deren Erkämpfen Opfer gekostet hat, preisgegeben wird. Es ist Ehrensache jeden Mannes, auf seinem Platze auszuhalten, bis er abgelöst ist.

9.) Von Pionieren bleiben oder werden zugeteilt: im Regts.-Abschnitt v. Kleinhenz 2 Züge der Res.-Pion.-Komp. 11 unter Hauptmann Budenbender, im Regts.-Abschnitt v. Rücker 1 Zug der 3./Pi. 20 und 1 Zug der 1.Res./Pi.20 unter Leutnant Kleinhenz. Die anderen Pion.-Züge sind von den Regtrn. in das Schönwalder-Lager zu entlassen.

10.) Der Abschnitt der Brigade wird von heute Abend an nach links ausgedehnt bis zur Linie 573 - Waldeck nahe westl. 574 - 560 - 541 - 542 - N des Fortes Ruin - 511 - Vaux-Damm (Mitbenutzungsrecht mit 33. Res.-Div.). Das Regt. v. Rücker hat sich entsprechend zu gliedern.

11.) Ueber vollzogenen Anschluss innerhalb der Abschnitte und zu den Nachbarabschnitten ist zu melden.

12.) Nach dem Pionier-Park Azannes werden vom Gen.-Kdo. XVIII. Res.-Korps 6 M.G. vorgebracht. Sie werden nach Anordnung des Kdeurs. der Pioniere auf Fahrzeugen zum Pionier-Depot Bezonvaux-Schlucht gebracht. Das I./22 (1.Res.-Jäg.) stellt Begleit-Kdo., das für das Verkommen der Gewehre verantwortlich ist. Die 6 M.G. sind beim Pion.-Park in der Bezonvaux-Schlucht vom 8. J.R. zu übernehmen und als Material-Reserve für die in Stellung befindlichen M.G.-Formationen bereit zu halten.

13.) Vom Kdeur. der Pion. werden heute Abend 3000 Flaschen Mineralwasser nach Pionier-Park Bezonvaux-Schlucht gebracht, sie sind vom 8. J.R. zu übernehmen und zu verteilen: Regt. v. Kleinhenz 2000 Flaschen, Regt. v. Rücker 1000 Flaschen.

14.) Die von Sr. Kaiserlichen Hoheit dem Kronprinzen des Deutschen Reiches zur Verfügung gestellten Liebesgaben liegen bei der San.-Komp. 14 Azannes zur Abholung durch die Truppen bereit. Es erhält von den zur Kriegsgliederung der Division gehörenden 9 Inf.-Batlnen. jedes: 300 Zigarren für Offze., 600 Zigarren für Uoffze., 3600 Zigarren für Mannschaften, 600 Zigaretten für Offze., 1200 Zigaretten für Uoffze., 7500 Zigaretten für Mannschaften, 1350 Päckchen Keks, 60 Büchsen kondensierte Milch, 6 Kg Schokolade, 12 Flaschen Wein für Offze., 300 Fl. Wein für Mannschaften. Jede der 4 M.G.Kompn.: 75 Zigarren für Offze., 150 Zigarren für Uoffze., 900 Zigarren für Mannschaften, 150 Zigaretten für Offze., 300 Zigaretten für Uoffze., 1875 Zigaretten für Mannschaften, 337 Päckchen Keks, 15 Büchsen kondens. Milch, 1,5 Kg Schokolade, 3 Fl. Wein für Offze., 75 Fl. Wein für Mannschaften.

Das 1. Res.-Jäg.-Batl. bestimmt einen umsichtigen und energischen Dienstgrad, der die San.-Komp. bei der Ausgabe dieser Gaben unterstützt und dafür sorgt, dass jede Formation die ihr zugewiesenen Mengen auch dann vollzählig erhält, wenn sie zunächst nur Teile davon abholen lassen kann.

[illegible]

15.) Die in Ruhe zurückgezogenen M.G.-Formationen haben von den nächstbefindlichen Infr.-Batlnen. der Brigade möglichst viel Dienstgrade und Mannschaften dauernd am M.G. auszubilden. Den Regtrn. wird dringend empfohlen, dafür zu sorgen, dass Gefechtsausfälle bei den M.G.-Formationen jederzeit durch Infanteristen ersetzt werden können.

Brigade-Tages-Befehl.

1.) Se. Exzellenz Gen. d. Inftr. v. Lochow hat der Division zu dem gestrigen Waffenerfolge und zu dem heutigen tapferen Ausharren seine Anerkennung und seinen Glückwunsch ausgesprochen.

2.) Die Regtr. und die in Ruhe zurückgezogenen Batlne. melden möglichst bald ihre genauen Verluste, Ersatzbedarf an Mannschaften und Gerät. Ebenso ist möglichst bald die Gliederung der Regtr. mit Angabe der in vorderer Linie eingesetzten Kompn. zu melden.

gez. v. Meck.

Für die Richtigkeit:

Kittel,

Hauptmann und Brigade-Adjt.

*Anhang 4 Abbildung 66: 04.09.1916, Brig.-Bef. Nr. 2901: fortwährende französische Gegenangriffe*[112]

[112] KA: Infanteriebrigaden (WK)_946_17-18 (1674).

No. 2936.
8. 8. Jnf. Brigade.

Den 5. 9. 1916.

Brigadebefehl und besondere Anordnungen.

1.) Tagesverlauf:

Die gestrigen französischen Gegenangriffe haben gegen Abend ausgesetzt und sind seither nicht mehr wiederholt worden.

Französische Flaggen, anscheinend zur Verständigung der Infanterie mit der Artillerie, geben folgende Linienführung an: nordl. St.Fine Kapelle, 568, 569, 570, 571, von da nordostwärts zu dem französischen Graben vor, der von 561 über den Ostteil des Chapitre-Weges südlich zieh.

Das französische nächtliche Feuer hat unsere Ablösung nicht verhindert.

Es stehen: im Regimentsabschnitt v. Kleinhenz:
Vorderste Linie: I/29 (1.Res.Jäg.), I/8 mit Teilen der M.G.K. 79 und M.G.K. 4.
Bereitschaften: III/79 Kasemattenschlucht,
I/4 Hassoulesschlucht.
im Regimentsabschnitt v. Rücker:
Vorderste Linie: I/364 mit M.G.K. 1.Res.Jäg
Bereitschaften: 1/2 II/8 im Sturmausgangsstellung vom 1. Aug. St. II/8 und 1/2 II/8 in Bezonvauxschlucht.

Die vorderste Linie läuft von 535 über Südspitze des Grabendreiecks westlich 539, 538, 562a, 561 auf den Ostteil des Chapitre-Weges, dann zu 574.

III./4. Herbébois-Mitte und Gremilly.
II/29 (IV./Res.4): Azannes.
III/8 mit M.G.K.8: Neuer Wald.
II/4 : Deutsch-Eck.

2.) Beabsichtigte Gliederung für morgen, 6. 9. 1916.

Divisions- und Brigadereserven:
R.St. 29. J.R. Billy.
II/4. } M.G.K.4 } Deutsch-Eck.
III./8. } M.G.K.8. } Neuer Wald
II./29 (IV./Res.4.) Azannes.
III./4. Herbébois-Mitte, Gremilly.

| | Rechts<br>Regt. v. Kleinhenz | Links<br>Regt. v. Rücker. |
|---|---|---|
| Bereitschaften der Regtr. | I./4<br>Hassoulesschlucht<br>III./ Res.79<br>Kasemattenschlucht. | II./8<br>Stab u. 1/2 II/8 Bezonvaux-Schlucht.<br>1/2 II/8 Stellung bei 548 |
| Vordere Linie: | I./29 (1.Res.J.) I./8.<br>M.G.K.79 M.G.Sz.Tr. 154. | I./364<br>M.G.K.1.Res.J. |

3.) Von der 33. Res. Division wurde auf 3-4 Tage der M.G.Sz.Tr.154 mit 3 M.G. zur Verfügung gestellt.
um 8[30] Vorm. in der Kasematten-Schl.
Er trifft in der Nacht von heute auf morgen ein und ist vom 4.J.R. zur Ablösung der M.G.K.4 einzusetzen. M.G.K.4 geht in Ruhe nach Lager Deutsch-Eck.

4.) Befehl über Linienführung und Stellungsausbau wird gesondert ausgegeben.

5.) Heute Abend treffen im Pionierpark Bezonvaux-Schlucht ein: 2500 Flaschen Mineralwasser, 100 Flaschen Schnaps, 1000 Stück Hartspiritus. Sie sind durch das 8. J.R. zu empfangen und zu verteilen: Regts.-Abschnitt v. Kleinhenz 2/3, Regts.-Abschnitt v. Rücker 1/3.

6.) Von den Liebesgaben Sr. Kais. Hoheit des Kronprinzen können nur 3/4 ausgegeben werden. Die zuviel empfangenen Mengen sind an die Verteilungsstelle zurückzugeben, damit die zuletzt empfangenden Truppenteile nicht gekürzt werden.

7.) Es sind morgen, 6.7., 4 Uhr Nachm. in der Verpflegungsausgabestelle Billy abzuholen (14. J.D. IVa 1242)

| | | | | | | | |
|---|---|---|---|---|---|---|---|
| vom 4. J.R. | 7 | Kochkessel | zu je 125 l | u. | 3 | Kochkessel | zu je 110 l, |
| " 8. " | 7 | " | " " " | " | 3 | " | " " " , |
| " 29. " | 6 | " | " " " | " | 4 | " | " " " , |
| " 4. " | 13 | Kochtöpfe | " " 15-30 l | u. | 3 | Kochtöpfe | " " 5-8 l, |
| " 8. " | 13 | " | " " " | " | 3 | " | " " " , |
| " 29. " | 14 | " | " " " | " | 4 | " | " " " . |

Die Kochkessel und Kochtöpfe sind auf die einzelnen Batlne. und M.G.-Formationen zu verteilen und für die Truppen in Stellung und Bereitschaft bei den Kochstellen der Bereitschaften einzubauen, für die Truppen in Ruhe bei den Kochstellen in den Lagern.

Also z.B.: für 29. J.R.: für I./29 bei Bereitschaft des Regts. v. Kleinhenz, für II./29 in Azannes, für III./Res.79 bei Bereitschaft Regts. v. Kleinhenz, für M.G.K. 1. Res.-Jäg. bei Bereitschaft Regts. v. Rücker, für M.G.-Komp. 79 bei Bereitschaft Regts. v. Kleinhenz usw.

Die Kochkessel gehören damit zu den betreffenden Lagern und sind von den Lager-Kdanten. zu übernehmen, wo keine Lager-Kdanten. sind, bei Ablösung wie anderer Stellungsbedarf zu übergeben.

Ueber die Kochtöpfe verfügen die Regtr.

gez. v. Reck.

**Brigade-Tages-Befehl.**

Es wird darauf hingewiesen, dass die Anforderungen von Materialien, mit Ausnahme des Bedarfes für Stellungsbau, Lagerbauten usw., von den Regtrn. unmittelbar an die Feldintendantur der Division zu richten sind. Anforderungen von Ersatzteilen, wie für Instandsetzung von Fahrrädern, sind dagegen z.d.D. der Division vorzulegen. Für die Anforderung von Bekleidungs- und Ausrüstungsstücken s. Bkl.O. – D.V. 232 – § 60, Ziffer 4.

gez. v. Reck.

Für die Richtigkeit :

Kittel,

Hauptmann und Brig.-Adjutant.

*Anhang 4 Abbildung 67: 05.09.1916, Brig.-Bef. Nr. 2938: französische Gegenangriffe gegen Abend ausgesetzt*[113]

[113] KA: 8. I.R._(WK)_10_40-41 (414).

A b s c h r i f t.

Angriffsgruppe Ost. 5. 9. 1916.
Ia/Artl. Nr.1211 geh.

Betreff: Verbindung zwischen Infanterie u. Artillerie durch Leuchtzeichen.

Es fehlt ein Leuchtzeichen für die Anforderung von Vergeltungsfeuer oder für das Beschiessen von Augenblickszielen (Bewegungen, schanzende Infanterie) durch die Infanterie in vorderer Linie. Während dieses Feuer bei Tage meist durch die Beobachter der Artillerie von selbst veranlasst wird und sich deshalb die Anforderung vielfach erübrigt, ist ein Zeichen bei Nacht unbedingt notwendig. Jetzt wird mangels eines besonderen Zeichens vielfach Sperrfeuer angefordert, wo einige Schuss an eine bestimmte Stelle genügen würden.

Es wird deshalb vom 10.9.16 ab als Leuchtzeichen:
grüne Leuchtkugel mit Doppelstern = Infanterieschutzfeuer
eingeführt. Dieses Zeichen wird nur an der Stelle gegeben, vor welcher das Feuer einsetzen soll. Die Generale der Fussartillerie bezeichnen s.FH. Batterien, die auf diese Zeichen ein kurzes Feuer, (etwa 3 Lagen) abzugeben haben. Bei Tage wird sich Stärke und Dauer dieses Feuers meist nach den Erkundungen der Artilleriebeobachter zu richten haben.

Zum 18. 9. melden die Generalkommandos über ihre Erfahrungen mit etwa gewünschten Abänderungsvorschlägen.

gez. von Lochow.
General der Infanterie.

---

Generalkommando XVIII. Res.Korps 6. 9. 16.
Abtl. I d Nr. 14009.

Der Anruf für Infanterieschutzfeuer gilt jedesmal für die s. F.H. Batterien, die in dem Raume, in der die "grüne Leuchtkugel mit Doppelsterne" erscheint, zum Sperrfeuer eingesetzt ist.

Es wird hervorgehoben, dass das Infanterieschutzfeuer nicht zu einer Mun. Verschwendung führen darf. Die Artl. hat daher nur mit kurzem Feuer auf den Anruf zu antworten und vor allem muss die Infanterie darauf bedacht sein, dieses Feuer nur bei zwingender Notwendigkeit anzufordern. Eine Erhöhung der Mun. Rate für das Infanterie-Schutzfeuer tritt nicht ein.

gez.v. Steuben.

---

14. Bayr. Inf. Div.
empf. 7.9.16.Nr. 1693.

Verteilung: x. x. Regt. Richter 1 Abdr. (mit dem Brauchen um Mitteilung der Zielstreifen der Batterien.)

7. 9. 16.
gez. Rauchenberger.

---



*Anhang 4 Abbildung 68: 05.09.1916, Angriffsgruppe Ost, Befehl: Verbindung Artillerie mit Infanterie*[114]

[114] KA: 8. I.R._(WK)_10_24 (414).

Abschrift.

28

Heeresgruppe Krpz. A.H.Q. 10.9.16.

Ia 2666.

Streng geheim, nur durch Offizier.

Mit Rücksicht auf die Anforderungen an Menschen, Material und Munition, die an anderen Fronten an unser Heer gestellt werden, ist es erwünscht, dass es an der Front der Heeresgruppe Kronprinz ruhig bleibt, bzw. an den Brennpunkten des Kampfes zu einem allmählichen Abflauen der Gefechtstätigkeit kommt.

Jede Angriffsunternehmung ist zu unterlassen, falls sie nicht unbedingt erforderlich wird, um verloren gegangene Teile der festzuhaltenden Stellung wiederzugewinnen.

Kleine Patrouillenunternehmungen zur Feststellung feindlicher Verbände bleiben trotzdem dauernd notwendig.

gez. Wilhelm.

Kronprinz des Deutschen Reiches und von Preussen.

---

An 7.R.K. V.S.d.A.G.O.

5.A.K. Der Chef des Generalstabes.

18.R.K. gez. v.Stülpnagel.

15.A.K. Major.

Angriffsgruppe Ost.

J.N.Ia1263g

---

Gkdo.18.R.K. K.H.Q.den 12.9.16.

Ia 12395 geh. U. General der Fußartillerie 18.R.K

zur Kenntnisnahme.

An 14.b.I.D.

33.R.D.

Gen.d.Fuss.

Der Chef des Generalstabes

Oberstleutnant

Anhang 4 Abbildung 69: 10.09.1916, Abflauen der Gefechtstätigkeit[115]

[115] KA: Infanterie-Divisionen-(WK)_5938_10 (1728).

Nr. 3080 [illegible] gen.
8. b. Inf.-Brigade.

13. 9. 1916.

Geheim !

Brigade-Befehl.

1.) Es herrscht noch keine Klarheit über die Verhältnisse auf dem rechten Flügel der Brigade. Diese ist möglichst bald zu schaffen.

2.) Falls es durch den heute Vorm. angeordneten Gegenangriff nicht gelungen ist, die Franzosen aus unserem Grabenstück zu vertreiben, ist unter Leitung des Kdeurs. III./8 spätestens mit Einbruch der Dunkelheit ein stärkerer, einheitlicher Angriff auszuführen. Die Franzosen müssen aus unserer Stellung heute noch hinausgeworfen werden.

3.) Das III./4 rückt in der Nacht von heute auf morgen nur ab und übergibt seine Stellung ganz an II./4, wenn es ihm mit Hilfe der zur Verfügung gestellten Kräfte des II./4 und des III./8 gelungen ist, die deutsche Stellung so wieder herzustellen, wie vor dem franzö. Angriff von uns besetzt sein sollte.

4.) Der linke Flügel des 192. J.R. liegt im Bereich der 14. J.D. am Waldrand, etwa 50 m südl. Punkt 535 und zieht von hier nach Westen bis 200 m südl. Punkt 534.

5.) Der älteste Batls.-Kdeur. im Brig.-Abschnitt südl. der Vaux-Schlucht, sorgt dafür, dass unser äusserster rechter Flügel unmittelbaren Anschluss an das 192. J.R. nimmt und dass der linke Flügel der 192. J.D., soweit er in den Bereich des XVIII. Res.-Korps (14. J.D.) herüberreicht, das ist östl. des Weges 501 – St. Fine-Kapelle, durch Kräfte des rechten Flügel-Batls. ersetzt wird.

6.) Ich ersuche, die Brig.-Befehlsstelle durch regen Meldedienst über die Vorgänge im Abschnitt und besonders über den Vollzug dieses Befehles auf dem laufenden zu halten.
Wo Fernsprecher und Läuferketten zeitweise versagen, ist der Läuferdienst durch die hierzu bestimmten Uffze. entsprechend in Ordnung zu bringen.

gez. v. Reck.

*Anhang 4 Abbildung 70: 13.09.1916, Brig.-Bef. Nr. 3080, Angriff zur Wiederherstellung der Front auf dem rechten Brigade-Abschnitt*[116]

[116] KA: Infanteriebrigaden (WK)_946_49 (1674).

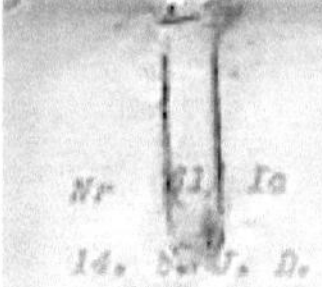

Nr [illegible] Ia D. St. Qu., 17. 9. 1916.

14. b. J. D.

Geheim!

<u>Divisionsbefehl.</u>

1.) Die 14. b. J. D. <u>übernimmt</u> in der Nacht vom 21./22.9. den <u>rechten Bataillonsabschnitt der 33. R.D.</u>
Befehlsübernahme am 22.9. vormittag durch den Regimentskommandeur vom Dienst unter Meldung an Brigade und Div.
Leitung der Ablösung durch 8.J.Brig.

2.) <u>Grenzen</u>: 573-Waldrand 50 m westlich 574-541 (s. Skizze)-542-M des Wortes Fumin-511-Damm des Vaux-Teiches; die genannten Punkte gehören der 14.b.J.D.
Gemeinsam gehören der 33.R.D. und 14.b.J.D. der Damm des Vaux-Teiches, die Batls.unterstände bei 544, der Sanitätsunterstand bei 512. Der Unterstand bei 511 gehört der 33.R.D.
Der 14.b.J.D. steht das Werk Hardaumont West für Unterbringung von Reserven zur Verfügung.

3.) <u>Gliederung.</u>
In vorderer Linie sind 2 Batle einzusetzen; südlich der Vauxschlucht sind außerdem je 2 Kompagnien Batl. und westlich der Souville-Schlucht vorzuschieben. Unterbringung der Bereitschaften in der Kasematt-Schlucht u. Werk Hardaumont West. Es ist Vorsorge zu treffen, daß sämtliche Bereitschaften rasch und sicher von einer Seite der Schlucht zur anderen verschoben werden können.

4.) <u>Der Ausbau der Stellung</u> östlich der Souville-Schlucht erfolgt nach den im Div.Bef.v.13.9.16 Nr 2126/Ia gegebenen Grundsätzen.
Soweit die Tiefe der Souville-Schlucht nicht unmittelbar besetzt werden kann, ist sie durch Feuer, Einbau von Hindernissen und Staffelung zu sichern. Bei Nacht ist sie durch Posten zu besetzen. In der Sturmausgangsstellung ist zur Bestreichung der Schlucht ein M.G. in Stellung zu bringen.
Die gegenseitige Flankierung der beiden Batls.abschnitte ist besonders wichtig.

5.) <u>Sperrfeuer</u>
der Feld- und schweren Art., sowie der Minenwerfer siehe Skizze.
An gefährdeten Punkten ist das Sperrfeuer durch Granatwerfer zu verstärken.
Aufgabe der vorgelagerten Batterien ist es, feindl. Verkehr von der Souville Höhe nach Norden zu unterbinden, nach Bedarf an bedrohten Punkten das Sperrfeuer zu verstärken und feindliche Reserven, die vom Sperrfeuer nicht gefaßt sind, unter Feuer zu nehmen.
Flankierung der Unterstandsgruppen 562-564 und des Geländes südlich davon durch Batterien XV.A.K. ist vereinbart.

6.) <u>Für Verteilung der Pioniere und Minenwerfer</u> auf die Abschnitte, Ausbau einer 2. Stellung von der Kasemattschlucht zum Werk Hardaumont West und eines Riegels vom rechten Flügel der Division in Richtung auf den Dreieckswald reicht der Kommandeur der Pioniere Vorschlag ein.

7.) Die Brigade meldet die Kräfteverteilung und die Regelung des Verbindungsdienstes.

Besondere Anordnungen.

1.) Einweisungskommandos-auch zur Übernahme der Läuferketten sind in der Nacht vom 18./19. vorauszusenden. Das abgelöste Batl. kann keine Nachkommandos zurücklassen.

2.) Die einrückende Truppe hat ihren ganzen Stellungsbedarf selbst mitzubringen. In der Stellung ist die dort lagernde Munition, Leuchtpatronen, Schanzzeug sowie das Erkundungs-Lichtbilder- und Kartenmaterial zu übernehmen. Besonders sorgfältige Übernahme der Verbindungen! Fernsprechapparate sind auszutauschen; der eingebaute Draht bleibt liegen.

3.) Die Unterkunft der Ruhe-Batle ist nach Durchführung der Neugliederung in Billy, Nouillon Pont und Rouvrois vorgesehen. An- und Abtransport durch Kraftwagen und Eisenbahn. Näherer Befehl folgt.

Verteilung:

| | |
|---|---|
| 8.J.Brig. | 6 |
| Verbind.Offze | 1 |
| 23.F.A.R. | 6 |
| Kdeur d.Pi | [illegible] |
| 33.R.D. | 1 |
| 192.J.D. | 1 |
| Gen.Kdo.XII | 2 |
| Gen.d.Fßa. 5 | 1 |
| Gruppe Banse | 1 |
| Rgt.Fritze | 1 |
| Div.Stab(Ia,b,IIa Tagebuch,Res.) | 7 |
| | 30 |

Für die Richtigkeit:

gez: Rauchenberger.

Hauptmann im Gen.Stb.



*Anhang 4 Abbildung 71: 17.09.1916, Div.-Bef. Nr. 61: Sperrfeuer*[117]

[117] KA: Infanterie-Divisionen-(WK)_5885_09-10 (111).

I/29

Nr 5170.
8. Bayer. Inftr.-Brigade.

18. 9. 1916.
7° Vorm.

## Brigade-Befehl

### für die Uebernahme des Unterabschnitts "Souville-Nase".

1.) Die Division übernimmt in der Nacht vom 21. auf 22. Sept. den Batls.-Abschnitt auf der Souville-Nase von der 33. Res.-Div.

2.) Rechte Grenze dieses Abschnitts: Tiefenlinie der Souville-Schlucht.
Linke Grenze für Kampf und Besetzung: 573 – Waldeck dicht westl. 574 – Komp.-Abschnittsgrenze südwestl. Punkt 560 und 100 m östl. des alten deutschen Nord-Südgrabens auf der Souville-Nase 541 – 542 – Mitbenutzung des Batls.-Gefechtsstandes 544 – 512 – Mitbenutzung des Dammes östl. des Vaux-Teiches.

3.) Jetzt stehen in diesem Unterabschnitt von der 33. Reserve-Division: 3 Kompn. in vorderer Linie, 1 Komp. als Batls.-Reserve in der alten Sturmausgangsstellung vom 1. Aug. bei Punkt 508.
4 Masch.-Gewehre bei dem Batl. eingesetzt.

4.) Das I./4. J.R. übernimmt den Abschnitt in der Nacht vom 21. auf 22. Septbr. zwischen 12[h] Mitternachts und 2[h] Morg.
Es gliedert sich:
2 Kompn. in vordere Linie, mit tiefer Gliederung auf den bisher von 3 Kompn. besetzten Abschnitt verteilt.
Flügelstaffeln zum Schutz der Batls.-Flanken gegen feindl. Einbruch.
2 Kompn. als Batls.-Reserven in der alten Sturmausgangsstellung vom 1. Aug. bei Punkt 508.
Batls.-Befehlsstelle im Gefechtsstand 544.

5.) Das III./4 rückt am 19. 9. Vorm. nach Azannes.
Es wird in der Nacht vom 21. auf 22. Sept. Bereitschafts-Batl.
Gliederung: 1 Komp. in der Unterstandsgruppe am Nordhang der Fumin südl. des Vaux-Teiches. Batls.-Stab und 2 Kompn. in der Kasematten-Schlucht. 1 Komp. in dem Inftr.-Werk Hardaumont-West.

6.) Maschinen-Gewehre.
Von der Nacht 21./22. Sept. ab stellen:
Gruppe A (M.G.-Formationen des 4. J.R. und des III./Res.79): 8 M.G. in die vordere Linie des Batls.-Abschnitts von 535 – Talgraben, 2 M.G. zur Staffel in Gegend 502 – 503. 2 M.G. als Reserve in der Kasematten-Schlucht.
Gruppe B (M.G.-Formationen des 8. J.R. und des 1.Res.-Jäg.-Batls.:
4 M.G. in vorderste Linie auf der Souville-Nase.
2 M.G. zur Reserve des Batls.-Kdeurs. nahe der Batls.-Befehlsstelle bei 544.
Ausserdem:
2 M.G. als Reserve des Batls.-Kdeurs. im Chapitre-Wald südl. der Vaux-Schlucht.
2 M.G. in der Kasematten-Schlucht zur Besetzung der Riegelstellung.
2 M.G. in der Kasematten-Schlucht als Reserve.

7.) Das I./4 schickt in der Nacht vom 18. auf 19. Sept. Einweisungs-Kdos. – für Batls.-Stab und jede Komp. mindestens 1 Offz.-Stellvertreter, für jeden Zug mindestens einen älteren Uffz. und 4 gewandte und verlässige Leute – in den zu übernehmenden Abschnitt voraus. [illegible] lichste Einweisung und Uebernahme aller Angaben über den Feind, Einzelheiten in der Stellung, der Munitions-Vorräte, Vorräte an [illegible] und Signal-Munition, der Handgranaten, Schiessgestelle für Gewehrgranaten und der dazu gehörigen Munition, kurz des gesamten in der lung verbleibenden Materials, Einweisung in den Verbindungsdienst unbedingt notwendig.

Batls.- und Komp.-Führer vergewissern sich rechtzeitig, dass die Uebernahme der Stellung in der Nacht vom 21. auf 22. Sept. ohne Meldung vor sich gehen kann.

Das abzulösende Batl. kann voraussichtlich keine Nach-Kdos. [illegible] rücklassen.

Das Einweisungs-Kdo. meldet sich morgen, 19. ds., nachm. bei [illegible]ge beim Regts.-Kdeur. vom Dienst in der Bezonvaux-Schlucht.

Hierher sind bis 7[h] Nachm. Führer von der 66. Res.-Inf.-Brig bestellt, die über die Regts.-Befehlsstelle in der Hassoule-Schlucht zur Batls.-Befehlsstelle 544 führen.

8.) Die M.G.K. 1. Res.-Jäg. entsendet gleichfalls in der Nacht [illegible] 19. Sept. Einweisungs-Kdos. zur Batls.-Befehlsstelle 544, die für richtige Vorbereitung der Stellungs-Uebernahme durch die M.G.K. 1. Reserve-Jäger verantwortlich sind.

9.) Die Gruppe A der M.G.-Formationen übernimmt die Gliederung nach Ziffer 6 schon in der Nacht vom 20. auf 21. Sept.

Die Gruppe B (M.G.K. 1. Res.-Jäg.) übernimmt die Stellung an der Souville-Nase in der Nacht vom 21. auf 22. Sept. vor 12[h] Mitternachts.

10.) Das III./4 rückt in seine Aufstellung nach Ziff. 5 am 21. Sept. zwischen 9[h] und 11[h] Abds.

Es schickt am 20. Sept. Vorkommandos voraus.

11.) Die Läuferkette der 66. Res.-Inf.-Brig. steht von Höhe 310 südöstl. Grémilly über Bezonvaux-Schlucht und Hardaumont bis zur Regts.-Befehlsstelle in der Hassoule-Schlucht und zur Batls.-Befehlsstelle 544.

Skizze dieser Läuferkette und der Läuferkette im Brig.-Abschnitt geht dem I./4 zu.

I./4 stellt bis spätestens 21. ds. Abds. die Läuferverbindung von Batls.-Befehlsstelle 544 bis zur Läuferkette der 8. Inf.-Brig. in der Hassoule-Schlucht oder auf dem Hardaumont durch eigene Läufer sicher. Die Plätze sind so zu erkunden, einzelne Posten nach Bedarf mit denen der 66. Res.-Inf.-Brig. zusammenzulegen, dass sichere und rasche Verbindung gewährleistet ist und dass durch geeignete Führung der neuen Läuferkette bis zum Anschluss an die schon bestehende nicht mehr Po[illegible] eingesetzt werden als unbedingt notwendig sind.

12.) Stahlhelme und zweite Feldflaschen werden von der 66. Res.-Inf.-Brig. nicht übergeben.

13.) Ueber den Gang der Abschnitts-Uebernahme ist von den M.G.-Formationen und den Batlnen. durch den Regts.-Kdeur. vom Dienst alles Wichtige zu melden:

Die Absendung der Einweisungs-Kdos.,
deren vollzogene Unterweisung,
die Uebernahme der einzelnen Abschnitte der vorderen Linie und der Bereitschaften.

Ferner sind zum 22. Skizzen der Gliederung der Inftr., der Aufstellung der M.G., sowie der Läuferketten der Brig.-Befehlsstelle einzureichen. Neueinteilung der Läufer wird dann befohlen.

Zweifel und Unstimmigkeiten sind sofort zur Sprache zu bringen.

14.) An genaue Beachtung der Div.-Verfügung vom 12.9.16 Nr 2068/[illegible] Betreff "Ablösung" wird erinnert.

gez. v. Rech.

Für die Richtigkeit :

Hauptmann und Brig.-Adjt.



*Anhang 4 Abbildung 72: 18.09.1916, Brig.-Bef. Nr. 3170: Übernahme des Unterabschnitts Souville-Nase*[118]

[118] KA: Infanterie-Divisionen-(WK)_5700_04-05 (335).

Nr. 3259/93 geheim.
K. 8. Inf. Brigade. 21. 9. 1916.

27

An
die K. d. 14. Inf. Division.

Zu 14. I. D. Nr. ./.: Allgemeiner Anhalt für den Bauplan (grundsätzlicher Art)

1.) Änderungsvorschläge werden nicht gemacht.

2.) Die Linienführung der ersten Linie muß sich nach der augenblicklichen Besetzung richten.
Anzustreben bleibt auf dem rechten Flügel noch eine Abgleichung des mit dem linken Flügel der 192. Inf. Division gebildeten einspringenden Winkels durch weiteres Vorschieben des eigenen rechten Flügels.
Ob sich dies bei dem andauernden schweren feindlichen Feuer durchführen läßt, kann nur nach dem Ausfall des Versuches selbst beurteilt werden.

3.) Der Ausbau der durchlaufenden 1. Linie und die Anlage schußsicherer Unterkünfte für die Reserven südlich der Vaux-Schlucht sind am vordringlichsten.
Bisher ist der Ausbau der 1. Linie an dem schweren feindlichen Feuer gescheitert, das, durch sehr gute Beobachtung unterstützt, wiederholt die deutschen Gräben wieder eingeebnet hat. Der von Granaten durchwühlte

Boden ist in keiner Weise mehr standfest, die Anlage eines Grabens schon dadurch sehr erschwert. Auf große Schwierigkeiten stößt ferner der Hindernisbau. Nach den bisher mitgeteilten Erfahrungen aus den Kämpfen an der Somme genügen Schnelldrahthindernisse nicht. Sie sind aber hier zunächst die einzige Möglichkeit, da geflochtene Hindernisse bei der großen Nähe des Feindes und seiner guten Beobachtung sich nicht anlegen lassen.

4.) Die Anlage schußsicherer Unterschlüpfe in vorderster Linie ist notwendig für Mannschaften, Sanitätsgeräte und Material. Sie ist aber ebenfalls äußerst schwierig, da in dem zerschossenen Boden das richtige Ansetzen von Stolleneingängen nahezu unmöglich ist. Jedenfalls muß der Stollenbau von fachkundigem Personal durchgeführt werden, um falsche und daher unnötige Arbeit zu vermeiden.

5.) Eine weitere Schwierigkeit aller Anlagen in vorderster Linie liegt ferner in den weiten Wegen, über die alle Stoffe für Verpflegung, Sanitätsdienst, Kampf und Stellungsbau vorgebracht werden müssen, in der ständigen Gefährdung dieser Wege durch feindliches Feuer und in ihren jetzt schon sehr schlechten, mit der Zeit immer noch schlechteren Bodenverhältnissen.

6.) Aus diesen Gründen ist es zur Vermeidung einer unnützen Arbeit unerläßlich, daß diejenigen Stellen, die bei dem Wechsel der Truppen für Einheitlichkeit im Stellungsbau sorgen

98

müssen, das sind in erster Linie die Kommandeure der Pioniere der Division und des Abschnitts v.d. Planitz, besonders ausgewählte Organe zur Erkundung und – bei [illegible] Anlagen – zur Festlegung an Ort und Stelle senden. Es ist weiter unerläßlich, daß diese Organe nicht nur in erfahrungsgemäß ruhigeren Zeiten vorne erkunden, sondern daß sie die ganze Stellungszeit eines Infanterie-Bataillons in vorderster Linie miterleben, damit sie den in letzter Linie für den Stellungsbau maßgebenden Dienststellen über die Arbeitsmöglichkeiten in vorderster Linie und über die feindliche Feuerwirkung auf unsere Geländeverstärkungen zutreffend berichten können.

7.) Die zum Ausbau nötige Zeit läßt sich für die vorderste Linie nicht angeben, da der Ausbau dieser Linie vor allem vom Eintritt ruhigerer Verhältnisse abhängt. Die feindliche Artillerie wird aber unsere von Louville aus gut eingesehenen Linien solange immer wieder einebnen, als unsere Artl. durch die gebotene Munitionssparsamkeit behindert ist, wenn sie die feindliche Artillerie nicht fassen kann, wenigstens den französischen Stellungsbau in gleicher Weise zu stören wie umgekehrt. Wenn dieses Hindernis behoben werden kann, wird die vordere Linie in etwa 24 Wochen zu einem Graben ausgebaut sein, der einigen

Schutz und Verkehrsmöglichkeit gibt. Die Anlage eines [illegible] guten Hindernisses und die Anlage schußsicherer Unterschlupfe und einiger gedeckter Räume für Sanitätszwecke, sowie Aufnahme von Material aller Art, Munitions- und Verpflegungsvorräten, wird Monate in Anspruch nehmen.

Der Bau schußsicherer Unterkunft für die Reserven am Südhang der Vaux-Schlucht kann bei genügendem Materialnachschub in 1–2 Monaten als abgeschlossen gelten und bedarf dann nur mehr im wesentlichen der Instandhaltung.

Die Fertigstellung der rückwärtigen Linien hängt davon ab, bis wann die vorderen Linien soweit vorgeschritten sein werden, daß die Kräfte der Reserven zum Bau der rückwärtigen Linien eingesetzt werden können, ohne die Arbeit der Bereitschaftsbatl. als Trägertrupps mehr wesentlich [illegible] zu müssen.

So, wie der Stellungsausbau geplant ist, wird er sich durch die Kräfte der [illegible] Truppe allein vor Eintritt des hier typischen nassen Winters kaum durchführen lassen.

8.) Der Ausbau wird nach wie vor der Truppe zur Pflicht gemacht und wird von ihr mit aller verfügbaren Kraft fortgesetzt.

I. V.
v. Kleinhenz

*Anhang 4 Abbildung 73: 21.09.1916, 8. Inf.-Brig., allgemeiner Anhalt für den Bauplan*[119]

[119] KA: Infanterie-Divisionen-(WK)_5710_21-24 (111).

# Anhang 5 Taktische Anweisungen, Ausbildung und Stellungsbau

## Abbildungsverzeichnis Anhang 5

# 5.1 Taktische Anweisungen und Ausbildung

33. Reserve Division Div.St.Qu., 10. März 1916.

Ia Nr. 2946.

**Aufstellung der Maschinen-Gewehre innerhalb der Stellung.**

Die Zerstörung bezw. Beschädigung mehrerer betonierter Maschinengewehr-Stände innerhalb der 1. Linie gibt Veranlassung, nochmals die Grundsätze über die Aufstellung und Verwendung der Maschinen-Gewehre festzulegen.

1.) Von den Maschinen-Gewehren muss verlangt werden, dass sie im Falle eines feindlichen Angriffs rechtzeitig feuerbereit sind: das wird meist von entscheidender Bedeutung sein. Wo dies nicht erreicht wird, fällt das Maschinengewehr, die wichtigste Waffe zur Abwehr eines Nahangriffs, für den Kampf aus.

2.) Es ist mit Sicherheit damit zu rechnen, dass der Gegner vor einem ernsthaften Angriff versuchen wird, sämtliche Betonbauten der vordersten Linie durch starkes Wirkungsfeuer zu zerstören. Dies wird ihm überall dort gelingen, wo er auf unsere Anlagen beobachtetes Artilleriefeuer legen kann. Mit den uns zur Verfügung stehenden Mitteln sind wir im allgemeinen nicht in der Lage, die Maschinengewehr-Stände so stark auszubauen, dass sie einem Wirkungsschiessen schweren Kalibers auf die Dauer widerstehen. Daher werden die in betonierten Ständen der vordersten Linie untergebrachten Maschinengewehre beim Einsetzen des Infanterie-Angriffs wahrscheinlich kampfunfähig sein.

3.) Die beste Aufstellung der Maschinengewehre ist die Aufstellung in stark betonierten Ständen in oder hinter der 2. Linie, von wo aus das Gelände vor der vorderen Linie, wo möglich flankierend, unter Feuer genommen werden kann. Aber auch bei dieser Aufstellung ist es von grösster Bedeutung, dass dem Gegner der

Stand

Stand nicht bekannt wird und er ihn nicht unter beobachtetes Artilleriefeuer nehmen kann. Die Maschinengewehr-Stände sind mit besonders starken Drahthindernissen zu umgeben und bilden so in sich kleine Stützpunkte. Ausser dem Schiessen aus der Scharte heraus müssen die Gewehre auch hier über Bank nach allen in Betracht kommenden Richtungen schiessen können. Wo derartige stark betonierte Stände nicht mehr geschaffen werden können, und das Gelände selbst keine günstigen Aufstellungsplätze bietet, sind durch künstliche Aufschüttungen Maschinengewehr-Stände zum Ueberbankfeuern zu schaffen, von denen aus die vorderste Linie bestrichen werden kann. Während des feindlichen Wirkungsschiessen müssen die Gewehre dann jedoch dicht daneben in tiefen bombensicheren Stollen mit grossen Ausgängen untergebracht werden. Auch bei diesen Ständen ist es von grösster Wichtigkeit, dass der Gegner ihre Lage nicht erkennt, daher muss die Anlage dieser Stände mit grösster Vorsicht geschehen.

4.) Wo es ausnahmsweise notwendig erscheint, die Maschinengewehre in vorderster Linie zu belassen, kann man sie vor Zerstörung durch das feindliche Feuer nur in sehr tiefen Stollen schützen. Diese Art der Unterbringung der Maschinengewehre bringt jedoch die Gefahr mit sich, dass die Gewehre nicht rechtzeitig schussbereit sind. Der feindliche Infanterie-Angriff wird meist nicht so schnell erkannt, die Stolleneingänge werden teilweise verschüttet sein, das Herausschaffen der Gewehre erfordert eine gewisse Zeit. Daraus folgert, dass eine derartige Unterbringung in vorderster Linie nur dort geschehen darf, wo der Gegner so weit entfernt ist, dass mit einem rechtzeitigen Instellungbringen der Maschinengewehre gerechnet werden kann.

Dort wo der Gegner bereits auf Sturmentfernung unserer Stellung gegenüberliegt, ist eine derartige Unterbringung der Maschinengewehre falsch, da mit Bestimmtheit damit gerechnet werden muss, dass die Gewehre aus den Stollen heraus nicht rechtzeitig in Stellung gebracht werden können. In diesen Abschnitten müssen daher bei Tage die Maschinengewehre aus der vordersten

Linie verschwinden, und es muss besonders hier baldigst erreicht werden, die Maschinengewehre in rückwärtigen Stellungen, wie unter 3.) beschrieben, aufzustellen.

5.) Besondere Verhältnisse liegen dort vor, wo ein überraschender feindlicher Angriff ohne Artillerievorbereitung möglich ist. Dies trifft bei Nacht oder bei starken Nebel in den Abschnitten zu, in denen unsere Hindernisse bereits zerstört oder so schlecht sind, dass der auf nächster Entfernung gegenüberliegende Gegner überraschend in unsere Gräben eindringen kann. Daher müssen hier bei Nacht und starken Nebel eine Anzahl Maschinengewehre in vorderster Linie zum Ueberbankschiessen oder in gut gelegenen [illegible] schussbereit aufgestellt werden. Es folgt daraus, dass in einzelnen Abschnitten der Division die Maschinengewehre besondere Tag- und Nachtstellungen haben müssen.

6.) Die Masse der Maschinengewehre wird somit 100- 200 m hinter der vordersten Linie stehen. Es ist jedoch anzustreben, auch in den 3. Linien, z.B. im Weber- und Aschauer-Stützpunkt, ein Maschinengewehr dauernd aufzustellen. Des weiteren wäre es sehr erwünscht, dass die Unterabschnitts-Kommandeurs über 1 oder 2 Maschinengewehre als bewegliche Reserve verfügten. Dies wird sich jedoch bei unserer ausgedehnten Stellung mit den zur Zeit vorhandenen Maschinengewehren kaum ermöglichen lassen.

7.) Zum 14.III. haben die Regimenter die genaue Aufstellung ihrer Maschinengewehre zu melden. Aus der Meldung muss die Tag- und Nachtstellung, die Unterbringung bei feindlichem Artilleriefeuer, sowie die Schussrichtung ersichtlich sein. Gleichzeitig ist zu melden, welche neuen Maschinengewehr-Stände, die den obigen Gesichtspunkten Rechnung tragen, geplant oder bereits in Angriff genommen sind.

gez. Bausch.

Verteilung:

| | |
|---|---|
| 2 Brigaden | 2 |
| 4 Regimenter | 4 |
| Bataillone | 13 |
| Kdr.d.Artl. | 1 |
| Kdr.d.Pion. | 1 |
| F.M.G.A.12 u.13 | 2 |
| Div. | 4 |
| | [illegible] |



*Anhang 5 Abbildung 1: 10.03.1916, 33. Res.-Div., Aufstellung der MG innerhalb der Stellung*[120]

[120] KA: 8. I.R._(WK)_12_46-48 (511).

III/18

8. Infanterie = Regiment 6. 8. 16.

Grossherzog Friedrich II. v. Baden.

Anhang 125

Anhaltspunkte für die Ausbildung im Ruhequartier.

I. Einleitung . Die Marschfähigkeit der Kompagnien ist durch Märsche die vor und nach den Übungen in Nähe der Unterkunftsorte und Übungsplätze zurückzulegen sind , zu steigern. Strengste Maschordnung ist zu fordern. Vor dem Einrücken hat der Kompagnieführer die Abteilung mit Blickwendung an sich vorbeimarschieren zu lassen . Alles was nicht praktische geübt werden kann , ist zum Gegenstand des Unterrichts zu machen . Hiebei muss auf den guten Geist der Mannschaften eingewirkt werden . Bei dem soldatischen Geist unserer Leute wirkt nichts so fördernd, als wenn ihnen der Offizier von den grossen Leistungen und ruhmvollen Erfolgen bayerischer Truppen - 1. bayr. Ersatz Division in der Woëvre , Div. Kneusl bei Avocourt und Forges grund, I. Bayr . A.K. bei Damloup, Vaux und Douaumont , 6. J.D. (10. J.R. und J.L.R. ) bei Fleury und Thiaumont erzählt .

II. Zu üben sind vor allem folgende Punkte :

1) Zielen , auch mit aufgesetzter Gasschutzmaske, Dolchfechten und Zuschlagen mit den Verschluss des Gewehres .

2) Ausheben einiger Granattrichter, ihr Ausbau zu Schützennestern und Verbindung untereinander durch Gräben zu Stützpunkten . Einrichten von M.G.im xxxxxxihnen , Letztere auch in rückwärtigen Granatlöchern zur Bekämpfung tieffliegender Flugzeuge aufstellen .

In jedem Schützenloch muss ein verantwortlicher Führer sein,welcher den Wachdienst regelt und die Verbindung mit den Nebengruppen aufnimmt. Die Besatzung der vordersten Linie hat die Aufgabe,dem Gegner durch Ausnützung des Gewehres fortwährend Abbruch zu tun. Unser Infanteriefeuer muss den Gegner am Verkehr nach rückwärts hindern. Handgranaten für Abwehr eines Angriffes aufsparen ! Jede Besatzung eines Schützennestes muss wissen,wo ihr Zugführer ist, wo die Verstärkungen der Kompagnie und der Kompagnieführer sich befinden und wo die Gefechtsstelle des Batls. liegt .

3) Bereitstellen in der eigenen Stellung zum Angriff auf einen feindlichen Graben ( Granatlöcher ) in der Annahme,dass Hindernisse vor der feindlichen Stellung sich nicht befinden .

4) Der Angriff auf einen feindlichen Graben in der Annahme
a) dass unser Angriff gelingt ,
b) dass unser Angriff 30 - 50 m vor dem feindlichen Graben aufgehalten wird. Dann heranarbeiten unter gegenseitiger Feuerunterstützung soweit,bis Handgranaten in den feindlichen Graben geworfen werden können . Zusammenfassen des eigenen Feuers auf Masch. Gewehre, ihre Bekämpfung durch eigene M.G. ist besonders wirksam . Achtung auf feindliche Baumschützen !

5) Abbau der eigenen Stellung nach den Seiten .

6) Umbau einer genommenen feindlichen Stellung .

7) Einteilen eines Rolltrupps und eines Rollangriffs .

Jeder Rolltrupp soll bestehen aus 1 Führer, 3 Handgranatenwerfern, 3 Handgranatenträgern ( diese auch mit Pistole und Dolch bewaffnet ), 4 Infanteristen mit aufgepflanztem Seitengewehr, jeder Mann mit 4 leeren Sandsäcken.

8) Bilden von Sturmkolonnen .

Jeder Zug bildet 2 Sturmkolonnen , jede solche besteht aus 1 Führer, 4 Pionieren, 3 Gruppen Infanterie . Jeder Infanterist hat 6 Handgranaten und 5 leere Sandsäcke, jeder Pionier 1 grosse Drahtscheere, ausserdem jede Gruppe 2 weitere Drahtscheeren .

9) Angriff auf einbetonierte feindliche M.G.

10) Angriff in breiter lichter Front und in mehreren Wellen hintereinande Die hinteren Wellen müssen in rücksichtslosem Vorwärtsgehen bleiben und die auf Widerstand stossenden vorderen Linien wieder vorwärts reissen. Wo feindliche Stellen noch nicht sturmreif sind, müssen Stosstrupps eingesetzt werden. Hiezu die beherztesten Leute nehmen .

Sturmanzug : Stahlhelm, ohne Tornister ( dieser bleibt im Ruhequartier zurück ) ; Verpflegung für 4 Tage ist im Brotbeutel und in Taschen unterzubringen . 2 Feldflaschen mit Wasser, 150 Patronen für den Mann . Handgranaten in Sandsäcken mitnehmen (nur geübte Leute). Erste Angriffswelle trägt möglichst viel Drahtscheeren , die zweite und folgende Wellen grosses Schanzzeug und leere Sandsäcke . Watte für die Ohren gegen Artilleriefeuer den Leuten mitgeben ! Stärke jedes Stosstrupps : 1 - 3 Gruppen Infanterie und 1 Gruppe Pioniere ( Handgranaten ). Hiezu ist es notwendig, dass die Kompagnien sich stark in die Tiefe gliedern. Masch. Gew. sind Waffen des Angriffs. Sie beissen sich zuerst in die feindliche Stellung ein .Sie folgen also dem Angriff nicht, sondern weisen diesen den Weg .

Reserven während des Feuergefechts und bei längerem Aufenthalt in einer Stellung nur dann dicht heran, wenn gute Deckung vorhanden. Sie graben sich sofort ein und unterrichten sich dauernd über die Verhältnisse vor sich ( Abstand des Gegners von der vordersten eigenen Linie ). Sofort Posten auf in der Nähe befindliche Bäume ! Der Führer ist für allenfalsiges selbständiges Eingreifen nach vorne, nach den Flanken, unter Umständen auch im Rücken ( Beseitigen einzelner in unserm Rücken auftauchender Masch.Gew. und einzelner uns im Rücken befindlicher feindlicher Kampfgruppen ) verantwortlich.

11) Bezielen von tieffliegenden Flugzeugen . Hiezu ist in Mercy le Bas Gelegenheit gegeben, wenn die Flugzeuge der Kampfstaffel 34 zum Scheibenschiessen mit Masch.Gew. aufsteigen .

12) Gemeinsame Übungen der Infanterie mit den Masch. Gewehren . Einspringen von vorgebildeten Infanteristen für ausfallende M.G. Schützen .

13) Ausstellen von Staffettenposten auf mehrere 100 m und die Weitergabe von Meldungen durch diese in Marsch - Marsch .

14) Aufsetzen und An Ort nehmen der Gasschutzmasken. Zielübungen mit Gasschutzmasken .

15) Gebrauch der Verbandpäckchen .

III. Ausserdem ist zu beachten :

1) Die Batle. sorgen für Mitgabe von kalten Speisen für 4 Tage : Konserven, Speck, Wurst, Schokolade, Zucker, grosse Brotportion. Wenn Alkohol ausgegeben wird, dann nur in mässigen Grenzen mitgeben. In die Feldflaschen kalten Kaffee und Tee . Reichliche Mitgabe von Rauchmitteln und Zündhölzern aus Kompagniemitteln .

IV/8

2) Es müssen eigene Erkundungstrupps gebildet werden. Die vorderste Linie muss rücksichtslos Patrouillen vortreiben und Offiziere zur Erkundung vorsenden. Vor allem sind Stützpunkte der feindlichen M.G. zu erkunden.

3) Die Infanterie muss den Artillerie = Beobachtern und Verbindungs= Offizieren ihre Aufgabe möglichst erleichtern.

4) Die Gasschutzmittel sind nachzusehen und nachzuprüfen, unbrauchbare sind auszutauschen.

Anl. 3. 125.

J. V.

Hpt. Felser.

*Anhang 5 Abbildung 2: 06.08.1916, Anhaltspunkte für die Ausbildung im Ruhequartier*[121]

[121] KA: 8. I.R._(WK)_11_07-09 (1554).

Geheim!

Nur bekanntgeben, soweit unbedingt notwendig!

Betreff: Ablösung.

Ablösungs- und Unterkunftsübersicht.

- 2 -

die von ihnen zu übernehmenden Regts.-Befehlsstellen so eingehende Unterweisung über alle notwendigen, von Regt. zu Regt. zu übergebenden Einzelheiten voraus.

Die Regts.-Adjutanten oder Btl.-Offze. treffen ferner spätestens am Tage vor der Befehlsübernahme in den Regts.-Befehlsstellen ein, um beim Eintreffen ihrer Führer in den Dienstbetrieb eingewiesen zu sein. Befehlsübernahme der Regtr. um [illegible] vorm.!

e - Verbindungsdienst durch Läuferketten.

Die Regtr. sorgen selbst für richtige Übergabe und Einrichtung des Läuferdienstes innerhalb ihres Befehlsbereiches nach den Angaben der bisher eingesetzten Regtr.

Zur Verfügung der Brigade wird das [illegible] 1 Offizier, 12 Läuferposten etwa am [illegible] abzugeben haben. Es erhält hierfür noch Befehl.

f - Fernsprechdienst:

Die Fernsprechstellen nach vorwärts bis zur Brigade-Gefechtsstelle einschl. werden von dem Doppelfernsprechzug der [illegible] Inf.-Div. besetzt.

Die Fernsprechverbindungen weiter vorwärts sind von den Regtrn. zu besetzen, ebenso sind für die Fernsprechverbindungen zwischen der Brigade und den Regts.-Befehlsstellen die Bedienungstrupps von den Regtrn. zu stellen. Uebernahme zunächst in der gleichen Weise von den Regtrn., die diese Truppe bisher gestellt haben. Für [illegible] des gesamten Fernsprechdienstes durch die Fernsprech-Offze. der Regtr. ist zu sorgen.

g - Wann die Tätigkeit der von der Division befohlenen Verbindungs-Offze. erfolgt, noch besonderer Befehl.

h - Grosse Bagagen

Die grossen Bagagen fahren mit der [illegible] ins Ruhelager.

Von den Einquartierungs- und Vorkommandos ist festzustellen, wo der vorhergehende Truppenteil seine grossen Bagagen hat. Dessen Verfahren ist zunächst zu übernehmen.

i - Verpflegung.

Die Ausgabestellen für Verpflegung sind von den in den Ruhe- und Bereitschaftslagern jetzt befindlichen Truppen zu erfragen. Über im allgemeinen Verpflegung aus der Feldküche oder in einer anderen von der vorhergehenden Truppe angegebenen Weise.

Für die Batlne. der vordern Linie sind die vierten Züge als Verpflegungsstaffeln für das rechte Regt. in der [illegible]-Schlucht, für das linke Regt. in der Bezonvaux-Schlucht untergebracht. Sie besorgen Zubereitung und Vorbringen der Verpflegung für ihre Batlne.

k - Der übrige Trägerdienst - für Munition und Pionierbedarf jeder Art aus dem Pionierdepot der Division in der Bezonvaux-Schlucht in die Regts.-Depots in der Kasematten-Schlucht und von da nach der Stellung - ist von den Bereitschafts-Batlnen zu leisten.

l - Artl.-Beobachter sind auf dem Rücken zwischen dem früheren Fort Douaumont und dem früheren Werk Hardaumont. Artl.-Verbindungs-Offze. sind zu den Stäben nicht abgestellt.

m - Sanitätsdienst ist zunächst in der bisherigen Weise nach den Angaben der abzulösenden Truppen zu regeln.

Truppenverbandplätze:

rechts (Batl.) in der Kasemattenschlucht (Sanitäts-Unterstand),
links (Batl.) in der Kasemattenschlucht,
zu besetzen mit Truppenärzten, Truppen-Sanitäts-Personal.

Ergänzung der Bestände aus dem Depot im Schlosskeller Bezonvaux.

Relaisposten der San.-Komp. im Steinbruch, besetzt mit 1 Truppenarzt, 1 Krankenträgerpatrouille.

Vorgeschobener Verbandplatz der 3. [illegible]-Komp. im Schlosskeller Bezonvaux.

Von hier Beförderung durch Krankenwagen

Zu 9) a - Es wird besonders betont, dass die zuerst in vordere Linie kommenden Truppen mit Stahlhelmen und 2, wenn möglich 3 Feldflaschen für jeden Mann auszurüsten sind.

Die Regtr. haben dies in ihrem Befehlsbereich derart durch-

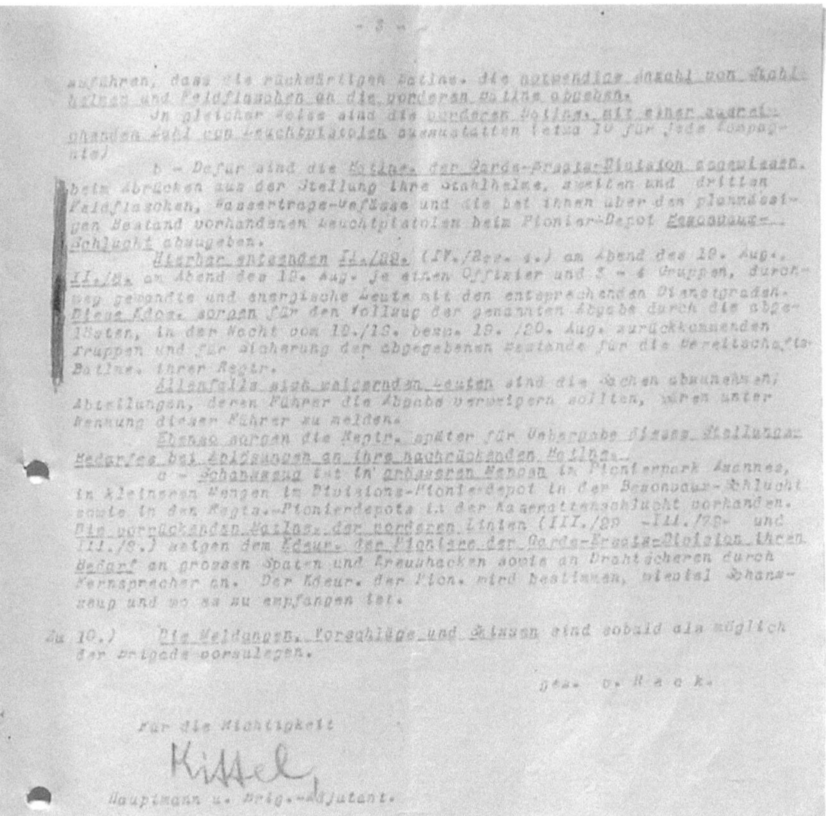

\- 3 -

zuführen, dass die rückwärtigen Batlne. die notwendige Anzahl von Stahlhelmen und Feldflaschen an die vorderen Batlne abgeben.

In gleicher Weise sind die vorderen Batlne. mit einer ausreichenden Zahl von Leuchtpistolen auszustatten (etwa 10 für jede Kompagnie)

b - Dafür sind die Batlne. der Garde-Ersatz-Division angewiesen, beim Abrücken aus der Stellung ihre Stahlhelme, zweiten und dritten Feldflaschen, Wassertrage-Gefässe und die bei ihnen über den planmässigen Bestand vorhandenen Leuchtpistolen beim Pionier-Depot Bezonvaux-Schlucht abzugeben.

Hierher entsenden II./29. (IV./Res. [illegible]) am Abend des 18. Aug., II./[illegible] am Abend des 18. Aug. je einen Offizier und 3 - 4 Gruppen, durchweg gewandte und energische Leute mit den entsprechenden Dienstgraden. Diese Kdos. sorgen für den Vollzug der genannten Abgabe durch die abgelösten, in der Nacht vom 18./19. bezw. 19./20. Aug. zurückkommenden Truppen und für Sicherung der abgegebenen Bestände für die Bereitschafts-Batlne. ihrer Regtr.

Allenfalls sich weigernden Leuten sind die Sachen abzunehmen; Abteilungen, deren Führer die Abgabe verweigern sollten, wären unter Nennung dieser Führer zu melden.

Ebenso sorgen die Regtr. später für Uebergabe dieses Stellungsbedarfes bei Ablösungen an ihre nachrückenden Batlne.

c - Schanzzeug ist in grösseren Mengen im Pionierpark Azannes, in kleineren Mengen im Divisions-Pionierdepot in der Bezonvaux-Schlucht sowie in den Regts.-Pionierdepots in der [illegible]schlucht vorhanden. Die vorrückenden Batlne. der vorderen Linien (III./29 - III./[illegible] und III./8.) zeigen dem Kdeur. der Pioniere der Garde-Ersatz-Division ihren Bedarf an grossen Spaten und Kreuzhacken sowie an Drahtscheren durch Fernsprecher an. Der Kdeur. der Pion. wird bestimmen, wieviel Schanzzeug und wo es zu empfangen ist.

Zu 10.) Die Meldungen, Vorschläge und Skizzen sind sobald als möglich der Brigade vorzulegen.

gez. v. R a c k.

Für die Richtigkeit

Kittel

Hauptmann u. Brig.-Adjutant.

*Anhang 5 Abbildung 3: 16.08.1916, Ablösung*[122]

[122] KA: 8. I.R._(WK)_10_117-119 (414).

A b d r u c k.

Oberkommando der Armeeabteilung 16. 8. 16.

v o n S t r a n t z.

IIb Nr. 15124/13 geh.

Betrifft: Ausbildung von Sturmabteilungen.
Bezug : Verfügung der Heeresgruppe Kronprinz
Ia Nr.2168 geh.( Oberkdo.IIb Nr.14509/16 geh.
und IIb Nr. 6192 pers.)

Nur für den Dienstgebrauch !

Nicht in die vordersten Linien mitnehmen !

Die Anlagen enthalten die Grundsätze für die Ausbildung, die beim "Sturmbataillon Rohr " gelehrt werden.

Aus den Bemerkungen, die gelegentlich einer Besichtigung dieses Bataillons am 12.8. gemacht wurden, ist Folgendes hervorzuheben:

1.) Die Ausbildung des Sturmbataillons baut sich fortlaufend auf den neuesten Erfahrungen aus den Kämpfen vor Verdun auf. Durch die zum Sturmbataillon entsandten Ausbildungskommandos (z.Zt. Generalkdo. V. Armeekorps u. 5. Ers. Div.) besteht die Gelegenheit, mit dem Sturmbataillon in Fühlung und dadurch über die neuesten Erfahrungen dauernd unterrichtet zu bleiben.

2.) Gute, bis ins Einzelnste gehende Vorbereitung und Vorübung- mit genauer Klarlegung der Befehlsverhältnisse- ist die Vorbedingung jeden Erfolgs. Sturmtruppe und Stoßtruppe müssen so oft als möglich zusammenüben, um genau zu wissen, wie sie zusammenarbeiten müssen. Nur dadurch bleibt die Einheitlichkeit des Handelns gewahrt.

3.) Vielfach fehlt es an der richtigen Ausgangsstellung. Hierfür genügt die Besetzung von Granatlöchern nicht. Die Infanterie muss in die Erde.

4.) Dauernde Beobachtung u. Erkundung der feindlichen Stellung ist unerläßlich. Hierdurch müssen Karte und Fliegeraufnahmen, die überholt sein können, ergänzt und nachgeprüft werden. Versäumt dies die Infanterie der vorderen Linien, so hat sie es in der Regel selbst schwer zu büßen.

5.) In den Angriffsbefehlen muß ausgedrückt sein, ob das Seitengewehr aufgepflanzt und ob Hurra gerufen werden soll oder nicht. Wiederholt sind Angriffe mißglückt, weil Anordnungen hierüber unterblieben waren.

Es ist zweckmäßig, das Aufpflanzen der Seitengewehre und das Hurrarufen in der Regel zu verbieten, weil dadurch leicht das Moment der Überraschung verloren geht. Die Sturmausgangsstellungen haben meist ein so niedriges Profil, dass die Bajonette über den Graben herausragen. Ein kleiner Trupp, dem es vor kurzem bei einem Angriff gelungen war, überraschend in ein feindliches Grabenstück einzudringen, hat durch Hurrarufen die feindliche Besatzung auf der ganzen Linie derart alarmiert, dass der weitere Angriff völlig mißglückte.

6.) Viel Übungen an der Hindernisbahn, hauptsächlich in der Überwindung aller Arten von Drahthindernissen! Durchschneiden des Hindernisses unter dem Schutz von Handgranatenwerfern, Herausstürzen aus dem Graben und Hineinspringen in den Graben müssen besonders geübt werden.

Das feindliche Grabensystem ist oft so angelegt, dass die Gräben auf einen Maschinengewehrstand zusammenlaufen. Folgen die

Truppe nur den Grabenverlauf, so läßt sie der Feind in sein Maschinengewehrfeuer hineinlaufen und schießt sie an einer vorh bestimmten Stelle ab. Die Truppe müssen daher lernen, auch ausserhalb der Gräben unter Ausnützung der Granatlöcher, vorwärts- und von hier aus den Maschinengewehren beizukommen.

7.) Den weitaus wichtigsten Ausbildungszweig bildet das Werfen der Handgranaten in den Längs- und in den Quergräben. Durch reichliche Übungen bringen es die meisten Leute zu einer grossen Fertigkeit und Treffsicherheit bis auf 40 m. Ein Mann hat in den letzten Kämpfen von den Franzosen geworfene Handgranaten wiederholt mit der Hand aufgefangen und so rasch zurückgeworfen, dass die Explosion erst im französischen Graben erfolgte.

Im Liegen ist der Wurf aufs Treffen der immer angestrebt werden muß, meist unmöglich. Es ist besser, dass der Mann zum Werfen der Handgranate kurz aufspringt und nach Abwurf sofort wieder in volle Deckung geht.

Das Erlernen des sicheren Wurfes unmittelbar hinter die Schulterwehr, wo meist der feindliche Grabenverteidiger steht, (auch hinter die zweite Schulterwehr) ist wichtig.

Ausbildung auch mit der französischen Handgranate ist erwünscht um erbeutete sofort verwenden zu können.

8.) Beim Aufrollen eines feindlichen Grabens dürfen sich zur Vermeidung von Verlusten die Leute, die unbedingt zusammengeschlossen sein müssen, nicht zu dicht folgen. Einer davon muß Führer und Beobachter und gleichsam Feuerleiter sein. Nur der vorderste Mann darf werfen. Sehr häufig sind die vordersten Leute in das Feuer der Handgranaten, die von hinten geworfen waren, hineingelaufen und dadurch umgekommen.

9.) Zur Übung für Stoßtrupps ist ein völlig ausgebautes Infanteriewerk mit Stockwerkanlagen, Blockhäusern, Flankierungs-Maschinengewehren usw notwendig. Zweckmäßig wird ein besonders charakteristisches Stück einer französischen Stellung gewählt.

Jede Übung muss mit Gegner ausgeführt werden, er ist nötigenfalls durch Puppen, Rupfen oder Scheiben darzustellen.

Übungen zusammen mit Maschinengewehren und Minenwerfern usw sind notwendig. Durch Ausbildung am französischen M.G. wird die sofortige Verwendung erbeuteter erlernt.

10.) Die Truppe muß wissen, dass die Stoßtrupps nach Erfüllung ihrer Aufträge herausgezogen werden müssen, um für weitere Aufgaben verwendungsbereit und frisch zu bleiben. Die Stoßtrupps sind also lediglich dazu bestimmt mit der Truppe zusammen anzugreifen, nicht aber die Stellung zu halten. Mit dem Nachdringen der Munition und Gerät aller Art durch die zweiten und folgenden Wellen, die gelernt haben müssen flott zu folgen, setzt die Aufgabe der Truppe ein. Sofort hat sie mit dem Umbau des Grabens zu beginnen, den Beobachtungsdienst zu übernehmen und sich zum unbedingten Halten des Grabens einzurichten.

4 Anlagen (Hiervon 1 auf Sonderblatt)

gez: von Strantz.

Verteilt

an General-Kommandos, selbständige Divisionen u. General der Pioniere Ia.

Anlage 1.

A u s b i l d u n g s p l a n

Sturm-Bataillon. für Sturm - Truppe.

| Tag | Zeit | A u s b i l d u n g s p r o g r a m m | Bemerkungen |
|---|---|---|---|
| 1. | Vorm. | Erklärung deutscher, französischer u. Übungshandgranaten.<br>Werfen von Handgranaten Attrappen in bestimmter Richtung u. nach Zielen im Stehen u. Liegen u. aus dem Graben.<br>Schnelles Vorstürzen aus dem Graben (Stufen, Leitern), Hindernisbahn. | Skizze IIa |
| | Nachm. | Unterricht: Handgranaten.<br>Zusammensetzung und Ausrüstung von Sturmtrupps. | s. Anlage 3 |
| 2. | Vorm. | Werfen von Handgranatenattrappen im Laufen und im Walde.<br>Abwehrmittel gegen Handgranaten (Gitter).<br>Hindernisse aller Art, Anfertigen und Überwinden derselben. | |
| | Nachm. | Unterricht: Aufgabe Ansetzen u. Vorgehen von Sturmtrupps | s. Anlage 3 |
| 3. | Vorm. | Werfen von Handgranatenattrappen u. halbscharfen Handgranaten von Schulterwehr zu Schulterwehr u. von Sappe zu Sappe.<br>Schnelles Erreichen der feindlichen Stellung. | Skizze II b |
| | Nachm. | Unterricht: Art u. Ausbau von Sturmstellungen u. feindlicher Verteidigungsanlagen. | |
| 4. | Vorm. | Vorgehen von Sturmtrupps gegen besetzten feindlichen Graben ohne u. mit Hindernis.<br>Werfen von scharfen Handgranaten.<br>Vorarbeiten durch Granatlöcher u. Ausheben einer Sturmstellung mit Sicherung. | Skizze III A - B<br>Skizze III C |
| | Nachm. | Unterricht: Verwendung von Handgranaten zur Anfertigung geballter u. gestreckter Ladungen. | |
| 5. | Vorm. | Werfen von Handgranaten aller Art.<br>Beseitigen von Hindernissen<br>Aufrollen von Gräben u. Annäherungsgräben. | Skizze III D |
| | Nachm. | Unterricht: Erkundung eigener u. feindlicher Stellungen für den Angriff. | |
| 6. | Vorm. | Werfen von Handgranaten.<br>Bekämpfen einer zur Verteidigung eingerichteten Schulterwehr.<br>Räumen u. Besetzen der Sturmstellung während der Artillerie-Vorbereitung<br>Vorbrechen von Sturmtrupps aus der Sturmstellung nach der Uhr<br>Verhalten bei Gasangriffen, Vorstürmen mit aufgesetzten Gasmasken. | Skizze III E<br>Skizze III F |
| | Nachm. | Unterricht: Anfertigung von Erkundungsskizzen und Meldungen aller Art. | |

| Tag | Zeit | Ausbildungsprogramm | Bemerkungen |
|---|---|---|---|
| 7. | Vorm. | Umbau(Wenden)und Abdämmen genommener Stellungen.<br>Verhalten bei Gegenangriffen.<br>Tätigkeit der Arbeits-und Trägertruppa.<br>Werfen von Handgranaten | Skizze III G |
| | Nachm. | Unterricht: Herstellung u.Verwendung von Angriffs-skizzen für Sturmtruppe. | s.Skizze I |
| 8. | Vorm. | Benutzung von Schutzschilden beim Angriff.<br>Einrichtung von Läuferketten.<br>Benutzung des Telephons beim Angriff.<br>Vorbrechen von Infanterie unter Führung von Sturmtruppe in 3 Folgen | Skizze III H |
| | Nachm. | Unterricht: Vorbereitung und Durchführung eines Angriffs. | |
| 9. | Vorm. | Werfen von Handgranaten.<br>Erklärung u.Verwendung von Flammenwerfern,Brandröhren,Nebelbomben.<br>Bekämpfung u.Wegnahme von Blockhäusern,J.u.H.Werken,Grabenkampf. | Skizze III J |
| | Nachm. | Unterricht: Verwendung von Maschinengewehren,kleinen Minenwerfern,kleinen Priestern u.Infanteriegeschützen beim Angriff. | |
| 10. | Vorm. | Üben am Fortsübungswerk(Steinbruch)mit Stangen und Leitern. | |
| | Nachm. | Unterricht : Erfahrungen. | s.Anlage 2 |
| 11. | Vorm. | Vorführung der Maschinengewehre,kleinen Minenwerfer,kleinen Priester u.Infanterie-Geschütze,Handhabung von französischen Maschinengewehren.<br>Werfen von Handgranaten | |
| | Abds. | Nachtübung: Trainieren u.Ausheben einer Sturmstellung mit Sicherung.<br>Zerschneiden eigener u.feindlicher Hindernisse. | Skizze III C-D |
| 12. | Vorm. | Durchführung eines Angriffs mit allen Waffen. | Skizze III H-J |

Anm. Vorstehender allgemeiner Ausbildungsplan soll nur als Anregung und Anhalt dienen; eine Ergänzung der Ausbildung wird mit Rücksicht auf die örtlichen Verhältnisse an den verschiedenen Stellen der Front notwendig sein.

gez: Rohr

Hauptmann und Führer
des Sturm-Bataillons.

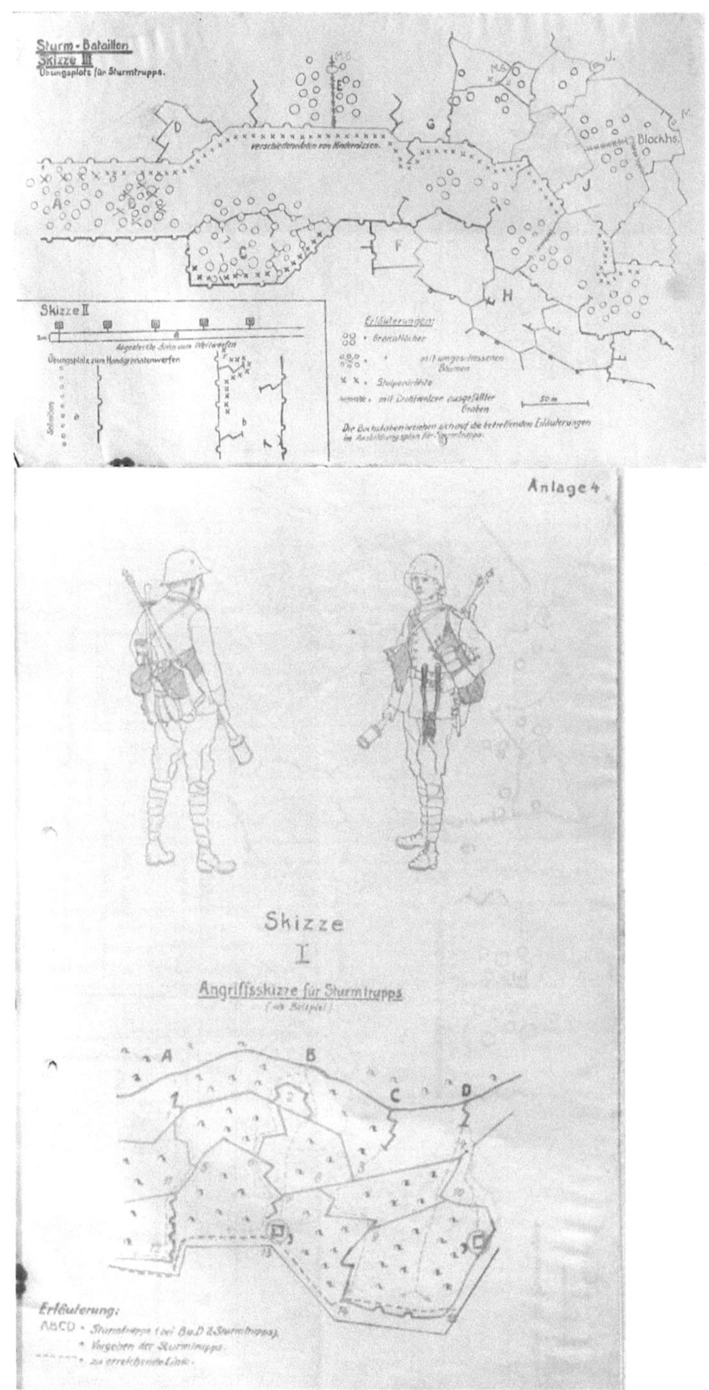
Sturm-Bataillon
Skizze III
Übungsplatz für Sturmtrupps.
Blockhs.
Skizze II
Übungsplatz zum Handgranatenwerfen
Erläuterungen:
Granatlöcher
mit umgeschossenen Bäumen
Stolperdrähte
mit Drahtwalzen ausgefüllter Graben
50 m
Anlage 4
Skizze
I
Angriffsskizze für Sturmtrupps
Erläuterung:

Sturm-Bataillon. Anlage 2.

Erfahrungen beim Angriff ( in Stichworten ).

Vorbereitungen: Orientierung in der eignen und genaue Erkundung der feindlichen Stellung, sowie der Einbruchsstellen.
(Fliegeraufnahmen, Karten).
Gute und nahe Sturmstellung, sodaß feindlicher Graben mit einem Sprung zu erreichen ist.
Bereitschaftsstellung mit Stollen zur sicheren Unterbringung der Sturmtruppen während der Artillerie-Vorbereitung. (Deckungsgräben Stichgräben in Verbindungsgräben, Stollen, Einschnitte an Hängen).
Zahlreiche Verbindungsgräben, gute Annäherungswege.
Anlage von Materialdepots (Sandsäcke, Draht, Schilde, Handgranaten, Munition) möglichst nahe der Sturmstellung.
Anfertigen von Angriffsskizzen für Sturmtrupps.
Vorüben des Angriffs hinter der Front an Modellstellungen (mit weißem Band abgesteckt) wenn Zeit vorhanden.
Aufstellung der Sturmtruppen und Arbeitstrupps zum Angriff in der Sturmstellung vorüben.

Angriff: Angriff in zahlreichen kleinen Sturmkolonnen, nicht in Schützenlinie.
Überraschend mit Verlegung des eigenen Artilleriefeuers einbrechen.
Rücksichtsloses Vorgehen bis zum Ziel.
Gründliche Aufräumungsarbeiten durch nachfolgende Truppe.
Kleine Flammenwerfer nicht allein vorschicken, bedürfen Schutz durch Sturmtrupps.
In Nachbarabschnitten flankierend eingebaute Maschinengewehre können Angriff gut unterstützen.
Telephontrupps, die den Sturmkolonnen folgen, können den Führer schnell über das Vorschreiten des Angriffs unterrichten.
Im Ziel sofort eingraben, Maschinengewehre so schnell wie möglich vor und einbauen.
Abwehr von Gegenangriffen besser mit Gewehr, als mit Handgranaten.

---

Anlage 3.

Anweisung für die Bildung von Sturmtrupps.

Von jeder Kompagnie können aus guten, ausgesuchten Leuten 2 – 3 Sturmtrupps gebildet und innerhalb des Bataillons, Regiments pp. durch besonders befähigte Offiziere ausgebildet werden.

Stärke: Je ein Unteroffizier (als Führer) und 6 – 8 Mann.

Aufgabe: Erkundung der feindlichen Stellung.
Beseitigen der eignen und feindlichen Hindernisse.
Führung der einzelnen Sturmkolonnen beim Angriff.
Aufrollen von feindlichen Gräben und Nehmen von Blockhäusern und Stützpunkten.

Ausrüstung: Ohne Gepäck und Patronentaschen. (Patronen in (siehe Abbildung) Rocktaschen oder Brotbeutel),
Stahlhelm, Karabiner, umgehängt auf Rücken, oder

Pistole, 2 grössere Säcke +) mit Handgranaten um den Hals über beide Schultern gehängt, mittlere Drahtscheere mit Holzgriffen, mit Tragevorrichtung am Koppel befestigt. Pionierschanzzeug (Axt oder Beil) mit halblangem Stiel im Futteral, nur am Koppel befestigt, Stiel nach oben.
Gasschutzmaske in Bereitschaftskapsel.
Brotbeutel mit 4 eisernen Portionen, 2 Feldflaschen.

Verwendung: Nur zum Angriff, sonst schonen (nicht zu Arbeiten heranziehen, damit die Truppe für Angriff frisch bleiben). Leute besonders auszeichnen. (Abzeichen, E. K., Beförderung).

gez: Rohr

Hauptmann und Führer des Sturm-Bataillons.

+) Anmerkung: mit 4 – 5 Stiel- und 8 – 10 Eier-Handgranaten. (Die Stielhandgranate wird bevorzugt, Eier-Handgranaten können aber mehr mitgenommen werden).

---

14. bayer. Jnf. Division
empf. 10. 10. 1916 Nr. 597/Ia.

Verteilung bis einschl. Komp. ( 57 Abdr. )

D. St. Qu., 10. 10. 1916.

Für die Richtigkeit: gez: Rauchenberger.

[Unterschrift]

Hauptmann im Gen. Stab.

Zum AR.

a. R.

Walser

Anhang 5 Abbildung 4: 16.08.1916, Ausbildung von Sturmabteilungen, AOK von Strantz[123]

[123] KA: 8. I.R._(WK)_13_53-60 (511).

Abschrift.

Nr 9/Ia geh. 17. 8. 1916.
[illegible] J.D.

An
die 8. Inf.-Brig.
Abdr. an XVIII. A., G.d.D., 21.R.D.

Geheim!

Betreff:
Angriffs-Entwürfe.

Hierzu je 1 Karte für 8. J.Brig.
ausserdem 1 [illegible]

Karte 1:5000 v. 15.8.16.
Es sind folgende Angriffshandlungen beabsichtigt:
1.) Wegnahme des Grabenstückes 536 a – 535 – 535 a.
2.) Gewinnung der Gräben von 536 a – Steinbruchgraben – Chapitreweg bis zum Anschluss bei 574.

Zu 1.)

Nach der Erkundung von Lt. Müller J.R. 135 (Alpenkorps) steht bei 536 ein Maschinengewehr. Die Wegnahme soll am leichtesten durch überraschendes Eindringen von südwestlich 536a und nordwestl. 535a her möglich sein. Der Einsatz der Artl. soll erst mit dem Vorbrechen aus dem eigenen Graben (kurz vor Tagesanbruch) erfolgen und das Abriegeln und Niederhalten der anschliessenden Grabenstücke [illegible]

[illegible]

Anhang 5 Abbildung 5: 17.08.1916, Div.-Bef. an 8. Inf.-Brig zur Erstellung von Angriffsentwürfen[124]

[124] KA: 8. I.R._(WK)_10_116 (414); ident. KA: Infanterie-Divisionen-(WK)_5702_07 (1728).

[illegible] [illegible]
[illegible] Infanterie-Brigade [illegible]

An
das K. [illegible] Inf. Regt. [illegible]
das K. [illegible]

[illegible]
[illegible]
[illegible]

Betreff: Angriffsvorbereitung.

Anbei Abdruck der [illegible] XVIII [illegible] 14.5.[illegible]
[illegible] über die Anschlüsse der [illegible] Erkundungen
und der Verfügung [illegible] Inf.-Div. [illegible] über
Angriffserkundung.

[illegible]:
[illegible] 1 : 5000 [illegible] an die Regt. [illegible]
[illegible] Viereck 2300 – 3400 (obere und untere Begrenzung) [illegible] 26 (linke und rechte Begrenzung) [illegible] rechts der [illegible] Linie [illegible] und [illegible] über der [illegible] Linie [illegible] auf [illegible] 635 [illegible] stehenden Graben [illegible] vom [illegible] 635 entfernt. [illegible]

Die Abschnittsgrenze zwischen den künftigen Regts.-Abschnitten des [illegible] J.R. (rechts, westl.) und des [illegible] J.R. (links, östl.) fällt ungefähr mit der Nord-Süd-Linie 66 der Karte 1 : 5000 [illegible] zusammen.

Demgemäss wird der Angriff 1 dem [illegible] J.R. zufallen; der Angriff 2 in der Hauptsache dem [illegible] J.R. zum kleinen Teil am rechten Flügel dem linken Flügel des [illegible] J.R. zum grösseren Teil am linken Flügel dem rechten Flügel der [illegible] Res.-Div.

Die Erkundung zu 1 hat vom [illegible] J.R. durchzuführen. Das Regt. legt die Erkundungsergebnisse und die von der [illegible] Inf.-Div. geforderten Vorschläge möglichst bald Befehl der Brigade vor.

Gesichtspunkte: Angriff ohne eigentliche Vorbereitung aus der vordersten Linie als Ausgangsstellung, daher erneute genaue Festlegung der eigenen vordersten Linie im Gelände sowie der französischen zu stürmenden Graben nebst Anschlussgraben. Feststellung, ob ausser dem M.G. bei 635 noch andere besondere Anlagen da sind, die den Angriff stören können. Hierzu Fernglas-Erkundung (Schere, Halbschere) vom [illegible] Rücken und der [illegible] Nase aus. Vorsorge gegen flankierendes französisches Feuer von Süden und Südwesten her. Gliederung der Truppe für den Sturm: Zahl, Zusammensetzung, Richtung und Auftrag für die einzusetzenden Stosstrupps. Zahl, Zusammensetzung, Richtung und Auftrag für die zum sofortigen Flügelschutz und Flankenschutz einzusetzenden Absperrtrupps, Zuteilung von masch. Gewehren für diese Truppe, sowie für Stärkung des rechten Flügels [illegible] J.R. gegen französ. Gegenangriffe, auch von Süden und Südwesten her.

Für den Angriff 2 erkunden und legen Erkundungs-Ergebnisse sowie Vorschläge im Sinne der Verfügung [illegible] J.D. möglichst bald Befehl vor:

[illegible] J.R. für den Angriff mit dem linken Flügel im allgemeinen hart westl. der Nord-Süd-Linie 66.
Gesichtspunkte: Ausgangsstellung – vorderste Linie muss wegen Artl. Vorbereitung geräumt werden. Gliederung, Kräftebemessung für den Angriff. Zahl, Zusammensetzung, Auftrag für die Stosstrupps gegen die Schützennester nordwestl. und westl. 538. Wie Vordringen bis 538? Zahl, Zusammensetzung, Auftrag für die Absperrtrupps zum Schutz der Flügel gegen fdl. Angriff aus den nicht genommenen Grabenteilen.

[illegible] J.R. für den Angriff mit rechtem Flügel entlang der Nord-Süd-Linie 66 mit linkem Flügel entlang der Strasse in der [illegible]-Schlucht.
Gesichtspunkte: Ausgangsstellung für den Angriff, da vorderste Linie wegen der Artl.-Vorbereitung geräumt werden muss, sofortiger [illegible]

trag an III./8. zur Schaffung dieser Stellung! Gliederung, Kräftebemessung für den Angriff und für die Besetzung des Steinbruchgrabens nach dem Angriff. Einteilung der Rollangriffstrupps zum Aufrollen des von 506 gegen 535a ziehenden Grabens und des Talgrabens. Zahl, Zusammensetzung, Richtung, Auftrag für Stosstrupps gegen die Anlagen bei 506, 507, 507a und westl. des Talgrabens. Einsatz von M.G. zu baldiger flankierender Wirkung gegen Steinbruchgraben, Chapitre-Weg und den Graben nordwestl. des Chapitre Weges. Sicherung des Genommenen. Tiefe Gliederung. Zusammensetzung und Auftrag für die auf dem r. Flügel der 21 R.D. mitwirkenden Truppen. Besondere Wünsche an andere Waffen?

**Allgemein:** Lose Wellen, kein Zusammenballen, namentlich ~~nach~~ nicht der Tiefenlinie hin, aber noch weniger ein Abbröckeln der Angriffstruppe. Wie empfiehlt sich zeitliche Zusammenstimmung der Angriffe 1 und 2?

Die M.G.K. 1.Res.-Jäg.-Batls. stellt dem 29. und dem 8. J.R. je mindestens 1 Offz. und einiges Unterpersonal zu den Erkundungen zur Verfügung. Sie schlägt im Benehmen mit den Regtrn. ihre Mitwirkung beim Angriff und ihre Gliederung dazu vor. Im Übrigen rechnen die Regtr. mit ihren sonst dauernd zugewiesenen M.G.-Stärken.

gez. v. H e c k.

Für die Richtigkeit:
Kittel,
Hauptmann u. Brig.-Adjutant.

*Anhang 5 Abbildung 6: 18.08.1916, Brig.-Bef. an das 8. und 29. I.R. zur Angriffsvorbereitung*[125]

[125] KA: 8. I.R._(WK)_10_114-115 (414); KA: Infanterie-Divisionen-(WK)_5702_05/6 (1728).

Generalkommando. K. H. Qu., den 19. August 1916.
XVIII. Reservekorps.
Abtl. Ia Tagb.-Nr. 12238 geh.

14

Zu A. G. O. Ia Nr. 1119 geh.
vom 18. 8. 16.

A n g r i f f s e n t w u r f !

Angriffsziel 536a – Steinbruchgraben – Chapitre Weg – 574, um möglichst einen vorhandenen Graben zu erreichen, da das Eingraben nahe dem Fort Souville sonst schwierig sein wird.

Anlage 1

Artillerie – Vorbereitung. Während drei Tage planmäßiges Zerstörungsschießen durch die Artillerie des XVIII. R. K. mit 1 1/2 facher Munitions-Rate. 3 – 4 Mal täglich zu etwa gleichen Zeiten wird außerdem das Feuer zu kräftigen Feuerüberfällen von je 20 Minuten Dauer zusammengefaßt unter Mitwirkung der Feldartl. beider Divisionen. Am Morgen des Angriffstages / 4. Tag / um $6^{15}$ Vorm. Feuerüberfall von 20 Minuten Dauer. Gegen $8^{10}$ Vorm. zweiter Feuerüberfall, diesmal aber von nur 10 Minuten, worauf die Vorverlegung des Feuers und der Inf.- Angriff erfolgt.

Anlage 2

Sturm der Infanterie:

Unser Artl.-Feuer weicht im allgemein nordsüdl. Richtung zunächst alle 4 Minuten, von Höhe des Punktes 538a ab alle 6 Minuten um je 100 m feindwärts.

Auf der Linie:
100 m nördl. 563 – 562 – 571 – 572 – 573 bleibt das Artl.-Feuer als Sperrfeuer liegen.

Niederhalten und Flankierung zeigt Anlage 2

Anlage 2

Artl. Kampf.

Unterstützung auch im Gefechtsstreifen des XVIII. Res. Korps

Korps durch die Artillerie der Nachbarkorps. Bei günstiger Witterung Grünkreuz von langer Dauer ( 3 Tage lang ) gegen 563, 562, 562a. Einstellen des Grünkreuzschießens 1 Stunde vor dem Sturme.

Mitwirkung von Artillerie der Nachbarkorps:

zum Sturmreifmachen von Alpenkorps 3 Mrs. Battrn.
(I/9 u. Battr. 204)
von XV. A. K. 2 Mrs. Battrn.
(7. u. 8./7)
2 s. F. H. Battrn.
( Batl. 50 )

zum Niederhalten und Flankieren:
von VII. R. K. 3 s. F. H. Battrn.
( I / 5 )
von Alpenkorps 2 schw. Flachf. Battrn.
3 Mrs. Battrn. zu 2
( II / 18 )
1 s. F. H. Battr.
( 7 / R. 14 )
von XV. A. K. 3 schw. Flachf. Battrn.

Munition:

es sind erforderlich an Mrs. Mun. 2500 Schuß. Für die Feldartl. u. s. F. H. des XVIII. Res. Korps für die 3 Zerstörungsschießtage 1 1/2 gewöhnliche Tagesraten, im Übrigen für alle Kaliber - 1 Kampftagesrate, für s. F. H. für 60 Geschütze.

Infanterie:

Also 3 Tage vor dem Angriff

Während des Zerstörungsschießens muß die Infanterie die vorderen Gräben teilweise räumen, und zwar gegenüber Linie 536a - 506.

Der Angriff wird mit Hauptkraft in nordsüdlicher Richtung

15

Richtung längs der Souville - Schlucht geführt.

Kräftebemessung: 14. bayr. J. D. 3 Bataillone von denen eins im Nordabschnitt der Souville Nase bereitzustellen ist.

21. R. D. unterstützt außerdem den Angriff durch kräftiges M. G. - Feuer von der Souville Nase her und durch Vorgehen in Richtung 561.

Zeitbestimmung: Der Angriff erfolgt zwischen 22. und 30. 8. nach vorherigem Ausbau der Sturmausgangsstellung.

Die Angriffsstunde wird etwa 8[15] Uhr Vorm. sein.

Außerdem soll vorher durch überraschenden Inf.-Angriff, bei dem Artillerie nur zum Abriegeln mitwirkt, der Graben 535 - 536a genommen werden. Hierdurch soll die lästige Flankierung durch ein feindl. Masch. Gew. beseitigt werden.

Der Kommandierende General

General der Infanterie.

Vert. Plan.

A. G. Ost ................3
21. R. D. ................1
[illegible] Ers. Div. ................1
14. bayr. J. D. ................1
Gen. d. Fußartl. 5 ................1
K. Pi. ................1
Genkdo. XVIII. R. K. ................4
12



Anhang 5 Abbildung 7: 19.08.1916, Angriffsentwurf Gen.-Kdo. XVIII[126]

[126] KA: Infanterie-Divisionen-(WK)_5702_09-11 (1728).

## 5.2 Stellungsbau

8. J.Br. Streng geheim! Anlage 108 29. 7. 15.

Brigade - Befehl.

1.) Um den vor dem linken Flügeldes 8.J.R.festgestellten franz. Minenstollen zu zerstören,soll am 30.ds.3,50 Vorm. eine Sprengung stattfinden.

2.) Von 3,45 Vorm.ab haben gemäss Div.Befehl in den Komp.-Absch. 12,11,10 u.9 des 8.J.R. und in den Nebenabschnitten des R.J.R.130 (etwa 1000 m.von der Hautes Orniéres nach Süden hin ) alle Mannschaften bis auf einige Beobachter in den Stollenunterständen untergetreten zu sein.Das Grabenstück (alter franz.Graben),vor dem die Sprengung stattfindet,ist vollständig zu räumen.

3.) Dem Unter-Abschnitts-Kommandeur verbleibt 1Komp.8.J.R.zu seiner Verfügung.I/8.J.R. (ohne 1.)ist zu meiner Verfügung von 3,45 Vorm.ab im Lager Dompierre marschbereit.Die Arbeit an den Stützpunkten wird,wenn keine andere Verwendung eintritt,wie gewöhnlich begonnen.Das Batl. muss jeder Zeit zum Vormarsch in den Abschnitt bereit sein.

4.) 4 Uhr Vorm.erfolgt durch unsere Artl.unterstützt durch Minenwerfer,ein kurzer Feuerüberfall auf die feindl. Stellung vor Abschnitt 12 des 8.J.R. der sich nach 10 Minuten wiederholt.

5.) Da mit feindl. Feuer zu rechnen ist,wird der Verkehr von Mannschaften und Fahrzeugen auf der Hautes Orniéres und hinter dem 8.J.R.u.R.J.R.130 von 3,20 Vorm.bis 6 Uhr Vorm.untersagt.(Div.Bef.)

6.) Um den Zeitpunkt der Sprengung geheim zu halten ist Weitergabe dieses Befehls durch Fernsprecher verboten.

gez. R i e d l .

Schriftlich an 8.J.R. u.I/8 Dompierre,4.J.R. zur Mitteilung an 18.J.Br., 66.R.J.Br.,R.J.R.130.

*Anhang 5 Abbildung 8: 29.07.1915, Brig.-Bef. zur Sprengung im Unterabschnitt 12*[127]

[127] KA: 8. I.R._(WK)_11_141 (1554).

Anlage 109

Oblt.u.Komp.Führer III/Pi.16. Bois des Chev.Mitte. 30.7.15. 8 Uhr.vorm.

An die 8.bayr.Brigade durch Abschn.Kdeur.8.bayr. Regtd.

Die Sprengung des mit 1200 kg.Sprengstoff geladenen Stollens im alten franz.Graben Abschnitt 12 ist 3,50 Vorm.erfolgt.Die Ladung sprengte einen länglichen Trichter von ca 20 x 15 m. Abmessung Diese längliche Form findet ihre Erklärung dadurch,dass die in dem feindl.Stollen angebrachte Ladung gleichfalls zur Detonation gebracht wurde.Die Erddecke des feindl. Stollens,der anfangs als russische Sappe angelegt sein muss,später aber durch starkes Gefälle zum Minierstollen ausgebaut wurde,wurde völlig aufgedeckt,er ist also zerstört.Jedoch ist aus ihm eineoffene Sappe geworden,die den alten franz. Graben mit dem Trichter verbindet.

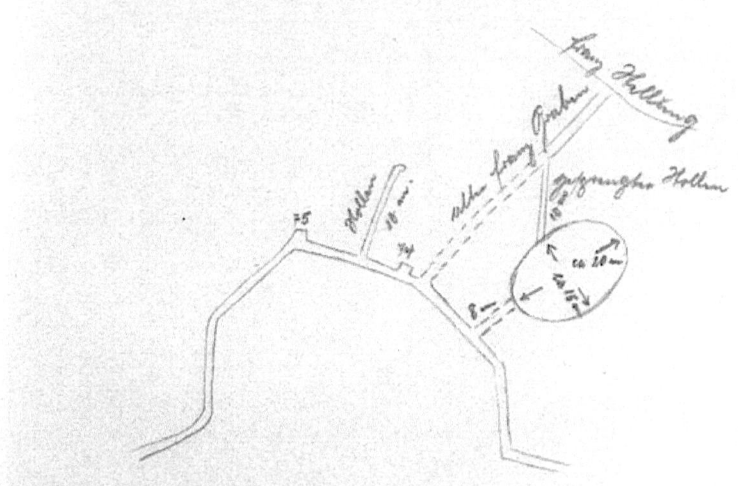


*Anhang 5 Abbildung 9: 30.07.1915, Sprengung im Unterabschnitt 12*[128]

[128] KA: 8. I.R._(WK)_11_142 (1554).

Antrag für weitere Störung der feindl. Arbeiten:

Zur Verlangsamung der Arbeiten vorauss. Abschn. 12 täglich zu unregelmäßigen Zeiten Minen- u. Artl.-Feuer (bis zu 8 schweren u. 16 mittl. Minen).

Bei Erkennen grösserer Wiederherstellungsarbeiten in den franz. Gräben grösserer u. gleichzeitiger Einsatz von Artl. u. Minenfeuer.

Unmittelbar nach Beendigung des Schießens wurde wieder Minengeräusch gehört, was darauf schließen läßt, daß durch Artl. u. Minenfeuer ein weiteres Minieren der Franzosen nicht unterbunden werden konnte.

gez. F. V.

Goetz.

*Anhang 5 Abbildung 10: 17.11.1915, Antrag auf Störung der feindlichen Arbeiten*[129]

[129] KA: 8. I.R._(WK) 06_124 (1554).

Nr.791. 23. 2. 1916.

Bayr.8.Jnfanterie - Regiment
Grossherzog Friedrich II.von Baden.

An die Herren Bataillons-Kommandeure und Kompagnieführer.

Betreff : S t e l l u n g .

Jch weise zur genauen Beachtung in erster Linie auf folgende Punkte hin :

Stellungsausbau und Jnstandhaltung.

Die Verteidigungsfähigkeit ist wie irgend möglich zu erhöhen.

Hiezu gut imstande gehaltene Feuerlinie :

Schützenauftritte so breit, dass auch nach Volltreffern in die Brustwehr noch Besetzung und Feuerabgabe möglich ist.
Schützenauftritte durchweg mit ausreichender Anzahl von Zugängen versehen. Der Mann, der auf den Schützenauftritt sich hinaufarbeiten muss, schiesst nicht gut.
Eingeschossene Stellen sind so bald wie möglich auszubessern. Hiezu in besonders beschossene Abschnitte Hilfsmannschaften abstellen.

Die Verbindungsgräben sind imstand zu halten und namentlich da zu verbreitern und zu vertiefen, wo erfahrungsgemäss viel hingeschossen wird.

An den Stollen ist namentlich in der 2. Linie fleissig weiterzuarbeiten.
Die Unterbringungsmöglichkeit für einrückende Verstärkungen kann nie zu gross sein.
Alle Stollen sind mit zwei Ausgängen zu versehen oder benachbarte Stollen unterirdisch zu verbinden.
Ausgänge so anlegen, dass sie nur schwer verschüttet werden können.

Unterbringung der ständigen Abschnittsbesatzungen.

Jede Kompagnie muss soweit irgend möglich nach der Tiefe gegliedert sein damit der Kompagnieführer im Falle feindlichen Angriffs unmittelbar zur Hand genügende Kräfte hat, um bedrohte Punkte zu unterstützen oder den Feind, wo er eingedrungen sein sollte, wieder hinauszuwerfen.
Jeder Kompagnieabschnitt hat sich dazu mindestens ein Drittel der Abschnittsbesatzung in der zweiten Linie verfügbar zu halten.
Bei dieser Massnahme ist rechtzeitige Abwehr eines überraschenden feindl. Angriffes durch angestrengteste Aufmerksamkeit der Posten der ersten Linie u. der Posten an den Maschinengewehren zu gewährleisten. Hiezu ist häufige Nachschau durch die Offiziere und Unteroffiziere vom Grabendienst unerlässlich.

Zur rechtzeitigen Besetzung der Feuerlinie und zu sofortiger Bereitschaft der rückwärtigen Teile sind sämtliche Alarmmittel dauernd brauchbar zu erhalten.
Ebenso die Gasschutzmittel.
Weitergabe der Alarmierung nach rückwärts durch Fernsprecher muss sicher gestellt sein.
Hin und wieder Fernsprecher mit aufgesetzter Gasschutzmaske sprechen lassen.

Alle Kampfmittel und Schützengrabenbedarf sind dauernd vollzählig und brauchbar zu erhalten.

Die Taschenmunition ist häufig nachzusehen, jede verschossene Patrone baldmöglichst zu ergänzen.

Stollenmunition, Munitionsreserven sind vollzählig zu erhalten ; die Munitionsreserven jedesmal rechtzeitig aufzufrischen.

Schanzzeug, Drahtscheeren, Leuchtmittel und Handgranaten sind zu prüfen, unbrauchbare Stücke gegen brauchbare Stücke umzutauschen.

Wenden !

*Anhang 5 Abbildung 11: 23.02.1916, Regts.-Bef. zum Stellungsbau*[130]

[130] KA: 8. I.R._(WK)_18.

Arbeitsleistung in den letzten 8 Tagen:

1.) Vordere Linie: a) Ausbesserung u. Verstärkung des Hindernisses, bes. vor der Kopfstellung.

b) Verbesserung u. Neuanlage von Schützenauftritten.

c) Weiterarbeiten an begonnenen Stollen, [illegible]

d) Ausbesserung, Aufräumen, Vertiefen der Gräben.

e) Vertiefung des Waldlaufgrabens.

2) II. Stellung: a) Ausbau des Hindernisses.

b) Stand der Gräben am 23. 6.

| Strecke: | Länge: | Tiefe: | Breite: |
|---|---|---|---|
| $a_2$ - $a_1$ | 170 m. | 0,10-0,15 m. | 0,70 m. |
| $a_1$ - $a_2$ | 25 " | 2 " | 1,80 " |
| | 65 " | 1,6 " | 1,50 " |
| | 60 " | 0,85 " | 0,80 " |
| $a_2$ - B: | 30 " | 1,10 " | 1 " |
| | 90 " | 0,30 " | 1 " |
| B - C. | 180 " | 0,30 " | 0,8 " |

3.) Lager Kaiserschlag-Nord: Weiterbau an 3 Stollen.

Beabsichtigter Arbeitsplan für die nächste Woche.

Weiterbau der oben genannten Punkte; insbesondere des Waldlaufgrabens u. d. 2. Stellung.

Wetter: trübe, Regen; zeitweise schön.

*Anhang 5 Abbildung 12: 24.06.1916, Arbeitsleistung des I/8 in der Stellung nördlich St. Mihiel*[131]

---

[131] KA: 8. I.R._(WK)_6_75 (1554).

Abschrift!

No. 1839 g. 30. 6. 1916.

8. Jnfanterie-Brigade.

An

die K. B. 6. Jnf. Division.

Betreff:

Stellungsausbau.

Zur Div.-Verfg.No.1548 I Ziff.3.

Beilagen:

1 u. 2 Karten.

Zu a.

Schussichere Bauten siehe Vorlagen der Regimenter. Für die Verschiedenheiten der Zählung im vergangenen Monat durch die Regimenter der 11. Jnf.-Brig. und im gegenwärtigen Monat kann keine weitere Aufklärung gegeben werden, als daß die Abteilungen, deren frühere Stellungen häufig schwerem feindl.Feuer ausgesetzt waren, in der Bewertung der Deckung für die Unterkunft einen strengeren Maßstab anlegen.

Für die Zahl der Mannschaften, die in der ersten Stellung (vordere und rückwärtige Linie) und in unmittelbarer dahinter befindlichen Bereitschaften (Hanglager Pionierhügel, Bienenwald-Hanglager, Hanglager 322, linke Tagesstellung) schußsicher untergebracht werden sollen, dürfte als Grundsatz gelten,daß dort im Falle eines Kampfes nahezu die gesamten zur Verfügung stehenden Kräfte unterzubringen sind, also beim Z. Jnf.Regt. etwa 2000, beim 8. J.R. etwa 3000 Mann.

Wenn sich ein hartnäckiger Angriff des Feindes ausspricht, dürfte wohl damit zu rechnen sein, daß die gesamte Abschnitts Besatzung in und dicht hinter die vordere Linie herangezogen werden muß, während allenfalls noch verfügbar gemachte Reserven in rückwärtigen Stellungen oder Lagerplatz finden müßen.

Zu b. Zustand der Stellung.

Allgemeines.

Jnfolge des starken Regenfalls der letzten Zeit sind besonders tiefgelegene Gräben und Stollen in der ganzen Stellung verschlammt, auch Grabenböschungen, soweit sie in Sand- oder Lehmboden eingeschnitten sind, sind teilweise in zimlichen Umfange gerutscht, sodaß diese Wiederherstellungsarbeiten außerden notwendigen Ausbesserungen infolge feindl. Beschießung ziemlich viel Arbeitskräfte in Anspruch nehmen.

Über die Wirkung feindl. Artl. Feuers wurden folgende Erfahrungen gemacht:

Durch Volltreffer in die Gräben werden aus betonierten und gemauerten Grabenwänden häufig große Klötze herausgerissen, die den Verkehr im Graben außerordentlich behindern und nur mit großer Mühe entfernt werden können.

So große Vorteile auch diese Art der Grabenbefestigung für den Zustand und die Unterhaltung der Gräben in ruhigeren Zeiten bildet, so möchte ich doch darauf hinweisen, daß stärkeres und schweres feindl. Feuer erhebliche Zerstörungen hervorrufen, und die Verteidigungsfähigkeit des Grabens verhältnismäßig bald beeinträtigen kann.

Jch glaube daher, daß im allgemeinen Abschrägen der Böschungen und Beseitigung überhängenden Erdreichs, vor allen Verbreitern der Gräben ihren Wiederstand gegen feindl. Beschießung besser erhält als Mauerung und Betonierung der ganzen Grabenwände, Zur Befestigung der Schützenauftritte dagegen erscheint dieses Mittel wohl verwendbar.

An schußsicheren Stollen sind fast durchweg wenige, allerdings große, sehr tiefe und innen bequem angelegte vorhanden, aber die Zugänge sind oft sehr mühsam (Leitern). Bei Häufigeren und ausgedehnteren Artl. Feuerüberfällen werden Verluste dadurch eintreten, daß im Graben beschäftigte Leute nicht rasch genug Unterschlupf finden. Jn der Stellung im Bois des Chevaliers haben sich kleinere Stollen für 1, höchstens 2 Gruppen, jeder mit mindestens 2 - durch eine Schulterwehr getrennten - Ausgängen, die in geringen Abständen von einander angelegt sind, gut bewährt.

Bei den notwendigen Weiterbau an schußsicherer Unterkunft in der 1. und 2. Stellung (siehe a) wird nach dieser Erfahrung verfahren werden.

Auch in Verbindungsgräben müssen etwa alle 100 m kleine schußsichere Unterschlupfe angelegt werden.

Es wurden in der Chevalierstellung der Truppe zum Stollenbau Schurzhölzer 1,2o zu 1,8o m geliefert, die den Bau sehr erleichtert haben. Jch bitte, wenn möglich, auch für die Brigade in dieser Stellung derartiges Material, vorbereiten zu lassen.

<u>Bauzustand der 1. Stellung.</u>

<u>Vordere (Kampf-) Gräben</u> sind durchaus verteidigungsfähig.

<u>Das Hindernis</u> vor dem vorderen Graben bedarf vielfach der <u>Verbesserung und Verdichtung</u>. Ersetzen morscher Holzpfähle durch <u>Einschraubpfähle</u>, zugleich Erhöhen und Verbreitern der Hindernisfelder. Die Truppen sind hierauf ausdrücklich hingewiesen.

2. Grabenlinie fehlt hinter Vogt - und Gilaumont - Graben, in der im Walde liegenden Stellung des Z.Jnf.Regt. ist ebenfalls keine durchlaufende 2. Grabenlinie vorhanden. Soweit Grabenstücke vorhanden sind, ist ihr Ausbau nicht genügend, Hindernis zwischen beiden Grabenlinien und die notwendigen Verbindungsgräben sind ebenfalls noch zu bauen. Bei den übrigen vordringlichen Arbeiten an der 1. Linie der 2. Stellung und den Verbindungsgräben muß diese Arbeit vorerst zurück gestellt werden.

Beim 8. J.R. sind in allen 3 Unterabschnitten rückwärtige Linien vorhanden, deren Bauzustand jedoch noch wesentliche Verbesserungen nötig macht, besonders ist 3. Linie 331 verfallen. Das Hindernis ist in der 2. Linie hinter der Waldstellung und am linken Flügel der Opel-Stellung zu ergänzen und fehlt fast völlig vor den rückwärtigen Linien des linken Unterabschnittes.

Bauzustand der 2. Stellung.

1. Linie ist mit Ausnahme von Wegunterführungen und eines etwa 100 m
breiten Stückes südl. des Kavallerie-Weges durchgezogen, aber noch
nicht gleichmäßig zum verstärkten Schützengraben ausgebaut.
Das vorliegende Drahthindernis ist ebenfalls durchlaufend.
Jm ganzen ist die Anlage in ihrer ganzen Ausdehnung trotz
des noch nicht ganz vollendeten Ausbaues als verteidigungsfähig zu
bezeichnen.

2. Linie (eigentlich 3. Stellung):

Erkundungsergebnis siehe Karte 2.

Verbindungsgräben:

vorbei
Hanggraben von der Vogtstellung südl. Bayard- . gut .
Ludwigsgraben vom rechten Flügel des Zeitlhack-Grabens zur
2. Stellung bis auf 70 m Länge genügend.
Staubwasserlaufgraben von der Staubwasserstellung bis zur
Königsmulde durchgezogen und so tief, daß er benutzungsfähig ist.
Stäbleinlaufgraben von der Stäbleinstellung bis zur Königs-
mulde unfertig.
Waldlaufgraben muß noch vertieft und verlängert werden.
Botz- und Schluchtgraben sind vielfach zu eng, verfallen und
bedürfen des Ausbaues einer Entwässerungsanlage. Zickzackgraben noch
zu seicht und verfallen.
Die als gedeckter Weg - Kabel - Graben - gedeckter Weg - Kabel
Graben bezeichnete Verbindung vom Kapellengraben an der linken
Tagesstellung vorbei ist nur etwa in ihrem mittleren Drittel gut
ausgebaut, sonst ungenügend.

Zu c. Arbeitsprogramm für den nächsten Monat:

Die Vorbereitungen für den Fall einer Veränderung der taktischen Lage erfordern, daß die Arbeiten, die zur Vorbereitung des
Angriffs dienen, vornehmlich im Abschnitt des Z.Jnf.Regt. vorge-
nommen werden. Jch habe daher diesem Regt. zur Arbeitsunterstützung
alle zugeteilten Rekruten und alle Armierungsarbeiter zugewiesen.
Neben den Jnstandhaltungsarbeiten am Hindernis und vorderer
1, 1 Linie der 1. Stellung ist im ganzen Brig.Abschnitt vor allem die 1.
Linie der 2. Stellung auszubauen. Der Einbau von Stollen in dieser
1, 1 Linie wird unter Verwendung der Armierungsarbeiter besonders im
Abschnitt des Z.J.R. gefördert.
Die Weiterarbeit an den Verbindungsgräben im Abschnitt des
Z.J.R. kann etwa in folgenden Fristen beendet sein:
2 Ludwigsgraben etwa in 14 Tagen von vorne bis 2. Stellung,
3 Staubwasserlaufgraben etwa 1 Woche } von vorne bis
4 Stäbleinlaufgraben etwa 4 " } Königsmulde.
Aus diesen in Arbeit befindlichen Verbindungsgräben wird
ein weiterer von der Körnleinstellung zunächst bis zur 2. Stellung
in der 2. Monatshälfte Juli in Angriff genommen.
5 Körnleinlaufgraben, seine Fortsetzung bis Neurothenburg ist für Monat August geplant.
Das 8. J.R. hat zunächst den geplanten Verbindungsgraben vom
Punkt D der 2. Stellung südl. Jägerhaus vorbei zum Jnf.Beobachtungs-
baum und dann zum Kaiserschlag auszubauen.
Weiter ist die Verbesserung des Fernsprechnetzes, auch als
Vorbereitung für einen Angriff, vordringlich. Zu diesem Zwecke
sollen als notwendigste Arbeiten in diesem Monat noch geleistet
werden:
6 1.) Verlegen eines Panzerkabels von der Sandgrube durch einen neu

anzulegenden Kabelgraben bis zur 2. Stellung, dann unter Benutzung der 2. Stellung und des Ludwigsgrabens zur Zeitlhack-Stellung.
2.) Verlegen eines Panzerkabels im Staubwasserlaufgraben von der Königsmulde bis zur Staubwasserstellung. (Kann in einer Woche beginnen.)
3.) Wenn möglich, noch ein-graben eines Bleikabels (nur in etwa 50 cm tiefen Schutzgraben) von Senonville nach Sandgrube.

---

Für später ist geplannt:

Tief eingegrabenes Kabel zwischen Senonville und Königsmulde.

Beim 8.J.R. führt z.Zt. aus der Dreigruppenstellung das Panzerkabel bis, etwa auf 300 m zum Kaiserschlag zurück. Für die fehlende Strecke hat das 8.J.R. als dringliche Arbeit mit dem Ausheben eines Kabelgrabens zu beginnen. Der Jnf.-Beobachtungsbaum beim Kaiserschlag wird an diese Leitung angeschlossen. (Dazu kann das letzte Stück des vom 8.J.R. geplanten Verbindungsgraben vom Jnf.Beobachtungsbaum zum Kaiserschlag ausgenutzt werden.)

Von besonderer Bedeutung ist der Bau einer weiteren Fernsprechleitung, die das häufig beschossene Straßenstück nördl.Varvinay umgeht. Sie ist als Feldkabelleitung von Chaillons längs des durch das Bote Pourmont in die Schlucht östl. Varvinay führenden Weges und von da in grader Richtung zur Fernsprechstelle im Lager Varvinay geplant, vielleicht könnte ihre Ausführung der Korps-Fernsprech-Abteilung übertragen werden.

Zur sicheren Verbindung von Senonville nach rückwärts wird die vorgeschlagene Lichtsignalverbindung die besten Dienste leisten.

Die Kabelverbindung von Senonville nach Chaillon muß einstweilen zurück gestellt werden, so wünschenswert sie auch wäre, vielleicht könnte noch eine Sicherheits- (Feldkabel-) Leitung nördlich des Creue-Baches von Chaillon nach Senonville gelegt werden.

Sonstige Arbeiten:

Für die Befehlsführung im nördl. Teil des Abschnittes wird in Senonville oberhalb der Kirche eine Brig.Befehlsstelle eingerichtet. Die Masken, welche das Straßenkreuz nördlich Varvinay feindl.Sicht entziehen sollen, sind verbesserungsbedürftig, ihre Ergänzung ist der Pion.Komp. aufzutragen.

Die Truppenteile sind angewiesen, bei allen Arbeiten, bei denen Erdaushub notwendig ist, die Arbeitsstelle sorgfältig nach oben gegen Fliegererkundung zu decken, wenn notwendig durch spannen von Drähten und darüber leben von Zweigen.

---

An Z.J.R.u.8.J.R. in Abschrift, an 2. Feld Pion.Komp. g. R.

Der der Division vorgelegte Bericht über den Zustand der Stellung und das Programm für den Stellungsausbau im Juli gehen den Regimentern zu, die darin in Aussicht gestellten Arbeiten sind auszuführen.

Am 10. u. 20. 7. ist zu melden, wie die einzelnen Arbeiten fortschreiten und zwar berichten beide Regimenter über die Arbeiten am Hindernis vor der vorderen Linie, über den Zustand der vorderen Linie der I. Stellung und der I. Linie der 2. Stellung, besonders über die Anlage von Stollen, außerdem zu den durch blau, bezw. rot beigesetzten Ziffern bezeichneten Arbeiten. Es ist damit zu rechnen, daß spätestens am 15.7. die Hälfte der Armierungsarbeiter und Rekruten vom Z.J.R. wieder zum 8. J.R. zurück treten.

1. 7. 1916.

v. Riedl.

8. " Hollmann

Termin 7. u. 17. 7.

3.7.16

*Anhang 5 Abbildung 13: 30.06.1916, Anweisung zum Stellungsbau Stellung nördl. St. Mihiel*[132]

[132] KA: 8. I.R._(WK)_12_11-14 (511).

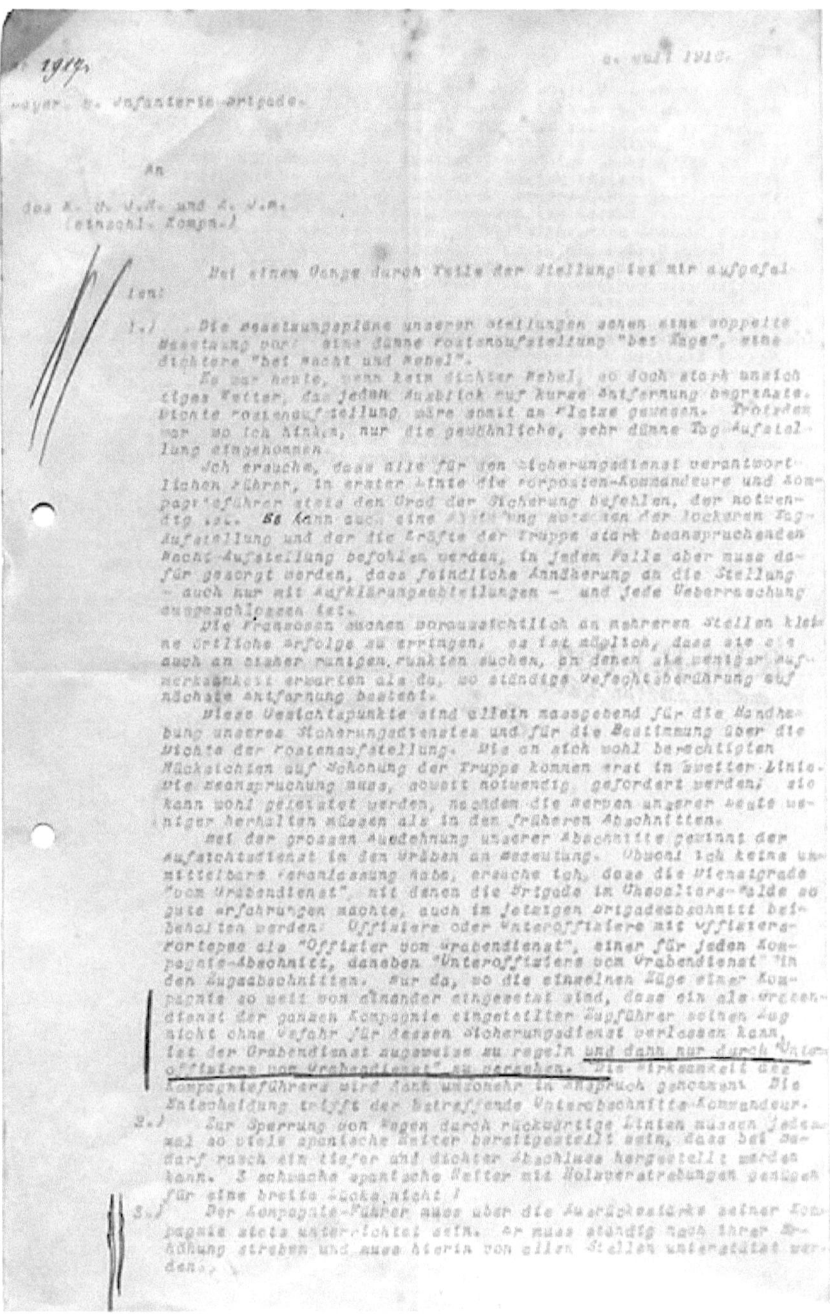

Nr. 1917. [illegible] Juli 1916.

Bayer. [illegible] Infanterie-Brigade.

An

das K. [illegible] I.R. und K. I.R.
(einschl. Kompn.)

Bei einem Gange durch Teile der Stellung ist mir aufgefallen:

1.) Die Besetzungspläne unserer Stellungen sehen eine doppelte Besetzung vor: eine dünne Postenaufstellung "bei Tage", eine dichtere "bei Nacht und Nebel".

Es war heute, wenn kein dichter Nebel, so doch stark unsichtiges Wetter, das jeden Ausblick auf kurze Entfernung begrenzte. Dichte Postenaufstellung wäre somit am Platze gewesen. Trotzdem war, wo ich hinkam, nur die gewöhnliche, sehr dünne Tag-Aufstellung eingenommen.

Ich ersuche, dass alle für den Sicherungsdienst verantwortlichen Führer, in erster Linie die Vorposten-Kommandeure und Kompagnieführer stets den Grad der Sicherung befehlen, der notwendig ist. Es kann auch eine Abstufung zwischen der lockeren Tag-Aufstellung und der die Kräfte der Truppe stark beanspruchenden Nacht-Aufstellung befohlen werden, in jedem Falle aber muss dafür gesorgt werden, dass feindliche Annäherung an die Stellung – auch nur mit Aufklärungsabteilungen – und jede Ueberraschung ausgeschlossen ist.

Die Franzosen suchen voraussichtlich an mehreren Stellen kleine örtliche Erfolge zu erringen; es ist möglich, dass sie sie auch an bisher ruhigen Punkten suchen, an denen sie weniger Aufmerksamkeit erwarten als da, wo ständige Gefechtsberührung auf nächste Entfernung besteht.

Diese Gesichtspunkte sind allein massgebend für die Handhabung unseres Sicherungsdienstes und für die Bestimmung über die Dichte der Postenaufstellung. Die an sich wohl berechtigten Rücksichten auf Schonung der Truppe kommen erst in zweiter Linie. Die Beanspruchung muss, soweit notwendig, gefordert werden; sie kann wohl geleistet werden, nachdem die Nerven unserer Leute weniger herhalten müssen als in den früheren Abschnitten.

Bei der grossen Ausdehnung unserer Abschnitte gewinnt der Aufsichtsdienst in den Gräben an Bedeutung. Obwohl ich keine unmittelbare Veranlassung habe, ersuche ich, dass die Dienstgrade "vom Grabendienst", mit denen die Brigade im [illegible]-Walde so gute Erfahrungen machte, auch im jetzigen Brigadeabschnitt beibehalten werden: Offiziere oder Unteroffiziere mit Offiziers-Portepee als "Offizier vom Grabendienst", einer für jeden Kompagnie-Abschnitt, daneben "Unteroffiziere vom Grabendienst" in den Zugsabschnitten. Nur da, wo die einzelnen Züge einer Kompagnie so weit von einander eingesetzt sind, dass ein als Grabendienst der ganzen Kompagnie eingeteilter Zugführer seinen Zug nicht ohne Gefahr für dessen Sicherungsdienst verlassen kann, ist der Grabendienst zugweise zu regeln und dann nur durch "Unteroffiziere vom Grabendienst" zu versehen. Die Wirksamkeit des Kompagnieführers wird dann umsomehr in Anspruch genommen. Die Entscheidung trifft der betreffende Unterabschnitts-Kommandeur.

2.) Zur Sperrung von Wegen durch rückwärtige Linien müssen jedesmal so viele spanische Reiter bereitgestellt sein, dass bei Bedarf rasch ein tiefer und dichter Abschluss hergestellt werden kann. 3 schwache spanische Reiter mit Holzverstrebungen genügen für eine breite Lücke nicht!

3.) Der Kompagnie-Führer muss über die Ausrückestärke seiner Kompagnie stets unterrichtet sein. Er muss ständig nach ihrer Erhöhung streben und muss hierin von allen Stellen unterstützt werden.

4.) Es finden sich viele alte und schlechte Unterstände. Sie sind möglichst bald zu beseitigen und können dabei mit Vorteil zur Auffüllung mit Bauschutt verwendet werden, der anderswo anfällt und sonst weit geschleppt werden müsste.

Es ist falsch, solche Unterstände und Stollen, die nicht für schusssicher gehalten werden, für den Fall ernster Kampfhandlung zur Unterbringung einrückender Verstärkungen aufzusuchen. Solche Unterkunftsstätten können bei schwerem feindlichen Feuer zu schweren Verlusten führen, wahrscheinlich zu schwereren als wenn die Leute nur in offenen Gräben und nicht eingedeckt bereitgestellt sind.

5.) Ich empfehle sehr, unsichtiges Wetter zur Tagarbeit an solchen Stellen auszunützen, wo sonst nur des Nachts gearbeitet werden kann.

6.) Viele Fernsprechleitungen hängen herab und liegen auf einander auf, weil sie zu wenig Zwischenunterstützungen haben oder infolge ungenügender Befestigung von ihnen wieder herabgerutscht sind. Zu den häufigen Störungen des Fernsprechbetriebes durch feindliches Feuer treten deshalb noch viele andere durch Zerreissen der Leitungen beim Verschaffen von Stellungsbedarf und dergl., sowie durch Induktion.

Sämtliche Leitungen sind durch ihre Bedienungen dauernd in Ordnung zu halten; Leitungen, die nicht in Gräben verlegt werden können, müssen mindestens 2 m über dem Boden liegen und vor gegenseitiger Berührung geschützt sein.

Die Regimenter lassen den gesamten Fernsprechbetrieb durch ihre Fernsprechoffiziere überwachen. Sie melden zum 14., dass diese Anordnungen durchgeführt sind und sorgen dauernd für ihre Beachtung.

Wo andere Waffen ihre Leitungen so gelegt haben, dass sie ihren und den Fernsprechbetrieb der Regimenter stören, ist mir zu melden.

gez. v. Riedl.

8. Inf.-R. I. Batl
empf.: 8.7.1916 Nr. 2220.

zur 2. Komp.
8.7.16.
Walter

*Anhang 5 Abbildung 14: 05.07.1916, Brig.-Kdr. v. Riedl, Gang durch die Stellung*[133]

[133] KA: 8. I.R._(WK)_12_17-18 (511); ident. KA: 8. I.R._(WK)_12_15-16 (511).

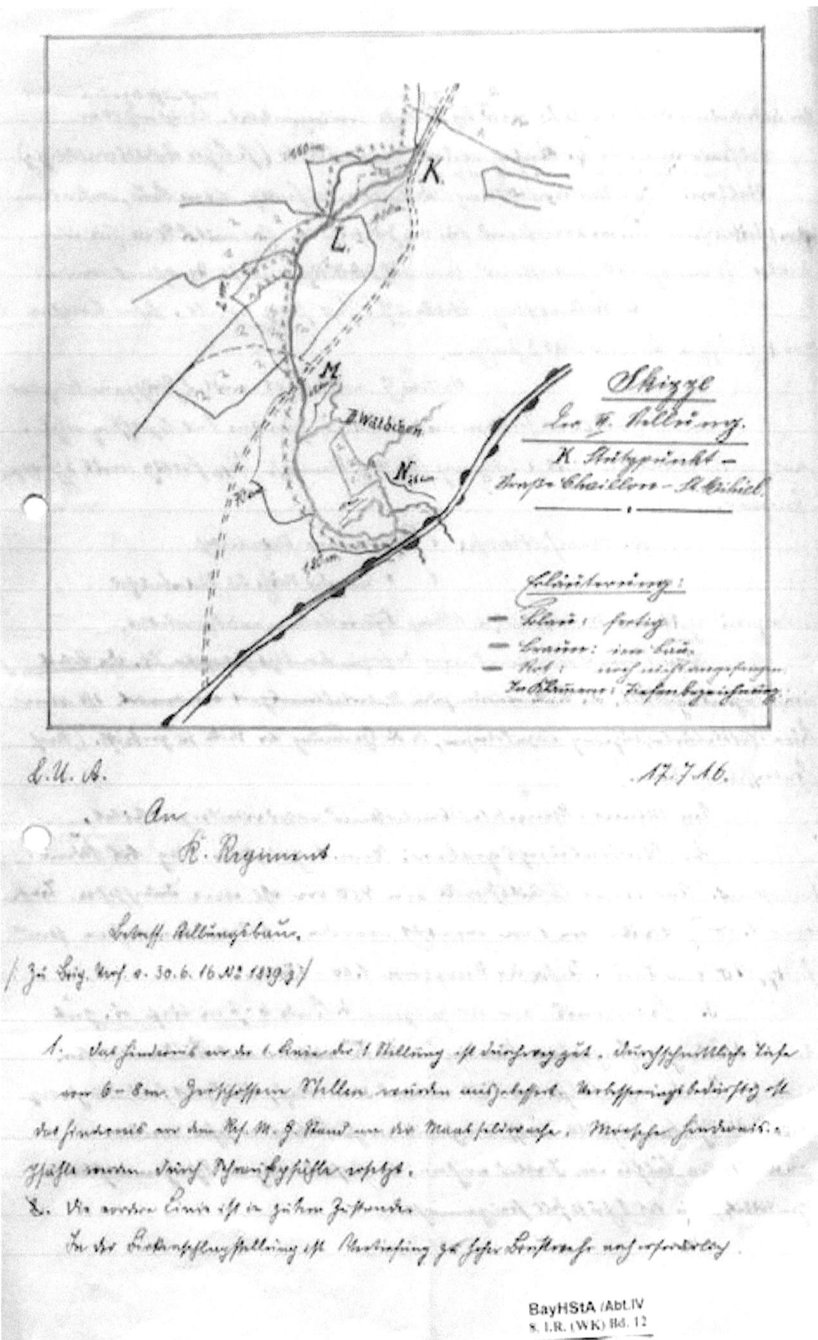


L.U.A. 17.7.16.

An
K. Regiment.

Betreff: Stellungsbau.

(Zu Brig. Verf. v. 30.6.16 Nr. 1839 g)

1. Das Hindernis vor der 1. Linie der 1. Stellung ist durchweg gut. Durchschnittliche Tiefe von 6–8 m. Zerschossene Stellen wurden ausgebessert. Verbesserungsbedürftig ist das Hindernis vor dem Ref. M. G. Stand an der Maasfeldwache. Weitere Hindernispfähle werden durch Schraubpfähle ersetzt.

2. Die vordere Linie ist in gutem Zustande.

In der Beobachtungsstellung ist Vertiefung zu hoher Brustwehr noch erforderlich.

An der Verbindung der U.R.1 u. U.R.2 wird Tag u. Nacht weitergearbeitet. Noch nicht begonnener Teil beträgt noch 80 m

Das Hindernis vor der 2. Linie wurde erweitert. (s. letzte Arbeitsmeldung)
An der 1. u. 3. Linie wurde fast nichts gearbeitet.

Stollen: a. Muldenstellung: 2 Stollen. 1 fertig, 1 im Bau, außerdem ein schußsicherer Beton-Unterstand für den Zugführer. Der mit 2½ m [illegible] Mannschaftsunterstand kann als schußsicher nicht bezeichnet werden.

b. [illegible]: Stollen 7. fast fertig gestellt, schon bewohnt von 1 Gruppe, belegbar mit 3 Gruppen.

Stollen 9 ausgebaut mit 2 Gruppen belegbar

U.R.2. 1 Stollen mit 2 Ausgängen im Bau begriffen, desgl. ein weiterer Stollen mit 1 Ausgang für M.G. Mannsch. U16 fertig mit 3 Gruppen belegbar.

c. Mansfeldweg: 1 Stollen am Waldrand
1 " in der Nähe des [illegible]

An zwei weiteren Mannschafts- u. [illegible] Stollen wird gearbeitet.

Am Pion. Unterstand ~~war infolge der [illegible] die Arbeit einige Tage eingestellt, da Leute [illegible] zum Materialtransport verwendet~~ ist eine Beton-Mittelunterstützung einzubringen, da die Spannung der Decke zu groß ist. (Nach Eintreffen des Zem.)

Am Minier-Mannschaftsunterstand wird weitergearbeitet.

2. Verbindungsgraben: Vom 1. gedeckten Weg bis [illegible] Unterstand. An einer Arbeitsstrecke von 450 m ist eine durchschn. Tiefe von 1.50 m, Breite von 1 m erreicht worden. 6 Schulterwehren sind fertig, 10 im Bau. Tiefe der Umgänge 1.60 - 1.70 m

3. Hindernis vor der ganzen 2. Linie 6-7 m tief u. gut in Ordnung. Eingeschossene Stellen bei J u. K wurden mit Draht versehen.

4. Die erste Hälfte von J ist etwa 2.30 m tief, das Schußfeld durchweg gut. Die Schützenauftritte müssen noch mit mehr Bohlen versehen werden. In der linken Hälfte von J wird noch an der Herstellung der Schützenauftritte gearbeitet, ferner das Schußfeld freigemacht.

*Anhang 5 Abbildung 15: 17.07.1916, Bericht über den Zustand des I. U. A. in der St.-Mihiel-Stellung*[134]

[134] KA: 8. I.R._(WK)_12_02-04 (511).

Nr 2937. 5. 9. 1916.
K. 8. Infanterie-Brigade.

## Brigade-Befehl für Ausbau der Stellung.

1.) Nach bisherigen Meldungen verläuft die vorderste Linie des Brigade-Abschnitts: 535 – Südspitze des Grabendreiecks westl. 539 – 538 – Steinbruchgraben – 562a – 561 – Kreuzung mit Chapitreweg – Chapitreweg – Waldeck bei 574.

2.) Unklarheit herrscht noch über die Verhältnisse beim Steinbruch südwestl. 562a.
Die Regtr. führen alsbald durch ihre Erkundungs-Offze., Vergleiche mit Fliegerbildern usw. möglichste Klärung herbei.
Zur Erleichterung, auch für die Artl.-Beobachtung, sind die vordersten Linien dauernd so auszuflaggen, dass die Flaggen dem Feinde nicht, den eigenen Beobachtern möglichst gut sichtbar sind.

3.) Im Regts.-Abschnitt v. Kleinhenz ist die jetzt erreichte vorderste Linie zur hartnäckigen Verteidigung auszubauen.
In die Linie 535 – 539 – Südostende des Steinbruchgrabens sind starke Posten vorzuschieben. Sie haben Aufklärung und Annäherungsarbeiten des Feindes zu verhindern. Zur Sperrfeuer-Anforderung sind nur einzelne mit Offzn. oder Offz.-Stellv. besetzte Posten berechtigt. Die Posten sind einzugraben und allmählich mit der Hauptverteidigungslinie durch Gräben zu verbinden.
Die Postenbesatzung kann bei Tage vermindert werden.

4.) Das Regt. v. Kleinhenz hat zur Sicherung des Steinbruches südwestl. 562a Posten, wenn möglich, bis an den Südwestrand des Steinbruches vorzuschieben und einzugraben, andernfalls dem Feinde Aufenthalt im Steinbruch durch Inftr.-, M.G.-Feuer, Granatenwerfer-Einsatz und Gewehrgranaten zu verwehren.

5.) Der linke Flügel des Regts. v. Kleinhenz bleibt zunächst die Tiefenlinie der Souville-Schlucht.

6.) Das Regt. v. Rücker stellt heute fest, ob der Chapitre-Weg von den Franzosen besetzt ist; es setzt sich heute Nacht in seinen Besitz, wenn es ohne Angriff geschehen kann. Andernfalls ist die jetzt erreichte Linie festzuhalten und auszubauen.
Posten sind auch hier ins Vorgelände auf kurze Entfernung vorzuschieben und durch Sappen mit der vordersten Linie zu verbinden.

7.) Zuerst ist mit allem Nachdruck und unter Anspannung aller Kräfte die vorderste Linie zu einem zusammenhängenden Graben für stehende Schützen auszubauen, dieser später nach Möglichkeit zu vertiefen. Wegen der feindl. Feuerwirkung empfiehlt sich breites Profil, das einem Einschütten am besten vorbeugt.

8.) Gleichzeitig mit dem Bau des Kampfgrabens, dessen rasche und gute Ausführung für die Feuerbereitschaft der Besatzung ausschlaggebend ist, sind die Hindernisse vorzulegen, die die vorgeschobenen Posten einschliessen. Sie müssen auch bei feindl. Beschiessung dauernd geschlossen gehalten werden und einen überraschenden feindl. Angriff dadurch ausschliessen.

9.) In den Graben sind reichlich Stollen einzubauen. Doppelte und dreifache Ausgänge!

10.) Masch.-Gewehre, Granatwerfer, Schiessgestelle für Gewehrgranaten sind einzubauen oder bei ihren Verwendungsarten in Stollen bereit zu stellen und mit reichlicher Munition auszustatten. Sie müssen das nächste Vorgelände der Stellung unter Feuer nehmen können, die Masch.-

Gewehre und Granatwerfer müssen die franzöś. Annäherungswege der Länge nach bestreichen können. Hierzu ist flankierende Wirkung in das Vorgelände der Nachbar-Abschnitte auszunützen. Insbesondere sind "Pfad" und "Caillette-Graben" von der Stellung des Regts. v. Kleinhenz aus, Graben 564 – 562 von der Stellung des Regts. v. Rücker aus dauernd zu beunruhigen!

11.) Die alten französ. und deutschen Stellungen beiderseits der Souville-Schlucht und der "Talgraben" sind als Annäherungswege auszubauen und erstere, wo möglich, für die Abgabe von überhöhendem Feuer über die vorderste Linie weg einzurichten.

12.) Bei 535 – 536a und zwischen 561 und 574 sind Schützen- und M.G.-Nester anzulegen, um, wenn notwendig, die Flanken des Abschnittes zu schützen.

Ebenso sind starke Anlagen notwendig, um ein Vorbrechen des Feindes der Schluchtstrasse entlang auszuschliessen.

13.) Die Regtr. melden jeden Donnerstag Mittag den Stand der Arbeit in der üblichen Form (Skizze 1:5000): alte Anlagen blau, Neuanlagen grün, Beabsichtigtes gelb. Grabentiefe in m angeben. Fassungsvermögen der Unterstände angeben.

gez. v. Reck.

Für die Richtigkeit :

Kittel,

Hauptmann und Brig.-Adjutant.

*Anhang 5 Abbildung 16: 05.09.1916, Brig.-Bef. Nr. 2937: Ausbau der Stellung*[135]

[135] KA: 8. I.R._(WK)_10_43-44 (414).

Generalkommando
XVIII. Reservekorps
Abt. Ib Pi. Nr. 14096
Zu Genkdo. Ib Nr. 13695.

K. H. Qu., den 7. 9. 1916.

**Merkblatt**

für Bau und Ausbau der Lager und Ortschaften.

Zu Orts- und Lager-Kommandanten sind nur Offiziere und Offizier-Stellvertreter zu bestimmen.

Neubau und Ausbau.

Die Lager-Inspekteure haben nach Rücksprache mit ihren Divisionen einen Bauplan für den Ausbau ihrer Bezirke, die Lager- und Ortskommandanten ebenso für ihre Unterkünfte aufzustellen. Alle Truppen sind verpflichtet am Ausbau und Verbesserung der von ihne[n] belegten Lager und Ortschaften mitzuwirken. Es ist aber verboten, ohne Einverständnis der Lager- und Ortskommandanten Anlagen zu machen, das führt nur zur Materialverschwendung.

Anlage neuer Lager aus fertigen Baracken für 1 – 2 Infanteri[e] Bataillone und mehrere Batterien ist in jedem Divisions-Abschnitt ins Auge zu fassen. Lieber wenig und gut bauen, als viel und schlecht. Hohe Lage, Abwässerung, Nähe von ehemaligen Wohnstätten Fermen, Wasserstellen und Straßen ist maßgebend für Auswahl der Neuanlagen. Deckung gegen Fliegersicht nicht unbedingt erforderlich.

Vorhandene Lager in günstiger Lage sind auszubauen, weit abgelegene schlechte Hütten sind abzubrechen Das gewonnene Materia[l] ist zu Neubauten zu verwenden, zu stapeln oder den Materialien-Depots zur Verfügung zu stellen. Bei schlecht gelegenen Lagern, die allmählich aufzugeben sind, ist das gewonnene Material entsprechend zu verwenden.

Die zu den Lagern führenden Wege sind zu befestigen (Knüppeldämme) und durch Schilder, Wegweiser zu den einzelnen Gruppen und Skizzen zu bezeichnen. Der Wald neben den Wegen ist 10 – 20 m breit zu lichten, damit Luft und Licht Zutritt hat und die Wege schnell abtrocknen. Alle Hütten müssen für Fußgänger trockenen Fußes erreichbar sein. ( Knüppelroste ). Sorgfältige planmäßige

Entwässerung durch Abzugsgräben. Alle Hütten und Ställe müssen festen, trockenen, erhöhten Fußboden haben, in Ställen genügen im Notfalle Knüppelroste.

Der Wald zwischen den Lagerhütten und 50 m im Umkreis ist so zu lichten, daß Licht und Luft freien Zutritt haben. Fliegerdeckung ist nicht mehr so wichtig, kann aber durch Stehenlassen der hohen Bäume und einzelner schwacher Stämme erhalten bleiben.

Mit besonderem Nachdruck sind Ortschaften von den Ortskommandanten soweit Kräfte und Mittel es irgend erlauben, zur stärkeren Belegung auszubauen. Bauplan aufstellen!

a. Vorhandene Häuser in Stand setzten.

b. Baracken im Anschluß an zerstörte Häuser bauen.

c. Aufstellung von fertigen Baracken kann nur in besonderen Ausnahmefällen in Frage kommen.

Instandhaltung.

Keine Truppe darf ohne Genehmigung des Orts- oder Lagerkommandanten eine Unterkunft beziehen, beim Verlassen ist er zu benachrichtigen. Das Lager ist zu säubern, auf Verlangen des Lagerkommandanten ist ein Nachkommando zurückzulassen. Unbelegte Lager sind durch Lagerkommandanten zu bewachen.

Lager- und Ortskommandanten sind berechtigt, bis zu 5 % der Belegungsstärken und Gespanne für Verbesserungs- und Instandhaltungsarbeiten bei den Truppen-Kommandeuren anzufordern.

Die Lagerzelte sind abzubrechen und wo erforderlich durch neue Baracken zu ersetzen. Sie sollen als Reserve für schnelle Unterbringung von neu eingetroffenen Truppen dienen.

In allen Lagern und Ortschaften sind Sammelstellen für Konservenbüchsen, Ausrüstungsgegenstände, Wolle, Flaschen, Papier und Abfälle einzurichten. Regelmäßige Abfuhr und Ablieferung an die Beutesammelstellen durch die Lagerinspekteure und Ortskommandanten zwecks Rückführung in die Heimat.

Jedem Lager und Ortsunterkunft wird durch den Forstsachverständigen Hauptmann Schmidt, Arm. Batl. 32 Mazeray, das Gebiet zugewiesen, wo es Bau- und Brennholz schlagen darf. (Stämme unter

30 cm und Knüppelholz, keine Kahlschläge entstehen lassen/. Damit ist rechtzeitig zu beginnen, um trockenen Vorrat für den Winter zu haben.

Gegen Feuersgefahr Beschaffung von Spritzen, Eimern, Wasserfässern, Feueralarm-Ordnung.

A n f o r d e r u n g von Material und Gerät.

Jede Truppe fordert beim Lagerkommandanten an. Dieser gibt die Forderung nach eingehender Prüfung dem Lagerinspekteur weiter, der sie aus dem Materialiendepot der Division befriedigt.

Material und Gerät zur Auffüllung der Materialien-Depots sind wöchentlich jeden Montag durch die Lagerinspekteure beim Kommandeur der Pioniere des Armee-Korps anzufordern.

Die Ortskommandanten fordern unmittelbar beim Kommandeur der Pioniere des A. K. an. Sie empfangen im Materialien-Depot Spincourt oder Sägewerk Chatillon. Eisenbahnzielpunkt angeben.

Materialien-Depot S p i n c o u r t legt wöchentlich jeden Montag eine Anforderung zur Auffüllung der Bestände vor.

G e s u n d h e i t l i c h e M a ß n a h m e n.

1./ Wasserversorgung. Nur Oberflächenwasser vorhanden, weil Grundwasserstrom in unerreichbarer Tiefe. Zweckmäßig, jedes-/ zum mindesten verdächtiges- / Wasser nur abgekocht zu genießen. / Tee, Kaffee / Bei Schwierigkeiten in der Trinkwasserversorgung Korpshygieniker anrufen /Geschäftszimmer des Korpsarztes in Sorbey/. Umgebung der Wasserentnahmestellen rein halten.

2./ Beseitigung der Abfallstoffe. Anlage von gewöhnlichen Feldlatrinen mit einfacher Sitzstange und Regenschutz am saubersten und einfachsten. Tägliche Desinfektion der Latrinen mit Chlorkalk /faßweise zu beziehen vom Hilfs-Etappen-Sanitätsdepot Spincourt/. Gefüllte Gruben zuwerfen.

In den Ortsunterkünften Straßenrinnen pflastern /ev. Holzrinnen, wo geringer Verkehr ist/ und stets sauber halten, am besten durch ständige Kommandos. Müllgruben anlegen. Regelmäßige Düngerabfuhr. Abwässer nicht in stehende oder fließende Gewässer, aus denen Trink- und Nutzwasser entnommen wird, sondern nach Wiesen und Gärten, abseits der Wohnstätten leiten.

3.) Bade- und Entlausungsanstalten in Haut-Fourneau, Billy, Loison und Spincourt. Vorherige Anmeldung erforderlich.

4.) Zur Fliegenbekämpfung können durch Ärzte Fliegengaze, Fliegenfallen Fliegenleim vom Etappen-Sanitätsdepot Spincourt bezogen werden.

Beschwerden, Wünsche.

Beschwerden und Wünsche sind an Lagerinspekteure und Ortskommandanten zu richten. Sofern Regelung nicht möglich, sind sie an Kommandeur der Pioniere des A.K. Sorbey weiter zu geben.

V. s. d. G. K.
Für den Chef des Generalstabes.
[Unterschrift]
Hauptmann.

*Anhang 5 Abbildung 17: 07.09.1916, Gen.-Kdo. XVIII. Res.-Korps, Merkblatt für Bau und Ausbau der Lager und Ortschaften*[136]

[136] KA: Infanterie-Divisionen-(WK)_5710_05-08 (335).

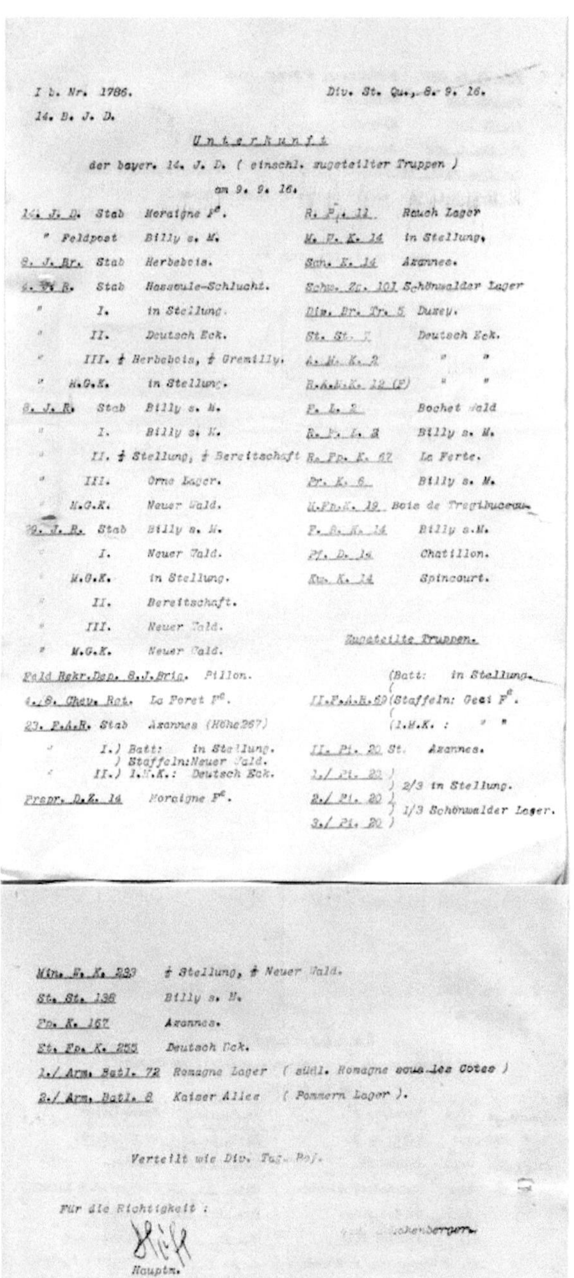

I b. Nr. 1786. Div. St. Qu., 8. 9. 16.

14. B. J. D.

Unterkunft

der bayer. 14. J. D. ( einschl. zugeteilter Truppen )

am 9. 9. 16.

14. J. D. Stab Moraigne F^e^.
" Feldpost Billy s. M.
8. J. Br. Stab Herbebois.
4. J. R. Stab Hassoule-Schlucht.
" I. in Stellung.
" II. Deutsch Eck.
" III. ½ Herbebois, ½ Gremilly.
" M.G.K. in Stellung.
8. J. R. Stab Billy s. M.
" I. Billy s. M.
" II. ½ Stellung, ½ Bereitschaft
" III. Orne Lager.
" M.G.K. Neuer Wald.
29. J. R. Stab Billy s. M.
" I. Neuer Wald.
" M.G.K. in Stellung.
" II. Bereitschaft.
" III. Neuer Wald.
" M.G.K. Neuer Wald.
Feld Rekr.Dep. 8.J.Brig. Pillon.
4./8. Chev. Rgt. La Foret F^e^.
23. F.A.R. Stab Azannes (Höhe 267)
" I.) Batt: in Stellung.
) Staffeln: Neuer Wald.
" II.) L.M.K.: Deutsch Eck.
Propr. D.Z. 14 Moraigne F^e^.

R. F. L. 11 Rauch Lager
M. P. K. 14 in Stellung.
San. K. 14 Azannes.
Schw. Zg. 101 Schönwalder Lager
Div. Br. Tr. 5 Duzey.
St. St. 7 Deutsch Eck.
A. M. K. 2 " "
R.A.M.K. 12 (F) " "
F. L. 2 Bochet Wald
R. F. L. 3 Billy s. M.
R. Fp. K. 67 La Ferte.
Pr. K. 6 Billy s. M.
M.Fp.K. 19 Bois de Tregibuceau
F. S. K. 14 Billy s. M.
Pf. D. 14 Chatillon.
Kw. K. 14 Spincourt.

Zugeteilte Truppen.

II.F.A.R.69 (Batt: in Stellung.
(Staffeln: Gesi F^e^.
(L.M.K. : " "
II. Pi. 20 St. Azannes.
1./ Pi. 20 ) 2/3 in Stellung.
2./ Pi. 20 ) 1/3 Schönwalder Lager.
3./ Pi. 20 )

Min. W. K. 233 ½ Stellung, ½ Neuer Wald.
St. St. 136 Billy s. M.
Fp. K. 167 Azannes.
St. Fp. K. 255 Deutsch Eck.
1./ Arm. Batl. 72 Romagne Lager ( südl. Romagne sous les Cotes )
2./ Arm. Batl. 8 Kaiser Allee ( Pommern Lager ).

Verteilt wie Div. Tag. Bef.

Für die Richtigkeit :

[Unterschrift]
Hauptm.

gez. [illegible]berger.

*Anhang 5 Abbildung 18: 09.09.16, Dislozierung der Einheiten der 14. b. I. D. und der ihr zugeteilten Truppen*[137]

---

[137] KA: 8. I.R._(WK)_10_34-35 (414).

162

Stand der Arbeiten im Abschnitt des Regts.

| Abschnitt | 1. Linie | | | | |
|---|---|---|---|---|---|
| | Hindernis | Feuerstellung | Stollen | Flank. Anl. | Zugf. Beob. Stand |
| 6. | mannshoch, 30–40 m tief. Schnellhindernisse mit 2 span. Reiter. | verteidig. fähig, an mehreren Stellen verbess. beschießungsfähig, M.G. im Unterstand | 12 im Bau | im Regt. 50 m Rückseite genommen | 2 fertig, 1 weiterer im Bau. |
| 7. | mannshoch, im Durchschnitt 20 m tief, wird weiter verbreitert, Schnellhindernisse | verteidig. fähig, vollkommen ausgebaut. M.G. Unterstand 1 Ltd. zur Deckung fertig M.G. 2 Schnelldeck fertig | 20 fertig, weitere zu Wohnstollen umgebaut. | am rechten Flügel 1 rechter Ort (M.G. u. Zug) | 1 fertig, 5 im Bau. |
| 8 (Zugbereich) | 2 m hoch, Tiefe zwischen 30 u. 80 m. Schnellhindernisse | vollständig fertig, vollkommen ausgebaut. M.G. 3 im Unterstand. | 2 fertig, 7 im Bau. | am linken Flügel für 1 Gruppe vorgesehen | 1 im Bau. |
| 9. | mannshoch durchschnittl. 20 m tief | vollständig fertig, an mehreren Stellen verstärkt fertig. Schnelldeck für 2 M.G. Unterstände fertig | 7 fertig, 22 Wohnstollen im Bau | am rechten Flügel Flank. Möglichkeit für eine 3 Gruppen | 1 zur Hälfte fertig, 6 im Bau. |
| 10. | Drahtschutz durchschnittl. 40 m tief. | vollständig fertig. Schnelldeck für 1 M.G. Unterstand fertig. | 7 fertig 15 im Bau 7 Wohnstollen begonnen. | Stellung flankiert der einzelnen Teile selbst durch Anlagen. | 2 fertig 7 (behelfsmäßige) im Bau. |
| 11 | 1 m 50 hoch 25 m tief | vollständig fertig 1 M.G. Unterstand fertig, 1 Ltd. zur Deckung fertig, bei einem mit den Unterstand angefangen. | 20 fertig, darunter 11 Wohnstollen, die andern 16 Stollen werden zu Wohnstollen umgebaut. | Für 2 Gruppen geeignete Flankierungs-Anlagen | 1 fertig 8 im Bau, außerdem 7 behelfsmäßig. |

Anmerkung. Zu allen 1. Feuerstellungen wird Durchgang über Land geschaffen.

163

8. Inf. Regt. Bois des Chevaliers am 29. 10. 15

| 2. Linie | | | | Verb. Gräben |
|---|---|---|---|---|
| Unterstände | Feuerstellung | Stollen | Flank. Anlagen | |
| vorhanden, ist noch zu erhöhen | verteidigungsfähig, muß noch verstärkt werden. | 4 im Bau | Keine vorhanden | 1 vorhanden, müssen noch mehr verstärkt u. verbreitert werden. |
| vorhanden, verteidigungsfähig. | verteidigungsfähig, alter Grenadiergraben ist noch für überhöhte Feuerstellung umzubauen (Arbeit im Gange) | 9 im Bau | vorhanden, zur Bestreichung des Hohlwegs. | 5 vorhanden, tief u. breit. |
| vorhanden, verteidigungsfähig | vgl. Abschn. 7 | noch nicht begonnen. | – | 3 vorhanden. |
| vorhanden, ist nur 20 cm tief | verteidigungsfähig | 4 im Bau | 1 Verbind. Graben (der a. Riedl Graben) | 4 vorhanden, müssen teilweise noch verstärkt werden. |
| im Hochstand vorhanden, wird noch höher und stärker ausgebaut. | verteidigungsfähig. | 4 im Bau | 1 Verbind. Graben (Laufgang) zur Flankierung ausgebaut. | 6 vorhanden, werden noch verstärkt. |
| vorhanden, wird noch höher und tiefer ausgebaut. | verteidigungsfähig | 4 im Bau | –/. | 3 fertig. |

*Anhang 5 Abbildung 19: 29.10.1916, Übersicht über Abschnittsarbeiten*[138]

[138] KA: 8. I.R._(WK)_6_111/2 (1554).

# Anhang 6 Tagesbefehle

## Abbildungsverzeichnis Anhang 6

Regt. Bef. v. 24.12.15

Ich sage sämtlichen Angehörigen des Regts. u. ihren Familien meine herzlichsten Weihnachts- u. Neujahrswünsche. Ich danke gleichzeitig dem ganzen Regt. für das - nicht immer leichte - bisher Geleistete.

Mögen andere Truppen im Osten u. Südosten 1915 von Sieg zu Sieg geeilt sein, wir neiden ihnen nicht, wir freuen uns mit allen Deutschen ihrer Erfolge:

Aber wir nehmen das Bewußtsein in Anspruch, zu Anfang 1915 auf den blutgetränkten Combres-Höhen die schweren feindl. Angriffe - die ersten ihrer Art - tapfer erfolgreich abgeschlagen zu haben. Seither - u. seit den Tagen von Lamorville u. Les Eparges - haben wir in harter u. zäher Arbeit unseren Abschnitt so vorbereitet, u. stehen darin fest, daß jeder franz. Angriff auch in Zukunft an unserer Gegenwehr zerschellen soll und zerschellen wird.

Das 8. bayr. Inf. Regt. Großherzog Friedrich II. von Baden wird auch 1916 seinen Mann stellen, sowohl in der Verteidigung der eigenen Stellung, wie auch, wenn uns Kaiser u. König rufen, beim Angriff.

Mit uns feiern auch unsere Familien die Weihnacht u. das neue Jahr in der Gewißheit, daß Deutschlands tüchtige Arbeit unseren Kindern die Zukunft sichert.

Wir alle wollen in diesen Tagen aufs Neue treueste Pflichterfüllung u. deutsche Zähigkeit und Tapferkeit geloben.

gez. v. Rücker.

*Anhang 6 Abbildung 1: 24.12.1915, Rgt.-Bef. zu Weihnachten*[139]

[139] KA: 8. I.R._(WK)_6_155 (1554).

gez. v. Rücker.

R. L. v. 24.12.15.

Im Namen S. M. d. K. u. Königs verleihe ich das Eiserne Kreuz 2. Klasse, dem:

Uoffz. d. Res. Kienberger 1. Kp.
" " Engelhardt 1 "
Gefr. " Braun 1 "
Ldw. Heß 1 "
Gefr. Lichtenberger 2 "
Kriegsfr. Stell 2. "
Inf. d. Res. Sperger 2. "
" Mann 2. "
Uoffz. d. Ldw. Ludwig 3. "
Kriegsfr. Kraus 3. "
Uoffz. d. Ldw. Müller 3. "
Inf. Reimundl 3. "
" d. Res. Zellner 4. "
Kr. Fr. Schmidbauer 4. "
Inf. Lechertshuber 4. "
" der Res. Bründl 4. "
" " " Wölfle 4. "

*Anhang 6 Abbildung 2: 24.12.1915, Liste der Auszeichnungen mit EK II, dem Rgt.-Bef. angehängt*[140]

[140] KA: 8. I.R._(WK)_6_156 (1554).

Brig. Bef. v. 28. 12. 15.

Das Kriegsjahr 1915 geht zu Ende. Die Brigade hat in dieser Zeit ununterbrochen vor dem Feinde gestanden u. in heißen, blutigen Kämpfen wie auf zäher Wacht ihren Ruf als unerschütterliche Kerntruppe erneut bewährt.

Wir wollen in das neue Jahr mit dem festen Vorsatze eintreten, auch weiterhin unsere hohe, heilige Pflicht zum Schutze unseres geliebten Vaterlandes in allen Lagen beharrlich u. treu zu erfüllen, bis unsere Feinde um Frieden bitten.

Zum Jahreswechsel wünsche ich jedem Einzelnen der Brigade Soldatenglück u. Erfolg.

Mir zugedachte Glückwünsche nehme ich dankend als empfangen an.

gez. v. Riedl

*Anhang 6 Abbildung 3: 31.12.1915, Brig.-Bef. zum Jahreswechsel*[141]

[141] KA: 8. I.R._(WK)_6_158 (1554).

Neujahrs-Erlaß

S. M. des Kaisers.

An das Deutsche Heer, die Marine und die Schutztruppen.

Kameraden!

Ein Jahr schweren Ringens ist abgelaufen. Wo immer die Überzahl der Feinde gegen unsere Linien anstürmte, ist sie an eurer Treue und Tapferkeit zerschellt.

Überall, wo ich euch zum Schlagen ansetzte, habt ihr den Sieg glorreich errungen. Dankbar erinnern wir uns heute vor allem der Brüder, die ihr Blut freudig dahingegeben haben, um die Sicherheit für unsere Lieben in der Heimat und unvergänglichen Rum für das Vaterland zu erstreiten. Was sie begonnen haben, werden sie mit Gottes gnädiger Hilfe vollenden.

Noch strecken die Feinde von West und Ost, von Nord und Süd, in ohnmächtiger Wut ihre Hände nach allem aus, was uns das Leben lebenswert macht. Die Hoffnung, und im ehrlichen Kampfe überwinden zu können haben sie längst begraben müssen. Nur auf das Gewicht ihrer Masse, auf die Aushungerung unseres ganzen Deutschen Volkes und auf die Wirkungen ihres ebenso frevelhaften wie heimtückischen Verleumdungsfeldzuges auf die Welt glauben sie noch bauen zu dürfen. Ihre Pläne werden ihnen nicht gelingen. An dem Geist wie an dem Willen, der Heer und Heimat unerschütterlich eint, werden sie elend zu schanden werden: dem Geist der Pflichterfüllung für das Vaterland bis zum letzten Atemzug und dem Willen zum Siege. So schreiten wir denn in das neue Jahr. Vorwärts mit Gott, zum Schutze der Heimat und für Deutschlands Größe.

Großes Hauptquartier, den 31. Dezember 1915

Wilhelm.

*Anhang 6 Abbildung 4: 31.12.1915, Neujahrserlass des Kaisers*[142]

[142] KA: 8. I.R._(WK)_6_161 (1554).

T a g e s b e f e h l .

Das Jahr 1915 liegt hinter uns!Ein Jahr heißen Völkerringens,wie es die Weltgeschichte noch nicht gesehen hat.
Gewaltiges haben unsere Truppen im treuen Zusammenhalten mit unsern tapferen Verbündeten geleistet.

An unserer Westfront zerschellten die feindlichen Stürme.

Auf den ostpreußischen,galizischen und polnischen Schlachtfeldern wurde der an Zahl meist überlegene Gegner geschlagen und tief in sein Land zurückgeworfen.In rastlosem Vordringenwird auf dem Balkan ein tapferer Feind überwältigt.
Überall wo gekämpft wurde,sehen wir Bayerns Söhne in edlem Wetteifer mit den deutschen Bruderstämmen. Von Flanderns Küste bis zu den Vogesenkämmen,von Kurland bis tief in den Balkan hinein,wo schon vor mehr als 200 Jahren Kurfürst Max Emanuel seine Bayern zum Siege geführt hat,aller Orten haben sich die bayerischen Truppen bewährt,im kühnen Angriff,wie in zäher Verteidigung der anvertrauten Stellung.

Ich sage Meinen Königlichen Dank den Tapferen,die der bayerischen Armee neuerdings so hohen Rum erworben;Ich sage meinen königlichen Dank den Helden,die ihre Bayerntreue mit dem Tode auf dem Schlachtfelde besiegelt haben.
Nicht vergessen will ich der unermüdlichen Arbeit Derer,die in der Heimat das Schwert schärfen,das den Feind zu Boden schlägt. Auch ihnen meinen wärmsten Dank. Noch wollen aber die Feinde nicht an den Sieg unserer gerechten Sache glauben;noch bedarf es weiterer Kämpfe zur Entscheidung. Voll stolzen Vertrauens auf meine kampferprobten Truppen gebe Ich Mich der Erwartung hin,daß sie weiterkämpfen in treuer Pflichterfüllung für Heimat und Herd für König und Vaterland,für Kaiser u.Reich bis zum siegreichen Frieden. Gegeben zu München,am 1. Januar 1916.

L u d w i g.

*Anhang 6 Abbildung 5: 31.12.1915, Tagesbefehl des bayerischen Königs zum Jahreswechsel*[143]

[143] KA: 8. I.R._(WK)_6_162 (1554); ident. KA: 8. I.R._(WK)_9_01 (414).

Divisionsbefehl:

Zum zweiten Male in diesem Kriege begehen wir den Geburtstag unseres erhabenen obersten Kriegsherrn. Die Macht unserer Feinde wankt auf allen Teilen des großen ausgedehnten Kriegstheaters. Aber noch ist ihre Macht nicht endgültig gebrochen. Es gilt weiter durchzuhalten bis zum vollen entscheidenden Sieg.

Wie der allmächtige Kriegsgott bisher den deutschen Waffen u. denen unserer Verbündeten sichtbar beigestanden, so wird er weiter mit uns sein. Er wird seine treuen Deutschen nicht verlassen.

Was wir an Siegen u. Erfolgen errungen haben, das geschah unter der sicheren u. ruhmvollen Führung u. Leitung unseres obersten Kriegsherrn. Ihm erneuern wir heute unseren Treueschwur! Mit ihm kämpfen wir bis zum letzten Atemzuge. Gott erhalte uns unseren geliebten u. allverehrten Kaiser u. König. Wir aber rufen in deutscher Treue u. mit begeisterten Herzen: „Es lebe der Kaiser!" gez. Bausch.

*Anhang 6 Abbildung 6: 27.01.1916, Div.-Bef. zu Kaisers Geburtstag*[144]

[144] KA: 8. I.R._(WK)_6_176 (1554).

Brigade-Tagesbefehl (von gestern.)

Zum Jahrestag der am 17.2.1915. beginnenden Kämpfe auf den Höhen von Combres.

Heute vor einem Jahr begannen die ersten Kämpfe auf den Höhen von Combres, deren heldenmütige Verteidigung ein stolzes Ruhmesblatt in der Geschichte des 8. bayr. Inf. Regts. bildet.

Mit unerschütterlicher Nervenstärke u. zähester Ausdauer hat das Regt. das bis damals noch unbekannte Trommelfeuer in seiner deckenden Schutzes entbehrenden Stellung über sich ergehen lassen; es gab kein Zurück; u. als der Feind nach zweistündigem Eisenhagel die nach seiner Ansicht zermürbte Stellung angriff, biß er auf Granit. Das 8. I.R. hielt seine Stellung mit todesmutiger Tapferkeit, und da, wo es dem Feinde einzudringen gelang, wurde er durch kraftvollen Gegenstoß wieder hinausgeworfen; die Stellung wurde restlos behauptet.

Ein dreifach Hurra daher dem tapferen Regt. u. ein dankbar treues Gedenken seinen Gefallenen, die ihren Heldenmut mit dem Tode besiegelten.

gez. v. Riedl.

Wetter: schlecht. Regen.

*Anhang 6 Abbildung 7: 18.02.1916, Brig.-Tagesbefehl zum Jahrestag der Schlacht bei Combres*[145]

---

145 KA: 8. I.R._(WK)_6_04-05 (1554); ident. KA: 8. I.R._(WK)_7_21 (1554).

Brigade Tages Befehl.

Durch Allerhöchste Entschliessung bin ich an die Spitze der Bayr.8.Inftr.Brigade gestellt worden.

Ich freue mich und bin stolz darauf, den Befehl über die Regimenter zu übernehmen, die sich bei Etain, bei Combres, bei Les Eparges, vei Vaux und Lamorville und im Chevaliers Walde ruhmvoll ausgezeichnet haben.

Dem 4. Infanterie Regiment und seinem ritterlichen Kommandeur sowie den mit den Regimentern der 8. Infanterie Brigade verwachsenen M.G. Formationen, der Festungs Maschinengewehr Abteilung 13 und der Reserve Festungsmaschinengewehr Abteilung 8 ,rufe ich ein "Heil und Sieg"zu. Ich Bedauere aufrichtig, dass sie von uns scheidenden getrennt werden.

Das 8. Inf.Regt.,das 4.Reserve Inf.Regt. IV. und das 4.Res.I.R. 130 freue ich mich, dem Feinde entgegen zu führen. Ich weiss, dass diese Truppenteile im ganzen und dass jeder einzelne in ihrem Verbande ihr Bestes tun. Ich bringe jedem einzelnen mein Vertrauen entgegen und bitte ebenso um das Vertrauen in mich. Und nun, kurz vor der Abfahrt, noch unbekannten Zielen zu: Vorwärts für König und Vaterland, Vorwärts für Kaiser und Reich !

gez. von R e c k .

Oberst und Kommandeur der 8.I.Br.

*Anhang 6 Abbildung 8: 30.07.1916, Tagesbefehl der 8. Inf.-Brig., Einsetzung von Oberst Reck als Kommandeur*[146]

[146] KA: 8. I.R._(WK)_7_162 (1554).

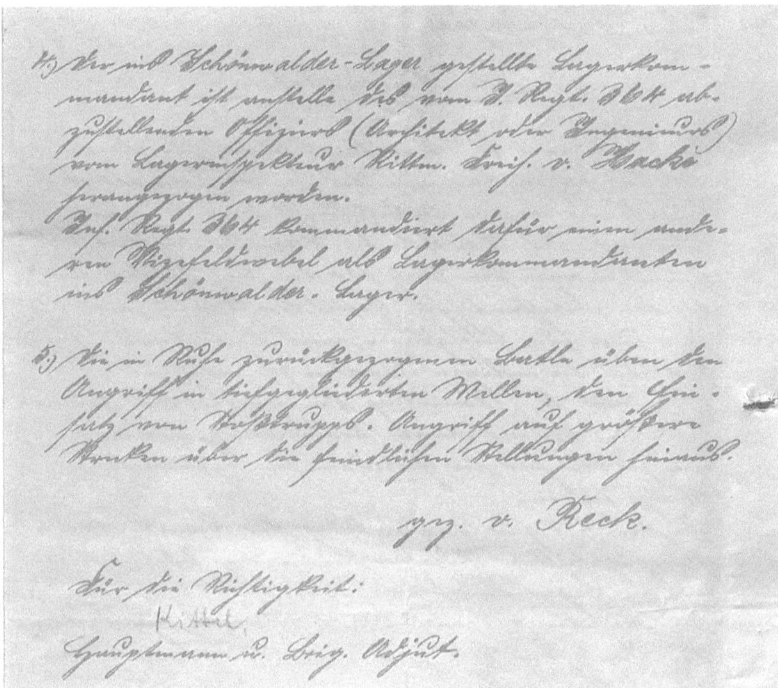

*Anhang 6 Abbildung 9: 23.08.1916, Brigade-Tagesbefehl: Feier, Gottesdienst zum Namenstag des Königs Ludwig*[147]

## *Transkription:*

1. Am 25. August 11:00 Uhr vormittags finden zur Feier des Allerhöchsten Namensfesttags seiner Majestät des Königs von Bayern Gottesdienste beim III./8 am Nordrande des Herbébois bei Gremilly statt. I./8 bestimmt morgen den Platz für den katholischen und für den protestantischen Gottesdienst und sorgt für je einen Tisch zum Aufschlagen eines Feldaltars. Dem III./8 sind die nötigen Angaben zu machen.
III./8 lässt 10:30 Uhr vormittags die Herren Feldgeistlichen bei Souzannes Nordeingang erwarten und zu den für die Gottesdienste bestimmten Plätzen führen.
Die dem I./8 zur Verstärkung der Krankenträger zugeteilten Musiker bleiben am 25. August noch im Lager Herbébois. Die Musiker III./8 rücken mit III./8 aus der Stellung. Die dem I./8 u. III./8 zugeteilten Musiker spielen zum Gottesdienst.

2. Das Inf. Rgt. 364 empfängt im Geräte-Depot Spincourt weitere 750 Stahlhelme für die 8. Inf. Brig. es behält 250 Stahlhelme und gibt je ebenso viele an das 8. u. 29. Inf. Rgt. ab. Auf gleichmäßige Verteilung der verschiedenen Größen ist zu achten.

3. Von den 85000 empfangenen französischen Patronen mit Ladestreifen weist I.R. 364 je die Hälfte den in Ruhe befindlichen MG Formationen zu Ausbildungszwecken zu.

4. Der ins Schönwalder-Lager gestellte Lagerkommandant ist anstelle des vom I.R. 364 abzustellenden Offiziers (Architekt oder Ingenieur) vom Lagerinspekteur Rittmeister Freiherr von Hacke herangezogen worden.
E. R. 364 kommandiert dafür einen anderen Vize-Feldwebel als Lagerkommandanten ins Schönwalder-Lager.

5. Die in Ruhe zurück gezogenen Bataillone üben den Angriff in tiefgegliederten Wellen, den Einsatz von Stoß-Trupps. Angriff auf größere Strecken über die feindlichen Stellungen hinaus.

gez. von Reck.

---

147 KA: 8. I.R._(WK)_10_181-182 (414); ident. KA: Infanteriebrigaden (WK)_945_18-19 (1674).

14. b. J. D. D. St. Qu., 4. 9. 16

**Divisions – Tagesbefehl.**

Am 3. 9. hat die 14. b. J. D. die lang u. heiß umstrittene Souville – Schlucht weggenommen, dadurch die eigene Linie wesentlich verkürzt u. verbessert u. dem Feinde an Gefangenen u. blutigen Verlusten großen Schaden verursacht.

11 Offze (darunter ein Rgts. – u. ein Btlskdeur), 425 Mann 8 Masch.Gew. sind die Beute; die französ. Stellung in 1700 m Ausdehnung u. 700 m Tiefe ist genommen. Eine Reihe von Gegenangriffen ist seither zurückgewiesen worden.

S. Kaiserl.u.Kgl. Hoheit der Kronprinz hat wiederholt seine Freude u. seine Anerkennung über den erreichten Erfolg ausgesprochen. Ebenso hat S. Exz. der Kommandierende General XVIII. R.K. seine Anerkennung den tapferen Truppen zum Ausdruck gebracht.

Auch ich danke dem wackern 4. u. 8. bay. Jnf. Regt, insbes. dem II. u. III./4 u. dem III./8 unter ihren vorbildlichen Führern, den Majoren Leupold, Scheuring u. Felser. Es ist ein Beweis hohen militärischen Wertes, wenn ein Angriff, so wie es geschah, in wiederholtem Ansturm u. in langedauerndem Ringen zum Erfolg geführt wurde. Dieser Dank gilt ebenso den beteiligten Truppen des Sturmbatls Rohr.

Ebenso danke ich allen den Batlen, die vorher in Stellung oder als Bereitschaften durch ihre wackere Arbeit, insbesondere dem Ausbau der Sturmstellung, den Angriff vorbereiten halfen.

Besondere Anerkennung verdienen die Läuferketten, die es mitermöglichten, daß der Verbindungsdienst in ausgezeichneter, rascher u. sicherer Weise gearbeitet hat u. die damit die Führung besonders unterstützten.

Gleicher Dank gebührt den braven Pionieren, den treuen Gehilfen u. Begleitern der Jnfanterie, der 1. Res.u.B./Pi 20 u. 11.b.R.Pi.K. u. ebenso allen beteiligten Minenwerferformationen der 14. b., 7. Garde, 333. Minenwerferkomp. Sie haben durch ihr geschickt geleitetes, unerschrocken durchgeführtes Feuer die Weiterführung des Angriffes in hohem Maße unterstützt.

Unsere Artillerie, die Feld- u. schwere Artillerie hat unter den schwierigsten Verhältnissen in ausgezeichneter Weise den Sturm vorbereitet, ihn begleitet u. das Errungene gesichert. Sie hat, wie so oft vor Verdun, den Weg zum Siege gebahnt.

So danke ich voll Stolz u. Freude allen Führern, allen Mannschaften meiner Division u. allen, die ihr ihre Unterstützung geliehen haben. Das vorbildliche Zusammenwirken, das Pflichtgefühl, der Einsatz eines jeden haben zum Erfolg geführt; das gilt es zu bewahren für alle künftigen Aufgaben der 14. b. Jnf. Div.

Für die Richtigkeit:

gez. Rauchenberger.

[Unterschrift]

Hptm. im Gen. Sth.

*Anhang 6 Abbildung 10: 04.09.1916, 14. b. Div.-Tagesbefehl, Wegnahme der Souville-Schlucht am 03.09.1916*[148]

[148] KA: 8. I.R._(WK)_13_15-16 (511); ident. KA: 8. I.R._(WK)_10_58-59 (414).

8. Infanterie = Regiment. 5. 9. 1916.

REGIMENTS = TAGESBEFEHL.

Dem III. Bataillon mit der Maschinengewehrkompagnie des Regiments, seinen tapferen Offizieren und Mannschaften und seinem so umsichtigen und bewährten Führer Herrn Major FELSER danke ich im Namen des Regiments für die von vollem Erfolge gekrönten hervorragenden Leistungen in den schweren Kampftagen am 2., 3. und 4. September.

Das Bataillon hat damit der glänzenden Geschichte des Regiments ein neues Ruhmesblatt einverleibt.

Jedem Einzelnen, der durch sein Pflichtgefühl, durch Tapferkeit und Opfermut zum Erfolg beigetragen hat, Dank und Anerkennung.

*Anhang 6 Abbildung 11: 05.09.1916, Regiments-Tagesbefehl nach der Einnahme des Souville-Sackes*[149]

[149] KA: 8. I.R._(WK)_10_49 (414).

Angriffsgruppe - Ost.
II Nr.4273

H. Qu., den 6. 9. 1916.

Tagesbefehl

Voll hoher Freude über die schönen Fortschritte beglückwünsche ich die 14.bayer.J.D. zu ihren ausgezeichneten Leistungen am 3.9.

Jhr erster Einsatz als junger Verband war ein voller Erfolg. Sie hat, dem anfänglichen feindlichen Widerstand zum Trotz, ihr Ziel mit einer Beharrlichkeit erkämpft, die volle Bewunderung verdient.

Allen Offizieren, Unteroffizieren und Mannschaften danke ich für die sorgsame Vorbereitung und ihre vortreffliche Haltung im Kampf. Jch gedenke dabei auch aller anderen Waffen, die in treuer Kameradschaft Schulter an Schulter mit der Jnfanterie den Weg zu diesem Erfolg gebahnt haben.

Jn dieser innigen Zusammenarbeit können wir alles erzwingen! Möge dieser Geist der Division erhalten bleiben, das ist mein Wunsch!

v. [Unterschrift]

General der Infanterie.

Verteilung:

| | | |
|---|---|---|
| XVIII.R.K. | 17 | (bis einschl.Regter. und die Fußa des XVIII.R.K.) |
| Gen.d.Fußa.11 | 4 | (für die Gen.d.Fußa. des VII.R.,Alp.K. und XV.A.K.) |
| St.Offz.Pion. | 1 | |
| Sturmbatl.Rohr | 1 | |
| A. O. O. | 1 | |
| Zus. | 24 Abdr. | |

*Anhang 6 Abbildung 12: 05.09.1916, Angriffsgruppe Ost, Tagesbefehl „Voll hoher Freude“*[150]

[150] KA: Infanteriebrigaden (WK)_946_24 (1674).

K.H.Qu.,den 4.9.16.

An

des Königs von Bayern Majestät

München.

Euer Majestät melde ich alleruntertänigst, daß die unter dem Kommando des Generalmajors R a u c h e n b e r g e r stehende Königlich Bayerische 14.Infanterie-Division, im besonderen die Königlich Bayerischen Infanterie-Regimenter 4 und 8 in glänzend durchgeführtem Angriff die lange umstrittene Souvilleschlucht genommen und gegen starke Gegenangriffe tapfer behauptet hat.

gez. v. S t e u b e n
General der Infanterie und kommandierender General
des XVIII. Reservekorps.

München, 5. 9. 16.

An

Exzellenz General der Infanterie v. S t e u b e n
Kommandierender General XVIII.Reservekorps
vor Verdun.

Euer Exzellenz danke Ich für Ihre erfreuliche Meldung, aus der Ich mit Stolz ersehen habe, daß Meine neu errichtete 14. Infanterie-Division vor Verdun sich trefflich geschlagen hat. Die bewährten Regimenter 4 und 8 haben neue Lorbeeren erworben. Ich ersuche Sie, dem braven Divisionskommandeur und allen Angehörigen der Division Meine Anerkennung und Meinen besten Dank zum Ausdruck zu bringen.

gez. L u d w i g.

Generalkommando XVIII.Reservekorps. K.H.Qu.,den 6. 9. 16.
IIa Nr.14035.

Vorstehender Depeschenwechsel wird entsprechend der Allerhöchsten Willensmeinung zur Kenntnis der Division gebracht.

Verteilung.
14.bayr.J.D. ......60
33.Res.Div. ........1
Gen.d.Fußart.5......1
K.Pion. ............1
Gen.Kdo. ...........5
K.Mun. .............1
69.

V. s. d. G. K.
Der Chef des Generalstabes
[Unterschrift]
Oberstleutnant.

P. Inf. Brig.



*Anhang 6 Abbildung 13: 06.09.1916, Depeschenwechsel mit dem König*[151]

[151] KA: Infanteriebrigaden (WK)_946_04 (1674).

Ansprache

Sr.Exz.des Herrn Kom.Generals des XVIII.Res.Korps General d.Jnf.v.Steuben

an III/8,I u. III/4 am 7.9.16.

( 200 m.südlich der Strassengabel Mangiennes - Romagne s.l.C.-Azannes)

" Als mir mitgeteilt wurde, dass die bayr.Regimenter 4 u.8 in den Verband der 14.b.Jnf.Div. treten würden,da wusste ich,dass eine vortreffliche Truppe zum XVIII.R.K. kommt.Dies haben mir die beiden Regimenter jetzt auf das Deutlichste erneut bewiesen und haben am 3. September dieses Jahres durch tapferen Ansturm den Feind überall,wohin sie kamen, aus seinen Stellungen geworfen.Wie schwer diese Aufgabe war weiss jeder,der eine Ahnung hat,wieviele Anstrengungen schon gemacht worden sind,um die Souvillenase und die Souvilleschlucht in deutschen Besitz zu bringen.

Schwerer aber noch als dieser Angriff war nachher die Behauptung der genommenen Stellung.Aber auch diese Aufgabe habt ihr durch treues Festhalten gelöst.Jhr habt dabei erkennen können,wie es in diesem Kriege auf jeden einzelnen Mann ankommt; ihr habt gesehen,dass jeder vom Aeltesten bis zum Jüngsten seine Schuldigkeit tun muss und treu aushalten an der Stelle,wo er für sein Vaterland von seinen Vorgesetzten hingestellt ist.

Jhr habt in die Geschichte eurer Regimenter durch diesen Angriff und diese Verteidigung eine neue Ruhmesseite gefügt.Jhr könnt stolz auf diese Tage sein und dieser Stolz muss auch bleiben,wenn schon eine Menge braver,treuer Kameraden die Lösung der Aufgabe mit ihrem Blute bezahlt haben.

So bin ich heute hierher gekommen,um euch meinen Dank und meine Anerkennung auszusprechen für das,was ihr geleistet habt.

Jch bin aber auch gerne besonders deshalb gekommen,weil ich das feste Vertrauen habe,dass ihr auch die weiteren Aufgaben,die euch heran kommen,mit gleicher Schneid und Energie lösen werdet.

Und wenn ich jetzt Adieu sage,bin ich von der Gewissheit durchdrungen,dass ihr,wenn ihr euch ausgeruht habt,mit gleicher Tatkraft und ebenso brav und tapfer wie bisher gegen die Franzosen vorgehen werdet."

*Anhang 6 Abbildung 14: 07.09.1916, Ansprache Kdr. XVIII. Res.*-Korps. *von Steuben*[152]

[152] KA: 8. I.R._(WK)_13_107 (511).

No. 2141 D. St. Qu., 14. 9. 16

14. b. J. D.

Divisions - Tagesbefehl.

Seine Majestät, König Ludwig von Bayern, hatten die Gnade, an mich folgendes Telegramm zu richten:

" Jch habe die Meldung erhalten, daß meine neu errichtete 14. b. J. D. in den letzten Tagen vor Verdun unter Jhrer bewährten Führung sich trefflich geschlagen und schöne Erfolge errungen hat. Hocherfreut spreche ich Euer Exzellenz sowie allen Angehörigen der braven Division meine Anerkennung und meinen wärmsten Dank aus. "

Entsprechend der Allerhöchsten Willensmeinung bringe ich voll freudigen Stolzes diese gnädige Anerkennung der Leistungen, die in erster Linie dem vortrefflichen Geist von Führern u. Mannschaften zuzuschreiben sind, zur Kenntnis der Division.

Jch bin überzeugt, daß die anerkennenden Worte aus Allerhöchstem Munde und allen ein Ansporn sein werden, auch fernerhin in freudiger Pflichterfüllung unser Bestes im Kampfe für das Reiches Ehre und des lieben Vaterlandes Wohl herzugeben.

Jn diesem Sinne habe ich Seiner Majestät das Gelöbnis unverbrüchlicher Treue und tiefgefühlten Dankes zu Füssen gelegt.

Für die Richtigkeit: gez. Rauchenberger.

Major u. I. Adjutant.

- Verteilt wie Div. Tagesbef.-

K. b. 8. Infanterie-Brigade
empf. 15.9.16 Nr. 2126 Zu den Anlagen zum Kriegstagebuch

15.9.16.

*Anhang 6 Abbildung 15: 14.09.1916, Dankadresse des bayerischen Königs*[153]

[153] KA: Infanteriebrigaden (WK)_946_52 (1674); ident. KA: Infanterie-Divisionen-(WK)_6059_16 (1728).

# Anhang 7 Illustrationen

## Abbildungsverzeichnis Anhang 7

*Anhang 7 Abbildung 1:* ***Saint Mihiel nach der Einnahme***[154]

*Anhang 7 Abbildung 2: Combres, Wirtshaus „Zum boarischen Hiasl"*[155] *mit der Inschrift: „Hier drinnen ist das kriegen am schönsten mit einem halben Liter [Bier]"*

[154] URL: https://www.google.de/search?q=st.+mihiel+vue+générale; 12.06.2015.
[155] URL: www.cartespostalesdelorraine.com.

*Anhang 7 Abbildung 3: Combres, Bierkeller „Krug zum grünen Kranz"*[156]

[156] URL: www.cartespostalesdelorraine.com.

*Anhang 7 Abbildung 4: Kirche in Billy, 2016*[157]

*Anhang 7 Abbildung 5: Liebesgaben*[158]

[157] Privatbesitz.
[158] URL: http://ebay01.prahm.biz/2940000100A.jpg.

ISBN 978-3-7467-7816-7
9 783746 778167 00003
www.epubli.de